죽유 오운

남명학연구총서 11

죽유 오운
Jukyu Oh-Un

엮은이   남명학연구원
펴낸이   오정혜
펴낸곳   예문서원

편   집   김병훈·유미희
인   쇄   ㈜ 상지사 P&B
제   책   ㈜ 상지사 P&B

초판 1쇄   2018년 12월 27일

주   소   서울시 성북구 안암로9길 13
출판등록   1993년 1월 7일(제307-2010-51호)
전화번호   02-925-5913~4 / 팩시밀리 02-929-2285
E-mail   yemoonsw@empas.com

ISBN 978-89-7646-391-3   93150
ⓒ 南冥學研究院 *2018 Printed in Seoul, Korea*

YEMOONSEOWON 13, Anam-ro 9-gil, Seongbuk-Gu Seoul KOREA 136-074
Tel) 02-925-5913~4, Fax) 02-929-2285

값 35,000원

남명학연구총서 11

죽유 오운

남명학연구원 엮음

예문서원

서 문

　남명학연구원에서는 남명학과 남명학파 연구의 대표적인 업적을 엄선해 총서를 출간하고 있다. 그동안의 연구 성과를 정리해 남명학의 정체성 확립과 남명의 학문과 사상이 그 제자들에게 어떤 영향을 미쳤는가를 알아보고, 나아가 남명학에 대한 새로운 전망을 모색하기 위해서이다.

　남명학연구총서는 2006년 이후 『남명사상의 재조명』(총서 1권), 『남명학파 연구의 신지평』(총서 2권), 『덕계 오건과 수우당 최영경』(총서 3권), 『내암 정인홍』(총서 4권), 『한강 정구』(총서 5권), 『동강 김우옹』(총서 6권), 『망우당 곽재우』(총서 7권), 『부사 성여신』(총서 8권), 『약포 정탁』(총서 9권), 『개암 강익』(총서 10권) 등을 간행했다. 이를 통해 남명학파의 학문과 사상의 계승과 전개, 남명학파 개개인의 학문과 사상에 대해 집중적으로 조명해 오고 있다.

　이번 총서 제11권의 주제는 『죽유竹牖 오운吳澐』이다. 죽유 오운은 남명 선생의 문인으로 『동사찬요東史纂要』를 비롯한 많은 서책을 편찬하였고, 임진왜란 시에는 의병을 일으켜 국난 극복에 앞장섰다. 뿐만 아니라 '예설'을 비롯한 인재양성과 향촌교육의 중요성을

역설한 많은 문헌들이 있지만, 아들과 손자가 소용돌이치는 정국政
局의 중심에 있었던 여파餘波로 죽유 선생에 관한 본격적인 연구는
아직 미미한 실정이다. 이번에 출간하는 총서 제11권 『죽유 오운』을
계기로, 그동안 남명학파에서 차지하는 죽유의 위상에 비해 상대적
으로 미흡했던 연구가 보다 활성화되기를 기대한다.

　이 책에는 죽유 오운의 학문과 사상에 관련된 연구논문 중에서
연구의 새로운 지평을 열었다고 생각되는 것들을 엄선하여 실었다.
그리고 기존에 발표한 것들은 필자들이 직접 보완하고 수정하였다.
옥고를 보내 주신 필자들과 토론에 참가해 주신 남명학연구원의
상임연구위원 여러분들께 감사의 말씀을 드린다. 아울러 정성들여
책으로 엮어 주신 도서출판 예문서원에도 감사의 말씀을 드린다.

2018년 12월

남명학연구원 원장 박병련 삼가 씀

차례 ∥ 죽유 오운

제1장 『죽유집』해제
─ 편찬 과정과 주요 내용 ─

강 문 식

1. 머리말

『죽유집竹牖集』은 16세기 중반~17세기 초의 학자이자 문신인 죽유竹牖 오운吳澐(1540~1617)의 문집이다. 『죽유집』은 1824년(순조 24)에 목판으로 간행된 판본이 연세대학교 중앙도서관(811.97/오운/죽), 국립중앙도서관(한 46-가1008), 서울대학교 규장각한국학연구원(古3428-532, 奎3428), 고려대학교 중앙도서관(D1-A1055), 성균관대학교 존경각(櫃汕D3B-960) 등에 소장되어 있다. '한국문집총간' 속집 제5책에 영인・수록된 『죽유집』은 연세대학교 중앙도서관 소장본을 대본으로 하였다.

『죽유집』은 6권으로 편집되었는데, 이 중 제1~4권에는 오운의 저술이 실려 있고, 제5~6권에는 세계도와 연보, 오운 사후에 그의 죽음을 애도한 제문과 만장, 오운의 향사享祀에 관한 문자, 오운의 교유 인물들이 그에게 보낸 편지와 시문 등이 수록되어 있다. 오운의 저술은 임진왜란 중에 상당수가 소실되었던 것으로 보이며,[1] 또 오운이 서거한 뒤부터 문집 편찬이 처음 시작되던 18세기 중반까지의 약 150년 동안에 많은 글들이 사라져 버려서 유고 정리에 어려움이 많았다. 문집의 편찬 과정도 순탄치 않아, 여러 종의 편집본이 만들어졌고 그에 대한 수정·보완이 반복됐으며 그 과정에서 편찬 주체들 간의 의견 차이가 나타나기도 했던 것으로 보인다. 이에 본고에서는 먼저 『죽유집』에 관한 선행 연구[2]와 문집의 서·발문 내용을 바탕으로 『죽유집』의 편찬·간행 과정을 검토한 다음, 『죽유집』에 수록된 내용들을 종합적으로 개괄해 보도록 하겠다.

2. 『죽유집』의 편찬 과정

『죽유집』에 관한 선행 연구에 따르면, 『죽유집』의 편찬·간행 과정은 ① 『율계난고栗溪亂藁』, ② 영천본榮川本, ③ 최흥벽崔興璧 산정본刪定本, ④ 갑신본甲申本 등의 네 단계로 나누어진다.[3] 이 중 ④는 ①~③의 단계를 거치면서 완성된 원고를 목판으로 간행한 것이다. 또 ①은 오운이 생전에 직접 정리한 것이므로, 실제 『죽유집』 편찬 과정의 중심은 오운의 후손들에 의해 추진된 ②~③의 단계라고 할 수 있다.

『율계난고栗溪亂藁』는 오운이 자신의 저술을 정리하여 편집한 것으로,

---

1) 『죽유집』에 수록된 오운의 글이 지어진 시기를 검토해 보면, 임진왜란을 기준으로 그 이후에 지어진 글이 전란 이전의 글에 비해 월등히 많다. 물론 임진왜란 이전의 저술이 적었을 수도 있지만, 임진왜란 기간이 오운의 53~59세 때로 학문 활동이 왕성했을 30~40대가 전란 전이었던 점을 고려한다면 상당수 저술이 전란 과정에서 소실되었을 가능성이 높다고 생각된다. 특히 서간문 중에서 김성일에게 보낸 편지를 제외하면 모두 임진왜란 이후 것만 남아 있다는 점이 이러한 추정을 뒷받침해 주고 있다.
2) 김순희, 「吳澐의 『竹牖先生文集』에 관한 硏究」, 『書誌學硏究』 47(2010).
3) 김순희, 「吳澐의 『竹牖先生文集』에 관한 硏究」, 『書誌學硏究』 47(2010), 222~230쪽.

『죽유집』의 모태가 되는 원고이다. 오운이 '율계栗溪'라는 호를 사용한 것이 1601년 영천榮川(현재의 榮州)으로 돌아온 이후이므로, 『율계난고』는 1601년 이후에 정리된 것으로 볼 수 있다. 오운의 사위 조형도趙亨道가 지은 「행장行狀」에는 『율계난고』 2권이 집안에 소장되어 있다고 기록되어 있는데, 『율계난고』가 원래 2권으로 구성되어 있었는지, 아니면 원래는 더 있었는데 당시까지 전해진 것이 2권뿐이었는지는 불분명하다.[4]

영천본과 최흥벽 산정본은, 선행 연구에서 별도의 단계로 구분했지만, 실제는 서로 밀접하게 연결되는 과정으로 18세기 중·후반 『죽유집』의 편찬 상황을 잘 보여 준다.

영천본의 편찬은 다시 두 개의 단계로 구분되는데, 첫 번째가 오명현吳命顯(1731~1768)의 편집본이고 두 번째가 오사중吳司重(1745~1809)의 편집본이다. 최흥벽이 지은 『죽유집』의 발문跋文에 따르면, 오운의 7세손인 오명현이 영주(榮川)와 예안禮安을 왕래하면서 오운의 유고를 모아 문집 약간 권을 만들고 다시 오운의 생졸生卒·출처出處의 시종전말始終顚末을 찾아 연보年譜를 편성하였으며 여기에 당시의 만사輓詞와 행장行狀, 비명碑銘, 편지 등을 엮어 부록함으로써 초본草本을 완성하였다.[5] 그러나 오명현이 정리한 원고는 간행으로 이어지지 못했고, 약 15~20년이 지난 후에 역시 오운의 7세손인 오사중이 다시 오운의 유고를 정리하였다.[6] 이

---

4) 김순희의 연구에서는 "오운은 자연히 그동안의 시문을 모아 『栗溪亂藁』 2권을 편집하였다"라고 하여, 『율계난고』가 처음부터 2권으로 편집된 것으로 보았다. (김순희, 「吳澐의 『竹牖先生文集』에 관한 研究」, 『書誌學硏究』 47, 2010, 222쪽) 하지만 오운의 단독 저술 중 『朱子文錄』·『龍蛇亂離錄』 등 현전하지 않는 것이 있음을 볼 때, 임진왜란 이후에 지어진 오운의 저작 중에도 상당수가 유실되었으며 『율계난고』 역시 2권 이상이었을 가능성이 있다고 생각된다.
5) 『竹牖集』, 권6, 附錄 下, 「竹牖先生文集跋」(崔興璧 著), "(大隱)翁既歿, 而翁之孫達卿, 慨然有繼述裒輯之意, 往來榮禮間諸名勝故家舊宅, 廣搜博訪, 證以先世所藏, 彙爲先生文集若干卷, 又求先生生卒出處始終顚末, 編成季譜, 而係以當時輓誄狀銘投贈簡牘於後, 謂之附錄, 草本纔具."

과정은 이급李級과 이수정李守定이 지은 「죽유선생문집서竹牖先生文集序」
에 잘 기록되어 있는데, 오사중은 오운의 유고遺稿를 찾는 데 힘써 편언척
자片言隻字라도 오운과 관계되는 것은 모두 찾아 『율계난고』의 뒤에
붙여서 편질을 완성했다고 한다.[7] 오사중은 이 원고를 정서하여 간행에
대비했는데, 선행 연구에서는 이를 '영천본'으로 명명하였다.[8] 하지만
오사중의 편집본 역시 간행으로 이어지지는 못했다.

여기에서 주목해 볼 것은 오명현 편집본과 오사중 편집본 사이의
관계이다. 최흥벽은 『죽유집』의 발문에서 "영본榮本(오사중 편집본)은 달경
구본達卿舊本(오명현 편집본)을 가지고 내용을 조금 증손하여 만들었는데,
체재와 규모는 더 정밀하다"[9]라고 하였다. 이를 보면 오사중이 『죽유집』
을 편찬할 때 앞서 정리되어 있던 오명현의 편집본을 인지하고 참고했던
것은 분명하다고 할 수 있다. 이에 따라 기존 연구에서는 오명현이
『율계난고』에 새로 수집한 오운의 유고를 더하여 문집 초본을 만들었고,
다시 오사중이 오명현의 원고를 기반으로 누락된 내용을 보충하여
영천본을 완성한 것으로 보았다.[10]

---

6) 오명현이 1768년에 사망했고 이급이 오사중 편집본의 서문을 쓴 것이 1783년인
   점을 고려할 때, 두 원고의 작성 시차는 15~20년 정도일 것으로 생각된다.

7) 『竹牖集』, 卷首, 「竹牖先生文集序」(李級 著), "先生七世孫司重氏爲之懼, 皇皇焉如有
   求而不得, 奔走收拾, 凡係片言隻字關先生者, 廣披博詩, 以附栗溪亂稿之後, 粗成篇帙, 總
   若干卷, 此則子孫之責塞矣."

8) 김순희, 「吳澐의 『竹牖先生文集』에 관한 硏究」, 『書誌學硏究』 47(2010), 226쪽.

9) 『竹牖集』, 권6, 附錄 下, 「竹牖先生文集跋」(崔興璧 著), "蓋榮本以達卿舊本, 稍爲之增
   損上下, 而體裁規撫則尤加密焉."

10) 『한국문집총간』 속집5에 실린 『죽유집』의 「凡例」에는 "本集은 著者의 7代孫 命
    顯이 家藏 『栗溪亂稿』를 바탕으로 詩文을 蒐集하고 自編한 年譜와 附錄을 追加하여
    草本을 編次한 後, 1783年 7代孫 司重이 修正하여 稿本을 만들고, 이를 6代孫 厚相
    이 崔興璧과 함께 다시 刪正하여 만든 定稿本을 8代孫 慶鼎이 1824年 木板으로 刊
    行한 初刊本이다"라고 하여, 오사중이 오명현의 초본을 수정하여 稿本을 제작한
    것으로 보았다.
    김순희의 연구에서는 양자의 관계를 명확하게 규정하지는 않았지만, 영천본에

하지만 실제에 있어서는 두 편집본의 관계가 자연스럽게 연결되지 않았던 것으로 보인다. 이와 관련하여 우선 주목되는 것이 이급과 이수정이 작성한 「죽유선생문집서」이다. 이 서문들은 오사중의 편집본, 즉 영천본이 완성된 후인 1783년(정조 7)에 작성된 것인데, 여기에는 오사중의 『죽유집』 편찬에 관한 내용만 기록되어 있을 뿐 그에 앞서 있었던 오명현의 『죽유집』 편찬 활동에 대한 언급은 전혀 보이지 않는다. 이들이 오사중의 부탁에 따라 그가 완성한 편집본에 서문을 썼기 때문에 그렇다고 볼 수도 있겠지만, 오사중의 문집 편찬에서 오명현의 편집본이 중요한 기반이 되었다면 그 관계를 서문에서 언급하는 것이 자연스럽다고 할 수 있다. 특히 오명현이 편집한 『죽유집』 초본이 오운의 유고를 수집·정리하여 문집으로 편찬한 최초의 결과물이라는 상징적 의미가 있음을 고려한다면, 이 내용이 서문에서 빠진 것은 이례적이라고 생각된다. 따라서 이급과 이수정의 서문에서 오명현의 『죽유집』 편찬 활동이 언급되지 않은 것은 오사중이 『죽유집』을 편찬할 때 오명현의 편집본을 중요하게 고려하지 않았음을 보여 준다고 할 수 있다.

최흥벽이 오사중의 편집본을 산정하게 된 과정은 이러한 추정을 뒷받침해 준다. 최흥벽은 오명현의 숙부 오계후吳季垕의 사위로, 오명현의 친조부인 오성재吳聖再를 통해 일찍이 오운의 『율계난고』를 접한 바 있었으며 오명현이 오운의 유고를 수집하여 문집을 편집한 과정에

대한 설명에서 "오명현은 문집을 간행하지 못하고 돌아갔다. 수십 년이 지난 뒤에 역시 7세손 吳司重(1745~1809)이 다시 한 번 누락된 자료를 수집하여 오운의 문집을 정리하였다"라고 한 다음, "오사중은 이 문집을 정서하여 간행을 준비하였으니, 이것이 영천본이다"라고 하였다. 이를 볼 때 김순희는 오명현과 오사중의 원고가 서로 연관 관계에 있으며 오사중의 원고를 영천본의 최종 완성본으로 판단한 것으로 생각된다.(김순희, 「吳澐의 『竹牖先生文集』에 관한 研究」, 『書誌學研究』 47, 2010, 226쪽)

대해서도 잘 알고 있는 인물이었다. 그런 최흥벽에게 오운의 6세손인 오후상吳厚相이 오사중의 편집본을 보여 주면서 이를 다시 자세하게 수정해 줄 것을 요청하였다. 만약 오사중의 원고에 별다른 문제가 없었다면 굳이 최흥벽에게 수정을 요청할 필요가 없었을 것이다. 즉, 최흥벽에게 원고 수정을 부탁했던 것은 오후상이 보기에 오사중의 원고가 불충분하다고 여겼기 때문이라고 할 수 있다.

최흥벽은 오사중의 원고가 오명현의 원고에 비해 체재와 규모는 정밀해졌지만 자세히 살피지 않아서 소략하거나 빠뜨린 내용들이 있고, 또 이정釐整이 미흡하여 오류도 나타난다고 지적하였다.[11] 이에 따라 최흥벽은 오후상과 함께 오사중의 원고를 수정·보완했는데, 이때 기준으로 참고했던 자료가 바로 오명현의 편집본이었다.[12] 이는 곧 오후상·최흥벽이 지적한 오사중 원고의 불충분함이 결국은 오명현 편집본과의 차이에서 비롯된 것이었음을 보여 준다. 따라서 문집 산정의 방향 역시 오사중 편집본에서 누락된 오명현 편집본의 내용을 최대한 충실히 반영하는 것이었을 가능성이 높다고 생각된다.

이상의 과정을 보면 기록으로 나타나지는 않지만 『죽유집』을 편찬하는 과정에서 오명현의 편집본을 지지하는 측과 오사중의 편집본을 지지하는 측 사이에 일정한 갈등 양상이 나타났던 것으로 추정된다. 그리고 이러한 갈등은 경상도 지역 고창오씨 세거지世居地의 차이와 연관이 있는 것으로 보인다.

『죽유집』 편찬을 주도한 오명현과 오사중은 모두 오운의 7세손으로,

---

11) 『竹牖集』, 권6, 附錄 下, 「竹牖先生文集跋」(崔興璧 著), "蓋榮本以達卿舊本, 稍爲之增損上下, 而體裁規撫則尤加密焉, 第恨其間猶頗有偶失照管而疎漏, 未及釐正而訛舛者."
12) 『竹牖集』, 권6, 附錄 下, 「竹牖先生文集跋」(崔興璧 著), "輒不自揆, 遂與吳丈參取達卿舊本, 旁採諸家信筆, 或有添補處, 或有剋減處."

오운의 셋째 아들 오여영吳汝楧의 후손들이다. 이들의 가계를 정리해 보면 <도표 1>과 같다.

<도표 1> 『죽유집』 편찬자의 가계

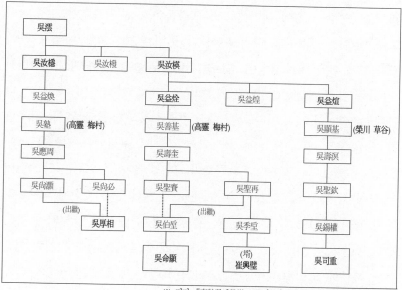

※ 전거: 『高敞吳氏世譜』(국립중앙도서관 소장, BC古朝58-가7-20)

<도표 1>을 보면, 오명현은 오여영의 맏아들 오익전吳益栓의 5세손이며, 오사중은 오여영의 셋째 아들 오익훤吳益煊의 5세손이다. 그런데 오익전의 후손들은 그의 아들 오선기吳善基 때부터 고령의 매촌梅村에 세거한 반면, 오익훤의 후손들은 역시 그 아들 오현기吳顯基 때부터 영주의 초곡草谷에 세거하면서 서로 다른 지역적 기반을 갖게 되었다. 그리고 최흥벽에게 오사중 편집본의 수정을 부탁했던 오후상은 오운의 맏아들 오여은吳汝檼의 후손으로, 이 계열은 오여은의 손자 오숙吳塾

때부터 고령 매촌에 세거하였다. 또, 최흥벽은 위에서 언급했던 것처럼 오명현의 숙부 오계후의 사위로서 고령 매촌에 세거한 고창오씨의 일원이 되었다.

이상을 정리해 보면, 결국 최흥벽이 오사중의 편집본을 산정하게 된 것은 영주 초곡에 세거한 고창오씨들이 편찬한 『죽유집』에 대해 고령 매촌에 세거하던 고창오씨들이 문제를 제기함에 따라 나타난 결과로 볼 수 있다. 오후상이 오사중의 편집본을 최흥벽에게 소개하면서 "이것은 나의 족군族君 사중이 영천榮川(지금의 영주)의 여러 사우들과 함께 수정修正한 것"[13]이라고 하여 영주에서 정리한 결과물임을 강조한 것 역시 문집 편찬 과정에 지역적인 갈등이 내재되어 있음을 보여 준다고 하겠다. 즉, 고령 지역 고창오씨들의 입장에서는 고령 출신 오명현이 편집한 『죽유집』 초본이 이미 있는 상황에서 영주 출신의 오사중이 다시 정리한 원고에 오명현 편집본의 내용이 충분히 반영되지 않은 것에 불만을 가졌던 것으로 생각된다. 여기에 앞서 언급한 것처럼 이급 등의 서문에 오명현의 『죽유집』 편찬에 대한 내용이 전혀 언급되지 않은 점은 불만을 더욱 증폭시켰을 것이다. 이에 오후상을 중심으로 하는 고령 지역 고창오씨들이 문제를 제기하여 오사중 편집본을 다시 수정하게 되었고, 그 작업을 일찍이 오운의 유고를 접한 바 있고 오명현의 문집 편찬에 대해서도 잘 아는 최흥벽에게 맡겼다고 할 수 있다.

이상에서 오명현의 최초 편집부터 오사중을 거쳐 최흥벽의 산정에 이르기까지 18세기 중·후반 『죽유집』의 편찬 과정과 그 이면에 있었던 고창오씨 가문 내의 갈등 양상을 정리해 보았다. 이를 보면, 오운의

---

13) 『竹牖集』, 권6, 附錄 下, 「竹牖先生文集跋」(崔興璧 著), "一日吳斯文厚相氏齎先生文集
   季譜淨寫一本來授余, 且諗之曰, 此乃族君司重與榮之諸士友所修正, 而求序於李正言級
   甫者."

문집은 그의 사후 상당 기간이 흐른 후에야 비로소 편찬이 시작되었고, 그 과정 또한 순탄치 않았음을 알 수 있다.

최흥벽의 산정을 거쳐 최종 완성된 『죽유집』의 정고본定稿本은 다시 상당 기간이 지난 후인 1824년(순조 24)에 오운의 8세손인 오경정吳慶鼎에 의해 목판으로 간행되었는데, 이것이 바로 갑신본甲申本이다. 오경정 역시 고령 매촌에 세거하던 고창오씨의 일원으로, 1805년 매촌동약梅村洞約 결성을 주도했던 인물이다. 이는 『죽유집』의 정고본 확정뿐만 아니라 간행에서도 고령 지역의 고창오씨들이 주도적인 역할을 수행했음을 보여 준다.

3. 『죽유집』의 주요 내용

『죽유집』은 6권 3책으로 구성되어 있다. 제1~4권은 오운의 저술을 정리한 것이고, 제5~6권에는 「세계도世系圖」와 「연보年譜」, 부록 상·하 등이 수록되어 있다. 『죽유집』의 내용 구성을 간략히 정리하면 <표 1>과 같다.

<표 1> 『죽유집』의 내용 구성

권차	구분	수록 내용	비고
卷首	序	竹牖先生文集序 2편	李級, 李守定 저
	目錄	竹牖先生文集目錄	
제1권	詩	詩 63題	
제2권	詩	詩 73題	
제3권	疏	請歸改葬疏 등 3편	
	書	與金鶴峯誠一書 등 29편	
	序	眞城李氏族譜序 등 3편	
	記	悠然堂記 등 2편	

	跋	松齋李先生詩集跋 등 12편	
	祭文	魯陵修墓立石時告由文 등 7편	
제4권	行蹟	曾祖考宜寧縣監贈左通禮府君行蹟 등 3편	
	墓碣銘	退溪李先生配貞敬夫人許氏墓碣銘 등 2편	
	墓誌	先考贈嘉善大夫吏曹參判府君墓誌 1편	
	墓表	高麗國及第贈密直提學安公墓表 등 2편	
	雜著	呈巡察使沈公俸文 등 10편	韓百謙, 俞棨의 글 3편 포함
제5권	世系	竹牖先生世系圖	
	年譜	竹牖先生年譜	
	附錄上	賜祭文	광해군의 사제문
		士林祭文 (8편)	
		輓詞 (40편)	
제6권	附錄下	家狀	吳汝橃 저(오운 아들)
		行狀	趙亨道 저(오운 사위)
		墓碣銘 – 幷序	金應祖 저
		寒泉書院奉安文	李級 저
		山泉書院常安文	李守定 저
		南溪祠奉安文	金熙周 저
		南溪祠常享文	成彦檝 저
		吳氏世稿跋	金若鍊 저
		記聞錄	
		投贈詩章簡牘	
	跋	跋文 2편	崔興璧, 韓光善 저

아래에서는 『죽유집』의 주요 내용들을 각 권별로 검토하도록 하겠다.

1) 권수卷首: 서문과 목록

권수에는 「죽유선생문집서」 2편과 『죽유집』 전체의 목차에 해당하는 「목록目錄」이 수록되어 있다. 「죽유선생문집서」 2편은 앞 장에서 언급한 것처럼 이급李級과 이수정李守定이 작성했는데, 두 사람은 모두 이황의 가문인 진성이씨眞城李氏이다.

먼저 이급의 서문을 보면, 오운이 덕업德業·문장文章·공명功名의 세

가지를 모두 성취한 인물이라고 평가한 다음 각각에 대해 설명하였다. 먼저 덕업은, 오운이 조식曺植과 이황李滉의 문하에서 수학했으며 증조 대부터 이황의 가문과 세교世交를 돈독히 하면서 쌓아 온 덕업이 오운에게로 이어졌음을 강조하였다. 문장에 대해서는, 시문에 뛰어났으며 관직에 나가서는 여러 차례 편수관編修官에 임명되어 국가의 기록을 담당했고 물러나서는 우리나라의 역사를 정리한『동사찬요東史纂要』를 편찬했던 것을 거론하였다. 또 공명에 관해서는 임진왜란 때 의병을 일으켜 국난 극복에 힘쓴 점을 지적하였다. 이어 덕업·문장·공명이 모두 완전했던 오운의 사적이 후대에 널리 전해지지 못함에 대해 안타까움을 피력한 다음, 오사중이 오운의 유고를 수집·정리하여 문집을 편찬한 과정과 이급 자신에게 서문을 부탁한 일을 서술하였다.

이수정의 서문은 이급의 서문과 내용이 대동소이한데, 서두에서 오운 집안과 이황 집안이 일찍부터 돈독한 세교를 맺고 있었다는 점과 오운이 이황에게 수학한 일, 임진왜란 당시의 의병활동,『동사찬요』편찬, 오사중의『죽유집』편찬 과정이 차례로 기록되어 있다.

2) 제1~4권: 오운의 시문詩文

제1~2권은 오운이 지은 시를 정리한 것으로, 제1권에 63제題, 제2권에 73제 등 총 136제의 시가 실려 있다. 시는 저작 연대순으로 편집되어 있는데, 가장 빠른 것이 29세 때인 1568년(선조 1)에 지은「차박감사계현자계십육영운次朴監司啓賢紫溪十六詠韻」이며, 가장 늦은 것은 74세 때인 1613년(광해군 5)에 지은「송동포영공입락잉작부경지행送東浦令公入洛仍作赴京之行」이다.[14] 기존 연구에 따르면 오운의 시에는 낭만주의적인 성격이 있는

---

14) 김순희,「吳澐의『竹牖先生文集』에 관한 研究」,『書誌學研究』47(2010), 231쪽.

것으로 평가되며,15) 또 심성수양과 자아성찰, 산수에 대한 애호와 탈속의 지향, 전란으로 인한 상흔傷痕의 시화詩化 등을 내용으로 삼고 있다고 한다.16)

제3권에는 오운이 지은 상소와 편지·서문·기문·발문·제문 등이 수록되어 있는데, 그 내역을 정리하면 <표 2>와 같다.

<표 2> 『죽유집』 제3권의 구성

구분	제목	저작연대	관련인물	비고
疏 (3편)	請歸改葬疏	1599년		
	再疏	1599년		1599년(선조 32) 7월, 先塋 개장을 위해 소를 올리고 南還
	辭工曹參議疏	1616년		
書 (29편)	與金鶴峯誠一書	1592년	金誠一	
	答金鶴峯書		金誠一	
	與金鶴峯書	1593년	金誠一	
	與琴彦愼譏書	1598년	琴愽	
	與琴彦愼書		琴愽	
	與琴彦愼書	1599년	琴愽	
	與琴彦愼書	1600년	琴愽	
	與李叔平埈書	1600년	李埈	1600년(선조 33) 겨울에 이준에게 편지를 보내 白嚴十勝詩를 구함
	與琴彦愼書		琴愽	
	與朴都事漉書	1609년	朴漉	
	答友人書			
	與金			
	答李大仲介立書	1605년	李介立	
	與李大仲書		李介立	
	與朴仲植檜茂書		朴檜茂	
	與朴仲植書		朴檜茂	
	與朴仲植書		朴檜茂	

---

15) 鄭羽洛,「오운의 詩世界에 나타난 興과 浪漫主義的 性格」『죽유 오운의 삶과 학문 세계』(역락, 2007), 163～203쪽.

16) 조규익·이성훈·박동욱,『고창오씨 문중의 인물들과 정신세계』(학고방, 2009), 311～317쪽.

	答金活源澳書	1613년	金溁	
	與朴季直樴茂書		朴樴茂	
	與朴子常成範書	1614년	朴成範	
	答郭靜甫嶍書	1615년	郭嶍	
	答郭靜甫書		郭嶍	
	與金栢巖功書		金功	
	答朴子常書	1616년	朴成範	
	答朴季直書		朴樴茂	
	答朴季直書		朴樴茂	
	與金施甫澤龍書		金澤龍	
	答朴季直書	1617년	朴樴茂	
	答張山甫汝㠁茂甫汝華別紙		張汝㠁 張汝華	
序 (3편)	眞城李氏族譜序	1600년		
	東史纂要序	1614년		『동사찬요』 개찬 시 서문
	家世志序	1613년		
記 (2편)	悠然堂記		金大賢	
	晚對亭記		宋福源	
跋 (12편)	松齋李先生詩集跋	1584년	李堣	李滉의 숙부
	書金鶴峰龍蛇事蹟後		金誠一	
	題咸州志後		鄭逑	1587년(선조 20), 정구와 오운 등이 『함주지』 찬술
	題金剛行錄後			
	韓歐蘇詩卷跋	1605년	祖父	1605년(선조 38), 『한구소시권』 개장
	書朴子澄所藏慶筵圖軸後		朴㵋	
	書朱子文錄後	1611년		1611년(광해군 3), 『주자문록』 완성
	題李大仲契帖後		李介立	
	書李叔平所題朴仲植六友堂詩後	1614년		
	書安文簡公墓碑陰記後		安宗源	외가 선조
	書李牧隱罪三帥敎書後			
	書李牧隱元巖讌集唱和詩序後			
祭文 (7편)	魯陵修墓立石時告由文	1581년		정선군수 재직 시 작성
	祭郭存齋趙文	1597년	郭趙	
	祭伯氏文	1599년	吳澐	
	祭鶴峰金公墓文	1608년	金誠一	
	安提學修墓時告由文	1612년	安碩	외가 선조
	安文簡公墓誌石改瘞後告由文	1613년	安宗源	외가 선조
	伊山書院移建告由文	1614년		

소疏 3편 중 1599년에 올린 2편은 정유재란 당시 왜군에 의해 피해를 입은 증조부모 이하 3세世의 분묘를 이장할 수 있도록 관직에서 물러나게 해 달라는 내용이다. 「연보」에 따르면, 오운은 두 번째 소를 올린 후 벼슬에서 벗어나 남쪽으로 내려갔다고 한다.[17] 1616년에 지은 세 번째 소는 공조참의工曹參議에 임명되자 이를 사양하며 올린 것으로, 여기에는 시정時政의 득실得失에 대한 오운의 입장도 함께 피력되어 있다. 이 글에서 오운은 당시의 급무로 국가의 기강을 세우고 군정軍政을 바르게 하며 민력民力을 편안하게 할 것, 왕 주변의 아첨하는 자들을 제거하고 간쟁諫諍을 수용할 것 등을 제시했으며, 또 『주자대전朱子大全』의 진강進講을 건의 하였다. 광해군 대 정국에 대한 오운의 인식을 확인할 수 있는 저술이라는 점에서 중요한 의미를 갖는다고 생각된다.

서書에는 총 29편의 편지가 실려 있으며, 작성 시기 및 수신자를 기준으로 정리되어 있다. 수신자는 김성일(3편), 금업琴憬(5편), 이준李埈(1편), 박록朴漉(1편), 이개립李介立(2편), 박회무朴檜茂(3편), 김집金潗(1편), 박종무朴樴茂(4편), 박성범朴成範(2편), 곽진郭㬚(2편), 김륵金玏(1편), 김택룡金澤龍(1편), 장여치張汝峙·장여화張汝華 형제(1편) 등이며, 수신자가 명시되지 않은 편지도 2편이 있다. 김성일에게 보낸 편지 3편은 임진왜란 중인 1592~1593년에 작성된 것으로, 왜군의 전반적인 동향에 대해 질문하고 자신이 있는 지역의 전황과 의병들의 활동 상황을 전달하는 내용이 대부분이다. 나머지 편지들은 모두 임진왜란 이후에 작성된 것으로, 상대의 안부를 묻고 자신의 상황을 전하는 내용이 주류를 이루고 있다. 특기할 만한 내용으로는, 「여김백암록서與金栢巖玏書」에서 맏아들의 상복을 입는 문제에 대해 이황과 조식의 사례를 인용하면서 자신의 의견을 피력한 것,

---

17) 『竹牖集』, 권5, 附錄 上, 「竹牖先生季譜」 "七月, 以先塋改葬事呈疏, 南還."

「여박계직종무서與朴季直樴茂書」・「답박계직서答朴季直書」에서『동사찬요』의 교정에 대해 언급한 것,「답장산보여치무보여화별지答張山甫汝嶇茂甫汝華別紙」에서 관찰사 김이음金爾音을 향사享祀하는 문제에 대해 고을 전체가 의논을 정하고 국가에도 알려야 하는 중대한 문제로서 후생後生 한두 사람이 가벼이 결정해서는 안 된다고 당부한 것 등이 있다. 한편, 1599년에 금업琴㦡에게 보낸 편지인「여금언신서기해與琴彦愼書己亥」에는 수신자를 '형兄'으로 칭하면서 동방급제同榜及第한 네 사람이 함께 모일 수 있도록 주선해 달라고 청한 내용이 있는데, 실제로는 금업의 부친 금난수琴蘭秀에게 보낸 것이 아닌가 생각된다.

서序 3편 중「진성이씨족보서眞城李氏族譜序」는 1600년(선조 33)에 간행된『진성이씨족보』의 서문이며,「동사찬요서東史簒要序」는 1606년(선조 39)에 1차 완성한『동사찬요』를 1614년(광해군 6)에 개찬한 다음 지은 서문이다.「가세지서家世志序」는 1613년에 오운이 본종本宗의 세계世系와 행적, 외가의 선계先系와 사실을 정리한『가세지家世志』를 완성한 후 쓴 서문이다.

기記 2편 중「유연당기悠然堂記」는 영주 출신의 문인 김대현金大賢(1553~1602)이 건립한 유연당悠然堂의 기문으로, 김대현이 도연명陶淵明의 "유연견남산悠然見南山"이라는 시구에서 당호堂號를 취했음을 밝히고 당 주변의 경치를 서술하였다.「만대정기晚對亭記」는 박승임朴承任(1517~1586)의 문인 송복원宋福源(1544~?)이 세운 만대정晚對亭의 기문으로, '만대정'이라는 이름은 오운이 직접 지은 것이다. 오운이 이 정자에 올랐을 때 두보杜甫의 시구 "취병의만대翠屏宜晚對"가 생각나서 '만대정'으로 명명하고 기문을 짓게 되었다는 내용이 실려 있다.

발문跋文은 모두 12편인데, 오운 자신의 저술에 붙인 발문과 다른 사람의 저술에 붙인 발문으로 나누어 볼 수 있다. 먼저 오운 자신의 저술에 붙인 발문으로는, 이로李魯의 『용사사적龍蛇史蹟』에 실린 김성일 관련 내용 중 잘못된 부분을 수정하여 다시 정리한 글에 붙인 「서김학봉용사사적후書金鶴峰龍蛇事蹟後」, 정구鄭逑와 함께 편찬한 『함주지咸州志』에 대한 발문, 금강산을 유람한 후에 지은 『금강행록金剛行錄』에 붙인 발문, 『주자대전』에서 중요한 내용을 발췌·초록한 『주자문록朱子文錄』에 대한 발문 등이 있다. 타인의 저술에 대한 발문으로는 이황의 숙부 이우李堣의 시집에 붙인 「송재이선생시집발松齋李先生詩集跋」, 조부 오언의吳彦毅가 엮은 『한구소시권韓歐蘇詩卷』을 개장한 후에 쓴 「한구소시권발韓歐蘇詩卷跋」, 박록朴漉의 부탁을 받고 그 집안에서 소장하고 있던 선대의 경연도축慶筵圖軸에 써 준 「서박자징소장경연도축후書朴子澄所藏慶筵圖軸後」, 이개립李介立이 소장한 월성이씨月城李氏 후손들의 계첩에 붙인 「제이대중계첩후題李大仲契帖後」, 박회무朴檜茂의 육우당六友堂에 대해 이숙평李叔平이 지은 시에 붙인 「서이숙평소제박중식육우당시후書李叔平所題朴仲植六友堂詩後」, 외가의 선조인 문간공文簡公 안종원安宗源의 묘비음기墓碑陰記에 부기한 「서안문간공묘비음기후書安文簡公墓碑陰記後」 등이 있다.

한편, 「서이목은죄삼수교서후書李牧隱罪三帥教書後」와 「서이목은원암연집창화시서후書李牧隱元巖讌集唱和詩序後」는 이색李穡의 저술에 대한 발문의 형식을 빌려서 고려 공민왕 대에 김득배金得培 등 삼원수三元首를 모함하여 죽음에 이르게 했던 김용金鏞의 반역 행위와, 이를 묵인하고 삼원수의 죄목을 지적하는 교서를 작성했던 이색의 행적을 비판하는 내용을 담고 있다는 점에서 다른 발문들과는 성격이 다른 글이라고 할 수 있다.

제문은 모두 7편으로, 정선군수로 있던 1581년에 단종의 능인 노릉魯陵을 수리하면서 지은 고유문告由文이 가장 먼저 실려 있다. 이어 곽재우郭再

祐의 부친 곽준郭趁, 오운의 형 오진吳潽, 김성일의 죽음을 애도하는 제문, 외가의 선조 안석安碩과 안종원의 묘를 수리할 때의 고유문, 이산서원伊山 書院을 이건할 때의 고유문 등이 차례로 수록되어 있다.

제4권은 행적行蹟, 묘갈명墓碣銘, 묘지墓誌, 묘표墓表, 잡저雜著 등으로 구성되어 있는데, 수록 내용을 정리하면 <표 3>과 같다.

<표 3> 『죽유집』 제4권 내용

구분	제목	저작연대	관련인물/ (저자)	비고
行蹟 (3편)	曾祖考宜寧縣監贈左通禮府君行蹟	1613년	吳碩福	오운의 증조부
	祖妣淑夫人眞城李氏行蹟	1613년	眞城李氏	오운의 조모 李滉의 숙부 李堣의 딸
	贈通政大夫大學隷判決事李公行狀		李大亨	임진왜란 시 순절한 의병장
墓碣銘 (2편)	退溪李先生配貞敬夫人許氏墓碣銘-幷序	1614년	金海許氏	이황의 부인
	通政大夫宋公墓碣		宋儆	
墓誌 (1편)	先考贈嘉善大夫吏曹參判府君墓誌		吳守貞	오운의 부친 1574년(선조 7) 사망
墓表 (2편)	高麗國及第贈密直提學安公墓表		安碩	오운 외가의 선조
	朝奉大夫濟用監副正吳公墓表		吳潽	오운의 형 1593년(선조 26) 사망
雜著	呈巡察使沈公悰文	1615년		代山泉書堂儒生作
	通論一鄕士友文			代山泉有司作
	策問題	1587년		풍기 東堂試
	又	1589년		京畿別試, 여주
	又	1602년		
	圃隱先生文集誤字校正	1614년		
	東國地理誌			『동사찬요』 지리지 서문
	附韓久庵東史纂要後敍名百謙		(韓百謙)	
	附兪市南麗史提綱凡例名棨		(兪棨)	
	提綱中摭取纂要史論		(兪棨)	

행적行蹟은 모두 3편으로, 각각 오운의 증조부 오석복吳碩福과 조모인 진성이씨眞城李氏, 그리고 임진왜란 때 왜적과 싸우다 순절한 의병장

이대형李大亨의 행적을 기록한 글이다. 묘갈명은 2편으로, 이황의 부인 김해허씨金海許氏의 묘갈명과, 영주에 거주했던 조선 초기의 학자 눌재訥齋 송석충宋碩忠(1452~1524)의 아들인 송엄宋儼(1486~1571)의 묘갈명이 수록되어 있다. 묘지(1편)는 오운의 부친인 오수정吳守貞의 묘지이며, 묘표로는 외가의 선조 안석安碩의 묘표와 오운의 형 오진의 묘표 등 2편이 실려 있다.

잡저는 모두 10편이 수록되어 있는데, 이 중 7편은 오운의 저작이고 나머지 3편은 한백겸韓百謙과 유계俞棨의 글이다.

「정순찰사심공돈문呈巡察使沈公惇文」과 「통유일향사우문通諭一鄕士友文」은 모두 산천서당山泉書堂의 유생 및 유사를 대신하여 지은 글이다. 전자는 산청서당을 건립하는 중에 재력이 부족하게 되자 순찰사 심돈沈惇에게 지원을 요청한 글이고, 후자는 산천서당에 박승임朴承任의 사묘祠廟를 건립하는 일로 지역 유림들의 의견을 묻고 동의를 구하기 위해 돌린 통문通文이다.

「책문제策問題」 3편은 오운이 주관한 과시科試에서 출제한 문제들이다. 첫 번째는 1587년(선조 20)에 풍기의 동당시東堂試에서 출제한 문제로, 근심(愛)과 즐거움(樂)에 관한 경서經書와 사서史書의 여러 문구들을 인용하면서 그 의미를 질문하였다. 두 번째는 1589년에 여주에서 실시한 경기별시京畿別試에서 출제한 문제로, 치국治國을 치병治兵에 비유하면서 한漢·당唐·송宋 등 중국 역대 왕조들의 치란治亂의 이유, 당시 조선에서 나타나는 여러 폐단들의 발생 원인과 해결 방안 등을 질문하였다. 세 번째는 1602년에 지은 것으로 기록되어 있는데, 어떤 과시에서 출제된 것인지는 밝혀져 있지 않다. 중국의 역대 인물들과 우리나라의 정몽주鄭夢周·김종직金宗直 등의 출처出處에 대한 질문이 실려 있다.

「포은선생문집오자교정圃隱先生文集誤字校正」은『포은집圃隱集』교정에 참여한 오운이 자신의 교정 결과 및 의견을 정리한 것이다. 총 10개 조항으로 되어 있으며, 오자誤字 교정, 내용 및 편집 순서의 오류 수정, 누락된 글의 추가, 결락된 연보年譜의 보완 등에 관한 내용이 수록되어 있다. 「동국지리지東國地理誌」는『동사찬요』에 실린 지리지의 서문이다. 따라서 원칙적으로는 제3권의 '서序'에 포함되어야 하는 글인데, 편집의 오류로 여기에 실린 것인지 아니면 의도적으로 잡저에 포함시킨 것인지는 분명하지 않다.

마지막 3편의 글은 오운의『동사찬요』와 관련된 한백겸과 유계의 글을 뽑아 부록한 것이다. 먼저 「부한구암동사찬요후서附韓久庵東史纂要後敍」는 한백겸이 1613년에『동사찬요』를 읽은 후 지은 글로,『동사찬요』의 미진한 부분을 지적하고 우리나라 고대사 및 지리에 대한 자신의 견해를 피력한 것이다. 오운이『동사찬요』를 개찬한 것이 1614년임을 고려할 때, 한백겸의 이 글은『동사찬요』개찬에 중요한 참고가 되었을 것으로 생각된다. 마지막 2편은 유계의『여사제강麗史提綱』에서 발췌한 것으로, 「부유시남여사제강범례附兪市南麗史提綱凡例」는『여사제강』의 「범례」 중에서『동사찬요』가 언급된 부분을 뽑아 기록한 것이고,「제강중철취찬요사론提綱中掇取纂要史論」은『여사제강』에서『동사찬요』의 사론史論이 인용된 내용을 정리해 놓은 것이다.

3) 제5·6권: 세계도·연보·부록·발문

제5권에는 오운의 「세계도世系圖」와 「연보年譜」, 부록附錄 상편이 실려 있는데, 그 내역은 <표 4>와 같다.

<표 4> 『죽유집』 제5권 내용

구분	제목	저작 연대	비고
世系	竹牖先生世系圖		제1세 吳學麟에서부터 제13세 吳澐까지의 세계도
年譜	竹牖先生年譜	1809년 이후	
附錄上	賜祭文	1617년	광해군이 내린 사제문
	士林祭文		오운의 교유 인물 및 지역 유생들이 오운의 죽음을 애도하여 지은 제문. 8건 수록
	輓詞		오운의 교유 인물들이 그의 죽음을 애도하며 지은 만사. 총 40건 수록

「죽유선생세계도竹牖先生世系圖」는 고창오씨 시조 오학린吳學麟으로부터 13세世 오운까지의 계보를 정리한 것인데, 오운으로 이어지는 직계直系만을 수록하고 있다.

「죽유선생연보竹牖先生年譜」는 출생에서부터 1809년(순조 9) 남계南溪 세덕사世德祠의 건립까지 오운의 일생을 정리한 연보이다. 연보가 처음으로 작성된 것은 아마도 오명현이 『죽유집』을 편찬할 당시였을 것이라고 생각되며, 이후 오사중의 편집, 최흥벽의 산정 등을 거치면서 관련 내용들이 추가되어 현재의 모습을 갖추게 된 것으로 보인다.

「사제문賜祭文」은 1617년 오운이 사망했을 당시 광해군이 내린 제문이다. 오운이 도道는 이황을 사모했고 학문은 조식을 종장으로 했으며 글씨는 왕희지王羲之와 조맹부趙孟頫를 따랐고 시詩는 소식蘇軾과 황정견黃庭堅을 법으로 삼았다고 평가하였다.

「사림제문士林祭文」은 오운의 교유 인물 및 지역 유생들이 그의 죽음을 애도하여 지은 제문으로, 총 8편이 수록되어 있다. 제문의 저자는 박록朴漉, 조형도趙亨道, 박회무朴檜茂, 오윤吳䌹, 이산서원伊山書院 유생, 사마계제생司馬契諸生, 산천서당山泉書堂 유생, 청송靑松 유생 등이다.

「만사輓詞」는 오운의 죽음을 애도한 글로, 모두 40편이 수록되어 있으며 저자들은 다음과 같다. 정경세鄭經世, 심희수沈喜壽, 이안눌李安訥, 유근柳根, 이상의李尚毅, 이준李埈, 김현성金玄成, 정광성鄭廣成, 정광경鄭廣敬, 윤휘尹暉, 기자헌奇自獻, 정호선丁好善, 이민성李民宬, 이민환李民寏, 김용金涌, 김령金坽, 이개립李介立, 김영조金榮祖, 심돈沈惇, 조찬한趙纘韓, 성안의成安義, 전식全湜, 이윤우李潤雨, 이대기李大期, 이언영李彦英, 문경호文景虎, 조정趙靖, 박제인朴齊仁, 여대로呂大老, 박이장朴而章, 김중청金中淸, 성여신成汝信, 김택룡金澤龍, 안숙安璹, 하혼河渾, 임흘任屹, 유중룡柳仲龍, 김시주金是柱, 곽진郭𡾟, 박록朴漉.

제6권은 부록 하편으로 오운과 관련된 각종 문자들이 실려 있는데, 내역은 <표 5>와 같다.

<표 5> 『죽유집』 제6권 내용

구분	제목	저자	비고
附錄 下	家狀	吳汝橃	오운의 둘째 아들
	行狀	趙亨道	오운의 사위
	墓碣銘 - 幷序	金應祖	
	寒泉書院奉安文	李級	「竹牖先生文集序」 작성
	山泉書院常享文	李守定	「竹牖先生文集序」 작성
	南溪祠奉安文	金熙周	
	南溪祠常享文	成彦檍	
	吳氏世稿跋	金若鍊	
	記聞錄		여러 문헌에서 오운과 관련된 내용들을 발췌하여 수록(총 9건)
	投贈詩章簡牘		이황·유성룡 등이 오운에게 보낸 편지와 시문을 수록(총 13건)
跋	跋文	崔興璧	
	跋文	韓光善	1824년 『죽유집』 간행 시 발문

「가장家狀」·「행장行狀」·「묘갈명墓碣銘」은 오운의 생애를 정리한 것으로, 내용은 대체로 대동소이하다. 「한천서원봉안문寒泉書院奉安文」·「산천서원상향문山泉書院常享文」·「남계사봉안문南溪祠奉安文」·「남계사상향문

南溪祠常享文」 등은 한천서원·남계사 등에 오운을 봉안하고 제사할 때 작성된 글들이다. 「오씨세고발吳氏世稿跋」은 오운의 증조부 오석복吳碩福과 조부 오언의吳彦毅, 아들 오여벌吳汝橃, 손자 오익엽吳益熀, 증손자 오경기吳慶基 등의 유고를 모아 편집한 『오씨세고吳氏世稿』의 발문으로, 『오씨세고』를 편찬한 이는 『죽유집』 영천본을 편찬했던 오사중이다.

「기문록記聞錄」은 여러 문헌에서 오운과 관련된 내용들을 발췌하여 정리한 글로, 모두 9건의 기사가 실려 있다. 인용 문헌은 ①『계문제자록溪門諸子錄』 중 정두경權斗經의 기록, ② 정구鄭球의 「함주지서咸州志序」, ③ 이로李魯의 『용사록龍蛇錄』, ④ 이여복李汝馥의 『사우록師友錄』, ⑤ 서명이 확인되지 않는 권성오權省吾의 기록 등 5종인데, 이 중 이로의 『용사록』과 권성오의 기록에서는 각각 3건씩의 기사가 인용되었다.

「투증시장간독投贈詩章簡牘」은 이황·유성룡 등 오운의 교유 인물들이 오운에게 보낸 시와 편지를 수록한 것으로, 모두 13편이 실려 있다. 시詩가 10편(①~⑩)이고 편지가 3편(⑪~⑬)인데, 제목과 저자를 정리하면 다음과 같다. ①「증오대원贈吳大源」—이황李滉, ②「송판교운질부임합천送判校澐侄赴任陜川」—오수영吳守盈, ③「억강양쉬운질憶江陽倅澐侄」—오수영, ④「억운질憶澐侄」—오수영, ⑤「백암팔경병서白巖八景并序」—이준李埈, ⑥「백암십승白巖十勝」—조찬한趙纘韓, ⑦「백암십경白巖十景」—오수영, ⑧「제죽유정사題竹牖精舍」—이준, ⑨「봉정죽유영공奉呈竹牖令公」—조찬한, ⑩「죽유석상차현부운竹牖席上次玄夫韻」—이준, ⑪「답오대원서答吳大源書」—박승임, ⑫「답오대원서答吳大源書」—유성룡, ⑬「봉사오영공서奉謝吳令公書」—한백겸.

발문 2편 중 첫 번째는 오사중의 영천본을 산정하여 『죽유집』 정고본을 완성했던 최흥벽이 지은 것으로, 오명현·오사중을 거쳐 자신의 산정에 이르기까지의 『죽유집』 편찬의 전 과정이 정리되어 있다. 이 발문은 특히 오명현의 『죽유집』 편찬 활동이 있었음을 보여 주는 유일한 기록이라는 점에서 중요한 자료적 가치를 갖는다. 두 번째 발문은 1824년 목판본 간행 당시 한백겸의 후손 한광선韓光善이 지은 것으로, 오운의 8세손 오경정에 의해 『죽유집』이 간행된 과정이 기록되어 있다.

4. 맺음말

『죽유집』은 16세기 중반~17세기 초에 활동했던 학자이자 문신인 죽유竹牖 오운吳澐의 문집이다. 『죽유집』의 모태가 된 것은 오운이 자신의 저술을 직접 정리하여 1601년 이후 편찬한 『율계난고』였다. 이후 18세기 중반에 이르러 오운의 7세손인 오명현吳命賢이, 이어 18세기 후반에는 역시 오운의 7세손인 오사중吳司重이 각각 『율계난고』를 바탕으로 오운의 다른 저작들과 연보 등을 수집·보완하여 별도의 문집 초본을 작성하였다. 그리고 다시 오명현의 숙부인 오계후吳季垕의 사위 최흥벽崔興璧이 오명현의 초본을 참고하여 오사중의 초본을 산정하는 과정을 거침으로써 최종 정고본이 완성되었다.

비슷한 시기에 오명현과 오사중이 각각 『죽유집』의 초본을 별도로 작성했고, 곧이어 최흥벽이 오명현의 초본을 기준으로 오사중의 초본을 산정하여 정고본을 작성한 점을 볼 때, 18세기 후반 『죽유집』 편찬 과정에서 편찬 주체들 간에 일정한 갈등과 대립이 있었던 것으로 추정된다. 그리고 이러한 갈등은 경상도 지역 고창오씨 세거지가 고령과 영주로 나누어진 것과 연관이 있는 것으로 보인다. 즉, 고령 지역 고창오씨들은 고령 출신의 오명현이 편집한『죽유집』초본이 이미 있는 상황에서 영주 출신의 오시중이 다시 정리한『죽유집』원고에 오명현 초본의 내용이 충분히 반영되지 않은 것에 불만을 가졌고, 이에 오후상을 중심으로 문제를 제기하여 오시중 편집본을 다시 수정하게 된 것이 아닌가 생각된다.

『죽유집』은 총 6권으로 구성되어 있는데, 제1~4권은 오운의 저술이 수록되어 있고, 제5~6권에는 오운의 「세계도」와 「연보」, 「행장」, 그리고 오운을 추모한 각종 제문과 만사, 오운과 교유한 인물들이 오운에게 보낸 시문과 편지 등이 실려 있다.

『죽유집』은 비록 거질의 문집은 아니지만, 오운의 생애와 교유, 학문 경향 등이 오롯이 담겨 있는 저술이다. 그가 지은 시와 편지, 기문, 묘도문자墓道文字 등은 그의 교유관계를 파악하는 데 중요한 단서를 제공해 주며, 공조참의工曹參議의 직을 사임하기 위해 올린 상소에는 광해군 대 정국에 대한 오운의 인식이 잘 나타나 있다. 또, 그가 지은 여러 서문과 발문들, 특히 자신의 저술에 붙인 서·발문들은 그의 학문적 편력과 지향점을 확인할 수 있는 자료로서 중요한 가치를 지닌다. 부록에 수록된 오운의 「연보」와 「행장」, 「가장」 등에는 그의 생애가 잘 정리되어 있으며, 그가 산천서원山泉書院·남계사南溪祠 등에 배향되는 과정에서 작성된 봉안문奉安文·상향문常享文 등은 후배 학자들과 지역사회에 끼친 그의 영향력이 어떠했는지를 생생하게 보여 준다.

이처럼『죽유집』은 오운의 생애와 학문, 그의 활동이 갖는 역사적 의의, 오운을 중심으로 형성된 교유와 학맥, 학풍 등을 연구하는 데 있어 필수적인 자료라는 점에서 중요한 가치를 갖는다고 할 수 있다.

제2장 죽유 오운의 생애
—학자 · 관료적 자취와 타자의 시선을 중심으로—

김 학 수

1. 머리말

오운吳澐(1540~1617)에게 주어진 역사적 시간은 77년이었다. 천수를 누렸다고 해도 부족함이 없는 이 기간 동안 그는 많은 것을 성취했고, 그 자취는 다양한 문헌에 실려 전하고 있다. 그는 '목릉성세'라 불릴 만큼 문운이 융성했던 시대를 살았고 그 또한 그런 문화를 양성하는 데 일조한 것이 분명했지만, 임란의 소용돌이가 '문화융성'의 의미를 크게 퇴색시킨 것 또한 부정할 수 없다.

오운은 좋은 가정에서 태어나 양질의 교육을 받고 자랐다. 선대가 축적한 재력은 생계의 걱정 따위는 잊고 학업에 전념할 수 있게 했고, 조식 · 이황 등 석학과의 만남은 그의 시대적 역량을 확대 · 강화하는 결정적인 계기가 되었다. 이런 바탕 위에서 그는 조선의 모든 유생들이 선망했던 문과에 합격하여 엘리트 문신으로 예칭되었고, 크고 작은 부침은 있었지만 정경의 반열에까지 오름으로써 '성공한 인생'의 표본이 되기에 손색없는 삶을

살았다. 여기에 시문을 수록한『죽유집』을 비롯하여 평생의 정력을 기울인
『동사찬요東史纂要』와『주자문록朱子文錄』같은 저술들이 있었기에 그는
여느 '벼슬아치'와는 일정한 차별성을 지니면서 '학자·관료'로써 기억되
고, 또 기록될 수 있었던 것이다. 적어도『죽유집』이 전하고자 하는 메시지는
이런 것이었고, 많은 부분 사실에 부합된다고 본다.

　그러나 그것이 전부일 수는 없다. 먼저 오운 연구의 기초 텍스트인
『죽유집』이 18세기 후반에 수집·편차되어 사후 200년이 지난 1824년에
간행된 점도 유의할 대목이다. 물론 문집 간행은 지적知的 노동과 상당한
물적 기반이 요구되는바, 일정한 시일을 필요로 하는 것은 사실이다. 여기서
중요한 것은 단순히 시간의 문제가 아니다. 오운 사후 경과된 200년은
정지된 시간이 아니라 많은 변화가 수반되는 생동하는 시간이다. 어떤
간행물도 시대상황으로부터 자유롭기는 어렵다. 이 점에서는『죽유집』도
예외일 수 없었다. 있어야 할 내용이 보이지 않기 때문이다. 특히 정인홍과
관련된 부분이 그렇다. 본고는『죽유집』은 빠뜨리고 있지만 오운과 그의
시대를 이해하기 위해 반드시 필요하다고 판단되는 부분을 타자의 시선과
기억이 반영된 문헌들을 통해 보완하는 데 주안점을 두고자 한다. 고창오씨
집안의 가계와 오운의 학자·관료적 삶에 대해서는 이미 선행 연구들[1]에서
정치하게 분석한바, 이에 대해서는 췌언贅言치 않기로 한다.

---

1) 고령대가야박물관·경북대학교 퇴계연구소 편,『죽유 오운의 삶과 학문세계』(도
서출판 역락, 2007). 이 책에는 총 5편의 글이 수록되어 있다. 허권수는 강좌·강우
문화의 융합자로서의 오운을 조명했고, 박인호는 오운 학문의 핵심 영역의 하나인
『동사찬요』를 사학사적 관점에서 분석하였으며, 김용만은 호구류, 분재기류를 검
토하여 오운 가의 삶의 기반과 여건을 정치하게 설명하였다. 설석규는 16세기 영
남사림의 분화 과정에서의 오운의 역할을 정치사상사적 관점에서 해명하였으며,
정우락은 '흥과 '낭만주의'를 키워드로 오운의 시세계를 심도 있게 그려냈다. 특히,
허권수의 연구는 고창오씨의 가계는 물론 오운의 행적, 사우관계, 학문과 문학, 임
진왜란 과정에서의 역할 등을 광범위하게 서술함으로써 본고 서술의 여지를 크게
좁혀 놓았다. 후술할 가계와 생애는 이 연구의 도움이 많았음을 밝혀 둔다.

2. 학자관료적 자취

1) 존현 및 교육 사업: 팔봉·이산서원 및 한천서당을 중심으로

(1) 팔봉서원 건립: 탄수·소재학통의 거점 형성 지원

오운의 생애에 있어 주목할 만한 것은 서원 및 서당의 건립 또는 그것의 지원을 통한 사림 교학기반의 확충이었다. 그가 주론하거나 지원한 교육기반 확충사업은 1583년 충주 팔봉서원八峯書院의 건립, 1614 년 영주 이산서원伊山書院의 이건, 1615년 영주 산천서당의 건립인데, 이는 이황의 서원보급론의 착실한 계승 양상으로 해석할 수 있다.

팔봉서원은 1582년 이연경李延慶의 외손자이자 노수신盧守愼의 문인이었던 강복성康復誠이 충청도관찰사 김우굉金宇宏의 지원을 받아 건립한 이자李耔·이연경의 제향처로, 건립 당시의 명칭은 계탄서원溪灘書院이었다. 사림파의 명현인 이자·이연경을 병향하는 형태로 출범하였지만 건원 주체들의 성격을 고려할 때, 이 서원은 탄수灘叟학통의 거점으로 모색된 공간이었다.

강복성의 증조 강백진康伯珍은 김숙자의 외손자였고, 아버지 강유선은 이연경의 사위이자 문인으로서 조광조의 신원소를 주도하여[2] 사림에서의 명성이 높았다. 강복성은 강유선의 유복자로서 외조 이연경의 집에서 생장했고, 이모부 노수신의 문하에서 수학했다. 그가 상주 출신이면서도 유성룡·정경세와 사우관계를 맺지 않았던 것은 이연경 → 노수신으로 이어지는 탄수·소재 학맥에 대한 강렬한 연원의식의 결과였고, 팔봉서원의 건립은 그것의 구체적인 표현이었다. 서원의 기문을 노수신에게 위촉한 것도 같은 맥락에서 이해할 필요가 있으며, 이것은 곧 '소재추향蘇

---

2) 『인종실록』, 권1, 1년 3월 17일(기묘).

齋追享'의 실마리를 만들어 가는 과정이기도 했다.

노수신이 지은 「계탄서원기溪灘書院記」에 따르면, 김우굉의 지원 속에
건원에 착수한 것은 1582년이고, 실질적인 공역은 충주목사가 주관했다.
오운은 1583년 가을 충주목사에 부임하면서 전임 목사 유한충이 주관하
던 건원사업을 속행하여 낙성을 보게 된 것이다.

> 임오년 봄에 감사 김우굉이 두 선생의 자취가 인멸된 것을 안타깝게 여겨 목사 이후와
> 논의하여 고을 선비 여러 명을 가려 뽑은 뒤 탄수선생이 살던 집의 북쪽에 터를
> 잡고 그 향배에 따라 공역을 감독하였고, 뒤에 목사 유한충과 오운이 그 일을 이어
> 힘을 쏟아 완공하기에 이르렀다. 서원 제도는, 먼저 사묘를 건립하여 두 선생을 봉안
> 했는데, 곧 숭덕사이다. 그 다음으로 '호의好懿'라는 명칭의 강당, '명성明誠'·'경의敬
> 義'라는 명칭의 동서재를 건립했고, 마지막으로 담장을 두르고 문을 세운 뒤 총칭하여
> '계탄서원溪灘書院'이라 편액했다.3)

노수신의 기문에는 생략되어 있지만 계탄서원 원향과 관련한 오운의
역할은 생각보다 컸다. 그는 목사로서 행정적 관리만을 담당했던 것이
아니라 학계의 일원으로서 원향론 전반에 깊이 개입하고 있었다. 이런
면모는 사묘祠廟 및 제諸 당실堂室의 명호를 손수 제정한 것에서 분명하게
확인할 수 있다.

> 계미년, 팔봉서원을 건립했다. 음애 이자와 탄수 이연경을 제향하는 곳이다. 이보다
> 앞서 방백 김우굉이 원우를 창건했고, 선생이 이어서 완성했다. 사당의 명호 및 당실
> 의 편액은 모두 선생께서 명명한 것이다.4)

---

3) 盧守愼, 『穌齋集』, 卷7, 「溪灘書院記」.
4) 吳澐, 『竹牖集』, 「年譜」, 癸未(1583), "建八峯書院, 享陰厓李公耔灘叟李公延慶. 先是方
   伯金公宇宏刱建院宇, 先生踵而成之. 祠號及堂室扁額皆先生所命也."

이후 계탄서원은 검암서원劍巖書院으로 개칭한 다음 1613년 소재문인 심희수의 주관 하에 김세필과 노수신을 추배함으로써5) 탄수·소재학통의 거점으로서의 위상을 확고하게 다지는 가운데 1672년(현종 13) '팔봉서원'으로 사액되기에 이른다. 오운은 학통상 남명·퇴계학파에 속했지만 탄수·소재학통의 거점 형성에 매우 중요한 역할을 담당했던 것이다. 더구나 노수신은 사상적 불순정성을 이유로 이황으로부터 맹렬한 비판을 받은 인물이었지만6) 오운은 경쟁·비판적 관점보다는 포용·공존적 시각에서 사문지사斯文之事를 처리하고 있었던 것이다.

(2) 이산서원 이건과 한천서당의 건립: 퇴계학의 천양과 영주 지역 학술문화 인프라의 확충

이산서원은 1559년 이황이 서원의 명칭, 기문 및 원규를 손수 제정할 만큼 큰 관심을 보인 퇴계서원론의 모태를 이룬 서원이었다. 그 결과 이산서원은 퇴계학파에서는 하나의 중지로 인식되었고, 이황 사후에도 그런 인식은 퇴색하지 않았다. 1572년 묘우 건립 시 김륵金玏이 상량문을 찬술하고 같은 퇴계문인인 황해감사 박승임의 지원 하에『성학십도聖學十圖』와 「무진봉사戊辰封事」를 이곳에서 간행한 것도 그 때문이었다.

1573년 이황의 봉안과 1574년 '이산서원'으로의 사액은 서원의 공적

---

5) 盧守愼,『穌齋集』,「年譜」, 癸丑, "四十一年癸丑, 忠州士子相與合祀于溪灘書院春秋享祀祝文曰, 德量行誼, 學問文章, 窮養達施, 亹亹難忘, 沈一松喜壽所製.";沈喜壽,『一松集』, 卷8,「忠原劍巖書院祝詞」, "議政府左參贊陰崖李先生, 氣宇淸明, 學術醇正, 聞風百世, 肅然起敬, 弘文館校理龍灘李先生, 資高學邃, 道全德成, 推其所有, 以迪後生, 守知中樞府事十淸金先生, 博聞彊識, 厚德高風, 追慕之深, 遠近攸同, 議政府領議政穌齋盧先生, 德量行誼, 學問文章, 窮養達施, 亹亹難忘."
6) 김광순·문경현·최증호,「소재 노수신 연구─문학·정치·사상을 중심으로」,『韓國의 哲學』17(경북대 퇴계연구소, 1989); 趙誠乙,「穌齋 盧守愼의 學問과 政治活動」,『남명학연구』10(경상대 남명학연구소, 2000).

기능의 확대를 의미하는 것으로, 조목·김륵·오운·박록 등은 강학을 통해 학술공간으로서의 기능을 강화해 나갔다. 이 과정에서 오여벌吳汝橃·오여강吳汝橿 등 고창오씨 오운 일가의 자제들 또한 이산서원을 출입하게 되었고[7] 오운은 이곳에서 독서·강학하는 한편 박승임朴承任의『소고집嘯皐集』원고를 수정하는 등 일향의 문풍을 크게 진작시키게 된다. 여기서 그가 중점을 둔 것이 사설, 즉 퇴계학이었음은 재론의 여지를 남기지 않는다.

> 만력 31년 계묘년, 5월에 이산서원에 가서 죽유 오공과 함께 상의하여 소고선생의 문집을 수정했다.[8]

오운의 영주 생활과 지역 사자들에 대한 영향에 대해서는 소고문인 박선장朴善長의 기록을 통해 좀 더 자세하게 살펴볼 수 있다.

> 이산서원에서 책을 읽고 돌아오는 길에 백암 김륵, 취수醉睡 박록朴漉, 죽유 오운 선생 댁을 방문했다. 선생은 자신이 효과적으로 열심히 공부하는 데에는『심경』,『근사록』,『주자서절요』를 꼽았다. 더구나 정신을 집중하여 익히고 계속 종합하여 터득했다. 학업이 날로 발전하여 일시에 크게 이루어지니 동료들이 칭송했다. 김백암, 박취수, 오죽유 선생이 선생보다는 연배가 되었으며, 특히 경험이 풍부하고 신중한 분들이었기 때문에 항상 크게 의지했다.[9]

물론 위 인용문은 박승임에 대한 경모의식을 드러내는 데 강조점이 있지만, 당시 영주 사론을 주도하며 지역의 학풍 진작에 영향을 미친

---

7) 『伊山書院誌』,「入院錄」, 己亥年(1599).
8) 『伊山書院誌』,「日記」, 癸卯(1603).
9) 『伊山書院誌』,「日記」, 己卯(1579).

인물로 박승임·김륵과 함께 오운을 거론하고 있다. 이것은 박선장의
눈에 비친 영주 학계의 판도이자 질서에 다름 아니었다.

이산서원은 사문의 중지라는 위상에 무색하게 터가 좁고 습해濕害가
잦았다. 이에 1614년 사림은 이건을 논의하게 되는데, 이를 주론한 것이
오운이었다.

> 갑인년(1614), 이산서원 이건을 논의했다. 서원의 터가 좁고 낮아서 자주 허물어지는
> 폐단이 있어 선생이 한두 동지와 함께 이건을 논의했다.[10]

아울러 오운은 직접 찬술한 「이안고유문移安告由文」에서[11] 이안의 사유
를 소상히 밝히고 있는데, 이것은 존현의 '미안함'과 양사의 부적합성으
로 요약될 수 있다. 이후 경삼감사에게 이건론이 보고되어 행정적 절차가
이행되고, 1616년 신임 원장 성안의의 열성에 힘입어 이건이 실행되기에
이른다.

건물의 완성은 곧 이안례로 이어졌고, 오운 또한 이 자리에 참석하여
성대한 예식을 경축했다. 조찬한趙纘韓은 「이산서원이건기伊山書院移建記」
에서 그날의 상황을 이렇게 묘사하며 김륵·오운 두 노유의 역할과
공로를 기렸다.

> 이안하는 날이 정해지자 소식을 들은 도내의 많은 선비들이 의관을 갖추고 모였다.
> 모인 사람은 수백 명으로 고을의 부형자제들이 귀천에 관계없이 모두 모였다. 회중에
> 는 전 참판 김륵 공과 전 부윤 오운 공 같은 분들이 있었는데 이분들이 덕망을
> 지닌 어른들로 앞자리에 앉았고, 나머지 빽빽이 선 관원과 사대부는 그 수가 얼마나

---

10) 吳澐, 『竹牖集』, 「年譜」, 甲寅(1614), "院址埶陥庫下. 易致傾圮, 先生與一二同志, 定議
移建."
11) 吳澐, 『竹牖集』, 卷3, 「伊山書院移建告由文(甲寅)」.

되는지 알지 못했다. 나 또한 황송하게 참배하는 줄에서 엄숙하고 공경스런 유습을 직접 보았다. 아! 참으로 성대하도다.[12]

오운은 1615년 만년의 연거·독서처로 죽유정사를 지어 자호하는 한편 김륵과 논의하여 새로운 사림 강학처를 모색하였다. 성재산 동쪽에 건립된 산천서당이 바로 그것이다. 산천서당은 이산서원과 상보적 관계를 유지하며 영주지역 사림 교학의 새로운 거점으로 기능하게 되면서 영주 지역의 학술문화적 인프라도 크게 확대되었다.

산천서당은 독서·강학이라는 협의의 교육을 넘어 존현의 기치 속에서 선비들로 하여금 학문의 방향, 추향을 알게 하려는 취지에서 모색된 공간이었다. 오운이 이황 다음으로 내세우고자 했던 '현인賢人'은 박승임朴承任이었고, 한천서당寒泉書堂은 그를 제향하는 사우의 예비적 공간으로 설계된 것이었다.[13] 이를 위해 오운은 경상감사 심돈沈惇에게 물력 지원 요청서를 보내는 등 서당건립론을 진두지휘하는 열정을 보였다. 이후 한천서당은 교육기능을 꾸준히 수행하다 1786년 이곳에 사당이 건립되면서 한천서원으로 개칭되었다.

2) 문헌정비사업: 『함주지』 편찬 지원을 중심으로

오운의 학자관료적 경세관의 일단을 잘 보여 주는 것은 『함주지咸州志』

---

12) 『伊山書院誌』, 「記」, '伊山書院移建記(趙續韓)'.
13) 吳澐, 『竹牖集』, 卷4, 「通諭一鄕士友文代山泉有司作」, "竊以嘯皐先生, 文章德望, 晃一世, 餘澤及於鄕黨, 好學讀書之功, 暮季益篤, 誘掖訓誨, 成就後進, 風聲如昨, 山仰至今, 而迨闕一畝之宮, 尙欠廟享之儀, 責在吾黨, 尋常竊歎, 適於今夏, 爲洞內後生輩粗建書堂 於聖齋山之麓, 溪山靜秀, 出泉玉潔, 去先生終老之宅纔數百步, 斂意立先生祠廟於堂後, 爲後學尊瞻師範之地, 裏諸龜亭竹牖兩丈意以克合, 但此係關斯文, 擧措非輕, 非一洞所私, 宜與一鄕諸士友博議以定, 而當此農暑之極, 勢不能齊會, 玆敢通文告諭, 仰各回示可否."

의 편찬이다. 『함주지』는 1587년 정구가 주편한 함안의 군현지이다. 주지하
는 바와 같이 정구는 1580년 『창산지昌山誌』의 편찬을 비롯하여 『동복지同福
誌』(1584), 『함주지』(1587), 『통천지通川誌』(1592), 『임영지臨瀛誌』(1594), 『관동지
關東誌』(1596), 『충원지忠原誌』(1603), 『곡산동암지谷山洞庵誌』(1604), 『와룡지臥
龍誌』(1604), 『복주지福州誌』(1607) 등 약 30년 동안 무려 11종의 지리지를
편찬하였다.[14] 현존하는 것은 『함주지』뿐이지만, 정구의 의욕적인 편찬
활동은 영남지역 군현 읍지의 편찬(私撰)에 매우 중요한 영향을 미쳤다.
특히, 『함주지』는 조선 후기 지지 편찬의 기본 모델이 되었다. 정구의
지리지 편찬은 다양한 시각에서 의미를 부여할 수 있겠지만,[15] 한강학풍을
실용학과 관련지어 설명할 수 있는 중요한 단서가 될 수 있다는 점에서도
시사하는 바가 적지 않다.

『함주지』는 정구의 대표적 저술의 하나로 일컬어지지만 이 희대의
역작이 탄생하기까지는 동지들의 적극적인 협찬이 있었다. 정구가 「함주
지서」에서 동지들의 지원을 자세하게 언급하며 감사를 표한 이유도
여기에 있었다.

> 여선汝宜 이칭李偁은 관대하고 온후한 군자이고, 중사仲思 박제인朴齊仁은 덕을 지닌
> 데다 지조가 있고, 여함汝涵 이정李瀞은 재주와 행실이 다 높으니, 이들 모두 내가
> 경외하여 항상 만나고 서로 즐겁게 지내는 자들이다. 태원太源 오운吳澐도 본 고을의
> 선배로서 지금 향교의 제독提督으로 있다. 공사 간에 서로 모여 자주 자연스럽게
> 어울리던 중에 내가 수집한 산천과 백성들의 풍속에 관한 기록을 보고 말하기를

---

14) 김문식, 「16~17세기 한강 정구의 지지리 편찬」, 『民族文化』 29(민족문화추진회,
   2006), 193쪽.
15) 김문식은 「16~17세기 한강 정구의 지지리 편찬」, 『民族文化』 29, 202~212쪽에서
   정구의 지리지 편찬 의의를 ① 지방의 역사와 지리에 대한 문헌적 정리, ② 유교
   식 예제의 보급과 충효정신의 권장, ③ 국가 관료로서의 의무 실천, ④ 朱子 →
   李滉 · 曹植으로 이어지는 학통의 계승의식 표출 등으로 해석했다.

"그대가 이것들을 편찬하여 군지郡志로 만들어 보지 않겠는가?" 하였는데, 이는 곧 내가 원하던 뜻이었다. 서로의 의견이 일단 일치되자 수집하고 기록하는 작업을 공동으로 수행하여 열흘 동안 손질한 끝에 작업이 끝났다. 만일 제군의 정성어린 마음과 민첩하게 도와준 힘이 아니었다면 어찌 일이 이처럼 빨리 완성되고 그 과정이 이처럼 조리가 있을 수 있었겠는가.16)

정구가 함안군수로 부임한 것은 1586년 10월이었고, 『함주지』에 서문을 붙인 것은 1587년 8월이었다. 서문에서 자술한 바와 같이 본격적인 편찬에 들어간 지 불과 열흘 만에 작업을 마칠 만큼 『함주지』가 속찬速撰될 수 있었던 것은 함안 출신으로서 지역의 사정에 밝고 학식을 갖춘 사우들이 있었기 때문이다. 정구가 협찬자로 거론한 이칭·박제인·이정·오운은 모두 남명 문하의 동문들이었으며, 특히 관련 자료의 수집 및 정리 단계에 머물렀던 정구에게 군지의 편찬을 적극 권유한 사람이 바로 당시 함안의 제독관으로 있던 오운이었다. 함안은 오운의 증조 오석복이 정거한 이래 죽유가에서는 송추지향으로 인식되었고, 오운 또한 함안 모곡리 출생이었다. 오운이 『함주지』의 편찬을 적극 권유하며 공동 작업에 적극성을 보인 것도 이런 맥락에서 이해할 필요가 있다.

정구는 1588년 8월 함안군수 사임 때 『함주지』의 원고를 가지고 귀향했기 때문에 정작 함안에는 등본조차 남은 것이 없었다. 그리고 얼마 후 임진왜란이 발생하였지만, 화란의 와중에도 '한강수장본寒岡收藏本'은 해인사에 갈무리되어 유실을 면할 수 있었다. 1600년 사환 도중 서울에서 정구와 재회한 오운은 극적으로 『함주지』의 원고를 입수하게 되고, 이에 즉시 사본을 만든 다음 저간의 감회를 피력한다. 『죽유집』에 실려 전하는 「제함주지후題咸州志後」가 바로 그것이다.

---

16) 鄭逑, 『寒岡集』, 卷10, 「咸州志序」.

물론 『함주지』는 정구의 저작이고, 오운은 여러 협찬자 가운데 한 사람일 뿐일 수도 있다. 그러나 『함주지』로 대표되는 지지 편찬은 한강학풍을 넘어 한려학풍의 중요한 특징으로 입론될 수 있다는 점을 감안할 때, 『한주지』의 편찬을 권유하고 또 적극 협조했던 오운의 역할에 보다 역점을 둘 필요가 있음을 강조하고자 한다.

참고로 읍지 편찬에 대한 관심은 장현광에게 그대로 계승된 측면이 크다. 물론 장현광은 독립적인 지리지를 편찬한 것이 없지만 의성현령 등 지방관 재직 시에 읍지 중수에 각별한 관심을 표명하는 한편 문인·제자들을 통해 지리지 편찬을 끊임없이 권장·독려하였는데, 이는 한강학풍의 계승의식과 결코 무관치 않아 보인다. 지리지 편찬에 대한 장현광의 관심의 일단은 아래의 인용문에서 분명하게 확인할 수 있다.

> 갑술년(1634) 2월 나는 남산에 와서 선생을 뵙고 여러 친구들과 여지輿地의 일에 대하여 언급하였다. 선생은 분부하시기를, "우리나라는 전적典籍이 구비되지 못하였으니, 이 고을에 살면서 이 고을의 고사故事를 모른다면 되겠는가. 제군은 각기 지지地誌를 편찬하여 권하고 징계하는 바가 있게 하는 것이 좋다" 하시고는, 인하여 나에게 명하여 『문소현지閒韶縣誌』를 편찬하도록 하였다. 이는 선생이 일찍이 문소현 현령이 되시어 수집할 뜻이 있었으나 성취하시지 못한 때문이었다.[17]

위 인용문에서 드러나는 장현광의 지리지 인식에는 지역사회에 대한 통찰의식과 더불어 유교적 권선징악의 정신이 반영되어 있다고 할 수 있다. 이런 정신은 권응생權應生, 정극후鄭克後 등 경주 출신 문인들에게 『동경지』의 편찬을 권유하는 과정에서도 그대로 드러났다.[18]

---

17) 張顯光, 『旅軒集』 續集, 卷9, 附錄, 「拜聞錄」(申悅道).
18) 張顯光, 『旅軒集』 續集, 卷2, 「答權命世」 및 「答玉山書院」.

<표1> 한려 계열에서 편찬한 지리지

순번	지리지명	편찬자 또는 관련인물	편찬 시기
1	東京志(慶州)	權應生(旅門), 鄭克後(旅門)	인조 연간(1623~1649)
2	聞召誌(義城)	李民寏(旅門), 申悅道(旅門), 安應昌(旅門)	1656(효종 7)
3	京山志(星州)	金鍒(岡門), 呂燦(岡門), 李道長(旅門), 李元禎(寒旅淵源)	1677(숙종 3)
4	密州誌(密陽)	朴璟(旅門), 趙任道(旅門)	인조 연간(1623~1649)
5	鰲山誌(淸道)	李重慶, 柳袗(旅門)	1627(인조 5)
6	一善志(善山)	崔晛(旅門)	1618(광해군 10)
7	天嶺誌(咸陽)	鄭秀民(旅門)	1656(효종 7)
8	仙槎誌(蔚津)	申悅道(旅門)	1640(인조 18)
9	襄陽誌(醴泉)	安應昌(旅門)	인조 연간(1623~1649)

　　지리지에 대한 장현광의 애착은 문인들을 통해 구체화되었다. 『문소
지』의 경우, 신열도[19]는 장현광의 명에 따라 동문 이민환과 함께 편찬에
착수하였고, 1656년(효종 7) 때마침 의성현령에 재직하던 동문 안응창의
지원을 받아 이를 간행했던 것이다.[20] 신열도와 안응창이 각기 「문소지발
聞召誌跋」과 「문소지서聞召誌序」에서 문소지 편찬에 있어서의 장현광의
역할을 특필한 것에서도[21] 지리지 편찬이 여헌 경세학의 중요한 영역임
을 감지할 수 있다. 이보다 앞서 신열도가 1638년 울진현령 재직 시
『선사지仙槎誌』를 편찬하고[22] 또 안응창이 『양양지襄陽誌』와 『정릉지貞陵
誌』를 편찬할 수 있었던 것도[23] 지지 편찬에 대한 장현광의 애착과

---

19) 신열도에 대해서는 김종석, 「懶齋 申悅道의 사상과 旅軒學 계승」, 『선주논총』 10
　　(금오공과대학교 선주문화연구소, 2007) 참조.
20) 申悅道, 『懶齋集』, 卷6, 「聞召誌跋」.
21) 申悅道, 『懶齋集』, 卷6, 「聞召誌跋」, "後之君子, 不以僭率爲咎, 而嗣而輯之, 補其闕而
　　闡其遺焉, 則奚但不佞之幸, 抑亦毋負我先師我賢侯前後激勵之盛意云爾."; 安應昌, 『柏
　　巖集』, 卷2, 「聞召誌序」, "此張先生之所以拳拳, 而鄕人之所當家傳而戶藏者也."
22) 申悅道, 『懶齋集』, 卷6, 「仙槎誌跋」.
23) 安應昌, 『柏巖集』, 卷2, 「襄陽誌序」, 「貞陵誌序」.

관심을 대변하는 것이었다.

지지 편찬에 있어 한려학풍의 특징이 가장 잘 드러나는 것은 성주
읍지인『경산지京山志』이다. 1677년 이원정李元禎에 의해 탈고된『경산지』
는 그 편찬 과정이 결코 순탄치 않았다. 공교롭게도 성주는 지지 편찬의
선도자였던 정구의 고향이었음에도 불구하고 17세기 초까지 일향의
문헌이 정비되지 못했다. 이원정이『경산지』의 서문에서 안타까움을
토로한 것도 이 때문이었다.

> 문목공文穆公 한강寒岡 정선생鄭先生은 임영·복주·함주·창산·동복 등 역임한 주
> 부군현州府郡縣마다 지지를 편찬하지 않음이 없었는데, 유독 고향만 누락되었다. 우리
> 선생께서 우리 고을에 대해서만은 어찌 힘을 쓰시지 않았단 말인가?[24]

이런 상황에서 성주 읍지의 편찬에 박차를 가한 인물이 장현광이었던
것이다. 1635년 장현광은 사림士林의 부고府庫인 성주에 읍지가 없을
수 없다는 생각에서 김주金輳·여찬呂燦 등 한려문인들에게 지지 편찬을
지시하였다. 이에 이들 두 사람은 역시 한려문인인 도세순都世純과 함께
편찬 작업에 착수하였으나 미처 완수하지 못하고 이도장李道長에게 위임
하였다. 그러나 이도장 또한 절반 정도 마무리한 상태에서 사환활동을
재개하게 됨에 따라 완성을 기약하지 못하게 되자 아들 이원정李元禎이
이어받아 1668년(현종 9)부터 약 10년에 걸친 작업 끝에 1677년(숙종 3)
완성했던 것이다.[25]

결국『경산지』는 장현광의 발론에 의해 편찬되었지만 그 체제는 정구

---

24) 李元禎,『京山志』,「京山志序」.
25) 1682년 당시 경상감사 이수언은, 이원정이 성주읍지인『경산지』를 지어 이이·
조헌·윤두수·정철을 헐뜯고 김상헌과 양송을 무함했다 하여 책판을 헐어버
린 뒤 이 사실을 조정에 보고한 바 있었다.(『숙종실록』, 권13, 8년 8월 5일 경진)

의 『함주지』를 준용했다는 점에서 한려학풍의 결실로 평가할 수 있다. 더구나 초기 단계에 편찬에 관여했던 김주·여찬·이도장은 한려문인이었고, 편찬을 완료한 이원정은 이도장의 아들로서 전형적인 한려학맥이었다.

이 외 『밀주지密州誌』는 여헌문인 박려朴瓈·조임도趙任道가 함께 편찬한 것이고,26) 이중경李重慶이 편찬한 『오산지鰲山誌』는 여헌문인 유진柳袗의 위촉으로 편찬이 시작되었으며,27) 『일선지一善誌』의 찬자 최현이나 『천령지天嶺誌』의 찬자 정수민鄭秀民도 여헌문인이라는 공통점이 있었다.

3. 타자의 시선: 『계암일록』에 나타난 오운 및 죽유가에 대한 색다른 인식

오운은 남명·퇴계 양문을 출입했지만 정치적 입장은 북인계에 가까웠던 것으로 파악된다. 그런 정황은 아들 장자 오여은이 내암문인이란 사실에서도 감지할 수 있다. 이상필은 여기서 한 걸음 더 나아가 오여은의 장자 오익환까지도 내암문인으로 규정하고, 그 근거로 이들 부자가 인조반정 이후 대북 일파로 몰려 각기 '중도부처中途付處'와 '원찬안치遠竄安置'된 점을 들고 있다.28) 남명학파 연구의 또 다른 권위자인 허권수는 오운의 정치적 부침을 이렇게 설명하고 있다.

---

26) 張顯光, 『旅軒全書』(下), 「及門諸賢錄」, '朴瓈', "與趙澗松任道重輯密州誌."
27) 『鰲山誌』(朝鮮時代私撰邑誌 18 - 慶尙道 3), 「鰲山郡古今事蹟序」(李重慶), "前在四十年間, 柳侯諱袗, 謀爲是事, 裒集古蹟, 令余承執事之役."
28) 이상필, 『남명학파의 형성과 전개』(와우출판사, 2005), 142~149쪽.

…… 대북파의 영수로 광해군의 신임을 독점했던 정인홍은 그의 아들 오여은吳汝檼과 사돈 간이었으니, 약간만 신경 썼다면 높은 벼슬을 얻는 것은 어려운 일이 아니었을 것이다. 이에서 그가 현달하기에 급급하지 않았고, 또 성격이 강직하여 시세에 영합하지 않았음을 알 수 있다.29)

오운이 정인홍과 일정한 거리를 두되 적대시하지는 않았던 것으로 읽히지만, 후술할 김령金坽의 시각은 이와는 사뭇 다르다. 위 인용문에는 정인홍을 아들 오여은의 사돈으로 서술하고 있다. 구체적으로 언급하면 오여은은 정연鄭沇(정인홍의 아들)의 아들 정릉鄭棱을 사위로 맞았으므로 오운과 정인홍 또한 사돈관계에 있었던 셈이다.

<그림 1> 來庵 및 竹牖家 가계도(略)

鄭仁弘	→	鄭沇	→	鄭棱
吳澐	→	吳汝檼	→	吳益煥
			→	吳益焜[出]
			→	女 鄭棱
			→	女 許宗武

그런데 오운의 상갈류狀碣類30) 어디에도 정릉鄭棱의 존재는 보이지 않는다. 『죽유집』이 제시하는 오여은의 자녀는 2남 2녀가 아니라 2남 1녀이다. 『죽유집』은 정인홍의 존재를 숨기고 있는 것이다. 정인홍 은폐 현상은 비단 『죽유집』뿐만 아니라 18세기 이후에 간행된 남명학파 계열 문집류에서 흔히 찾아볼 수 있는 경향인데, 『죽유집』의 경우 선행 연구에

29) 고령대가야박물관・경북대학교 퇴계연구소 편, 『죽유 오운의 삶과 학문세계』(도서출판 역락, 2007).

30) 오운의 '家狀'은 차자 吳汝檼, '行狀'은 사위 趙亨道, '墓碣銘'은 金應祖가 찬술했다.

입각할 때 '언급회피형'으로 분류할 수 있다.[31]

이제 김령金坽의 시선을 통해 오운 및 죽유가를 들여다보기로 한다. 예안 출신으로 퇴계문인 김부륜의 아들인 김령은 철저한 퇴계존숭론자이다. 그의 일기 『계암일록溪巖日錄』에는 완인이 없을 만큼 논인論人의 필치가 냉혹하다. 그렇다고 김령의 언설이 정론임을 전제하는 것은 아니다. 그럼에도 그의 주장에 귀를 기울이는 것은 그가 무시할 수 없는 지적 수준에다 문과 출신의 관료로서 17세기 조선의 정치사회적 추이를 직시할 수 있는 식견을 갖추고 있었기 때문이다.

오운과 죽유가에 대한 김령의 시선은 자못 비판적이다. 어쩌면 김령은 이들을 퇴계학파 주변을 맴도는 '북인 남명학파' 부류로 간주하고 있었는지도 모른다.

> 정인홍의 권세가 드높다. 그의 파당 25명이 같은 날 관직을 받았다. 오여은은 김천찰방에, 이문약李文約은 교하찰방에 임명되었는데, 이와 같은 부류가 매우 많았다. 이때 이조판서 정창연鄭昌然과 이조참판 조정趙挺이 모두 대북이었다. 오여은은 판결사 오운의 아들로 오여벌吳汝橃의 형이다. 지난 을미년(1595)과 병신년(1596) 사이에 오운이 합천군수로 있을 때 정인홍과 사이가 좋지 않아, 정인홍이 그의 죄를 상소하여 죽이기를 청하기도 했다. 그렇다면 오여은과 정인홍의 관계에 있어서 잊을 수 없는 원한이 있을 텐데도, 단지 달가워하면서 붙좇아 다니며 그 집안과 혼인하고 마침내 그런 인연으로 벼슬까지 얻게 되었다.[32]

오운과 정인홍 사이의 극단적 갈등은 정당한 '세혐世嫌'의 명분이

---

31) 김익재는 「來庵 鄭仁弘의 現實對應과 그 門人集團의 師承意識」(경상대 박사학위논문, 2008)에서 내암문인의 사승관계 왜곡 양상을 1) 언급회피형, 2) 온건폄하형, 3) 적극폄하형으로 구분하고 있다.
32) 金坽, 『溪巖日錄』, 1608년 7월 15일.

되는 것인데, 이를 저버리고 통혼通婚·득관得官하는 풍조를 냉혹하게 비난하고 있다. 김령의 감시와 비판은 갈수록 강도가 더해진다.

오여은이 검열이 되어 처음으로 한림翰林의 이름을 가지게 되었다. 지난 가을부터 한원이 텅 비었는데, 오여은은 이이첨李爾瞻의 추천으로 장차 이 벼슬을 하려고 하였으나 삼정승이 오랫동안 자리를 비워 응강應講하지 못하다가, 우의정이 나오자 응강하여 한림의 직위를 받게 되었다.…… 지난 가을에 한림을 공격하고 제거하여 한 사람도 없게 한 뒤에 비로소 마음대로 손을 쓸 수 있게 되자 이이첨이 자춘추관사로서 오여은을 천거하였으니, 예로부터 어떻게 이러한 한림이 있단 말인가? 이이첨이 제멋대로 하면서 거리낌이 없는 것과 오여은이 시류를 좇는 것은 말할 것도 없으나 사필史筆을 잡고 포폄을 하는 막중한 규칙이 이에 이르러 무너지고 어지러워졌으니, 또한 변고를 보기에 충분하다.[33]

1614년은 오운이 이황의 부인 김해허씨金海許氏의 묘갈명을 짓고, 퇴계학의 천양을 위해 이산서원 이건을 촉구하는 통문을 기초起草하던 해이다. 바로 이 시점에 아들 오여은은 정인홍·이이첨과 정치적 행보를 같이하고 있었던 것이다.

이해 9월 오여은이 서울에서 영주로 내려오자 예안지역 친북인계의 핵심 이강李茳이 그를 영접했다. 김령은 이 자리에서 나온 실로 파격적인 언설을 접하고는 그 사실을 일기에 이렇게 남겼다.

오여은이 서울에서 영주에 도착하자 이강이 그를 영접하면서 "내암은 삼대 이전의 인물로 문장도 절세적이라 마땅히 대제학이 되어야 하거늘, 단지 남행南行 때문에 걸림이 있습니까? 광창부원군廣昌府院君 이이첨도 삼대 아래의 인물은 아닙니다"라고 했다. 이때 경허景虛 오여벌이 옆에 있으면서 직접 들었다.[34]

---

33) 金坽, 『溪巖日錄』, 1614년 4월 11일.

정인홍과 이이첨을 삼대의 인물에 견주고 있다. 최고의 찬사에 가까운 말이다. 물론 말을 한 이는 이강이고 오여은은 들었을 뿐이지만, 김령의 필치에는 양자를 동일시하는 뉘앙스가 강하다.

이로부터 3년이 지난 1617년 1월 김령은 오여은·여벌 형제를 함께 거론한다. 이때는 오운이 사망하기 약 한 달 반 전이다. 여전히 냉소적이고 비판적인 필치는 견지하면서도 이전과는 무언가 다른 느낌이다.

> 승정원과 옥당, 양사의 계차를 모두 전달받아 보았다.…… 사간 오여은…… 교리 오여벌 같은 무리인데, "역적을 성토하였다"(討逆), "역적을 비호하였다"(護逆)라는 말로 이이첨을 포양하고 다름 사람을 죄주는 제목으로 삼으며, "충효청빈忠孝淸貧"과 "조행절의操行節義"라는 말로 이이첨을 칭송하고 완평부원군完平府院君 이원익李元翼을 배척했다. 한음漢陰(李德馨)과 일송一松(沈喜壽)을 사특한 무리라고 했고, 윤선도尹善道에게 중죄를 줄 것을 청했다. 그 밖의 다른 무리들은 말할 것도 없으나 오여벌도 이런 지경에 이르러 자신이 이미 돌아갈 곳을 결정하였으니, 탄식할 일이다.[35]

김령은 형제(혈통상 형제 / 계통상 종형제)인 오여은과 오여벌을 구분해서 인식했던 것 같다. 북인적 성향에 있어서의 차이도 있었겠지만, 오여벌은 학봉가鶴峯家와 척연이 겹쳐 상대적으로 친연성이 컸기 때문으로 짐작된다. 오여벌은 김집의 사위였고 그 아들(양자) 오익황은 김성일의 사위 권태일權泰一의 사위였으므로, 이들 부자는 처변으로 각기 김성일에게 손서와 외손서가 된다. 그럼에도 오여벌조차 북인계를 추종하며 이원익·이덕형·심희수 등 남인 중진들을 공격 또는 비난하는 상황을 목도하면서 분노를 점차 체념 또는 연민으로 전이시키고 있음을 볼 수 있다.

---

34) 金坽, 『溪巖日錄』, 1614년 9월 12일.
35) 金坽, 『溪巖日錄』, 1617년 1월 16일.

이것이 『계암일록』이 드러내고 있는 죽유가에 대한 시선의 골자인데, 그들과 그 후손들이 간행한 『죽유집』에는 정인홍과 관련된 기록은 물론 손서였던 정릉의 성명조차 실려 있지 않다. 이 대목에서 문헌의 허실과 관련하여 많은 것을 생각하게 한다.

4. 맺음말

오운의 학자관료적 삶의 자취는 남명·퇴계 양 학파를 상대적이기보다는 상보적으로 바라볼 수 있는 긴요한 사례가 된다는 점에서 특별한 의미를 지닌다. 그가 맺고 있었던 혈연·척연 및 학연은 학파 및 정파에 대한 양분적 시각을 향해 강한 경계를 드러내고 있기 때문이다.

오운이 보여 준 존현 및 교육 사업에서는 당시 치자 계급의 국가사회적 책무감을 읽을 수 있다. 퇴계학파와는 일정한 거리감을 가지고 있었던 탄수·소재학통의 거점 팔봉서원(溪灘書院)의 건립 및 운영을 오운이 주도한 것에서는 공공성에 바탕한 사무처리의 일단을 여실히 살필 수 있고, 이산서원 이건과 한천서당의 건립론은 지역사회에서의 사림의 역할이 무엇인지를 선명하게 보여 주고 있다.

『함주지』의 편찬은 정구를 중심으로 파악되어 왔던 사찬읍지 편찬과 관련된 인식의 틀을 확장하는 의미가 있었다. 비록 그는 『함주지』 편찬에 있어 조역을 넘어서지는 못했지만 주역의 작동성을 보다 원활하게 하는 핵심 촉매로 기능했다는 점은 시사하는 바가 매우 크다. 동시에 이것은 한려학풍에 초점을 맞추었던 사찬읍지의 편찬 경향성을 남명·퇴계학풍으로까지 소급 적용할 수 있는 이유를 제공하고 있다는 점에서도 주목할 만했다.

　오운 역시 인물사 연구의 그늘로부터 자유롭지는 못했다. 그의 문집 『죽유집』이 그려내는 '죽유상'은 '단정한 학자', '반듯한 관료'에 초점이 맞춰져 있지만, 동시대 사람들의 다양한 시선은 그런 '죽유상'에 강한 의혹을 제시하고 있다. 김령은 자신의 일기 『계암일록』에서 오운 및 오운 집안의 다양한 삶의 양태를 혹독하리만큼 자세하게 묘사하고 있다. 『죽유집』에서는 정인홍과의 관계를 사실상 부정하고 있지만, 『계암일록』은 오운 일가가 '정인홍 일파'가 될 수밖에 없는 이유를 조목조목 거론하고 있다. 어느 한쪽이 사실을 은폐하고 있거나 다른 한쪽이 사실을 호도하고 있음에 분명하다. 필자의 시각은 전자에 비중을 두고 있으며, 이것이 오운이라는 역사적 인물 속에 드리워진 그늘이다. 이 그늘은 보다 정치한 연구를 통해 조금씩 벗겨져야 할 것이다.

제3장 죽유 오운의 학문과 저술세계

김 순 희

1. 서론

죽유竹牖 오운吳澐(1540~1617)은 경남 함안과 고령 지역을 중심으로 활약
하였던 조선 중기의 문신이자 의병장일 뿐만 아니라, 또한 주목할 만한
도서편찬자이기도 했다. 오운의 시대는 임진왜란을 겪는 역사적 변환기
였다. 오운은 19세에 남명南冥 조식曺植(1501~1572)의 문하에서 수학하였으
며, 25세 되던 해에는 퇴계退溪 이황李滉(1501~1570)의 문하에 나아가 수학하
였다. 오운이 남명과 퇴계의 문하생이었다는 사실은 그의 신분과 성향을
결정하는 중요한 동기가 되었다.

서지학의 측면에서 오운의 일생을 살펴볼 때 가장 주목되는 것은,
그가 서적을 대단히 애호하였으며 직접 여러 서적을 저술하였음은
물론, 편찬과 간행 및 교정의 작업에 적극적으로 참여하였다는 사실이다.
조선조의 도서 출판이 왕명王命이나 국가적 사업의 일환으로 이루어지고
있었는 데 반해 오운 같은 개인이 저술과 출판에 노력하였다는 것은
매우 의미 있는 아닐 수 없다.

본 연구자는 오운의 저술에 관심을 갖고 지속적으로 연구에 몰두해

왔다.[1] 아직도 연구가 진행되는 과정이지만 오운은 조선 중기를 대표하는 도서편찬자로서의 위상을 갖고 있는 인물이라고 말할 수 있다. 지금까지의 연구는 개별 저술이나 편찬 도서에 대한 것이었지만 본고에서는 오운의 편찬서를 그의 생애와 결부하여 연도순으로 고찰해 보고, 나아가 그의 학문과 사상을 고찰하여 그가 많은 도서를 편찬하게 된 내적 배경을 파악하고자 한다.

오운의 생애에 대해서는 그의 문집인 『죽유전서竹牖全書』[2] 권5에 실린 「연보年譜」를 통해 자세히 알 수 있다. 한편, 오운의 고향인 고령군에서는 오운의 삶과 학문을 주제로 학술대회를 열고 그 결과를 책으로 출간함으로써[3] 오운에 대한 연구에 하나의 전환점을 마련해 놓은 바 있다. 본고는 이러한 자료들을 참고하여 도서편찬자로서의 오운의 위상을 확인, 정립하는 데 목적이 있다. 오운이 갖고 있는 여러 위상 중에서 이 분야에 대해서는 연구가 거의 없는 실정이다. 본고를 통해서 오운의 가치가 드러날 수 있을 것으로 기대한다.

2. 오운의 학문과 저술

1) 오운의 학문과 사상

전통사회에서는 문사철文史哲을 하나의 학문으로 간주하였기 때문에

---

1) 김순희, 「吳澐의 『東史纂要』의 書誌學的 研究」, 『書誌學研究』 제24집(2002. 12); 「吳澐과 『咸州志』」, 『書誌學研究』 제29집(2004. 12); 「竹牖 吳澐의 『圃隱集』 校訂에 대하여」, 『書誌學研究』 제32집(2005. 12).
2) 吳澐, 『竹牖全書』(竹牖全書刊行委員會, 大邱: 大韓出版社, 1983).
3) 고령대가야박물관·경북대학교 퇴계연구소 편, 『죽유 오운의 삶과 학문세계』(서울: 도서출판 역락, 2007).

조선조의 선비들은 학자이자 시인이며, 역사가이기도 하고 철학자이기도 한 복합적 양상을 갖고 있었다. 그리고 이러한 학자들에 의해 이루어진 학문이나 저술들은 유기적으로 연결되어 있기 때문에 한 인물의 업적을 고찰하기 위해서는 우선 그의 학문과 사상을 살펴야 한다. 오운의 학문과 사상을 고찰해 보면 두 가지의 양상을 갖고 있음을 알 수 있다.

(1) 주자학에의 경도

오운은 전형적인 주자학자朱子學者였다. 당시 주자학은 국가의 통치이념이기도 했지만 오운은 평생을 주자학의 영역을 벗어나지 않았다. 그는 학문적으로 주자학, 사학, 문학 방면에 관심이 많았는데, 특히 주자학에 경도되었다. 그는 주자학이야말로 학자가 꼭 배워야 할 학문으로, 주자학을 통해 정치의 올바른 방향을 제시하고 조정의 기강을 바로잡을 수 있다고 생각하였다. 그래서 그 자신이 주자학을 깊이 연구하였고 또 국왕에게 주자학의 진강을 건의하기도 하였다.4) 이러한 주자에 대한 흠모와 주자학에 대한 경도로 인해 오운은 「주자감흥시朱子感興詩」 20수 전체를 직접 써서 간직하였으며, 주자의 문집에서 중요한 내용을 선별하여 3권의 책으로 묶은 『주자문록朱子文錄』을 편찬할 정도였다.

오운이 주자학에 크게 관심을 갖고 그 중요성을 강조한 것은 이황의 영향에 의한 것이었다. 주지하다시피 이황은 조선의 주자학을 상징적으로 보여 주는 학자이다. 그의 문도들은 한결같이 주자학을 학문의 근간으로 삼고 있었는데 오운도 마찬가지였다. 오운은 주자학을 신봉하는 데에만 그치지 않고 주자의 글이 후세의 학자들에게 절실히 필요한

---

4) 허권수, 「죽유 오운, 江左와 江右 문화의 융합자」, 『退溪學과 韓國文化』 제40호 (2007), 6쪽.

것이므로 중요한 문장을 선별하여 후학들을 계도해야 한다고 생각했다. 오운이 주목한 것은 소차疏箚였다. 오운이 볼 때, 이황이『주자서절요朱子書節要』를 절선節選하여 간행함에 따라 학자들이 주자의 서간문에는 쉽게 접근할 수 있게 되었지만 그 밖의 글은 워낙 방대하여 읽어 보기가 쉽지 않고, 또한 당시의 상황에서 학자들이『주자대전朱子大全』을 구해서 읽어 보기도 어려웠다. 그래서 주자의 글을 가려 뽑은 책이 절실히 필요하다고 여겨『주자문록』을 편찬하여 간행했던 것이다.[5]

이와 같은 주자학에의 몰두는 자연히 그의 저술에도 반영되었다. 오운은 그의 대표적인 저서인『동사찬요東史纂要』를 짓는 과정에서도 주자학자로서의 입장을 고수하였다. 오운은 유교적인 도덕률과 합리성에 기반을 두면서도 주자학의 정통 논리를 적용하려는 사림들의 역사인식을 대표하는 인물이었다.[6] 이러한 사실을 고찰해 볼 때 오운의 학문이 주자학에 바탕을 두고 있음을 알 수 있다.

(2) 조식과 이황 학문의 복합 계승

오운이 처음 조식을 찾아 문하에 들어간 것은 그의 나이 19세(1558, 戊午)이고[7] 조식은 58세였다. 이 시기에 조식은 합천의 계부당鷄伏堂과 뇌룡정雷龍亭에 머물면서 수양과 교육에 전념하고 있었는데 오운이 나아가 배운 것이다.[8] 그리고 25세에 오운은 다시 이황의 제자가 되어 가르침

---

5) 허권수, 「죽유 오운. 江左와 江右 문화의 융합자」,『退溪學과 韓國文化』제40호 (2007), 19쪽.
6) 박인호, 「『東史纂要』에 나타난 오운의 역사지리인식」,『죽유 오운의 삶과 학문 세계』, 70쪽.
7) 吳澐,『竹牖全書』, 「年譜」, 19歲條, "是歲拜南冥曺先生."
8) 사재명, 「16~17C초 남명문인의 형성과 강학」,『남명학연구논총』제9집(2001. 1), 340쪽.

을 받는다.9) 당시에 조식과 이황의 문하에 번갈아 출입하여 배운 것은 충분히 있을 수 있는 일이었다. 오운과 특히 친밀한 관계를 유지하였으며 사찬읍지私撰邑誌인 『함주지咸州志』를 함께 편찬하기도 했던 한강寒岡 정구鄭逑도 오운과 마찬가지로 조식과 이황의 문하를 드나들었던 인물이다. 이와 같은 오운의 수학은 그의 학문과 사상을 고찰함에 있어 가장 주목해야 할 사실이다.

조선 중기의 정치적 상황은 사화士禍를 통해 사림파의 등장을 철저하게 억제한 훈구파들의 전횡이 이어지고 있었다. 이러한 상황에서 조선의 지식인들은 나름대로 처세의 방법론을 찾아 나섰다. 남명 조식이 훈척정권과 타협을 배제한 채 극한적 대응의 자세를 고수한 것이나 퇴계 이황이 비판적 시작을 견지하면서도 출처를 반복하며 일정한 타협의 면모를 보인 것, 율곡栗谷 이이李珥가 참여 속의 개혁을 지향하며 유연한 태도로 일관한 것, 화담花潭 서경덕徐敬德이 현실에 대한 관심을 배제하며 안빈낙도의 초연한 자세를 견지한 것 등과 같은 다양한 양상들이 나타나는 것도 그들의 현실인식과 대응 방안에 대한 견해차를 반영하는 것이다.10)

같은 해(1501, 辛酉, 燕山 7)에 태어난 조식과 이황은 각각 경상우도와 경상좌도의 학문과 사상을 이끌어 간 학자였다. 이들은 생전에 서로 만난 적은 없으나 상대방을 존중하는 자세를 갖고 있었다. 조식과 이황의 제자들은 기본적으로 동인東人에 속하여 서인西人과의 알력과 갈등에 공동으로 대처하였으나, 서인의 영수였던 송강松江 정철鄭澈의 처리 문제로 인하여 남인南人과 북인北人으로 대립하면서 심각한 분열을 초래하였다. 그러던 중에 「회퇴변척소晦退辨斥疏」로 인하여 이들은 완전히 적대관

---

9) 吳澐, 『竹牖全書』, 「年譜」, 25歲條, "是歲拜退溪李先生."
10) 설석규, 「16세기 영남사림의 분화와 오운의 역할」, 『퇴계학과 한국 문화』 제40호(2007), 104쪽.

계를 형성하게 되었다. 조식의 수제자인 정인홍鄭仁弘은 당쟁의 과정에서 문묘에 종사된 회재晦齋 이언적李彦迪과 이황을 배척하는 상소를 올려 정국을 혼란하게 하였다. 이 과정에서 조식과 이황의 제자들은 돌이킬 수 없는 상태를 맞이하게 되었다.

남명학파와 퇴계학파가 분열의 단계를 넘어 대립으로 치닫는 상황이 전개되자 두 사람 사이를 왕래하며 배운 사람들의 수도 적지 않았지만, 모두가 수습할 엄두를 내지 못하고 관망만 하고 있었다. 조식의 대표적 제자이자 이황에게서도 배운 정구가 막으려 해도 듣지 않는 형국이었기 때문이다. 더구나 그들은 학문적 접점을 찾아 화합의 매개를 마련해야 한다는 사실은 알고 있었지만, 어떠한 방법으로 해야 할지 뚜렷한 방도를 찾지 못하고 있기도 했다. 당시 그러한 고민을 해결하고자 앞장서 나선 사람이 바로 오운이었다.[11]

오운은 『동사찬요』를 편찬하면서 『퇴계집』과 함께 『남명유고』를 참고 하였다.[12] 이는 그의 역사서가 조식과 이황의 역사의식을 융합하여 이루어진 것으로, 남명학과 퇴계학의 접점을 찾아 구현한 최초의 산물이 라는 사실을 반영하는 것이다.[13]

조식과 이황은 대조적인 면이 많았다. 두 학자는 다 같이 사수辭受와 출처出處를 엄격히 따지고 또 연속된 사화에 지친 나머지 '난진역퇴難進易 退'의 입장을 취하려 했지만, 이황은 과거를 거쳐 고관요직을 두루 역임한 끝에 정계와 학계의 주도권을 장악한 신진사류의 영수로서 조야의

---

11) 설석규, 「남명문도를 찾아서: 산해당에 올라 퇴도실에 들어가다―죽유 오운」, 『선비문화』 제10권(2006. 1), 106쪽.
12) 『東史纂要』의 「纂輯諸書」에 『退溪文集』과 『南冥遺稿』가 수록되어 있다.
13) 설석규, 「남명문도를 찾아서: 산해당에 올라 퇴도실에 들어가다―죽유 오운」, 『선비문화』 제10권(2006), 106쪽.

숭앙을 한 몸에 받았다. 따라서 당대를 주름잡던 학자와 관인들이 대거 그의 문하를 출입함으로써 퇴계학파는 그 기반이 경상좌도에 국한되지 않고 거의 전국을 포괄하게 되었다. 또한 언행과 처신이 근졸謹拙하고 심신審愼하여 시종 '상인尙仁'과 주리적主理的 경향을 견지했기 때문에 퇴계학파는 동서 또는 남북분당과 같은 정쟁에 있어서도 극단적인 대립은 피하는 등 임란壬亂 당시에 재조在朝세력으로서 정국을 주도해 나갔다. 이에 반해 조식은 끝내 산림처사로 일생을 마쳤으며 그의 족적도 경상우도를 크게 벗어나지 않았기 때문에 남명문도들도 경상우도에 편재하였다. 그러나 그의 의리를 숭상하며 주기적主氣的인 현실대응 자세는 결과적으로 그의 문도들로 하여금 임진왜란이 발발했을 때는 모두 창의倡義와 토적討賊의 대열에 나서게 만들었다.[14]

오운은 이처럼 같은 유학자이면서도 학문의 추구와 처신의 방법이 다른 두 스승에게 영향을 받았으므로 그의 학문과 사상은 복합적인 양상을 가질 수밖에 없었다. 오운은 조식에게서 학문적 지식보다는 암울한 현실에 대한 비판적 안목과 함께 불의를 용인하지 않는 선과 악의 분별적 자세에 대한 가르침을 주로 받았을 것이다. 그리고 성리학의 형이상학적 해석보다는 정주의 학문적 논리에 입각한 실천의 방법을 정립하는 데 주력했다고 할 수 있을 것이다.[15]

서지학적 관점에서 볼 때 오운은 조식의 영향보다는 이황의 영향을 결정적으로 받은 것으로 보인다. 조식은 정주程朱 이후의 학자들은 책을 저술할 필요가 없다(程朱以後, 不必著書)는 생각을 갖고 있었다.[16] 그에 비해

---

14) 李樹健, 「嶺南學派의 壬亂 義兵活動」, 『남명학연구소 임진왜란 400주년 기념 학술대회 자료집』(1992).
15) 설석규, 「16세기 영남사림의 분화와 오운의 역할」, 『퇴계학과 한국 문화』 제40호(2007), 123쪽.

이황은『주자서절요朱子書節要』를 편찬하는 등 저술과 편찬을 도외시하지 않았다. 오운이 많은 저서의 저술과 편찬 및 간행에 참여한 것은 그의 선천적인 애호도 있었지만, 이황에게 배운 영향도 있는 것으로 파악할 수 있다.

2) 오운의 편간 및 교정 도서

오운의 연보에는 그가 관여한 도서에 대해 자세히 소개되어 있다. 그가 도서의 편찬이나 정리에 직접·간접적으로 관계한 도서들은 다음과 같다. ①『송재선생시집松齋先生詩集』, ②『함주지咸州志』, ③『용사난리록龍蛇亂離錄』, ④『퇴계선생연보退溪先生年譜』, ⑤『소고집嘯皐集』, ⑥『주자감흥시朱子感興詩』, ⑦『주자문록朱子文錄』, ⑧『가세지家世志』, ⑨『동사찬요東史纂要』, ⑩『포은선생문집圃隱先生文集』, ⑪『한구소시권韓歐蘇詩卷』. 다음 도표는 이들 도서를 연대순으로 정리하여 그 성격을 밝힌 것이다.

순번	도 서 명	연 도	비 고
1	松齋先生詩集	1584, 45세	간행
2	咸州志	1586, 47세	편찬
3	龍蛇亂離錄	1593, 54세	편찬
4	退溪先生年譜	1600, 61세	교정 및 간행
5	嘯皐朴公文集	1600, 61세	교정
6	韓歐蘇詩卷	1605, 66세	改粧
7	東史纂要	1606, 67세	저술
8	朱子感興詩	1607, 68세	필사
9	朱子文錄	1611, 72세	편찬
10	家世志	1613, 74세	편찬
11	圃隱先生文集	1614, 75세	교정

---

16) 허권수,「죽유 오운, 江左와 江右 문화의 융합자」(『退溪學과 韓國文化』제40호, 2007)에서 재인용.

3. 오운의 저서 및 편찬서 검토

위의 도표에서 살펴보았듯이 오운은 책을 직접 짓기도 하고 편찬하기도 하였으며, 다른 사람의 책을 대신 간행하기도 하였다. 이를 유형별로 나누어 자세히 살펴본다.

1) 저서

(1)『동사찬요』

이 저서는 오운의 학문과 사상, 정당한 비판을 수용하는 자세, 도서 출판에 대한 의지 등이 융합되어 만들어진 최고의 저술이다. 이것은 그가 이 저서를 두 차례에 걸쳐 수정, 보완했다는 사실로도 알 수 있다. 이 저술의 특징은 남고증금攬古證今, 취중촬요就中撮要, 권선징악勸善懲惡, 삼찬삼각三撰三刻 등으로 요약할 수 있다. 오운이『동사찬요』를 저술한 것은 임진왜란 같은 사건이 왜 일어났는지를 역사적으로 고찰하기 위한 의도에서였다.[17]

오운은 연대순으로 역사를 기록하는 대부분의 사략형 역사서들과는 달리 자신의 역사서에 각종 제도를 정리한 '지志'와 함께 역대 인물의 행적을 상세하게 기록한 열전을 포함시켰다. 여기에는 도덕과 명분의 관점에서 인물들을 평가함으로써 도학적 현실대응 자세의 합리적 방안을 모색하겠다는 그의 의도가 작용하고 있었다.『동사찬요』의 편찬은 결과적으로 역사를 통해 도학적 삶의 기준을 정립하는 계기를 마련했을 뿐만 아니라, 남명학과 퇴계학이 접목된 세계관이 사림의 세계관으로 정립되는 토대를 구축하는 촉매제가 되었던 것이다.[18]

---

17) 김순희,「吳澐의『東史纂要』의 書誌學的 研究」,『書誌學研究』제24집(2002. 12), 419쪽.

오운이 『동사찬요』를 쓴 목적은 좁게 보면 인물평을 위한 열전에 있다고 볼 수 있으며, 열전 편찬 기준은 충의 혹은 충절의 인사와 반적의 인사를 극단적으로 양극화하여 춘추필법에 입각한 준엄한 포폄을 가함으로서 도덕적 가치관을 확립하는 데 궁극의 목표를 둔 것이라 하겠다. 그리고 그러한 가치 기준 위에서 가장 표본적인 인물을 많이 배출한 영남 지방의 문화 전통을 현양시키고, 나아가 그러한 문화 전통을 계승하고자 하는 오운 자신의 강한 열의가 반영되어 있다고 하겠다.[19]

오운은 이처럼 도서의 저술을 통해 조식과 이황의 학문을 융합하고 제자들 간의 반목과 갈등을 불식시키고자 노력하였다. 이것은 매우 의미 있는 시도로 보인다. 오운은 단순히 과거의 사실을 정리하는 것만으로 이 역사서를 저술하지는 않았던 것이다. 저술을 통해 원만한 학문적 융합과 인간적 관계의 복원을 추구했던 오운에게서 진정한 저술가로서의 자세를 볼 수 있다.

(2) 『용사난리록』

이 책은 제명에서도 알 수 있듯 임진왜란 때의 사실을 기록한 것이다. 오운은 의병장 곽재우를 도와 많은 전공을 세운 인물로 임란 당시의 실상을 누구보다도 자세히 알고 있었을 것이다. 그리고 기록하고 편찬하기를 좋아했던 그의 성격으로 인해 이 책이 만들어졌을 것으로 추정되는데 아쉽게도 현재 전하지 못한다. 『죽유선생문집竹牖先生文集』에도 「연보」에만 이 책을 저술한 사실이 간단하게 실려 있을 뿐이고, 이에 대한

---

18) 설석규, 「16세기 영남사림의 분화와 오운의 역할」, 『퇴계학과 한국 문화』 제40호(2007), 136쪽.
19) 한영우, 「17세기 초 동인의 역사 서술」, 『조선후기 사학사 연구』(서울: 일지사, 1985), 149쪽.

서발序跋도 보이지 않는다. 오운이 이 책을 찬성撰成한 것은 1593년, 그의 나이 54세 되는 해이다. 이 해는 임진왜란이 발발한 다음 해이므로 전쟁 중에 틈틈이 기록하여 책으로 완성하였을 것으로 보인다.

이 책에 대한 실마리를 제공하는 것이 학봉鶴峯 김성일金誠一(1538~1593)이다. 김성일은 오운과 친분이 두터웠으며 같이 의병활동을 한 지기였다. 『죽유선생문집』에 「서김학봉용사사적후書金鶴峯龍蛇事蹟後」가 실려 있는데, 이는 김성일이 지은 『용사사적龍蛇事蹟』에 발문跋文격으로 지은 것이다. 그런데 김성일의 문집인 『학봉집鶴峯集』에는 『용사사적』을 지었다는 기록이 보이지 않는다. 다만, 습유拾遺에서 '용사록龍蛇錄'에서 인용하였다는 기록이 있을 뿐이다. 김성일이 사망한 것이 1593년이니 적어도 이 기록은 그 이전에 지어진 것임을 알 수 있는데, 이것도 오운의 『용사난리록』처럼 임란 중에 지은 것으로 추정된다. 오운은 김성일이 엮은 책을 나중에 보고 그에 대한 소감을 기록했다. 오운이 「서김학봉용사사적후」를 쓴 것이 1600년, 그의 나이 61세 때이니, 한참 후에야 김성일의 책을 보았던 것이다. 오운은 이 책에 대하여 "의심스러운 것이 없을 수 없으니 간혹 마땅히 생략해야 할 것인데도 도리어 자세히 쓴 것이 있으며 당연히 기록해야 할 것을 누락한 것도 있다"[20]라고 말했다. 이것은 자신이 정리한 것과 비교해 볼 때 알 수 있는 것이므로, 이로 보아 오운이 『용사난리록』을 지은 것이 분명하다고 하겠다.

이와 같이 있는 사실을 기록하는 것이 저술가의 기본적인 방식이다. 오운은 임란의 와중에서 직접 보고 들은 것을 정리한 것에 그치지 않고 그것을 책으로 엮어서 보관했다는 사실이 주목된다.

---

20) 오운, 『竹牖先生文集』, 권3, 「書金鶴峯龍蛇事蹟後」, "第於其間, 不能無可疑處, 或有宜略而反詳者, 有當錄而見漏者."

2) 편찬 및 간행서

(1) 『함주지』

한강 정구(1543~1620)가 함안군수로 재직하던 중 이 책을 편찬하였지만 실질적으로 이 읍지의 편찬을 주도한 사람은 오운이었다. 오운은 임란 후 정구에게서 『함주지咸州志』를 얻어 보고 1부를 필사하였다. 현전하는 『함주지』에는 전하지 않지만 오운의 문집인 『죽유선생문집』에는 이 읍지의 편찬과정을 알 수 있는 중요한 기록인 「제함주지후題咸州志後」가 실려 있다.

먼저 오운은 『당본건양지唐本建陽志』와 『대명일통지大明一統志』에는 주부지가 실려 있는데 우리나라에는 군현의 읍지가 없다는 사실을 개탄하였다.[21] 이어서 정구가 함안군수로 부임한 뒤에 읍지를 편찬하게 된 사실을 기록하였다.[22]

『함주지』는 현전하는 읍지들 중 가장 오래된 사찬읍지이다. 『함주지』가 갖고 있는 가장 중요한 의의는 조선 전기에 정부의 주도 하에 편찬된 전국적인 규모의 지리서 중 마지막으로 작성된 『동국여지승람東國興地勝覽』이 갖는 모순을 극복하고 있다는 것으로, 이것은 지리지의 서술양식에 일대 획을 그어 놓은 것이다.[23] 이것만으로도 오운의 도서 편찬 능력이 탁월하였음을 알 수 있다.

---

21) 오운, 『竹牖先生文集』, 권3, 「題咸州志後」, "嘗見唐本建陽志, 載其一邦風土事蹟, 袞成數卷, 則一統志, 外又別有州府志, 可知吾東國郡縣有志, 未之前聞."
22) 오운, 『竹牖先生文集』, 권3, 「題咸州志後」, "我寒岡鄭相公, 往在丁亥季間, 佩符咸州, 莅郡之初, 慨然以崇祀典樹風聲, 爲發政第一事, 修社壇, 表賢祠, 飾旋閭, 無廢不興, 又念本郡溪山之秀, 地靈之美, 甲于海邦, 而文獻無徵, 內招延儒士, 議撰郡志, 設局於官裏, 其凡例悉倣興地志, 而總目有加焉."
23) 崔允榛, 「朝鮮前期 鄕土勢力 연구를 위한 試論」, 『전주사학』 제4호(1996), 99~100쪽.

(2) 『주자문록』

이 책은 오운이 주자와 주자학을 신봉했던 학자였음을 보여 준다. 오운은 처음 관본館本 『주자전서』를 구입하여 읽었는데 얼마 되지 않아 임진왜란의 병화로 인해 소실되었다. 난후 오운은 이 전서를 친구에게서 빌려 보았는데 그 총 권수가 90여 권이었다. 그런데 오래 빌려 볼 수도 없고 또한 양이 방대하여, 중요한 내용을 절록節錄하여 책으로 만들 생각을 갖게 된다.

> 가만히 생각해 보니 (주자가) 친구들과 문답한 서찰은 퇴계선생이 선별한 『주자서절요朱子書節要』가 있어 지금 집에서 보관하는 자가 아직도 많이 있어 쉽게 구해 볼 수 있다. 봉사封事나 주차奏箚에서 잡저雜著, 서序, 기記 같은 것들은 모두 절실한 것이고 소차疏箚는 더욱 선생의 나라를 생각하고 임금을 걱정하는 뜻을 볼 수 있으며, 경륜과 큰 계책이 갖추어져 있는 것이다. 그러나 읽고 지나가면 혼미하여 잊어버리므로 그 만에 하나라도 기억할 수 없는 것이 깊이 두렵다. 그 중에 나아가 약간의 편을 등사하여 상중하 3권으로 단장해서 항상 책상 위에 펼쳐 놓았으니, 감히 버리고 취한 것이 아니라 눈은 어둡고 붓은 무디어 많이 미치지 못했을 뿐이다.24)

위의 인용을 살펴보면 오운이 『주자문록』을 편찬한 이유를 알 수 있다. 그는 주자의 잡저 중에서 특히 소차에 관심을 갖고 이 주에서 중요한 것들을 선별하여 3권의 책으로 만들었다. 이것은 이황의 『주자서절요』의 뜻을 계승한 것이다. 그리고 『동사찬요』를 저술한 의도와 일맥상통하는 것이어서, 저서를 통해 주자의 가르침으로 사회의 기강을 바로잡

---

24) 오운, 『竹牖先生文集』, 권3, 「書朱子文錄後」, "竊念, 知舊問答書札, 有退溪先生所選切要目, 今家藏者常多, 易於求見. 至若封事奏箚, 以及雜著序記之類, 幷切於後學, 而疏箚則尤可見先生愛國憂君之意, 經綸大略具焉. 讀過昏忘, 深懼終不能記萬一. 就其中膽寫若干篇, 粧成上中下三册, 常展之案上, 非敢有所去取, 眼督筆鈍, 力不可及多乎爾."

고 국가를 경영하고자 하는 뜻이 있었던 것을 알 수 있다.

이 책의 편찬은 오운이 이황의 영향을 받아 도서편찬자가 되었음을 입증한다. 이황은 후학을 훈도하기 위해 주자의 방대한 저술을 요약, 정리한 학자였다. 그것을 본받아 오운도 이 책을 편찬하였으니, 오운의 도서편찬의 연원이 이황임을 알 수 있다.

(3) 『가세지』

이 책은 오운이 시조인 한림학사 오학린吳學麟에서부터의 가계를 정리한 것이다. 오운이 고창오씨의 족보를 본 것은 그가 젊어서 한양에서 관직에 있을 때이다. 그러나 임진란 중에 망실되어 전하지 않음을 애석하게 여겨 오운이 여러 자료를 참고하여 가계를 정리하였다. 특히 선조들의 외가의 선계와 외손들의 계보도 첨기하여 도표를 작성하였으며, 사위들도 주註를 나누어 기록하였다. 다만 시조로부터 직계의 가계만을 기록하였고, 다른 지파의 가계는 생략하였다.[25]

이 『가세지家世志』는 74세 때 편찬한 것으로 말년의 역량을 집중하여 완성한 것이다. 오운은 이를 정리하기 위하여 비명碑銘과 관련 기록을 최대한 활용하였으며, 사이사이에 자신의 견해를 첨부하였는데 이는 『동사찬요』에서 포폄褒貶의 방식을 취한 것과 같은 방법이다. 오운은 후손들이 이 세보를 보고 선세先世의 행적과 자손의 원파源派를 알아서 근본을 잃지 않기를 바란다고 기술했다.[26]

---

25) 오운,『竹牖先生文集』, 권3, 「家世志序」, "書之弁首, 累世外家先系, 所及知, 亦各序次 爲圖, 外系及子壻分註于下, 皆書直系而止, 不及支派."
26) 오운,『竹牖先生文集』, 권3, 「家世志序」, "至若碣銘見於選集諸書中者, 拈出別錄, 間亦 竊補僭述, 合爲一帖, 將擬繕寫數件, 遺諸後裔, 使先世行蹟與子孫源派, 或可憑此."

(4)『송재선생시집』

 오운은 자신의 편찬서가 아니더라도 문집의 간행에 적극적으로 참여
하였는데, 대표적인 예가 이 시집의 간행이다. 이 시집을 지은 이는
이황의 숙부인 송재松齋 이우李堣(1469~1517)이다. 이황은 어려서 이우에게
학문을 전수받아 대성할 수 있었기 때문에 특히 그를 존숭하였다. 그는
이우의 문집에서 직접 시를 선별, 필사하여 1권의 책으로 만들어 놓고
종가에 보관하였는데, 종명할 때까지도 간행하지 못했다가 뒤늦게 충주
목사로 부임한 오운에 의해 간행될 수 있었던 것이다.[27]

 이 시집은 오운에게 본격적인 도서편찬 및 간행자로서의 의의를
부여할 수 있는 첫 번째의 책이다. 간행의 배경으로 스승인 이황이
직접 정사淨寫한 시집이라는 것과 오운의 조부 오언의吳彦毅가 이우의
사위였다는 사실이 크게 영향을 주었다는 점은 부인할 수 없다. 그렇지만
이러한 인간관계만으로 책을 간행하기는 어렵다. 당시에 책을 간행하기
위해서는 많은 인력과 물자가 필요하였으므로 대단한 정성과 사명감이
있어야만 출간할 수 있었다. 간행과정에서 오운은 모든 일을 도맡아
했으므로, 이 책은 오운이 없었다면 지금까지 전해졌을 가능성조차
의심받을 수도 있을 것이다.

 오운이 관여한 서적 중에서 가장 의미 있는 것이 이 문집이다. 개인적인
친분을 고려한 결과라고 볼 수도 있지만, 도서 출간에 대한 확실한
인식과 자기확신이 없이는 불가능한 일이었다. 오운은 이 문집의 출간하
면서부터 진정한 도서편찬자로서의 위상을 얻게 되었다고 할 수 있다.

---

27) 오운, 『竹牖先生文集』, 「松齋先生詩集跋」, "松齋詩集乃退陶先生嘗就元集中所選, 其下
   拾遺亦先生手自淨寫合爲一卷, 藏之宗家, 久未鏤板, 澟去年秋, 佩符中原, 公務之暇, 鳩工
   繡梓, 閱月而功訖."

3) 교정서

(1)『소고선생문집』

이 책은 소고嘯皐 박승임朴承任(1517~1586)의 시문집으로『소고집嘯皐集』
이라고도 한다.[28] 박승임은 영남사림의 저명한 인물로 이황의 제자였다.
같은 이황의 제자였으나 나이가 20여 년 이상 차이 나므로 오운이 존숭했
던 것으로 보인다. 이러한 인연으로 인해 오운은 1600년에 백암栢巖
김륵金玏과 함께 이 문집을 이산서원伊山書院에서 교정하였다.[29] 그리고
같은 해에 이 문집이 간행되었으니, 이 과정에서 또한 오운의 역할이
있었을 것으로 추정된다.

(2)『포은선생문집』

오운의 교정 작업을 대표하는 예가『포은선생문집圃隱先生文集』의 교정
이다. 오운이『포은집』을 교정한 것은 1614년(당년 75세)이었고, 교정의
대상으로 삼은 판본은 영천구각본永川舊刻本이다. 이 판본은 1584년에
선조가 서애西厓 유성룡柳成龍에게 구본舊本을 교정하여 만들게 한 개찬본
改撰本으로, 익년 7월에 완성되어 영천永川의 임고서원臨皐書院에서 간행한
것이었다.

『포은집』은 1439년에 초간된 뒤에 지금까지 12차례의 중간을 거쳤다.
오운의 교정 내용은 편집 순서의 수정을 주장한 것과 오자의 교정으로
구분하여 파악할 수 있다. 오운은 문집의 체재에 대하여 각별한 관심을
갖고 있었다. 그는 특히 서문序文의 경우 변계량卞季良, 하륜河崙, 박신朴信,

---

28)『韓國文集叢刊』권36에는『嘯皐集』이라는 제명으로 실려 있다.

29) 오운,『竹牖先生文集』,「年譜」, "六月, 校正嘯皐朴公文集于伊山書院";『奎章閣韓國本
圖書解題』集部 1,「嘯皐先生文集」條, 458쪽.

권채權採, 노수신盧守愼의 순서로 수록해야 한다고 단언하였는데, 그 이유는 서문을 쓴 사람의 나이와 서문을 쓴 연차年次를 중시해야 하기 때문이었다. 이와 달리 부록附錄과 발문跋文의 경우에는 찬자撰者의 위상과 역량을 감안하여 배열해야 한다고 생각했다.

오자의 교정에 있어서는 탁월한 안목을 바탕으로 세밀히 살펴 오류를 수정하였다. 오운은 자체字體가 유사한 한자 중 잘못 쓴 것을 바로잡는 한편 점 하나라도 틀린 것은 고쳐 놓았다. 그리고 합리적인 사고방식을 바탕으로 중요한 사항은 교정에 참여한 동료들과 의논하여 결정하였으며, 의혹이 생기면 방증자료를 최대한 이용하여 의문점을 해결하고 그것을 통해 자신의 주장을 증명했다.[30]

(3)『퇴계선생연보』

오운은 1600년(당년 61세)에 백암 김륵, 안촌安村 배응경裵應褧 등과 함께 이황의 연보를 교정하여『퇴계선생문집』을 간행하고 도산서원의 사당에 제祭를 올렸다.[31] 『퇴계집』은 1599년 문인 조목趙穆 등에 의하여 처음 간행되어 누차 중간이 이루어졌다. 그리고『퇴계선생연보』도 독자적으로 간행되었는데, 유성룡이 편집 책임을 맡아 완성한 것이 1601년이다.[32] 유성룡이 편집을 완성했다는 것은 오운 등이 교정하여 정리한 것을 말할 것이다.

현재 규장각본『퇴계선생문집』은 1735년에 간행된 것인데 여기에는

---

30) 김순희,「竹牖 吳澐의『圃隱集』校訂에 대하여」,『書誌學硏究』제32집(2005. 12), 337~359쪽.
31) 오운,『竹牖先生文集』,「年譜」, 61歲條, "五月退溪先生文集刊訖, 與諸公祭告陶山院祠."
32)『奎章閣韓國本圖書解題』史部 4,「退溪先生年譜」條.

권말에 연보年譜가 실려 있다.33)

오운과 함께 교정에 참여한 백암 김륵과 안촌 배응경이 주목된다. 이들은 이 연보 외에도 오운과 관련된 여러 저서의 교정에 동참한 것으로 추정된다. 오운과 이들이 여러 번 교정에 참여하였다는 것은 이들이 당시에 적어도 이 지역에서는 교정의 전문가로 인정받았다는 것을 의미한다.

이와 같이 오운은 전문적인 교정가로서의 면모를 보이고 있는데, 이는 도서에 대한 깊은 애호에서 시작하여 오류를 바로잡고자 하는 철저한 자세가 그대로 반영된 것이다. 이는 그가 『동사찬요』를 세 차례에 걸쳐 수정하였던 사실과 일맥상통하는 것으로 도서편찬자로서의 참모습을 그대로 보여 주는 실례라고 할 수 있다.

4) 기타

오운이 관계한 도서 중에 그가 직접 저술하거나 편찬, 간행하지는 않았지만 도서에 대한 그의 애호를 알 수 있는 책들이 있다. 필사본筆寫本과 개장본改粧本 등이 이에 속한다.

(1)『한구소시권』

이 책은 오운이 편찬하거나 필사한 것이 아니고 개장改粧한 것이다. 이것은 필사본인데, 제목에서 알 수 있듯이 한유韓愈와 구양수歐陽脩, 소식蘇軾의 시 중에서 명편을 선별하여 책으로 엮은 것이다.

---

33) 『奎章閣韓國本圖書解題』 集部 2, 「退溪先生文集」條.

원래 이것은 오운의 조부인 오언의吳彦毅가 자제들에게 시를 가르치기 위하여 필사한 것이었는데, 임진왜란의 와중에 선조들이 남겨 놓은 유물이 거의 망실되어 오운도 이 책에 대해 잊고 있었다. 그러던 중 오운의 아들이 오운의 사촌동생인 오연吳淵의 집에 갔다가 다행히 보존되고 있던 이 책을 빌려 오게 되었다. 오운이 다시 이 책을 본 것은 책이 지어진 이후 68년이 되던 해였다. 연도가 오래되어 장정裝幀이 낡아진 것을 오운이 직접 다시 배접하고, 1권이었던 것을 2권으로 분권하여 색깔 있는 비단을 붙여 단장해 놓았다.[34]

권두의 「원화성덕시元和聖德詩」와 「남산시南山詩」·「사자연시謝自然詩」는 각각 대사헌 이해李瀣와 이황이 쓴 것으로 전하며, 이황은 소식의 시도 일부 썼다고 한다. 또 상하上下의 격지隔紙에 초서草書로 쓴 율시律詩와 절구시絶句詩는 오운의 숙부인 춘당春塘 오수영吳守盈의 필적이다.[35]

여기에서 오운이 손수 책을 장정裝幀했다는 사실이 주목된다. 애호의 수준을 넘어서 책을 직접 꾸밀 수 있었다는 것은 도서 전반을 다룰 수 있는 그의 역량을 보여 주는 것이다.

(2) 「주자감흥시」

오운이 주자를 존경하여 주자의 시 가운데 20수의 「감흥시」만을 모아 필사한 책이다. 전하는 바에 의하면 오운은 필체가 뛰어났다고 한다. 이러한 서사 능력을 바탕으로 당년 68세 되던 해 3월에 오운은 이 필사본을 만들었는데, 권말卷末에 이황의 서序와 발跋이 있다.[36]

---

34) 오운, 『竹牖先生文集』, 「韓歐蘇詩卷跋」, "第以歲久磨綻, 乃手自粘褙, 劈爲兩冊, 粧以色綃."

35) 오운, 『竹牖先生文集』, "首題元和盛德詩, 大憲李相公所寫, 南山謝自然詩, 退溪先生所寫, 間又下筆於蘇詩中也……上下隔紙所書律絶, 進士叔父十八歲時筆."

5) 서지학적 의의

지금까지 고찰한 바와 같이 오운이 도서의 편찬과 간행에 직, 간접으로 관여한 것이 11종에 이르고 있음을 알 수 있다. 오운의 이러한 업적은 당시의 상황으로 보아 매우 주목해야 할 것으로 도서편찬자로서의 위상을 자리매김하는 것이다. 오운은 조선 후기의 도서편찬자로 이름 있는 담와淡窩 홍계희洪啓禧(1703~1771)와 비교할 수 있다.

홍계희가 직접적으로 편간에 관여한 서적으로 밝혀진 것은 총 27종이다. 그 중에 저술한 것이 1종이고, 편찬한 것이 13종이며, 간행에 관여한 것이 10종이었다.[37] 그러나 홍계희는 영조시대에 발흥했던 도서출간의 시대적 분위기에 힘입은 바가 크고 또 한양의 정계에서 실력이 있는 인물이었으나, 오운의 시대는 임진왜란이라는 거대한 사건이 있어 홍계희의 시대와는 비교할 수가 없다. 그리고 오운은 주로 지방의 수령을 지냈을 뿐이니 여러 모로 보아 오운의 환경이 훨씬 열악했음을 알 수 있다. 그런데도 불구하고 이처럼 도서의 편찬과 간행에 열의를 보였으니, 이것이 오운이 갖는 도서편찬자로서의 서지학적 의의일 것이다.

4. 결론

오운은 조선 중기를 대표하는 도서편찬자이다. 그는 임진왜란의 와중에서도 직접적으로 저술하였을 뿐만 아니라, 여러 도서의 편찬과 간행, 필사와 개장 등에 관여하였다. 위에서 논의한 내용을 정리하는 것으로

---

36) 오운, 『竹牖先生文集』, 「年譜」, 68歲條, "三月手書朱子感興詩一帙, 藏于家, 篇下有退陶先生序與跋."
37) 김순희, 「淡窩 洪啓禧의 編刊書에 대하여」, 『國會圖書館報』 제36권 1호(1999), 96쪽.

결론으로 삼는다.

오운의 학문과 사상은 그의 도서편찬 활동에 기반이 된다. 그의 학문은 주자와 주자학에 경도되어 있었으며 조식과 이황의 문하를 넘나들면서 수학하였다는 특징이 있다. 주자학을 신봉하는 자세는 그의 저술에도 반영되었다. 오운은 대표적인 저서인『동사찬요』를 짓는 과정에서도 주자학자로서의 입장을 고수하였다. 오운은 유교적인 도덕률과 합리성에 기반을 두면서도 주자학의 정통 논리를 적용하려는 사림들의 역사인식을 대표하는 인물이었다. 그리고 주자의 문장 중에서 선별하여『주자문록』을 편찬한 것도 이를 뒷받침한다.

오운은 조식에게서 학문적 지식보다는 암울한 현실에 대한 비판적 안목과 함께 불의를 용인하지 않는 선과 악의 분별적 자세에 대한 가르침을 주로 받았을 것이다. 그리고 성리학의 형이상학적 해석보다는 정주의 학문적 논리에 입각한 실천의 방법을 정립하는 데 주력했다고 할 수 있을 것이다. 조식은 정주 이후의 학자들은 책을 저술할 필요가 없다는 생각을 갖고 있었다. 그러나 이황은『주자서절요』를 편찬하는 등 저술과 편찬을 도외시하지 않았다. 이러한 사실로 미루어 볼 때 오운은 조식의 영향보다는 이황의 영향을 결정적으로 받은 것으로 보인다. 오운이 많은 저서의 저술과 편찬 및 간행에 참여한 것은 그의 선천적인 애호도 있었지만, 이황에게 배운 영향도 있는 것으로 파악할 수 있다.

오운은 도합 11종의 서적의 저술과 편찬, 교정과 개장 등에 관여하였다. 그가 처음으로 관여한 도서는『송재선생시집』의 간행인데 이때 그의 나이 45세였고, 마지막으로 정리한 서적은 75세에 최종으로 개찬改撰한

『동사찬요』이다. 오운은 학문과 경륜이 원숙해지는 장년 때부터 직접적으로 도서의 편찬에 관여하기 시작하여 세상을 버릴 때까지 계속 이러한 자세를 유지했던 것이다. 여기에서도 그의 도서편찬자로서의 면모를 확인할 수 있다. 그리고 오운은 조선 후기의 도서편간자인 홍계희와 비교해 보아도 손색이 없는 도서편찬자였음을 알 수 있다. 앞으로도 오운의 편간서에 대하여 개별적인 고찰이 이어져 그의 진면목이 드러날 수 있기를 기대한다.

제4장 죽유 오운의 생애와 내면의식

박 동 욱

1. 서론

오운吳澐(1540~1617)은 조선 중기의 문신으로 의병장이었다. 본관은 고창高敞으로 자는 태원太源, 호는 죽유竹牖·죽계竹溪이고 이황李滉과 조식曺植의 문인이었다. 1566년 과거에 급제하여 성균관의 여러 직책과 충주목사 등을 역임하였다. 임진왜란이 발발하자 의령宜寧에서 의병을 일으켜 곽재우郭再祐 휘하에서 활약하였으며, 이후 여러 벼슬을 거쳐 1616년 공조참의까지 올랐다.

오운은 크게 몇 가지의 모습으로 기억된다. 첫째는 임란 때 활약했던 의병장의 모습이다. 그는 망우당忘憂堂 곽재우郭再佑를 도와 왜적을 섬멸했으며, 김성일金誠一을 도와서는 소모관召募官으로 병사들을 재편성하기도 하였다. 둘째는 『동사찬요東史纂要』를 찬술한 역사가로 잘 알려져 있다. 박승진朴勝振은 『동사찬요』 발문跋文에서 "책을 펴면 분명한 것이 마치 손바닥을 보는 것 같으니, 진실로 우리나라의 전사全史를 집대성하였다"[1]라고 하여 높이 평가하였다. 끝으로 문학가로서의 면모가 있다.

김영조金榮祖는 오운에 대한 만시에서 "시단에서는 함께 맹주를 잃은 것을 슬퍼하네"(詩社共嗟盟失主)라고 하여, 영남 시단의 대표적 시인으로서의 위상을 잘 말해 준 바 있다. 또, 이급李級은 「죽유선생문집서竹牖先生文集序」에서 "문으로는 유림의 표준이 되고, 시로써는 소식과 황정견을 대적하였네"[2]라고 하여 그의 시문詩文을 높이 평가하였다.

그러나 오운의 문학적 면모에 주목한 연구는 아직 그리 많지 않다. 그는 저서로 『죽유문집』을 남겼으며, 최근에는 그의 문집 전체가 완역이 되기도 하였다[3] 허권수[4]와 정우락[5] 등의 연구를 통해 오운의 문학적인 부면들이 부각되었다. 그는 퇴계와 남명의 두 문하를 두루 거쳤고, 교유의 폭도 매우 넓다. 그의 시들은 많이 남아 있지 않지만 만만치 않은 작품의 수준을 보여 준다. 본고에서는 오운의 시에 한정해서 총체적인 그의 시 세계를 조명하려 한다.

2. 죽유 시의 창작 시기와 삶의 궤적

오운의 시는 모두 137제 229수가 남아 있다. 그가 지은 시는 전란戰亂에 많이 일실逸失되었다.[6] 연도를 확인할 수 있는 최초의 작품은 1568년 그의 나이 29세에 지은 「차박감사계현자계십육영운次朴監司啓賢紫溪十六詠韻

---

1) 吳澐, 『東史纂要』, 「跋文」(朴勝振), "開卷瞭然, 若視諸掌, 實吾東方集成之全史也."
2) 吳澐, 『竹牖先生文集』(이하 『竹牖集』), 「序」(李級), "以文則標儒林, 以詩則敵蘇黃."
3) 오기열, 『國譯 竹牖全書』(고령문화원, 2000).
4) 허권수, 「竹牖 吳澐 — 江左와 江右 문화의 융합자」, 『죽유 오운의 삶과 학문세계』 (역락출판사, 2007).
5) 정우락, 「吳澐의 詩世界에 나타난 興과 浪漫主義的 性格」, 『죽유 오운의 삶과 학문세계』(역락출판사, 2007).
6) 『竹牖集』 권6, 「行狀」, "所著詩文, 散失於亂離殆盡, 只栗溪亂稿二卷, 藏于家."

「戊辰」이다. 모두 이언적李彦迪이 은거하던 독락당獨樂堂을 배경으로 지어졌다.[7] 그 중 「독락당」이란 시에서는 "다시는 옷을 여미고 이 당에 오를 수 없고, 집만 남았고 사람은 갔으니 내 마음 상심케 하네. 그때 독락당 어데서 찾을 수 있으랴, 달 밝은 당 앞에 시냇물만 길도다"[8]라고 하여, 심성도야心性陶冶의 공간을 탐방하고 난 뒤의 감회를 적었다. 현재 20대에 지은 작품으로 남은 것은 「차박감사계현자계십육영운」밖에 없다.

30대에 지은 작품도 10수에 불과하다. 대부분 1577년(38세)에 지어진 것으로 보인다. 이해는 여러 가지로 변화가 많은 해였다. 봄에 전적典籍으로 승진되고 경릉집사敬陵執事를 맡았다가 여름에 호조좌랑 겸 춘추관기사관戶曹佐郞兼春秋館記事官으로 옮겼고, 겨울에는 명천현감明川縣監으로 나갔다. 이때의 감회를 담은 「수하남환체우대평원受暇南還滯雨大平院」에서는 "찬비 성긴 연기 한 산을 에워싸니, 나그네 수심 겨워 앉아 사립문 닫거네.…… 부평초같이 서울에 머문 것 우습기만 한데, 어찌 돌아갈 길에도 또 돌아가지 않는가"[9]라고 하여 쓸쓸한 심회를 드러내고 있다.

40대에는 다양한 체험을 담은 시들이 등장한다. 이 당시의 주요 행적으로는, 1581년(42세)에 정선군수를 제수 받았고, 3월에는 금강산을 유람하였다. 1583년(44세)에 풍저창수豊儲倉守가 되었다가 가을에 충주목사 겸 춘추관편수관忠州牧使兼春秋館編修官에 제수되었다. 1587년(48세)에는 정구鄭逑와 『함주지咸州志』를 찬하였다. 특히, 1581년(42세)에는 금강산을 기행하고 여러 편의 시를 남겼는데, 주로 금강산의 풍경에 대한 감탄을 표현하거나

---

7) 독락당에 있는 16장소를 배경으로 지었다. 紫溪谷口, 龍湫, 洗心臺, 紫玉山, 獨樂堂, 舞鶴山, 溪亭, 觀魚臺, 詠歸臺, 淨慧寺, 澄心臺, 灌纓臺, 道德山, 華蓋山, 紫溪, 獅子巖.
8) 『竹牖集』권1, 「次朴監司[啓賢]紫溪十六詠韻[戊辰]」, "無復攡衣升此堂, 堂存人去感余腸. 當年獨樂尋何處, 月白堂前溪水長."
9) 『竹牖集』권1, 「受暇南還滯雨大平院」, "冷雨疎煙鎖一山, 征人愁坐掩柴關.…… 萍蹤滯洛追堪笑, 胡乃歸程又未還."

탈속脫俗을 지향하는 정신을 표출하였다.

50대에는 임진왜란을 겪게 된다. 임진왜란이 1592년부터 1598년까지 벌어졌으니, 그는 50대 대부분을 전란의 한복판에 있었던 셈이다. 그는 이때 섬약한 유자儒者가 아닌 실천적인 의병장義兵將의 모습을 보여 주었으며, 곽재우, 김성일 등과 함께 활동하여 많은 전과를 올렸다. 당시에 지은 시 한 편을 살펴보자.

대는 비고 나무 늙은 물가의 옛 정자는　　　　　　　　臺空樹老古亭濱
범초凡楚의 존망存亡을 얼마나 보았는가.　　　　　　　閱幾凡亡與楚存
등왕각에서 이난二難들이 시를 이루려 하고　　　　　　滕閣二難詩欲就
선교에서는 칠석날에 모임이 끝나려 하네.　　　　　　仙橋七夕會將分
더위잡아 놀면서 곧장 강이 달을 머금기를 기다리고,　攀遊直待江涵月
흥에 겨워 도리어 항아리에서 구름이 피어남을 탐하누나.乘興還耽瓮潑雲
눈을 드니 홀연 주의周顗의 한이 생겨　　　　　　　　舉目忽生周顗恨
호산에서 다만 임금 걱정 갑절 되네.　　　　　　　　湖山只倣倍憂君
　　　　　　「고사정화서순찰차벽상운孤查亭和徐巡察次壁上韻(是日七夕)」

60대에는 다양한 일들이 있었는데 간략히 정리해 보면 다음과 같다. 1599년(60세)에 명나라 진린陳璘 제독의 접반사로 활약하다가 그를 따라 한양에 돌아왔다 1600년(61세)에는 이산서원伊山書院에서 박승임朴承任(1517~1586)의 문집을 교정하였다. 1601년(62세)에는 대구도호부사大邱都護府使를 제수 받았으나, 사직을 청하고 나아가지 않았다. 이후로부터 은퇴하여 노년을 보낼 준비를 하였는데, 1604년(65세)에 지은 시를 보면 그러한 여유로운 노년의 삶을 엿볼 수 있다.

눈이 트이니 하늘 아래는 들이고,　　　　　　　　　　眼闊天低野
구름이 열리니 절은 양지바르네.　　　　　　　　　　雲開寺面陽

높이 오르니 부를 지을 만하고,　　　　　　　　　登高堪作賦

좋은 경치 보며 곧장 술잔 기울이네.　　　　　攬景便傾觴

바닷가 산에는 풍진이 가득하고,　　　　　　　海嶠風塵滿

신선 집에는 세월이 느긋하였네.　　　　　　　仙家日月長

오늘밤에 취하지 아니한다면,　　　　　　　　　今宵不醉倒

어느 곳에서 다시 미칠 것인가.　　　　　　　　何處更顚狂

　　　　　　　　　　「부석사차박자징록운浮石寺次朴子澄韻」

70대에는 노구老軀에도 불구하고 주목할 만한 저작著作들을 많이 쏟아
냈다. 1611년(72세)에는 『주자문록朱子文錄』을 완성하였고, 1613년(74세)에는
본종本宗의 세계世系·행적行蹟과 외가 선계先系의 사실을 모아서 『가세지
家世志』를 편찬했다. 1614년(75세)에는 『동사찬요東史纂要』를 개찬改撰했다.
1616년(77세)에는 공조참의工曹參議를 배명拜命 받았으나 사양하고 나가지
않았다. 그해 8월에 청송부사靑松府使를 제수 받고서 부임했다. 1617년(78세)
에 정침正寢에서 고종考終하였다.

3. 죽유의 시세계

1) 심성수양과 자아성찰

오운은 순정한 성리학자의 삶을 보여 준다. 이러한 삶의 태도는 그의
호에서도 찾아볼 수 있다. 죽유竹牖는 주자朱子의 "대나무 창을 해를
향해 여누다"(竹牖向陽開)에서 따왔고, 율계栗溪는 주돈이周敦頤의 "고향 산
이 눈 안에 있도다"(鄕山在目中)의 뜻을 취해 선조들이 세거하던 지명에서
따온 것이었다.[10] 이처럼 그의 호에서도 알 수 있듯이 그의 지향은

성리학에 있었다. 또 「가장家狀」에서 "좌우에 도서를 두고 심오하게 익히는 데 게을리하지 않았다. 더욱 『주역』과 『주자대전』을 읽기를 좋아하였고, 주서에 이르러서는 손수 봉사주차를 초록하느라 거의 자고 먹는 일도 잊을 정도였다"[11]라고 했듯이, 평생을 성리학 관련 서적을 탐독했다. 72세에는 주자의 좋은 글을 뽑아서 『주자문록』을 짓기도 하였다.[12]

그는 실천하는 지식인으로서의 면모를 보이기도 했다. 그러나 내면적으로는 늘 심성에 대한 수양과 자아의 성찰을 멈추지 않았다. 본 항에서는 그의 시에 보이는 심성수양과 자아성찰에 관련된 작품들을 살펴보도록 하겠다.

> 부군은 성질이 관후하고 도량은 넓었다. 자신을 엄하게 다스리고 남을 대할 때는 화평하게 하였다. 관직을 맡아 일을 처리할 때는 성신誠信을 주로 하였으며, 드러내지도 않았고 꾸며서 행동하지도 않았다. 평생 동안 일찍이 모가 난 행동이 있지 않았지만, 또 당시의 유행에 영합하여 출세하려고도 하지 않아서 손해 보는 일이 많았지만 근심하지 않았다. 날마다 매일 아침 일찍 일어나서 방 안에 고요히 앉아 책 읽는 것을 좋아해서 손에서 책을 놓지 않았다.…… 문사文士를 만나면 으레 더불어 경사를 토론하고 고금을 비교하는 것을 좋아하여 싫증내지 않았다. 술자리에서는 화기가 넘쳐흘렀다. 선을 좋아하고 악을 미워하는 것이 천성에서 나왔으며, 선함을 반드시 칭찬하고 악함을 들으면 배척하였다. 그러므로 선한 사람들은 좋아하고 악한 사람들은 꺼려했다.[13]

---

10) 『竹牖集』권6, 부록 下, 「行狀」, "以竹牖自號, 取晦菴竹牖向陽開之義, 兵燹之後, 寓居榮川而一念常在松楸, 取濂溪鄉山在目中之義, 又以栗溪爲號, 栗溪乃先祖舊居也."

11) 『竹牖集』권6, 부록 下, 「行狀」, "左右圖書, 玩蹟不倦. 尤喜讀周易朱子大全, 至於朱書, 手抄封事奏箚, 殆忘寢食."

12) 『竹牖集』권5, 부록 上, 「年譜」, "以爲知舊門人問答書札, 退溪先生所選, 至若封事奏箚及雜著序記之類, 並切於後學, 而疏箚尤見愛君憂國之意, 乃手抄成上中下三冊, 題曰朱子文錄, 常對案上, 有跋文."

「가장」에 나오는 글이다. 오운의 생활인으로서의 모습이 잘 드러나 있다. 자신에는 엄격하고 남에게 관대한 태도를 유지했으니, 행동 모두에서 수신修身하는 태도를 잃지 않았다. 그러한 바탕에는 독서 체험이 깔려 있었다. 그가 읽은 대부분의 서적들은 주자학과 관련되어 있다. 「연보」14)와 박회무朴檜茂의 「제문」15)에서도 이러한 사실들을 확인할 수 있다. 한마디로 말하자면, 오운은 끊임없는 주자학 서적의 독서와 거기에 어울리는 실천성을 강조하였다. 자신을 끊임없이 독려해서 더 좋은 사람이 되기 위한 노력을 그는 평생토록 실천하고자 했다. 다음은 이러한 그의 생각이 잘 드러나 있는 기문記文 중 한 편이다.

사물을 가지고 사물을 보는 사람은 사물이 이르면 능히 알맞은 곳에 알맞고, 사물을 가지고 마음을 보는 사람은 마음이 싸워서 드디어 그 참됨을 잃게 된다. 알맞은 곳에 알맞게 되면 조금도 자취가 없어서 가슴 속에서 자유로워 스스로 고치지 않게 되지만, 그 참됨을 잃게 되면 한쪽 편에 의지하여 다른 외물을 좇아서 나의 즐거움이 옮겨 가게 된다. 옛날부터 성현이 즐거운 곳을 깨달아 앎이 어찌 영귀詠歸의 흥興을 기다릴 겨를이 있었겠는가? 우연히 기수沂水 위에서 움직이면 요순의 기상이 비파를 놓는 즈음에서 드러나고, 단사표음簞食瓢飮이 누추한 거리를 벗어나지 않으며, 정밀한 힘을 우러러 보는 것을 그만두려 하지만 고칠 수 없는 것이다. 저 봄옷과 기수, 단표와 누항은 다만 그 적연適然한 것을 만나면 능히 편안해지는 것이다. 이 어찌 여기에 기필해서 나의 즐거움을 돕는 것이겠는가? 그러므로 무릇 즐거움을 사물에서

---

13) 『竹牖集』 권6, 부록 下, 「家狀」, "府君性質寬厚, 氣度弘毅. 律己以嚴, 待人以和. 居官處事, 誠信爲主, 不爲表襮, 不修邊幅. 平生, 未嘗有崖異之行, 又不投合時好, 以求進取, 坐是多蹇滯, 不恤也. 日必夙興, 靜坐一室, 劬書自娛, 手不釋卷.……遇文人韻士, 輒與之討論經史, 商確古今, 亹亹不厭. 罇俎之間, 和氣油然. 好善嫉惡, 出於天性, 見善必揚, 聞惡必斥. 故善者好之, 惡者憚之."

14) 『竹牖集』 권5, 부록 上, 「年譜」, "先生於朱子, 書用工益篤, 老而不倦, 殆忘寢食."

15) 『竹牖集』 권5, 부록 上, 「祭文(朴檜茂), "世方沒溺於功利, 不復知有心身之學, 而公獨超然遠覺, 以朱子一書, 爲晩來用工之妙."

빌려온 것은 억지로 한 것이요, 진실이 아닌 것이다. 억지로 곡하는 것은 비록 슬프지만 통렬한 슬픔이 없으며, 억지로 성내는 것은 비록 엄하기는 하지만 위엄이 없다.[16]

이 글은 1600년 친구 김대현金大賢의 부탁으로 지어졌다. 소옹邵雍의 이물관물以物觀物을 실천하자는 것이 요점이다. 사물에 마음을 개입시키지 말고서 사물을 사물 자체로 보자는 이야기이다. 이렇게 되면 외물外物에 휘둘리지 않고 본성에 내재된 즐거움을 얻게 될 수 있다. 본성에 대한 회복 의지는 오운에게 있어서는 참다운 삶에 대한 희구에 다름 아니었다. 외부적인 욕망에 대한 지향보다는 내적인 성찰과 수양을 통해서 본성을 회복하는 삶을 그는 꿈꾸었다.

> 뜰에 구슬 같은 이슬이 성긴 숲 적시노니　　　　　　一庭珠露浥疎林
> 마음은 모름지기 고요한 밤에 찾아야 하네.　　　　心境須從靜夜尋
> 사물을 접하지 않을 때 마땅히 잘 길러야 하고,　　物不接時當善養
> 눈으로 보지 않았을 때 가장 경계해야 하네.　　　目無看處最宜箴
> 음양을 여닫으니 기틀이 도리어 묘하고,　　　　　陽開陰闔機還妙
> 낮은 짧고 밤은 기니 이치 다시 깊도다.　　　　　晝短宵長理更深
> 베개 밀고 뒤따라서 별들을 바라보니　　　　　　推枕趁瞻星斗望
> 긴 바람 달 배웅해 본성에 이르렀네.　　　　　　長風送月到天心
> 　　　　　　　　　　　　　　　　　　　　　「차우인운次友人韻」

이 시는 심성수양에 대한 의지가 잘 드러난 시이다. 마음이란 자기

---

16) 『竹牖集』 권3, 「悠然堂記」, "以物觀物者, 物至而能適其適, 以物觀心者, 心鬪而遂喪其眞. 適其適也, 故無一其跡而胸裏天遊, 自不改. 喪其眞也, 故倚著一偏而從他外物, 移吾樂. 從古, 聖賢會得樂地, 豈暇期待詠歸之興? 偶動於沂上, 而堯舜氣像, 呈露於舍瑟之際, 簞食瓢飮, 不出於陋巷, 而鑽仰精力, 欲罷而不能改, 彼春服也, 沂水也, 簞瓢也, 陋巷也, 特値其適然而能安之耳. 是豈必於是而助吾樂哉? 故凡樂之假乎物者, 强也, 非眞也. 强哭者雖悲不哀, 强怒者, 雖嚴不威."

스스로 찾기 힘들다. 그러한 마음에 대해서 그는 「제왕억암낙화시題王抑庵落花詩」에서 "복숭아꽃 오얏꽃은 무심하게 피었다 지는데, 사람의 마음은 스스로 흔들려 슬퍼하고 기뻐한다. 좋은 수레와 말을 모는 조정의 꿈은 모두 다 허공에 뜬 한조각 구름일세"[17]라고 표현한 바 있다. 잡기 힘든 마음을 가지고 본성本性을 회복하는 과정을 한 편의 시로 그려내고 있다. 사물이나 눈에 휘둘리지 않는 참된 마음에 대한 회복은 그가 평생토록 노력했던 숙제였다.

관하가 멀고멀어 서신도 드무니	關河迢遰鴈書稀
섣달 다 가는 천애에 나그네 비로소 돌아왔네.	臘盡天涯客始歸
산관에 밤이 깊어 사람의 말 고요한데	山館夜闌人語靜
강가 성 구름 어둡고 눈꽃이 날리누나.	江城雲暝雪花飛
늙은 나무 서늘히 나뉘니 난간에서 바람 불고,	涼分老樹風生檻
계수나무 새 가지에 이슬이 덮이었네.	桂白新枝露襲衣
남긴 시를 읽고 나니 다시 공경하는 맘 일어나서,	讀罷遺詩重起敬
향 피우고 단정히 앉아 기미와 어긋남 경계하네.	燒香端坐戒差幾
	「재첩再疊」

진정한 선비는 답답한 관습으로 남을 옥죄는 사람이 아니라, 자신이 좀 더 나은 사람이 되기 위한 성찰과 반성을 끊임없이 반복하는 모습을 보인다. 그러니 남이나 외물보다는 나와 본성에 대해서 집중한다. 향을 사르고 단정히 앉아 기미機微와 어긋날까 반성하는 모습은 그러한 사실을 잘 보여 준다 할 수 있다.

오운은 전형적인 선비의 모습을 보여 준다. 끊임없이 주자朱子의 글을

---

17) 『竹牖集』 권2, 「題王抑庵落花詩」, "桃李無心開又落, 人心自動謾悲忻. 香車寶馬東華夢, 摠是浮空一片雲."

읽은 것은 그러한 삶을 살고 싶다는 강한 의지에 다름 아니다. 그는 창의倡義 이후에 정계政界에 입문하는 삶보다는, 조용하고 평화로운 삶을 희구한다. 외부에 대한 욕망 대신에 수신修身하는 삶을 택하였다.

2) 산수에 대한 애호와 탈속의 지향

오운은 42세 때인 1581년 금강산을 유람하면서 적지 않은 시들을 지었다. 여행의 체험은 종종 삶의 향배를 바꾸어 놓기도 한다. 그는 금강산 유람을 통해 무엇을 느꼈고 무엇을 보았을까? 본 항에서는 그의 유람 체험을 중심으로 산수에 대한 애호와 탈속의 지향을 보여 주는 시들을 살펴보고자 한다.

진헐대 앞에도 늦봄은 찾아 왔으니	眞歇臺前屬暮春
긴 노래에 술잔 기울여 나의 참됨을 말한다.	長歌晚酌道吾眞
지나간 긴 세월 금강산 다녀간 사람들 중에	悠悠千古來遊者
빌어 묻노니 금강을 본 사람이 몇 사람이던고	借問金剛閱幾人

「정양사진헐대소작금강기승, 췌어차대正陽寺眞歇臺小酌金剛奇勝, 萃於此臺」

마흔이 넘어 찾은 금강산은 그에게 적지 않은 충격이었던 것으로 보인다. 3, 4구에 그렇게 많은 사람이 금강산을 다녀왔다지만, 금강산의 진면목을 본 사람이 얼마나 될 것인가? 라고 자문自問하는 것은 자신만이 금강산의 본 모습을 정확히 보았다는 자부심의 표현이다. 거대한 자연은 그 자체로 인간의 삶을 왜소하게 만들며, 자신의 삶을 재정비할 수 있는 계기를 마련해 준다. 「묘길상우후妙吉祥雨後, 장향외산將向外山」의 "찬 시내 비 온 뒤에 푸른 물결 일렁거려 푸른 나무와 산이 모두 얼굴 바뀌었네. 한 번

선감에서 자고나니 정신이 번뜩 나서, 산 나서 옛 티끌 밟을까 공연히 부끄러워지네[18]"라고 한 부분에서는 강렬한 충격이 자신의 삶을 바꾸어 주리라는 기대가 드러나고 있으며,「불정대즉사佛頂臺卽事」에서는 "봉래산 몇 만 봉을 밟아 다 올랐느냐, 지팡이 끌고 작은 대에 기대 바람 맞는다. 지금부터 비로소 하늘땅이 큰 것을 알았으니, 북극과 남명이 눈 속에 들어오네[19]"라고 하여, 활연豁然하게 넓어진 포부와 감회를 적었다.

기이한 유람을 장년에 못한 것 한스러우니	自恨奇遊負壯年
지팡이에 의지한 근력이 힘이 없구나.	筇枝筋力任頹然
구름 가에 삼생의 빛을 갚지 못하고	雲邊未償三生債
호수 위에 장차 두 이랑 밭이 황폐하려 하네.	湖上將蕪數頃田
학은 가고 대는 비고 칼을 묶어 놓은 듯	鶴去臺空攢束釰
신이 자르고 귀신이 깎고 폭포 소리 울리누나.	神剜鬼削吼飛泉
선경仙境의 세월은 한가함 많으니,	仙區歲月閒多少
어느 날에 벼슬 그만두고 속연을 끊을 건가.	何日抽簪斷俗緣

「만폭동재첩전운萬瀑洞再疊前韻」

오운의 시에는 선仙에 대한 언급이 매우 많다. 위의 시에서도 선경仙境을 찾은 감회와 함께 세속적인 가치에 대한 부정이 드러난다. 특히 이러한 현세적 가치에 대한 부정은 그의 개인적 기질은 물론이거니와, 전란의 와중에 수많은 죽음과 주검을 목도한 후 더 커졌을 것이다.「도원중춘설후桃源仲春雪後, 증영월유사홍인협고종경贈寧越儒士洪仁浹高宗慶」에서 "공명에 어긋난 길 가시성을 쌓았고, 도리어 심사만 가지고 낚싯대만 짊어졌네[20]"라

---

18)『竹牖集』권1,「妙吉祥雨後[將向外山]」, "寒溪雨後弄靑涼, 綠樹蒼山總改容. 一宿仙龕神頓醒, 出山空媿舊塵蹤."
19)『竹牖集』권1,「佛頂臺卽事」, "踏盡蓬萊幾萬峯, 一節來倚小臺風. 從今始覺乾坤大, 北極南溟望眼中."

고 했고, 「원통승성희시축차운圓通僧性熙詩軸次韻」에서도 "봄바람에 배나무 꽃 날리니 동문이 어둡고, 한바탕 웃음으로 뜬세상 잊었도다"[21]라고 하여 직접적으로 세속적인 가치에 대한 부정적인 시선을 표출하기도 했다. 또, 「보덕굴普德窟, 차여성우대로운次呂聖遇大老韻」의 "신선이 어느 곳에서 퉁소를 불고 가는가. 생학이 표연히 붉은 연기 속으로 내리네"[22]라는 구절이나 「최시중향호정차운2수崔時中香湖亭次韻二首」의 "말 타고 환로에 나와 호수 밖을 가는데 주인은 베개 베고 선경仙境에서 늙었네"[23]라는 구절에서는 도가적인 분위기도 보여 준다.[24] 좀 더 적극적으로 도가적 분위기를 나타내는 작품들은 다음과 같다.

물고기가 아니면서 어찌 물고기를 알리오	儘非魚也詎知魚
사물과 나는 모름지기 타고난 성질의 처음 보아야 하네.	物我須看率性初
옛날의 선생이 지금의 상국이니,	在古先生今相國
지극한 맛은 책에다 쓰기 어렵도다.	難將至味筆於書
	「관어대觀魚臺」

위의 시는 『장자莊子』「추수秋水」에 나오는 '물고기의 즐거움'에 대한 장자莊子와 혜자惠子의 문답을 주된 내용으로 삼고 있다. 그는 철저한 성리학자였지만 도가나 불교에도 매우 관대한 태도를 보였으며, 그러한 인식이 그의 시에 적지 않게 등장한다. 그가 매우 개방적이고 열린 태도를 견지하고 있음을 확인할 수 있다. 특히, 「효권응인적송설적벽부

---

20) "錯道功名成鳳棘, 還將心事負魚竿."
21) "春風梨雪洞天陰, 一笑渾忘塵世身."
22) "羽人何處吹簫去, 笙鶴飄然下紫煙."
23) "車馬宦遊湖外路, 主人高枕老仙區."
24) 도가적인 분위기를 보여 주는 시로는 「浮石寺次朴子澄[瀓]韻」, 「秋盡日敬差官柳溪太守李舜民助防將權震慶暨朴子澄訪飮」, 「寄花伯金希玉令公」 등을 들 수 있다.

자效權應仁摘松雪赤壁賦字, 모득십절模得十絶」은 『장자』의 우화를 변용한 연작시이다. 이 중 5번째 시의 "우리 인생은 잎사귀 위의 이슬이고, 인간세상은 계곡에 숨긴 배일세"[25]라는 시구는 『장자』 「대종사大宗師」[26]에 나오는 것으로 사람의 덧없는 죽음을 가리키는 말이고, 또 10번째 시의 "나는 나의 즐거움 즐길 줄을 알지만, 나그네는 또한 어찌 물고기의 즐거움 알겠는가"[27]라는 시구는 『장자』 「추수」의 내용을 변용한 것이다.

지금까지 산수山水에 대한 애호와 탈속脫俗의 지향을 보여 주는 시들을 살펴보았다. 오운은 산수를 유람하면서 얻은 감회와 경이의 기록들을 많이 남겼다. 이러한 유람은 그가 활연한 사고를 가능케 하는 데 결정적인 계기를 제공한다. 그의 시에 나타난 도가적·불교적 사고는 이러한 체험이 한 몫을 담당했다.

3) 전란으로 인한 상흔의 시화

1592년 임진왜란이 발발하였다. 당시 오운의 나이는 53세였다. 그는 지천명知天命을 남긴 나이에도 환란 중에 있는 나라를 외면하지 않고 적극적으로 의병활동을 전개하였다. 이때의 활동은 크게 두 가지로 나누어 볼 수 있다. 첫째는 곽재우와 더불어 창의倡義한 사실과, 둘째는 김성일의 소모관이 되어 활약한 사실이다. 그는 이러한 활발한 의병활동 속에서 전란의 기록을 시로 남겼다. 여기에는 전쟁을 직접 목도한 생생한 체험이 담겨 있다.

---

25) "吾生葉上露, 人世壑藏舟."
26) 『莊子』, 「大宗師」, "夫藏舟於壑, 藏山於澤, 謂之固矣. 然而夜半, 有力者, 負之而走, 昧者不知也."
27) "吾知樂吾樂, 客亦焉知魚."

임진년(선생은 53세였다) 여름 4월에 왜적이 떼로 쳐들어와 여러 고을이 와해되었다. 이에 망우당 곽공과 더불어 창의하여 적을 토벌하였다.(이때 곽공이 마을의 병사를 규합하여 낙강의 적을 기다렸다가 죽었다. 얼마 안 있어 조대곤의 저지하는 바가 되어 장차 피하여 두류산에 들어가려고 여러 차례 방문하였다. 선생이 의병을 일으키기로 권면하여 같은 일을 함께 하기로 약속하였다. 인하여 군수품과 戰馬를 공급하고 집안의 노비 중에 날래고 건장한 사람 7~8사람을 보내 주었다. 또 같은 마을의 士友들을 격려하여 권하여 각자 정예한 사람을 출진케 하였다. 곽공을 의병장으로 추대해서 적의 토벌을 맡기고, 병사를 모집하고 군량을 조달하는 것은 선생이 전적으로 맡았다.) 초유사 학봉 김공을 도중에서 맞아들여 만나 보았는데, 초유사가 소모관으로 삼았다.28)

위의 글은 「죽유선생연보竹牖先生年譜」의 기록이다. 이 기록에 따르면 오운이 곽재우와 함께 창의해서 군수품이나 인원 등을 조달하는 측면 지원에 힘썼음을 확인할 수 있다. 곽재우가 대단한 전공戰功을 세울 수 있었던 데에는 오운의 역할이 적지 않았던 셈이다. 이후에 그는 김성일의 소모관召募官이 되어 활약하다, 7월에 특별히 승문원 판교에 제수되었다. 아래는 동년 10월에 김성일과 함께 산음에 주둔할 때에 지은 작품이다.

몸을 숨긴 천령 땅 밤중이 되자,	竄身天嶺夜
환아정에 눈보라 들이치누나.	風雪換鵝亭
남은 생 (어찌 될 줄) 물을 수 없으니,	殘生不可問
어느 곳에서 한양을 찾을 텐가.	何處覓神京

「산음도상작임진山陰道上作壬辰」

---

28) 『竹牖集』 권5, 부록 上, 「年譜」, "壬辰[先生五十三歲]夏四月, 倭賊入寇, 列邑瓦解, 乃與忘憂堂郭公, 倡義討賊. [時郭公紏合里兵, 候勦洛江之賊. 未幾爲曺大坤所沮, 將避入頭流山, 歷訪先生. 先生奬以擧義, 約與同事. 因給軍需戰馬, 與家奴驍健者七八人. 且激勸同里士友, 各出精銳. 推郭公爲將, 委以討賊, 而募兵給餉, 先生專主之.] 迎見招諭使鶴峯金公於中路, 招諭使差爲召募官."

산음현山陰縣은 경상남도 산청군의 옛 이름이다. 산음에 주둔할 때의 상황을 읊은 것으로, 이 시에 부기된 자주自註에 상세한 내용이 설명되어 있다.[29] 환아정換鵝亭[30]은 경상남도 산청군 산청리에 있었던 정자의 이름이다. 적들과 대치되었던 절박한 상황이 풀리고 산음으로 돌아가던 길의 감회를 적었다. 앞날을 점칠 수 없는 암담함과 임금에 대한 걱정이 함께 드러난다.

어젯밤에 가을비 세차더니만	秋雨前宵急
새 물결이 먼 만에 넘치었도다.	新流漲遠灣
해질녘에 술판을 시작하노니	淸罇開落日
갑작스레 먼 산은 푸르게 뵈네.	翠黛忽遙山
정히 전쟁이 가득함 만나서는	政值干戈滿
부질없이 서검의 한가함 탄식하네.	空嗟書劒閒
난리에도 취함을 사양치 말라	休辭亂離醉
깬 뒤에야 귀밑머리 쇠함 재촉할 테니.	醒後鬢催斑

「유연당차벽상운김공대현당호悠然堂次壁上韻金公大賢堂號」

유연당悠然堂은 김대현金大賢(1567~1608)이 지은 건물이다. 가을비에 넘

---

29) "임진년 겨울 10월에 적이 진양을 포위하여 7일 남짓 되었는데 칼날이 사방에서 이르렀다. 내가 이때 순사 김사순의 막부에 있으면서 산음에 주둔하였다. 적이 10리 밖에 가까이 닥쳤다는 소식을 듣고 어두운 밤에 여러 공들과 함께 피하여 함양을 향하였는데 며칠이 지나 적들이 꺾여서 물러났다. 진산의 수령 김시민, 곤양의 수령 이광악 등이 죽음으로 지켜 승전한 것이다. 곧 사순을 따라 산음으로 돌아오다가 길 위에서 이 절구를 읊었다. 이때 조백유(趙宗道를 가리킴), 단성 수령 張義國, 창원의 金洛 등이 산음에서 함께 고생을 달게 여겼다."(壬辰冬十月, 賊圍晉陽, 七日餘, 鋒四到. 吾時在巡使金士純幕府, 駐山陰. 聞賊迫近十里外, 昏夜與諸公, 避向咸陽, 數日, 賊坐退. 以晉山守金時敏昆陽守李光岳等, 死守勝捷也. 卽隨士純, 還山陰, 道上吟此絶. 時趙伯由丹城宰張義國昌原金洛, 山陰同甘苦.)

30) 1395년 산청현감인 沈潾이 산음현의 객사 서쪽에 건립한 정자이다. 換鵝亭이라는 정자의 이름은 權攀이 중국 왕희지의 고사를 인용하여 작명하였고, 글씨는 당대 최고의 명필로 알려진 韓石峯이 썼다.

친 먼 물을 바라보며 해질녘에 술판을 벌였다. 전란의 와중에서 술을 마시면서도, 전혀 동요하거나 마음을 끓이지 않는다. 그는 창의에 적극적으로 참여했으면서도 고단한 현실에 전혀 위축되지 않는 모습을 보인다. 이듬해에 쓰인 「차황종사여일운次黃從事汝—韻」에서도 "해 저문 관하에서 객은 서쪽으로 나가는데, 노년의 눈보라가 서글픔 더하누나. 훗날 병란이 깨끗해짐 기다려서, 종전에 새가 둥지를 가렸다고 말하지 말라"[31]라고 하여, 환란이 지나갈 것이란 희망적인 믿음을 잃지 않았다. 그는 시에서 전쟁 자체의 참상을 묘사하기보다는 매우 절제해서 전란을 겪는 심정을 표출하고 있다.

천지 사이에 공연히 피를 흘려서	天地空流血
전란에 몇 사람이 죽어 갔는가.	兵塵化幾人
높은 데 올라가서 마음껏 보지 말지니,	登高莫縱目
좋은 경치 보면 다시 마음 상하네.	攬景更傷神
쇠한 귀밑머리 이를 따라 변하고	衰鬢從他改
근심스러운 눈썹은 펼 곳 없도다.	愁眉沒處伸
떠돌며 나그네와 같은 처지 되어	飄零同作客
서글프게 저물녘 강가를 바라보네.	悵望暮江潯

「기배회보응경寄裴晦甫應褧」

이 시는 1598년 임진왜란이 끝날 무렵에 지어진 작품이다. 아직 전란의 와중에 있어서인지, 슬프고 비감한 감회가 숨김없이 드러나 있다. 상신傷神이나 쇠빈衰鬢, 수미愁眉나 표령飄零, 창망悵望의 시어에서도 알 수 있듯이 전란에 임한 지식인의 고뇌가 문면에 가득하다.

---

31) 『竹牖集』권1, 「次黃從事汝—]韻」, "臘盡關河客出西, 暮年風雪助悽悽. 他時待得兵塵淨, 沒道從前鳥擇棲."

땅에 가득한 전란에 옛집은 사라지고,	滿地兵塵沒舊家
부평초 신세 되어 바람에 날리는 모래처럼 이르렀네.	萍浮蓬轉逐風沙
어둔 눈으로 책 대하니 안화眼花 모두 가리었고,	昏眸對卷花全翳
병든 손에 붓 잡으니 글자 반쯤 삐뚤대네.	病手拈毫字牛斜
초가집 추위 두려우니 눈 위 누운 것 견딜 만하고,	白屋怕寒堪臥雪
단약 화로의 무슨 방술로 노을을 먹을 수 있으랴.	丹爐底術可餐霞
나그네 시름은 시 짓는 노인 만나서 보내고	羇愁賴遣逢詩老
매일 시통詩筒 전함에 소비하니 책상에 검은색 떨어지네.	日費傳筒案落鴉

「우차허양천기권경앙운2수又次許陽川寄權景仰韻二首」 중 제2수

1604년(65세) 전란이 끝난 뒤 지은 시이다. 전란에 옛집이 사라져 나그네처럼 떠도는 신세를 그렸다. 어둔 눈(昏眸)과 병든 손(病手)은 노쇠한 자신의 초래한 처지를 대변한다. 단로丹爐는 연단煉丹하는 화로를 이른다. 이 시의 첫째 수에서 "날 추운데 어느 곳에서 유하주流霞酒 따르리오"(天寒何處酌流霞) 라고 하여 고통스런 현실을 신선주로나마 대신하려는 절박한 감정을 토로한다. 또, 그나마 시를 짓는 일이 위안이 되어 여기에 몰입한다 했다. 전반적으로 전란에 무력하기만 한 지식인의 자조自嘲가 느껴진다.

전쟁이란 한 나라의 운명을 바뀌게 하는 것은 물론이거니와 한 개인의 삶 또한 뒤바꿔 놓는다. 임진왜란 때 오운은 행동하는 지식인으로의 모습을 잃지 않았다. 그의 시에는 전란의 상처가 기록되어 있다. 핍진하게 묘사되어 있지는 않지만, 매우 절제된 목소리로 전란의 상흔을 노래하였다. 오래도록 꿈꾸던 종전을 맞은 그의 감회가 어땠는지는 짐작하기 어렵지 않다. 「시원추야試院秋夜」에서 그는 "하늘이 한 번 병진을 씻어 고요해지니, 옛 산하가 백 갑절 무거워졌네"[32]라고 하여 당시의 벅찬 감회를 적고 있다.

---

32) "天敎一洗兵塵靜, 依舊山河百二重."

4) 퇴계문도와 퇴계정신에 대한 환기

『죽유선생연보』를 참조해 보면 오운은 19세에 남명선생을 찾아뵙고 21세에 퇴계선생을 찾아뵌 것으로 나온다. 그는 남명과 퇴계 선생의 훈기薫氣를 한 몸에 받았다. 이급李級의 「죽유선생문집서竹牖先生文集序」에서는 "뇌룡정雷龍亭에서 출발하여 암서헌巖栖軒에서 졸업하였다"[33]라고 하였으니, 학문의 시작을 남명에서 하고 마무리를 퇴계에서 했다는 뜻이다. 조형도趙亨道가 지은 「사림제문士林祭文」의 "산해당에 올랐다가 퇴도실에 들어갔네"[34]라는 부분에서도 이러한 사실을 확인할 수 있다. 그는 양문을 넘나들며 많은 인사들과 사귐을 나누었다. 주로 퇴계문하의 제자들과 깊은 교유가 있었고, 또 곽재우 같은 남명문인들과도 왕래가 있었다. 그는 퇴계에게서 어떤 영향을 받았으며, 또 퇴계의 어떤 문도들과 교유를 나누었을까? 본 항에서는 이러한 물음에 대한 해명을 통해서 죽유의 학문적 연원과 교유 관계 등에 대해 밝히려 한다.

한 걸음 어긋남을 이제야 깨달으니,　　　　　　　　一步差來始覺今
길 잃음 멀지 않은데 하물며 깊은 데서 구하랴?　　路迷非遠況求深
남긴 책 명백하신 천 마디 말씀들이　　　　　　　遺編指掌千言語
다만 한 조각 마음을 맑고 밝게 함에 있네.　　　　只在澄明一片心

「퇴계선생문집간흘退溪先生文集刊訖, 경자오월지망庚子五月之望, 제고
우도산사祭告于陶山祠, 우후오륙인등천연대雨後五六人登天淵臺, 차
김지숙삼절각기次金止叔三絶却寄, 겸정월천장구교兼呈月川丈求教」

퇴계선생의 문집을 간행하고 교정하던 시기에 지어진 작품이다. 오운

---

33) "發軔於雷龍堂前, 卒業於巖栖門庭."
34) "升山海堂, 入退陶室."

은『퇴계문집』을 간행하고『퇴계연보』를 교정하였다. 위의 시에는 그의 퇴계에 대한 깊은 흠모와 정신적 지향이 잘 드러나 있다. 퇴계와는 사승師承관계일 뿐 아니라, 혼맥婚脈으로 맺어진 관계였다. 그의 조부가 이황의 숙부인 이우李堣의 사위이며, 오운 자신은 이황의 첫째 처남인 허사렴許士廉의 사위이다. 그리고 그의 둘째 아들 오여벌吳汝橃은 이황의 고제인 김성일金誠一의 아들 김집金潗의 사위가 된다.[35] 퇴계와의 이러한 관계를 축으로 그는 퇴계 문도들과 깊은 교유를 나누었다.

> 학로(김성일)는 이미 신선이 됐고, 서애도 세상 떠났는데,　　　鶴老已仙厓相逝
> 가련하도다! 유묵을 책 속에서 보게 되네.　　　可憐遺墨卷中看
> 사문의 흥하고 망함 그 무엇을 함께하리오　　　斯文興喪渠何與
> 맑은 시 얻은 것을 과시하니 세상에서 빛나리라.　　　誇得淸詩耀世間
> 　　　　　　　　　「임고사승시축견학봉서애시林臯寺僧詩軸見鶴峯西厓詩」

위의 시에는 김성일과 유성룡에 대한 깊은 그리움이 담겨 있다. 김성일과 유성룡이 죽고 난 뒤 우연히 임고사에서 그들의 시를 읽은 감회를 적었다. 김성일金誠一은 퇴계문하의 동문이었는데 임진왜란 때 그의 소모관이 되어서 그를 도왔으며, 또 유성룡柳成龍[36] 역시 퇴계문하의 동문이면서 동방급제자였다. 오운은 서애가 죽자 「만유서애삼수輓柳西厓三首」를 지어 그의 죽음을 위로하기도 하였다.

오운은 퇴계의 문인들과 교유가 깊었는데, 특히 박승임을 축으로 한 인물들과의 교유가 눈에 띈다. 그는 박승임의 문집인『소고집嘯臯集』을 간행할 때 교정의 책임을 맡기도 하였다. 또 한 가지 주목할 사실은

---

35) 정우락, 「吳澐의 詩世界에 나타난 興과 浪漫主義的 性格」, 『죽유 오운의 삶과 학문 세계』(역락출판사, 2007), 165쪽 참조.
36) 「柳西厓[成龍]大夫人輓[壬寅]」, 「輓柳西厓[三首]」.

그와 교유를 맺은 인물 중에 의병장으로 활약한 인물들이 많았다는 점이다. 그와 교유했던 인물들과 그들에게 주었던 시를 간략히 정리하면 다음과 같다. 박승임朴承任(1517~1586)[37], 금복고琴復古(1549~1631)[38], 김몽득金夢得[39], 김개국金蓋國(1548~1603)[40], 금난수琴蘭秀(1530~1604)[41], 이개립李介立(1546~1625)[42], 권두문權斗文(1543~1617)[43], 박회무朴檜茂(?~?)[44], 권춘란權春蘭(1539~1617)[45], 정탁鄭琢(1526~1605)[46], 송복기宋福基(1541~1605)[47], 김륵金玏

---

37) 「李庚林亭次朴嘯皋韻[二首庚子]」.

38) 「秋日西亭送琴峰如[復古]入洛次太守李景明韻」. 嘯皋 朴承任의 문인이다. 生員試에 합격한 뒤 임진왜란에 功이 있어 原從功臣에 책록되고 성균관의 薦擧로 參奉에 제수되었다.

39) 「輓金訓導[夢得]」.

40) 「輓金公濟[蓋國]」. 본관은 延安, 자는 公濟, 호는 晩翠, 蘿菖山人 壽의 후손이고, 훈도 夢得의 아들이다. 임진년에 의병장이 되어 적의 길목을 끊고, 嶺東의 幕府가 되어 감사 鄭逑와 서로 뜻이 맞았다. 수개월 동안 沃川郡守로 있다가 돌아가게 되니 백성들이 송덕비를 세웠다. 宣武勳(임진왜란에 세운 공)으로 執義에 추증되었고, 뒤에 효행으로 벼슬이 더하여 승지에 추증되었다. 三峰書院에 향사되었다. 逸稿가 있다.

41) 「孤山精舍敬次退溪先生韻[戊戌○琴惺惺齋蘭秀別業]」, 「輓琴惺惺齋[蘭秀二首○甲辰]」. 본관은 奉化, 자는 聞遠, 호는 惺齊·孤山主人. 1561년 司馬試에 합격하였고, 1577년 齊陵參奉이 되었다가 이어 掌隸院司評을 역임하였다. 임진왜란 때에는 고향에 있다가 의병을 일으켰다. 1596년에 星州判官에 임명되었으나 부임하지 않았으며, 1599년 봉화현감을 하루 만에 사임하고 귀가했다. 좌승지가 추증되었으며, 禮安의 東溪精舍에 배향되었다.

42) 「次韻贈李大仲[介立]」. 본관은 慶州이다. 자는 大仲, 호는 省吾堂, 櫟峰, 嘯皋 朴承任, 鶴峰 金誠一의 문인이다. 1567년에 進士試에 합격하였다. 선조 때 旅軒 張顯光과 함께 遺逸로 薦擧되어 벼슬이 山陰縣監에 이르렀다. 뒤에 효행으로 參判에 追贈되었으며, 義山書院에 배향되었다. 저서에 『省吾堂文集』이 있다.

43) 「李庚林亭次朴嘯皋韻[二首庚子]庚子夏, 與裵晦甫權景仰金公濟琴峰如李善膺權伯武朴汝仁諸君, 邀會信宿醉散, 林亭之勝, 爲一邑最」, 「權景仰[斗文]家會飮」, 「又次許陽川寄權景仰韻[二首]」, 「龜城館次許陽川韻[主倅盧公及權景仰南汝容同會○二首]」, 「次韻却寄權景仰[二首]」, 「暮春念一日, 赴金希玉令招, 與權景仰李大仲朴子澄同賞西臺梅, 夜分醉散[丁未二首]」, 「自遠堂次朴汝仁[善長]韻[二首]四月之初, 愚妟洞權俊臣士榮爲置酒邀之, 吾與金希玉令公權景仰朴汝仁權伯武李正字徵音朴正字等赴往, 仍往落花巖, 極歡而罷[巖在洞西數里許]」.

44) 「題朴仲植[檜茂]盆竹」, 「題朴仲植翠香亭[仲植請題四友]」, 「與朴仲植書」, 「書李叔平所題朴仲植六友堂詩後」.

(1540~1616)[48], 김우굉金宇宏(1524~1590)[49], 민응기閔應祺(?~?)[50], 박록朴漉(1542~1632)[51] 등이다. 다음은 이 중 박록과 관련된 시 한 편이다.

해질녘 맑은 술잔에 벗들이 모였는데,　　　　　　　　清觴斜日朋簪盉
시든 버들 앞 시내에 비 내려 마을 어둡네.　　　　　衰柳前溪雨暗村
흰머리로 진흙탕이 도리어 절로 겁이 나니,　　　　皓首衝泥還自惻
내일 아침 생각 있거든 또 술병 열어 보리.　　　　明朝有意且開罇

　　　　　　　　　　　「동우불부박자징국음凍雨不赴朴子澄菊飲」

박록朴漉은 조선 중기의 문신이다. 본관은 반남潘南이며, 자는 자징子澄이고, 호는 취수헌醉睡軒이다. 영주榮州 사람으로, 1592년 임진왜란이 일어나자 고향 사람들의 추천을 받아 의병장이 되었다. 경상도의 다른 의병장들과 협력하여 교묘한 전술로 왜군을 괴롭힘으로써 고을을 방어하였다. 오운은 그에게 가장 많은 시문을 남겼다. 박승임의 아들로 오운은 이들 부자와 각별한 사이였기에 자연스레 박승임의 문도들과도 교류가 있었다. 겨울비 때문에 국화꽃을 보며 술을 마시자던 약속이 어그러진 아쉬움과, 다음날이

---

45) 「權彥暉[春蘭]池亭會散後寄朴子澄兼呈花伯」.
46) 「輓鄭藥圃[琢]」.
47) 「輓宋德久[福基]」.
48) 「寄伯金希玉令公[三首丙午]」, 「暮春念一日, 赴金希玉令招, 與權景仰李大仲朴子澄同賞西臺梅, 夜分醉散[丁未二首]」, 「自遠堂次朴汝仁[善長]韻[二首]四月之初, 愚妻洞權俊臣士榮爲置酒邀之, 吾與金希玉令公權景仰朴汝仁權伯武李正字徵音朴正字等赴佳, 仍徒落花巖, 極歡而罷, [巖在洞西數里許]」.
49) 「輓金開巖[宇宏]」.
50) 「故閔居昌[應祺]內子黃氏輓」.
51) 「浮石寺次朴子澄[漉]韻」, 「答朴子澄請會[二首]」, 「朴子常[成範]家次朴子澄韻[二首]」, 「朴子澄數三士友在伊院索酒戲報」, 「凍雨不赴朴子澄菊飲」, 「權彥暉[春蘭]池亭會散後寄朴子澄兼呈花伯」, 「秋盡日敬差官柳淚太守李舜民助防將權震慶暨朴子澄訪飲[三首]」, 「寄朴子澄[二首]」, 「暮春念一日, 赴金希玉令招, 與權景仰李大仲朴子澄同賞西臺梅, 夜分醉散[丁未二首]」, 「訪朴子澄林皐新刱」, 「書朴子澄所藏慶筵圖軸後」.

라도 시간을 내서 술을 마시자는 호기로움이 함께 드러나 있다.

오운은 퇴계와는 사승관계일 뿐 아니라 혼맥으로 맺어진 관계였기에 퇴계 및 퇴계문도와의 깊은 교유를 통해 퇴계에 대한 깊은 흠모와 정신적 지향을 보여 주었다. 이러한 사실을 통해 16세기 영남사림에서의 오운의 역할을 재확인 할 수 있었다.

4. 결론

오운이 차지하는 위상에 비해서 연구는 소략하기 짝이 없다. 우선 죽유竹牖 시의 창작 시기와 삶의 궤적 부분에서는 중요한 그의 생애를 되짚어보고 시의 창작 시기에 대해서 꼼꼼히 따져보았다. 각 시들의 창작 시기는 부록으로 부기한다.

그의 시 세계를 크게 네 부분으로 나누었다.

첫째, 심성수양心性修養과 자아성찰自我省察에 대한 시들이다. 호號에서 확인할 수 있듯이 그의 지향은 성리학에 있었으며 전형적인 선비의 모습을 보여 주었다. 현실적 출세보다는 수신修身에 더 역점을 두었던 오운의 정신적 지향은 시에도 고스란히 반영되어 있다.

둘째, 산수山水에 대한 애호와 탈속脫俗의 지향을 담은 시들이다. 그는 산수를 유람하면서 얻은 감회와 경이의 기록들을 많이 남겼다. 유람은 그가 활연한 사고를 가능케 하는 데 결정적인 계기를 제공한다. 그의 시에 나타난 도가적, 불교적 사고는 이러한 체험이 한 몫을 담당했다. 특히 도가적 분위기의 시들은 주목을 요한다. 여기에는 현세적 가치와 욕망에 대한 저항이 드러나니, 그의 정신적인 지향이 어디에 있는지 잘 보여 준다 할 수 있다.

셋째, 전란으로 인한 상흔의 시화詩化를 볼 수 있었다. 전란의 체험은 그 어떤 체험보다 강렬하다 할 수 있다. 그는 임진왜란 때 의병활동을 하였으니, 몸소 실천하는 지식인의 모습을 보여 주었다. 오운은 시를 통해 전란의 상처를 핍진逼眞하게 묘사하진 않았지만, 매우 절제된 목소리로 전란의 상흔을 노래하고 있다.

끝으로 퇴계문도와 퇴계정신에 대한 환기喚起를 들 수 있다. 그에게 가장 강렬한 영향을 끼친 인물은 역시 퇴계 이황이었다. 그의 교유는 대부분 퇴계문도라 해도 과언이 아니며 특히 박승임, 박록과의 교유가 눈에 띈다.

현재 남아 있는 오운의 시는 200여 수에 불과하지만, 남은 시만 가지고도 그가 훌륭한 시인임을 판단하는 데는 큰 무리가 없었으나, 본고는 그의 시 전체를 대상으로 하여 논의를 전개했으므로 사각死角 또한 일정 부분 존재한다. 이 연구를 바탕으로 그의 한시에 대한 다각적이고 섬세한 연구가 뒤따르기를 기대한다.

◇ **작품의 창작 시기**

• 1568년(29세)
「次朴監司啓賢紫溪十六詠韻戊辰」

• 1570년(31세)~1576년(37세)
「自洛辭歸次扶桑館板上韻庚午」 / 「次友人韻三首」

・1577년(38세)
「朝回丁丑」/「差敬陵執事次洪太古迪韻」/「受暇南還滯雨大平院」/「到尙州, 牧使鄭公崐壽設酌, 淸風郡守金禧季及他士友在坐, 劇歡夜分罷」/「高靈小樓敬次外曾祖松齋李先生韻」/「再疊」

・1578년(39세)~1580년(41세)
「明川歸路宿淮陽贈府伯尹敬修二首戊寅」/「題狼川原川驛樓」

・1581년(42세)
「魯陵致祭時次李承旨海壽貟辛巳ㅇ旌音善郡守時」/「桃源仲春雪後贈寧越儒士洪仁浹高宗慶二首ㅇ辛巳ㅇ此下關東錄」/「金剛行同高卓卿張仲隣李仲夜飮洛山寺呼韻」/「寺僧詩軸次松江韻」/「豐巖郡海山亭次板上韻嶺東奇勝此亭爲最世稱竹西樓誤也」/「楡岾寺次同行張仲隣韻」/「圓通僧性熙詩軸次韻」/「正陽寺眞歇臺小酌金剛奇勝萃於此臺」/「仲隣見和再疊二首」/「又用別韻」/「懷淮陽伯尹敬修」/「宿表訓寺贈主者慧淸」/「萬瀑洞再疊前韻」/「送圓通僧性熙」/「妙吉祥彌勤臺」/「宿妙吉祥次仲隣韻」/「遇雨留示仲隣」/「三月三十日」/「妙吉祥雨後將向外山」/「佛頂臺復疊前韻」/「佛頂臺卽事」/「自成佛庵下楡岾」/「贈楡岾僧彦寬初遇於揄岾同遊內山ㅇ山暎樓名」/「百川洞溪上吟」/「瀉珠臺次仲鄰韻」/「淸澗亭韻海東勝地」/「再過峴山又遇雨」/「燈夕同黃淸之裴景孚宿鏡浦金子溫湖亭子溫懸燈設酌坐中次李仲和韻」/「崔時中香湖亭次韻二首」

・1582년(43세)~1583년(44세)
「題餘糧驛二首ㅇ壬午」/「陪方伯小集錦江亭次韻亭在寧越」/「題七原黃汝坦溪亭」

・1584년(45세)
「送黃監司廷彧入洛仍赴京甲申在忠州」

・1590년(51세)~1691년(52세)
「庚寅六月伏日, 與金伯善福億金惇叙富倫崔善遇慶會梁季明子停金剛叔成遠丁應龍巖壽鄭經明大休金期聖師魯金國舒永暉林公直檜遊息影亭, 作星山溪樹濯熱圖, 用惇叙韻」/「又用前韻」

· 1592년(53세)
「山陰道上作壬辰」

· 1594년(55세)
「夏寒亭醉次太守李瀚韻二首ㅇ甲午在草谷」/「悠然堂次壁上韻金公大賢堂號」

· 1595년(56세)
「次黃從事汝一韻乙未在江陽黃汝一會元從事元帥府將往向湖南別贈此絶」

· 1596년(57세)~1597년(58세)
「孤查亭和徐巡察次壁上韻是日七夕」/「溫溪次景泓韻」

· 1598년(59세)
「孤山精舍敬次退溪先生韻戊戌ㅇ琴惺惺齋蘭秀別業」/「題晚對亭二首ㅇ記在下ㅇ宋上舍川至
所擢」/「寄裴晦甫應褧」/「效權應仁摘松雪赤壁賦字模得十絶」/「摘鮮于樞所寫前
後赤壁賦字模作夏寒亭十絶」/「夏寒亭夜坐有感」/「次謝蟠老惠韻時蟠老送蓮葉酒一
封朝前一酌陶然醉倒故云」/「次韻贈李大仲介立」

· 1599년(60세)
「試院秋夜二首ㅇ己亥七月別試二所考官時酬和成帖」/「考院郞事」

· 1600년(61세)
「李庾林亭次朴嘯皐韻二首庚子」/「退溪先生文集刊訖, 庚子五月之望, 祭告于陶山
祠, 雨後, 五大人, 登天淵臺, 次金止叔三絶, 却寄兼呈月川丈, 求敎」/「次愛日堂重修
韻五首」

· 1601년(62세)
「踏靑日禁直次宋僉知晉甫韻辛丑」/「秋日西亭送琴崋如復古入洛次太守李景明韻」
/「聞太守李景明乘舟下船巖步上希玉亭基郞還郡二首」/「輓金訓導夢得」

· 1602년(63세)
「柳西厓成龍大夫人輓壬寅」

· 1603년(64세)
「西臺醉裏次呈龜鶴主人五首ㅇ癸卯」/「輓金公濟蓋國」/「輓從弟淡」

· 1604년(65세)
「輓琴惺惺齋蘭秀二首ㅇ甲辰」/「浮石寺次朴子澄漉韻」/「西臺醉裏送龜鶴亭主人希玉赴花山」/「答朴子澄請會二首」/「朴子常成範家次朴子澄韻二首」/「鵝川全泰之家次琴㙾如諸友輪設菊會」/「翌日又會金成澤家席上口占聯句」/「再疊却寄」/「題王抑庵落花詩」/「金孝先善源家菊飲紀遊呈席上諸友二首」/「朴子澄數三士友在伊院索酒戲報」/「凍雨不赴朴子澄菊飲」/「權景仰斗文家會飲」/「題朴仲植檜茂盆竹」/「次陽川許僉知瀓韻二首」/「又次許陽川寄權景仰韻二首」/「龜城館次許陽川韻主倅盧公及權景仰南汝容同會ㅇ二首」

· 1605년(66세)
「夏日西臺宴集乙巳ㅇ二首ㅇ御史丁君好寬會渠司馬榜友金止善等九人吾與花伯希玉爲所邀劇飲夜分罷」/「謝鳳城試椊諸士諸士未考所製兼以筆墨錄唇其啓寄謝」/「權彦晦春蘭池亭會散後寄朴子澄兼呈花伯」/「九秋念日會金善源家賞菊次敬差柳浩叔韻」/「秋盡日敬差官柳淡太守李舜民助防將權震慶暨朴子澄訪飲三首」/「寄朴子澄二首」/「無題效李義山」/「再疊」/「偶吟」/「輓鄭藥圃琢」/「輓琴僉知怡」/「輓宋德久福基」

· 1606년(67세)
「夏寒亭次李善應送別韻丙午」/「寄花伯金希玉令公三首丙午」/「寄龜臺花伯三首」/「次韻却寄權景仰二首」/「又用痕字」/「又吟翻案」

· 1607년(68세)~1608년(69세)
「暮春念一日, 赴金希玉令招, 與權景仰李大仲朴子澄同賞西臺梅, 夜分醉散丁未二首」/「自遠堂次朴汝仁善長韻二首」/「次黃承宣是及諸君詩追寄權士榮敍盡當日之會三首」/「輓柳西厓三首」/「輓金開巖宇宏」/「次裵明瑞龍吉韻題李大仲契會帖」/「省吾堂八詠」/「醉裏次龜鶴亭主人韻二首」/「南行, 省故山, 咸鄉親友大十餘人會慰,

檢巖川上, 次李汝開贈詩」/「九月初三日, 到桃津, 訪朴君賓廷琬君信廷璠昆季三首」/
「朴而玉宅次朴叔彬而章韻」/「訪朴子澄林皐新刹」/「林皐寺僧詩軸見鶴峯西厓詩」

· 1609년(70세)~1611년(72세)
「輓李俊秀己酉」/「輓金元」/「李廷薰慈堂輓」/「題朴仲植翠香亭仲植請題四友」/「臘
念, 會翠香堂飮者, 琴埠如復古等士友五六人, 盆有寒梅政開, 而不與於四友之列坐,
有言之者, 余謂曾子之不與四科, 當時偶不及門耳, 仍各次埠如韻以補之」/「仲植,
顧名思物, 植檜庭階, 幷作大友, 而名其堂云」/「贈別留都士友」

· 1612년(73세)
「輓全汝沃溉二首壬子」/「輓李僉知晚福」

· 1613년(74세)~1617년(78세)
「輓金元吉幾善癸丑」/「輓權舍人昕癸丑ㅇ舍人乃巡使權公眆之弟」/「輓朴居昌廷琬二首」/「故
閔居昌應祺內子黃氏輓」/「送東浦令公入洛仍作赴京之行」

제5장 죽유 오운의 학문과 사상
─사승관계와 저술을 중심으로─

손 병 욱

1. 들어가면서

본고에서는 죽유竹牖 오운吳澐(1540~1617)의 학문과 사상을 살피되, 그 주제의 범위가 너무 광범위하므로 이것을 '그의 사승관계와 저술'로 국한하여 고찰하고자 한다.

제2절에서는 오운의 학문적 연원과 정신세계를 탐색할 것이다. 여기서 그에게 직접적인 가르침을 준 남명과 퇴계의 영향이 무엇이며, 두 스승으로부터 받은 공동의 영향은 또 무엇인가, 그리고 그가 사숙私淑한 주자에게서 받은 영향은 무엇인가를 차례로 살필 것이다. 그리하여 형성된 오운의 정신세계가 갖는 특징이 무엇인지 정리해 보고자 한다.

제3절에서는 오운의 생애를 대략 넷으로 나누어 개관하면서 그가 쓴 많은 저술 가운데 특히 중요하다고 여겨지는 세 권의 저술(『용사난리록』, 『동사찬요』, 『주자문록』)을 소개하고, 이들 저술이 상호간에 어떤 관련성을 갖고 있는지 고찰해 보고자 한다.

제4절에서는 오운이 가장 공력을 많이 들인 필생의 저술인『동사찬요』에 주목하여 그 판본을 소개하고, 나아가 주요 내용과 함께 오운의 역사관이 무엇인지 고찰해 보고자 한다. 여기서는 특히 그의 역사관이 갖는 '한계와 특징'에 대해서도 언급할 것이다.

마지막 제5절에서는 내용 요약과 함께 앞으로의 연구 과제를 언급하는 것으로 본고를 마무리할 생각이다.

앞으로 본고에서 주로 참고하고 인용하게 될 1차 문헌은 2000년 고령문화원에서 출간한 바 있는『죽유전서』임을 밝혀 둔다. 이 가운데서도『죽유선생문집』과『동사찬요』를 주된 참고와 인용 자료로 삼고자 한다. 이처럼『죽유선생문집』과『동사찬요』에 인용표기『 』를 쓴 것은, 이들의 출처가『죽유전서』(고령문화원, 2000)임을 전제하되 이 책을 직접 표기하지 않음을 고려하였기 때문이다.

2. 오운의 학문적 연원과 정신세계 탐색

1) 남명과 퇴계를 종유하다

연보年譜에 따르면 1540년 함안咸安 모곡리茅谷里에서 태어난 오운은 6세 때부터 조부 오언의吳彦毅(1494~1566)로부터 글을 배우기 시작하였다. 이후 19세 때(1558) 김해 산해정山海亭으로 남명 조식을 찾아가서 배웠고, 25세 때(1564) 안동 도산陶山으로 퇴계 이황을 찾아가서 배우기 시작하였다.

『죽유집』에서는 이처럼 오운이 두 선생의 훈도를 직접 받았음을 다양하게 표현하고 있다. 광해군이 내린 사제문賜祭文에서는 "(道學 가운데) 도道는 퇴계를 존숭하였고, 학學은 남명을 종주로 삼았다"(道慕退陶,

學宗山海)라고 하였다.[1] 오운의 사위인 조형도趙亨道는 "남명의 산해당山海堂에 오르고 퇴계의 퇴도실退陶室에 들어감으로써(升山海堂, 入退陶室) 바르고 큰 길만을 추구하게 되었으며, 학식은 진실하여 다른 사람의 표준이 되었다"라고 하였다.[2] 이급李級은 『죽유선생문집竹牖先生文集』 서序에서 "뇌룡정雷龍亭 앞에서 출발하여 암서문暗栖門(巖棲門) 마당에서 졸업했다"(發軔於雷龍堂前, 卒業於暗栖門庭)라고 했는바, 이는 남명으로부터 입문入門을 하여 최종적으로 퇴계를 배움으로써 학문을 완성하였다는 의미이다. 특히 이급은 "남쪽에서 노닐고 북쪽에서 배웠으니 어찌 말미암는 바가 없겠는가"(南遊北學, 激勵景仰, 夫豈無所由哉)라고 함으로써 그 학문연원을 명확히 하였다.[3]

이제 오운의 학문과 사상에 미친 남명과 퇴계의 영향이 무엇인지 각각 살펴보기로 하자.

(1) 남명의 영향

남명 조식으로부터 배운 바가 무엇이며, 그의 훈도에서 받은 영향이 무엇인가? 이것이 오운의 삶에 어떻게 나타나고 있는가?

오운 가문은 퇴계 가문과 혼맥을 통한 인연이 얽혀서 매우 긴밀하였다. 특히 오운에게 많은 정신적 영향을 주었던 조모 진성이씨(1491~1573)는 퇴계의 숙부인 송재松齋 이우李堣의 딸로서 퇴계의 사촌누나였다. 여기에다가 그와 결혼한 부인 김해허씨는 의령의 재지사족인 허사렴許士廉의

---

1) 『죽유선생문집』 제6권, 「부록하」, 家狀(吳汝橃), 780쪽.
2) 『죽유선생문집』 제5권, 「賜祭文」, 士林祭文(趙亨道), 758쪽.
3) 정우락, 「오운의 시세계에 나타난 흥과 낭만주의적 성격」, 『죽유 오운의 삶과 학문세계』(고령가야박물관·경북대학교퇴계학연구소 편, 도서출판역락, 2007), 165쪽에서 재인용함.

딸인데, 허사렴은 바로 퇴계의 처남이기도 하였다. 오운에게 있어 퇴계는 처고모부인 셈이다. 이처럼 퇴계는 오운에게 할머니의 사촌동생이자 처고모부였기에, 그는 어릴 적부터 퇴계에 대한 이야기를 듣고 자랐음에 틀림없다. 그럼에도 불구하고 이미 결혼을 한 마당에 퇴계를 먼저 찾지 않고 남명을 먼저 찾아간 것은 선뜻 이해가 되지 않는다. 그러나 당시에 남명의 고명高名은 퇴계 못지않게 널리 알려져 있었고, 특히 남명과 지연적인 연고가 있었던 김해와, 의령, 삼가 쪽에서의 명망은 대단하였을 것으로 여겨진다. 이에 따라 오운은 우선 가까이에 있는 대학자를 먼저 찾아가게 되었다고 하겠다.

오운이 남명으로부터 받은 영향은 그의 삶에 어떻게 나타나고 있는가?

1558년 당시 남명은 삼가의 뇌룡정雷龍亭 - 계부당鷄伏堂에 머무르면서 김해의 산해정山海亭을 왕래하고 있었다. 그리하여 오운은 수시로 김해와 삼가를 드나들면서 학문적 감화를 받는 한편, 모순된 현실을 비판하는 안목과 불의와 타협하지 않는 자세를 갖추게 되었다.[4]

성격이 강직하여 시세에 영합하지 않은 점과 국난을 당하여 창의倡義하였다는 점은 남명의 영향이 컸다고 하겠다. 그리고 남명이 강조해 마지않았던 출처出處의 대절大節을 지키는 삶을 살려고 했다는 점 역시 남명의 영향으로 봐야 할 것이다. 다만 남명이 처즉유수處則有守의 삶을 산 것과는 달리 오운은 과거에 급제한 뒤에 벼슬길에 나섬으로써 출즉유위出則有爲의 삶에 더 큰 방점을 두긴 했지만, 결코 처즉유수의 삶에도 소홀함이 없어야 한다는 결의를 마음속에 다지고 있었다고 본다.[5] 이는 그가

---

4) 설석규, 「16세기 영남사림의 분화와 오운의 역할」, 『죽유 오운의 삶과 학문세계』 (고령가야박물관 · 경북대학교퇴계학연구소 편), 140쪽.

5) 『남명집』에 따르면 25세 때 남명이 山寺에서 『성리대전』을 읽으면서 魯齋 許衡 (1209~1281)이 한 다음 말에 크게 감명을 받았다고 한다. 즉, "志伊尹之志, 學顔子

강조한 "군자가 세상에 처함에 있어 중하게 여길 바는 출처일 따름이다"[6] 라는 말에서 잘 드러난다. 그리하여 오운은 22세(1561)에 생원시에 합격하고도 대과에 응시하지 않고 있다가 윤원형尹元衡(?~1565) 일파로 대변되는 부패한 훈구척신정권이 와해된 다음해인 27세 때(1566) 비로소 응시하여 합격하는데, 이는 이들 훈척세력에 대해 비판적 태도를 견지하며 타협하기를 거부한 것으로서, 남명의 가르침에 따른 출처관의 중시와 관련이 있다고 하겠다.[7]

남명이 그러했듯이 오운도 평생 강한 위기의식危機意識을 지니고 살았다. 특히 임진왜란 발발 이후의 삶은 이런 위기의식을 임금과 백성이 공유하도록 하기 위한 방안을 찾는 데 나름대로 부심한 삶이었다고 할 수 있다. 임진왜란 발발의 원인이 바로 당시의 임금과 오운 자신을 포함한 지도층의 이런 의식 결여에서 기인하였다고 보았기에 더욱 그러했다. 여기에 대해서는 뒤에서 다시 살펴보기로 하겠다.

또한 오운이 문사文士이면서도 국난을 당하면 나라를 위해 나가 싸우는 데 주저하지 않았고, 또 싸우면 볼만한 전과를 거둔 사례가 여러 번 있었던 사실도 주목해야 할 부분이 아닐 수 없다. 임진왜란 시 오운의 활약은 매우 두드러졌고 세운 공도 볼만했는데, 이는 우연히 이루어진 것이 아니라 평소 만일을 대비하는 마음의 자세를 다지고 있었기에 가능한 것이었다. 이처럼 국난에 대처하기 위한 마음의 자세와 준비는 남명의 문인들에게서 공통으로 나타나는 특징이기도 한데, 아마 남명이

之學, 出則有爲, 處則有守, 大丈夫當如此. 出無所爲, 處無所守, 則所志所學, 將何爲"가 그것이다.

6) 『죽유선생문집』 제4권, 잡저, 「策問題」, 727쪽, "君子之於世也, 所重者, 出處而已."
7) 설석규, 「16세기 영남사림의 분화와 오운의 역할」, 『죽유 오운의 삶과 학문세계』 (고령가야박물관·경북대학교퇴계학연구소 편), 142쪽.

평소 병법兵法과 군사에 관한 공부를 통해 국방문제에 남다른 관심을 갖고서 위급한 상황에 대비할 것을 문인들에게 촉구한 영향의 결실로 볼 수 있을 것이다. 즉 문사이지만 무의식武意識=항재전장의식恒在戰場意識을 지닌 문무겸비지사文武兼備之士로서의 면모가 그에게도 분명히 나타난다는 것은 과연 남명의 문인답다는 생각을 하게 한다.

오운은 불교와 도가에 대해서도 개방적인 태도를 취하였는바, 이 역시 남명에게서 영향 받은 바가 아닐까 여겨진다. 퇴계가 엄격하게 이단異端을 배척하는 벽이단闢異端의 태도를 견지한 것과는 달리 남명은 유학, 성리학 외의 다른 학문 특히 불교와 도가에 대해서도 포용적이었다. 『장자』에서 '남명'이라는 호를 가져온 데서 도가사상에 대한 그의 태도를 엿볼 수 있음은 물론이고, 불교에 대해서도 유·불의 차이점을 정확하게 지적할 뿐 배척하지 않았다. 남명을 비롯한 성리학자들은 불교가 경이직내敬以直內는 있으나 의이방외義以方外가 없다고 본다. 곧 남명은 불교가 주경존심主敬存心하여 곧장 상달천리上達天理하려는 일초직입여래지一超直入如來地의 가르침인 데 비해, 유교는 경이직내敬以直內하여 하학인사下學人事 곧 의이방외義以方外함으로써 점진적인 온축을 통해 하학이상달下學而上達하려는 가르침이라고 하였다.8) 여기서 유·불은 주경존심主敬存心을 그 공통분모로 하고 있기에 상종 못할 정도는 아니라고 본 것이다.

이런 남명의 자세가 오운에게도 영향을 미쳤다. 그리하여 그는 불교와 도가에 대해서 개방적인 태도를 취할 수 있었고, 이와 관련한 일련의 문학작품을 남길 수 있었다.9)

---

8) 『남명집』, 권4, 「學記類編下·辨異端」.
9) 정우락, 「오운의 시세계에 나타난 흥과 낭만주의적 성격」, 『죽유 오운의 삶과 학문세계』(고령가야박물관·경북대학교퇴계학연구소 편), 175~178쪽에 나오는 내용들을 참고하기 바람.

(2) **퇴계의 영향**

퇴계 이황으로부터 배운 바가 무엇이며, 그의 훈도에서 받은 영향은 또 무엇인가? 이것이 오운의 삶에 어떻게 나타나고 있는가?

그는 퇴계에게서 학문하는 자세와 저술하는 방법을 배웠다. 과거를 통해 관직에 나아갔으면서도 절조를 지켜 물러나기를 좋아했고 주자학을 중시하고 저술을 많이 한 것 역시 그 영향이었다고 하겠다.[10]

오운은 퇴계를 통해 자신에게 엄격하면서도 남에게는 포용적인 외유내강의 인품을 닦을 수 있었고, 이와 더불어 현실에 탄력적으로 대응할 자세를 확립하도록 해 주는, 강유剛柔를 겸비한 퇴계학파 남인의 조제탕평론調劑蕩平論에도 영향을 받은 것으로 여겨진다.[11]

연보에 따르면 임진왜란이 끝난 지 얼마 안 된 시점인 1600년 5월 그의 나이 61세 때, 그는 『퇴계문집』 간행에 참여하여 「퇴계연보」를 교정하는 일을 담당하였다. 문집고성제文集告成祭에 참석하여 여러 동문들과 퇴계의 학문을 강론하였다.[12] 그는 이때 지은 시에서 "한 걸음의 어긋남을 이제 비로소 깨달으니, 길 잃은 것이 멀지 않은데 하물며 깊은 데서 구하겠는가? 남긴 책에서 가르쳐 주신 수많은 말들, 단지 한 조각 마음을 맑고 밝게 하는 데 있네"(一步差來始覺今, 路迷非遠況求深, 遺編指掌千言語, 只在澄明一片心)라고 하여, 그가 『퇴계문집』 간행과 교정에 참여하여 전수받은 『퇴계집』의 요체는 마지막 구절에 나오는 대로 '마음을 맑고 밝게 하는 것'이라고 요약하고 있다. 그는 같은 제목의 다른 작품에서

---

10) 허권수, 「죽유 오운」, 『죽유 오운의 삶과 학문세계』(고령가야박물관 · 경북대학교퇴계학연구소 편), 28쪽.

11) 설석규, 「16세기 영남사림의 분화와 오운의 역할」, 『죽유 오운의 삶과 학문세계』(고령가야박물관 · 경북대학교퇴계학연구소 편), 143 · 157쪽.

12) 『죽유선생문집』 제5권, 「年譜」, 751쪽.

"도통이 떨어져 아득하였으나 지금은 완연히 있으니, 도산은 높고 낙동강은 깊다"(隆緖茫茫宛在今, 陶山巍巍洛江深)라고 하여 도통道統의 맥락 속에서 퇴계를 이해하고자 했던 것으로 여겨진다.13) 그가 퇴계로부터 받은 영향이 얼마나 컸던가를 단적으로 알려 주는 말이라고 하겠다.

(3) 오운의 삶으로 구현된 남명과 퇴계의 가르침

① 남명은 당시의 학자들이 실천에 힘쓰지 않고 고원하고 형이상학적인 리기심성理氣心性, 성명의리性命義理의 문제에 깊이 천착하는 것을 비판하여, 이미 여기에 대해서는 "염락濂洛(周敦頤·二程) 이후 저술과 해석을 통한 순서와 맥락이 해와 별처럼 밝아졌다"14)고 전제한 뒤, "(따라서) 이정과 주자 이후에는 저서가 필요 없다"15)는 입장을 견지하였다.

이러한 관점에서 보면 오운은 남명의 가르침을 소홀히 한 것처럼 보인다. 그는 남명에 비해 보면 저술이 매우 많아서 고문박식高文博識하다고 할 정도였기 때문이다.16) 그러나 그는 비록 퇴계처럼 주자를 매우 존숭하여 주자학에 심취하였으면서도 이른바 성리설性理說이라고 할 리기심성, 성명의리에 대한 견해는 거의 전무하다. 그가 생원生員 출신으로 문과에 급제한 인물이기에 명경明經에 밝을 수밖에 없었고, 따라서 얼마든지 독자적인 성리설을 제시했을 법한데도 그에 대한 언급을 남기지 않은 것은 남명의 가르침을 염두에 두었기 때문이라고 할 수 있다. 왜냐하면 위에서 살펴본 남명의 언급은 저술 자체를 부정한 말이

---

13) 정우락, 「오운의 시세계에 나타난 흥과 낭만주의적 성격」, 『죽유 오운의 삶과 학문세계』(고령가야박물관·경북대학교퇴계학연구소 편), 166쪽 재인용.
14) 『남명집』, 권5, 부록, 「言行總錄·行狀(金宇顒)」.
15) 『남명집』, 권4, 「學記類編下·學記跋」.
16) 『죽유선생문집』, 「서문」(李守定), 617쪽.

아니라 성리설에 대해서 왈가왈부하는 당시의 풍조를 비판한 것이라고 할 수 있겠기 때문이다.

특히 오운과 교유관계가 깊었던 퇴계 문하의 좌장격인 학봉鶴峰 김성일金誠一과 서애西厓 유성룡柳成龍을 비롯한 그 문인들에게서는 퇴계의 입장을 수용하는 범위 내에서 각자 성리설에 대한 나름대로의 관심과 견해의 표명이 있었음을 고려한다면, 오운의 자세는 확실히 남다르다.[17] 다만 그가 주자학에 깊이 침잠한 데는 퇴계의 영향이 더 컸다고 봐야 할 것이다. 이는 그의 정신세계를 형성하는 데 남명과 퇴계 양 선생의 훈도가 동시에 작용한 하나의 작은 사례였다고 할 수 있다.

② 사위 조형도趙亨道가 쓴 「죽유오선생행장」을 보면 오운의 일상적인 삶과 관련하여 "매일 늘 이른 시간에 새벽같이 일어나 정좌靜坐하여 열심히 책을 보는 것으로써 자기의 즐거움을 삼아서 손에서 책을 놓지 않았다"라고 하였다.[18] 여기서 주목해 봐야 할 것은 오운의 경우, 매일 일찍 일어나면 정좌를 했다는 사실이다.

이때 정좌란 정좌수련靜坐修練을 가리키는 말로서, 남명과 퇴계 양문을 출입하면서 그 훈도를 직접 받은 오운으로서는 당연히 중시할 수밖에 없었을 것이다. 왜냐하면 남명과 퇴계는 둘 다 정좌수련을 중요시하여 습관화시키고 있었고, 제자들에게도 강조하면서 권유하였기 때문이다.[19]

성리학 특히 주자학에서 정좌수련은 주자가 그의 스승 연평延平 이동李

---

17) 한국철학사연구회, 『한국철학사상사』(서울: 심산, 2005)에 나오는 김성일, 유성룡에 대한 언급 참조.
18) 『죽유선생문집』 제6권, 附錄下, 「行狀」(趙亨道), 785쪽, "日必夙興, 靜坐一室, 劬書自娛, 手不釋卷."
19) 남명과 퇴계의 정좌 중시에 대해서는 孫炳旭, 「韓國儒學之靜坐法」, 『東亞的靜坐傳統』(臺灣: 臺大出版中心, 2012), 15~19번 註(退溪)와 21~23번 註(南冥)를 각각 참고하기 바람.

侗의 정좌수련을 언급하면서 위좌危坐 및 '반일정좌半日靜坐, 반일독서半日讀書'를 소개한 후, 조선조 유학(성리학)에서 거경함양居敬涵養을 위한 가장 수승殊勝한 방법으로 간주되어 왔다. 그리하여 남명, 퇴계, 율곡 등 그 이름이 알려진 유학자치고 정좌수련을 하지 않은 사례를 찾기가 도리어 힘든 실정이다. 이러한 경향은 후대에도 그대로 이어져서 우리는 성호星湖 이익李瀷이나 면우俛宇 곽종석郭鍾錫에서도 정좌에 대한 언급을 찾아볼 수 있다.[20]

거경함양居敬涵養은 정시靜時의 경으로서 동시動時의 경인 거경성찰居敬省察과 함께 수기修己가 완성된 내성內聖의 경지에 이르고자 하는, 달리 말하여 구인성성求仁成聖을 추구하는 성학聖學에서 철상철하徹上徹下의 방법으로 간주되어 왔다. 경敬이 없이는 구인성성할 수 없고, 구인성성 없이는 치인治人에 의거한 왕도정치王道政治의 실현은 불가능하기에, 성리학에서 경의 확보는 매우 중요하다. 그리하여 남명과 퇴계 모두 경을 강조하였고 이것이 그들 각각의 사상적 핵심을 이루어, 남명의 사상은 주경행의主敬行義로 표방되고 퇴계의 사상은 거경궁리居敬窮理로 표방되었던 것이다.

그런데 거경함양과 거경성찰로 이루어지는 경은 정시의 경인 거경함양을 체體로 하고 동시의 경인 거경성찰을 용用으로 삼는다. 이 말은 정시의 경인 거경함양이 안 되면 동시의 경인 거경성찰이 불가능함을 말한다. 일반적으로 거경함양은 '정시靜時 곧 의식이 아직 발동하지 않았을 때, 천리의 본연을 함양하는 것'(靜而涵天理之本然)으로 이해되는데, 이 거경함양을 위한 가장 효과적인 방법이 정좌수련인 것이다.[21] 그렇다

---

20) 여기에 대해서는 손병욱, 「퇴계 이황의 居敬窮理 사상에서 본 정좌수련의 위상」, 『퇴계학논총』 제22집(사단법인 퇴계학부산연구원, 2013.12), 21쪽(郭鍾錫) 및 33쪽(李瀷)을 참고하기 바람.

면 정좌수련은 어떻게 하며, 정좌수련을 하면 어떤 효과를 얻게 되는가?

정좌수련과 관련하여 정좌의靜坐儀가 있는데, 이것은 불교 좌선의坐禪儀와 매우 유사하며 조신調身·조식調息·조심調心으로 이루어진다. 조선조 성리학자들은 주자의 영향을 받아서 조신법으로 염슬위좌斂膝危坐를 주로 선택하였다. 조식 역시 중요한데, 남명은 이것을 심식상고心息相顧로 표현한 바 있다. 오늘날로 치면 일종의 수식관數息觀 내지는 호흡명상이라고 하겠다.22) 그랬을 때 이제 집중력(定力)과 의지력(願力)이 동시에 배양되어 우리의 의식이 성성惺惺해지는 상성성常惺惺의 조심에 이르게 된다.

이렇게 거경함양 단계에서 정좌수련으로 길러진 집중력(의지력)에 의해 다음 단계의 거경성찰이 가능해진다. 일반적으로 거경성찰은 '동시動時 곧 의식이 발동하였을 때, 인욕의 낌새를 알아차려서 과감히 잘라버리는 것'(動而決人欲於幾微)으로 이해되는데, 이 단계에서 한 가지 일에 정신을 집중하는 주일무적主一無適이 이루어진다. 이 주일무적을 남명은 (주경)행의로 보았고 퇴계는 (거경)궁리로 보았다. 특히 퇴계의 경우, 궁리란 독서궁리讀書窮理로서 이것에 의거하여 천리天理의 탐구를 극진히 하여 주자의 우주본체와 심성에 대한 견해를 충실히 계승하려고 했던 것이다.

남명의 주경행의에서 주경이 거경함양 단계를 가리킨다면 행의는

---

21) 이 외에 『소학』적 실천도 거경함양에 중요한데, 여기에 대해서는 손병욱, 「퇴계 이황의 居敬窮理 사상에서 본 정좌수련의 위상」, 『퇴계학논총』 제22집, 24~26쪽을 참고 바람.

22) 남명은 그의 『學記類編』 24도 가운데 제22도인 「易書學庸語孟一道圖」에서 惺惺·主一하는 경을 整齊嚴肅·心息相顧로 설명하는데, 여기서 마음과 호흡이 서로 돌아본다는 '心息相顧'가 바로 靜坐儀에서의 調息에 해당된다. 심식상고란 호흡명상이며, 좀 더 구체적으로는 심이란 마음의 인식작용을 말하고 식이란 호흡작용을 말하므로 '호흡작용을 인식 작용하는 것', 곧 '날숨과 들숨을 알아차리는 것'을 가리킨다.

거경성찰 단계를 가리킨다고 하겠는데, 이때의 행의란 '순리이행順理而行'이므로 이미 독서궁리가 전제된 것이다. 즉, 공·맹을 비롯하여 정·주와 같은 성현의 글을 읽고 이해한 뒤 그것을 실천에 옮기는 것을 말한다. 달리 말하면, 거경함양 단계에서 정좌수련으로 집중력(의지력)을 배양하여 주경主敬의 상태를 확보한 뒤 거경성찰 단계에서 독서궁리한 것을 과감하게 실천하자는 것이다. 이렇게 하면 종국적으로 호연지기浩然之氣를 배양할 수 있을 것이다. 왜냐하면 호연지기란 집의소생集義所生이고, 이때 집의란 적선積善을 가리키는 것이기 때문이다. 남명은 이처럼 주경행의에 의하여 집의함으로써 호연지기를 지닌 대장부大丈夫의 경지에 이르고자 하였고, 실제로 그런 경지에 도달할 수 있었다.23) 그리하여 이러한 완성된 인격을 바탕으로 출처의리出處義理를 지켜서 왕도정치를 실현하려는 포부를 지녔다고 할 수 있다.24)

퇴계의 거경궁리에서 거경이 거경함양 단계를 가리킨다면 궁리가 거경성찰 단계를 가리킨다고 하겠다. 거경함양 단계에서 정좌수련으로 집중력(의지력)을 배양하여 거경의 상태를 확보한 뒤, 거경성찰 단계에서 주일무적으로 독서궁리를 극진히 함으로써 리기심성理氣心性과 성명의리性命義理의 문제를 깊이 천착함과 더불어 존천리알인욕存天理遏人慾

---

23) 남명은 大丈夫로서 어떠한 상황에서도 迷惑당하지 않는 확고부동한 정신경지에 도달하였기에, 이러한 그의 기상을 일컬어서 壁立千仞, 泰山喬嶽, 秋霜烈日이라고 표현하였다.

24) 出處義理에 엄격한 大丈夫란 어떤 사람이기에 왕도정치를 실현시킬 수 있는가? 여기에 대해서 제자 金宇顒에게 한 남명의 다음 말은 매우 함축적이다. 『남명집』 별집, 권2, 「言行總錄」, "先生嘗語宇顒曰, 丈夫動止, 重如山岳, 壁立千仞, 時至而伸方做出許多事業, 千勻之弩一發, 能碎萬重堅壁, 固不爲鼷鼠發也." 대략 다음과 같이 풀이된다. "장부의 처신은 무겁기가 태산과 같아서 만길 절벽처럼 우뚝 서 있다가(處를 말함), 때가 도래하여 바야흐로 허다한 사업을 펼쳐서 遂行함에 이르러서는 천근이나 되는 쇠뇌를 한 번 쏴서 만 겹의 두터운 벽을 부술 수 있어야 한다(出을 말함)."

하여 구인성성求仁成聖하려고 했던 것이다. 이렇게 하면 도심 계열의 심성인 도심-본연지성-사단을 확보할 수 있고, 이에 수기修己가 완성된 천인합일天人合一의 성인의 경지(內聖)에 이를 수 있을 것이라고 여겼다. 그러면 이제부터 치인 단계에서 역시 왕도정치(外王)가 가능하게 되는 것이다.

남명과 퇴계가 주경행의와 거경궁리를 통하여 추구하고자 하였던 것은 다 같이 수기의 완성이었고, 나아가 이를 바탕으로 한 왕도정치의 실현이었다. 주자학에서 수기의 완성을 기하기 위해서는 선지후행先知後行의 길을 가야 한다. 남명과 퇴계 둘 다 이 길을 가되, 남명은 선지先知보다는 후행後行에 방점을 두었고, 이에 비해 퇴계는 후행보다는 선지에 방점을 둔 차이가 있다고 하겠다.

남명의 주경행의에서 행의가 독서궁리로 얻은 선지를 바탕으로 한 후행이었다면, 퇴계의 거경궁리에서 궁리란 아직 후행이 수반되지 아니한 선지라는 느낌이 강하다. 남명은 거경성찰 단계에서 행의에 치중하였고, 퇴계는 거경성찰 단계에서 궁리에 의거한 리기심성, 성명의리의 탐구에 치중하였던 것이다. 『대학』 팔조목八條目과 연관시켜 본다면, 격물-치지가 선지에 속하고 성의-정심이 후행에 속한다. 남명은 성의-정심과, 나아가 추행推行이라고 불리는 수·제·치·평을 위한 수단으로 격물-치지를 봤다면, 퇴계는 격물-치지가 제대로 안 되면 성의-정심이 될 수 없다고 하여 이 격물-치지에 의거하여 리기심성의 문제를 분명히 하려고 했던 것이다. 다만 이러한 선지후행의 원활한 이행을 위해서 거경함양 단계에서 정좌수련을 통해 집중력(의지력)을 배양하고 활용하려고 했던 것은 두 학자의 공통점이었다.

이것이 남명에서는 주경으로, 퇴계에서는 거경으로 표현되었던 것이다. 하지만 두 사람이 다 같이 정좌를 중시했다고 하더라도 그 정좌관靜坐觀은 달랐다고 할 수 있다. 남명의 그것이 존덕성尊德性을 중시하는 주경행의主敬行義의 정좌관이었다면, 퇴계의 경우 도문학道問學을 중시하는 거경궁리居敬窮理의 정좌관이었다.25) 이는 왜 정좌수련을 하느냐의 문제와 연관되는데, 남명이 '의의 실천을 위해서'라고 말한다면 퇴계는 '천리의 궁구를 극진하게 하기 위해서'라고 말할 것으로 여겨진다.

오운의 경우, 그는 남명과 퇴계의 영향으로 정좌수련을 하였고 이때 길러진 집중력(의지력)을 활용하여 자신이 지향하는 방향으로 나아가는 데 도움이 되는 독서궁리를 할 수 있었다. 그리고 이러한 선지先知를 바탕으로 성의-정심의 후행後行으로 나아가고자 하였다. 그 역시 주자학자로서 당연히 선지후행의 삶을 살았고, 이로 인해서 그의 정신세계를 제대로 구축하는 데 커다란 도움을 받았다. 다만 그에게서 리기심성에 대한 견해가 없는 것은 남명의 훈도 외에 그가 살았던 시대에 대한 인식과도 무관하지 않다고 여겨진다. 그보다 더 중요한 것이 따로 있다고 보았기 때문이다.

③ 오운이 남명과 퇴계 두 선생으로부터 받은 영향은 다음의 말에서 잘 드러나고 있다고 하겠다.

죽유선생은 남의 존경을 받을 만한 높은 인품과 더불어 웅대한 기상을 겸비하고 있었다. 도량은 커서 마치 설월雪月을 소매에 넣고 있는 듯하였다. 성품은 정성으로 밝게 하여 일관된 길을 걸었다. 일찍이 가학家學을 전수받은 다음 선정先正들을 따라서 배웠다. 뇌룡당雷龍堂 앞에서 꿋꿋한 자세로 일관하며 경의敬義를 준수하고자 했고, 암서문巖棲

---

25) 『中庸章句』, 제27장, "故, 君子, 尊德性而道問學, 致廣大而盡精微, 極高明而道中庸, 溫故而知新, 敦厚以崇禮." 이 두 靜坐觀의 비교에 대해서는 孫炳旭, 「韓國儒學之靜坐法」, 『東亞的靜坐傳統』(臺灣: 臺大出版中心, 2012), 119~120쪽 참조 바람.

門 앞에서 눈을 맞으며 서서는 성경誠敬을 도모하고자 하였다. 남북으로 종유하며 배우면서 스스로 격려한 덕분에 모든 사람이 존경해 마지않게 되었던 것이다.26)

여기서 눈여겨보아야 할 것은, 오운이 남명으로부터 배운 것은 경의敬義였지만 퇴계로부터 배운 바는 거경궁리居敬窮理가 아니라 성경誠敬이라고 하는 점이다. 이는 그가 퇴계를 종유했지만 퇴계가 중시하였던 리기심성의 형이상학적인 문제에 대해서는 관심을 갖지 않았음을 말해 준다고 하겠다. 남명과 퇴계로부터 다 같이 실천지향적인 학문을 전수 받았다고 보는 것이다. 여기서 성경誠敬이란, 경의 자세로 성지誠之의 노력을 다하여 드디어 "성자誠者, 천지도야天之道也"(『중용』)의 성인의 경지, 곧 성誠=성聖의 경지에 가고자 하는 것으로서, 구인성성求仁成聖하는 것을 가리킨다. 즉, 남명으로부터는 경을 바탕으로 한 의義를, 그리고 퇴계로부터는 경을 바탕으로 한 인仁을 체득하였다고 볼 수 있다. 여기서 의가 선악시비를 엄격하게 재단하여 불의不義를 배격하는 입장이라면, 인仁은 보다 포용적인 입장이라고 하겠다.

결국, 오운은 남명으로부터 불의와 타협하지 않는 확고한 가치분별의 세계를 체득함과 동시에, 퇴계를 통해 합리적인 현실인식과 그 대응자세에 대한 철학적 논리를 수용함으로써 남명학과 퇴계학을 관통하는 복합적 학문체계와 함께 현실대응의 자세를 확립할 수 있게 된 셈이었다. 곧 그는 남명학을 토대로 모순된 현실과 타협하지 않는 실천적 자세를 확립하는 한편, 퇴계학을 통해 실천의 정당성을 확보하기 위한 논리적 토대를 구축하게 되었다고 하겠다.27)

---

26) 『죽유선생문집』追補,「神道碑閣上樑文」, 841쪽.
27) 설석규,「16세기 영남사림의 분화와 오운의 역할」,『죽유 오운의 삶과 학문세계』 (고령가야박물관·경북대학교퇴계학연구소 편), 144쪽.

2) 주자를 사숙하다

그가 당대의 이름난 거유였던 남명과 퇴계로부터 받은 많은 가르침 가운데서 특별히 주목해야 할 것은 바로 주자학에 대한 관심과 독서, 그리고 이로부터 얻은 깊은 조예였다고 하겠다. 주자학은 당시 남명과 퇴계를 비롯한 유학자들 모두가 다 같이 중시하였던 학문이었기에 오운이 여기에 침잠한 것은 당연하다고 하겠다. 다만 이런 경향은 만년에 갈수록 뚜렷이 나타나고 있다. 이제 몇 가지 사례를 살펴보자.

오운은 다양한 호를 갖고 있었다. 이 가운데 가장 널리 알려진 것이 율계栗溪와 죽유竹牖였다. 연보에 따르면 '율계'는 62세 때부터 사용하기 시작하였고, '죽유'는 76세 때부터 사용하기 시작하였다. 율계는 북송오자北宋五子의 일인一人으로서 송대 성리학의 선하先河라고 할 염계濂溪 주돈이周敦頤가 쓴 "고향의 산천이 눈앞에 어리네"(鄕山在目中)라는 말에서 그 뜻을 취하였다고 한다. 왜냐하면 율계는 오운의 선대가 살던 곳의 지명이었기 때문이다.[28] 죽유는 주자가 쓴 "태양을 향해서 대나무로 된 창문을 여네"(竹牖向陽開)라는 말에서 취한 것이니, '어두움이 물러나고 밝음이 다가오는 것을 기뻐한다'는 의미라고 하였다.[29] 율계와 죽유 둘 다 주자학과 관련이 깊은 호였던 것이다.

그의 주자학에 대한 관심과 공부에 대해서 살펴보자.

연보 62세(1601)조에 따르면 이때부터 본격적으로 『주역』과 『주자대전』을 공부하기 시작하였다고 한다.

연보 72세(1611)조에 따르면 "주자서에 대한 공부가 더욱 돈독하여 늙어서도 책을 놓지 않고 침잠하기를 거의 침식을 잃을 정도였다"라고

---

28) 『죽유선생문집』 제5권, 「연보」, 752쪽.
29) 『죽유선생문집』 제5권, 「연보」, 755쪽.

하였다. 아울러 이해에 『주자문록』을 편찬하였는데, 그 편찬의 이유는 무엇인가? 일찍이 퇴계는 주자와 문인들이 주고받은 서찰을 간추린 『주자서절요』를 간행한 바 있지만, 퇴계가 미처 챙기지 못한 봉사封事, 주차奏箚 및 잡저雜著와 서기序記 등도 후학에게 매우 절실하다고 여겼기 때문에 이것을 정리할 필요를 느꼈다. 그리하여 특히 이들 가운데서도 소차疏箚에는 애군愛君·우국憂國의 뜻이 보인다고 하여 상·중·하로 엮어서 『주자문록』이라고 이름 하였다.[30] 현재 이 책은 실전된 상태이지만 앞으로 발굴된다면 주자학에 대한 오운의 견해가 보다 더 분명하게 밝혀질 수 있을 것이다.

오운의 주자, 주자학에 대한 확신과 존숭은 매우 깊어서, 그가 죽기 1년 전인 77세 때(1616) 광해 임금에게 올린 「공조참의 사직소」(辭工曹參議疏)에서도 그의 입장을 다시 피력하고 있다. 그것은 자기가 일찍이 읽은 바 있는 『주자대전』 전체가 치세治世의 모범이 아닌 것이 없고, 비록 매우 방대하여 헤아려 알기가 쉽지 않으나 그 봉사封事와 주차奏箚는 강령과 조목이 정연하고 근본을 밝히고 그릇됨을 바로잡아 주는 데다가 애군·우국의 뜻을 더욱 볼만하니, 경륜의 대략이 갖추어져 있고 임금이 보기에 더욱 절실하다고 하였다. 그리하여 이를 경연에서 진강하도록 건의하고 있다.[31]

이처럼 그가 주자학을 높이 평가한 이면에는 주자가 지녔던 국가적 치욕에 대한 복수의식을 당시 조선의 지식인층에게 불어넣으려고 하는 의도도 다분히 있었다고 본다. 주자 당시는 송나라가 금나라에 쫓겨서 남쪽으로 내려온 지 60여 년이 지난 때임에도 여전히 주자가 복수를

---

30) 『죽유선생문집』 제5권, 「연보」, 754쪽.
31) 『죽유선생문집』 제3권, 疏, 「辭工曹參議疏」(정우락, 「오운의 시세계에 나타난 흥과 낭만주의적 성격」, 『죽유 오운의 삶과 학문세계』, 171쪽).

말하면서 비분강개하는 것이 마치 어제 일인 것같이 하고 있는 데 반해, 우리나라는 왜란을 겪은 지 10년밖에 안 되었는데도 복수를 말하는 자를 듣지 못했다고 하여 유감을 표하였다.[32]

오운이 생각할 때, 우리 지식인들이 이러한 치욕을 당하고도 일본에 대한 복수의식이 결여된 것은 자기나라의 역사에 대한 무지와 이로 인한 자부심의 결여에서 비롯되었다고 보고, 이런 의식을 불어넣고자 하는 의도에서 『동사찬요』라는 역사서를 집필하였다고 할 수 있다. 여기 대해서는 뒤에서 다시 언급하겠다.

3) 오운의 정신세계 탐구

오운의 정신세계 형성에는 많은 요인들이 작용하였다. 이 가운데서도 그의 타고난 유전적인 영향, 성장기의 집안환경이 준 영향, 그에게 가르침을 준 남명과 퇴계의 영향, 그가 심취하여 깊이 천착하였던 주자학의 영향, 그가 교유하고 접촉한 주변 인물들의 영향, 아울러 그가 살았던 시대와 그가 겪은 임진왜란이라는 미증유의 전란이 준 영향 등을 가장 큰 요인으로 들 수 있다. 이러한 다양한 요인들에 의해서 형성된 그의 정신세계는 대략 다음과 같이 묘사되고 있다.

먼저, 그의 아들 여벌汝橃이 본 인품과 행적의 대강은 다음과 같았다.

부군은 성질이 관후寬厚했으며 도량은 넓었고 기상은 의연했다. 자기 자신은 엄하게 다스리면서도 남을 대할 때는 화기和氣가 넘쳤다. 관직에 있으면서 일을 처리할 때는 정성과 믿음(誠信)을 주로 하였다. 화내는 모습을 보이지 않았을 뿐 아니라 실적에도

32) 『죽유선생문집』 제3권, 疏, 「辭工曹參議疏」(정우락, 「오운의 시세계에 나타난 흥과 낭만주의적 성격」, 『죽유 오운의 삶과 학문세계』, 171쪽).

연연하지 않았다. 평생토록 특이한 행동이 없었고, 시세에 영합하여 출세하려는 생각
도 하지 않았다. 이 때문에 손해를 보는 일도 많았지만 거기에 개의치 않았다.……
문인文人과 운사韻士를 만나면 함께 경사經史를 토론하고 고금을 비교하는 것을 즐겨
해 조금도 싫어하는 기색을 보이지 않았다. 술상에 앉아서도 화기가 넘쳐흘렀다.
선을 좋아하고 악을 싫어하는 것은 천성에서 나왔으며, 선을 보면 반드시 칭찬하고
악을 들으면 반드시 배척하였다. 그래서 선한 자는 그를 좋아하고 악한 자는 그를
꺼려하였다. 고향 사람들 모두 그를 공경하여 사모하였다. 자제를 가르침에 옛 가르침
을 법칙으로 삼았고, 혹시라도 절실하고 요긴한 성현의 언행을 만나면 열어 보이길
반복하여 가르쳤다. 매일처럼 학문을 함에 모름지기 위기爲己로써 하였고, 무릇 조정
에 나아가 행함에 있어서는 청렴과 삼감(廉謹), 그리고 충성과 믿음(忠信)으로써 스스로
기약하였다.33)

그의 문인 권성오權省吾는 오운의 인품과 기상을 찬미하여, "장자長子의
기풍이 있고 속된 모습이 없는 분으로는 죽유 오운공이 있어 내가
늘 의지하여 존중한다", "아버지가 일찍이 말씀하시길, '죽유는 평생
아래의 아전들과 귀를 대고 말한 적이 없다. 이는 다른 사람들이 미치기
어려운 점이다. 또 자기를 굽혀서 귀한 사람을 받들지 않았다. 아첨하지도
않았고 자기를 더럽히지도 않았으니, 어찌 군자가 아니겠는가?' 하였다"
라고 적고 있다.34)

그런데 출사하여 관직을 맡은 공인公人으로서의 오운에게는 또 다른
면모가 보인다. 그것은 일신의 안위를 돌보지 않고 임금의 정치를 과감하
게 비판하고 시정을 건의하는 모습이다. 먼저 그의 비판을 보자. 아래는
앞에서도 언급한 바 있는 「공조참의 사직소」의 일부이다.

---

33) 『죽유선생문집』, 제6권, 附錄下, 「家狀」(吳汝穩), 670~671쪽.
34) 허권수, 「죽유 오운」, 『죽유 오운의 삶과 학문세계』(고령가야박물관·경북대학
   교퇴계학연구소 편), 25쪽.

…… 어리석은 신은 지나치게 염려됩니다. 정치는 자애롭고 어진 것만을 우선하여 상만 있고 벌은 없습니다. 가까이 있어 자주 보는 사람들의 말만 듣고 여자들의 청탁을 막지 못하여 기강이 해이되고 여러 가지 일이 무너졌습니다. 군사의 일(軍政)이 씻은 듯이 사라져 없어졌고, 백성들은 매우 곤궁에 처해 있고, 재력은 다했고, 사치는 극도에 이르렀습니다. 공신들의 집은 해마다 증가하고 관아의 힘은 날로 약해져 가고 있습니다. 죄수들은 옥에 가득한데 보통 여러 해를 넘깁니다. 전하를 가까이서 모시는 시봉신侍奉臣들이 숙직을 빼 먹는 일이 한두 번이 아닙니다.…… 35)

이어서 상소문은 해이해진 기강과 무너진 군정軍政의 실상, 서북지방의 우려스러운 상황 등에 대해서 언급하고 있다. 전체적으로 봐서 상소문은 언사가 정중하고도 부드럽지만 당시 정치의 문제점을 빠짐없이 지적하고 있어서, 그 내용만 놓고 보면 마치 남명이 올린 을묘년(1555)의 「을묘사직소」에 견주어 볼 수 있을 것 같다. 적나라한 언사로 당시의 광해 조정이 지녔던 문제점을 지적하고 있기 때문이다. 그리고 이 상소문에서는 오운의 강한 위기의식이 느껴진다. 임진왜란이라는 미증유의 대국난을 겪은 지 얼마나 지났다고 벌써 긴장이 풀어지고 해이해진 모습들을 노정하고 있으며, 따라서 또 다른 국난이 우려된다고 하면서 임금으로 하여금 폐정을 일신할 과감한 조처를 취할 것을 주문하고 있기 때문이다. 이제 그가 건의한 조처가 무엇인지 살펴보기로 하자.

엎드려 바라건대 전하께서는 기강을 세우고 군정을 엄숙하게 하며, 백성의 힘을 기르고 궁궐을 엄하게 단속하소서. 치우치고 사사로움을 제거하고 간하는 말을 용납하십시오. 이 모두는 전하의 마음먹기에 달렸습니다.36)

---

35) 『죽유선생문집』 제3권, 疏, 「辭工曹參議疏」, 670쪽.
36) 『죽유선생문집』 제3권, 疏, 「辭工曹參議疏」, 670쪽, "伏願, 殿下振紀綱肅軍政. 紓民力嚴宮禁, 祛偏私納諫諍. 都在殿下之心上."

오운의 지적은 비록 짧지만 핵심적인 내용을 담고 있다. 아울러 평소 그가 관료로써 정치에 참여하여 이루고자 하였던 이른바 '오운이 꿈꾼 세상'의 일단一端이 어떠하였는지를 알 수 있게 한다.

그는 '백성의 힘(民力)이 곧 국력'이라는 생각으로 이 힘을 기르는 것이 정치의 가장 중요한 요체라고 보았으며, 민력을 기르기 위해서는 임금이 주변의 권간權奸을 물리치고 공평무사한 마음으로 정사에 임하여 법질서와 기강을 바로 세워야 한다고 보았다. 그리고 이러한 바탕 위에서 삼정의 하나인 군정을 바르게 시행하여 국방을 튼튼히 할 것을 주문하고 있다. 생존을 위해서는 경제와 국방, 그리고 법질서와 기강 확립이 매우 중요하며, 그러자면 임금이 강렬한 위기의식을 갖고 매사에 공명정대하게 대처해야 한다고 보았던 것이다. 이러한 오운의 건의는 통시대적統時代 的으로 정치의 핵심을 꿰뚫고 있는 것으로 여겨진다.

이 상소문은 광해군 8년에 올린 것으로서 인조반정(1623)이 있기 5년 전이었다. 만약 당시의 조정이 오운의 이런 충정어린 상소에 좀 더 유념하고 이 건의를 받아들여서 과감히 폐정을 시정했다면 인조반정은 존재하지 않았을 것이라는 생각을 금할 수 없었다. 왜 그렇게 할 수 없었을까? 무엇보다도 당시의 조정은 임금을 비롯한 측근들이 위기의식을 지니지 못하였기 때문이었다고 하겠다. 위기의식의 결여로 국난을 초래하여 그토록 비통한 참화를 겪었음에도 불구하고 여전히 임금과 지배층이 위기의식을 망각함으로써 그 해이해진 정신의 틈 속으로 각종 유혹의 물결이 스며들어서 결국 조정이 토붕와해土崩瓦解의 지경에 이르고 말았던 것이다.

이상을 통해서 우리는 오운이 구축한 정신세계가 매우 유연하면서도 올곧아서 공사와 대소를 잘 가려 대처할 줄 알되 그 핵심을 놓치지 않았으며, 그리하여 당시의 문사로서는 보기 드물게 출장입상出將入相의 문무겸비지사文武兼備之士로서의 능력과 인격을 두루 구비한 그런 존재였음을 알 수 있다.

3. 오운의 생애 개관과 저술 소개

오운의 생애를 어떻게 나누어 봐야 할 것인가?

크게 <수학기>와 <출사기>의 둘로 나눌 수 있을 것이고, 이 <출사기>를 다시 <임진왜란 이전의 출사기>, <임진왜란기>, <임진왜란 이후의 출사기>로 나눌 수 있다고 본다. 이렇게 그의 생애를 크게는 두 시기, 작게는 네 시기로 나누어 살펴본다면 그의 학문과 삶, 그가 이룬 성취 등 그의 생애 전반에 대한 개관을 통해 오운이 누구였는지를 파악하는 것이 가능하리라고 본다.

1) 수학기

<수학기>는 출생부터 27세에 문과에 급제하여 출사하기 이전까지의 시기(1540~1566)가 될 것이다. 연보에 의하면 오운은 6세가 되던 해에, 전의현감全義縣監을 지냈고 인품이 훌륭하다고 정평이 났던 조부 오언의吳彦毅(1494~1566)로부터 글을 배우기 시작하였다. 12세의 이른 나이에 어머니 안씨를 여읜 뒤에는 요조숙녀窈窕淑女와 현모양처賢母良妻의 부덕婦德을 갖춘 규행閨行으로 칭송이 자자하였던 조모 진성이씨의 인격적 감화를 받으면서 학문과 인품의 완성을 추구할 수 있었다.[37] 그는 18세

---

37) 『죽유선생문집』제4권, 行蹟, 「祖妣淑夫人眞城李氏行蹟」, 710~711쪽, "後來眞城一

때(1557) 김해허씨에게 장가들었다. 19세(1558)에 남명 조식 선생을, 그리고 25세(1564)에는 퇴계 이황 선생을 찾아가서 가르침을 받게 된다. 이 사이 22세 때(1561)는 생원시에 최종 합격하였다.

2) 임진왜란 이전의 출사기

<출사기>는 27세부터 생애 마지막 해인 78세 때까지(1566~1617)가 될 것이다. 이 가운데 <임진왜란 이전의 출사기>는 27세부터 52세까지(1566~1591)가 되는데, 이 시기에 조부(27세)와 조모(34세), 부친(35세)이 차례로 별세하였다.

그는 생원시에 합격한 지 5년 만인 명종 21년(1566)에 있었던 별시문과에 합격하여 출사하였다. 서애 유성룡, 개암開巖 김우굉金宇宏 등이 이때 같이 급제하였다. 성균관 학유學諭로 임명되었다. 이때는 윤원형으로 대표되는 훈구척신세력이 물러난 지 1년이 된 시점이었다. 이후 34세가 될 때까지 성균관 학록學錄, 학정學正을 거쳤다.

31세와 33세 때 퇴계와 남명의 부음을 차례로 접하였다.

44세 때(1583) 충주목사 겸 춘추관편수관에 제수되었고, 이어서 팔봉서원八峰書院을 건립하여 음애陰厓 이자李耔와 탄수灘叟 이연경李延慶을 향사享祀하였다. 앞서 관찰사였던 김우굉金宇宏이 원우院宇를 짓기 시작했는데 이를 완성시켰고, 서원편액과 사당 이름은 모두 그가 지었다고 하였다.

46세 때(1585) 벼슬을 그만두고 의령의 별서別墅에 머물렀는데, 이때 "날마다 아침 일찍 일어나 정좌하고 책을 읽는 일에 전념했다"는 기록이 보인다.[38]

門之言曰, 道德則退溪先生存焉, 閨行則全義內子爲冠, 世以爲知言."
38) 『죽유선생문집』 제5권, 「연보」, 748쪽.

48세 때(1587)는 함안咸安 제독관提督官으로 있으면서 함안군수로 부임한 한강寒岡 정구鄭逑와 함께 『함주지咸州誌』를 편찬, 발간하였다.

50세 때(1589), 3월에 광주목사로 제수 받았다.[39]

51세 때(1590), 6월에 식영정息影亭에서 놀았다.[주고받은 시가 있다.] 겨울에 어떤 일로 인하여 파직당하고 의령 별장으로 돌아왔다.[40]

3) 임진왜란기

<임진왜란기>는 오운의 나이 53세부터 59세까지(1592~1598)가 될 것이다. 이때 그는 잠시 벼슬을 그만두고 의령에 거주하고 있다가 망우당忘憂堂 곽재우郭再祐(1552~1617)를 도와서 의병활동에 적극 참여하여 국난을 극복

---

39) 『죽유선생문집』 제5권, 「연보」, 748쪽. 바로 기축년으로, 이해에 정여립의 난, 기축옥사가 발생하였다. 이 사건으로 인하여 약 2,000명 이상이 희생되었는데, 특히 守愚堂 崔永慶(1529~1590)을 비롯한 남명학파의 희생이 컸으며, 이 옥사를 주도한 인물은 서인이었던 松江 鄭澈(1536~1593)이었다.

40) 『죽유선생문집』 제5권, 「연보」, 749쪽. 息影亭 唱酬와 관련하여 金成遠의 문집인 『棲霞堂遺稿』에 「星山溪流濯熱圖」가 실려 있는데, 여기에 따르면 모두 11명의 선비가 광주 근처의 星山(일명 별뫼)에서 詩會를 열어 더위를 식히고 즐겼다고 한다. 성산은 「성산별곡(1560)」의 무대로서 鄭澈의 본거지이다. 그런데 이때 오운이 별호를 寄傲軒이라고 하였음을 알 수 있다. 해석에 따라서는 '거만함을 전하는 집'이라는 의미가 된다. 왜 오운은 이런 별호를 썼을까? 오운의 16대 손인 吳洪在(동원약품, 관리부장) 씨에 따르면, 이는 오운이 다분히 己丑獄死에 연루되어 극심한 고초를 겪고 있던 南冥門下의 同門 崔永慶을 염두에 두고(시회가 열릴 당시 최영경은 옥에 갇혀 있었다.) 정철에 대한 반감을 표시한 것으로 보고 있다. 이곳 정철의 본거지에 포진한 건물과 인물들이 남을 업신여기고 거만하게 구는 정철의 모습을 연상시킨다는 것이다. 이 별호는 이후 어떤 기록에도 나타나지 않으며, 아울러 이 시회가 있은 지 얼마 안 된 이해 겨울에 오운이 파직당하는 것도 이때의 시회에서 보인 오운의 정철에 대한 적대감과 무관하지 않다고 하였다. 이때 시회에 참석한 인물들은 정철의 사위를 비롯하여 그와 가까운 주변 인물들이 대부분이었기에 이런 분위기가 오운의 파직에 영향을 미쳤다고 본 것이다. 사실 여부는 차치하고라도 선조에 대한 뜨거운 爲先心으로 오운의 삶과 행적에 대해 여러 가지 연구자료를 제공해 준 오홍재 부장에게 이 자리를 빌려서 감사의 말씀을 드린다.

하는 데 혼신의 힘을 다하였다. 그가 곽재우의 휘하에서 소모관召募官·수병장收兵將으로 활약하면서 거둔 성과는 매우 컸다. 그러면서도 전혀 전면에 나서지 않고 조용히 승리를 뒷받침한 그의 면모에서 그의 대인군자로서의 범상치 않은 인품과 도량을 느끼기에 충분하다. 그의 활약상황을 살펴보면 그는 단순한 문사文士가 아니라 출장입상出將入相의 문무겸비지사文武兼備之士로서 전혀 부족함이 없는 충분한 자질을 구비하고 있었음을 알 수 있다.

58세 때인 정유재란 시(1597) 오운은 호남을 공격하던 가토 기요마사(加藤清正) 군대를 곳곳에서 격파하는 전과를 올렸고, 그 결과 도원수 권율의 추천으로 통정대부로 승품되기도 하였다.[41] 이어서 59세 때에는 의흥위 사과義興衛司果에 임명된 다음 접반사接伴使로서 호남에 주둔하고 있던 명나라 제독 진린陳璘을 서울로 맞이함으로써 조선군과 명군이 서로 원활한 관계를 유지하도록 하는 데 기여하기도 하는 등 잠시도 쉬지 않고 동분서주하면서 국난극복에 헌신하였다.[42]

이 시기 창의의병에 적극 참여하여 국난극복에 매진하는 과정에서 그는 전쟁의 참화를 목도하였고, 이에 비통한 마음으로 왜 우리가 이런 미증유의 대참사를 겪지 않으면 안 되는지에 대해 그 근본적인 원인을 탐구하고, 나아가 앞으로 이런 참화를 다시는 겪지 않도록 그 예방책을 제시해야 하겠다는 강렬한 문제의식을 갖게 된 것으로 보인다. 이러한 문제의식이 임진왜란 이후 『동사찬요』의 집필로 연결되지만,[43] 우선은

---

41) 『죽유선생문집』 제5권, 「연보」, 750쪽.
42) 『죽유선생문집』 제3권, 疏, 「請歸改葬疏」, 668~669쪽.
43) 이러한 필자 주장의 근거로는 「동사찬요서」의 "余經龍蛇亂離來, 屏跡窮巷, 思見東史, 攬古證今, 隣有友借其家藏三國史節要及東國通鑑, 因得覽閱, 自吾東方有國之後, 君德之昏明, 賢邪之消長, 興亡之殊跡, 交隣之失得, 可鑑可戒者"(『죽유선생문집』 제3권, 686~687쪽)를 들 수 있을 것이다.

전쟁 당시의 생생한 기록이 필요하다고 여긴 그는 영천榮川(현재의 영주) 초곡草谷에 머무르고 있던 54세 때(1593) 전쟁의 와중에도 틈을 내어 임진년과 계사년의 전쟁 상황을 정리해서 『용사난리록龍蛇難離錄』을 집필하였던 것이다. 그러나 현재 이 기록은 전해지지 않고 있다.

다만 이 기록을 이해하는 데 도움이 될 만한 구절들을 소개한다면, 그것은 "세상은 어지러운데 나라를 구할 사람이 있다는 소릴 듣지 못했고, 근심스럽게도 공연히 술만 부른다", "용사龍蛇의 난리를 듣고 놀라 기개를 세웠으나, 다시 백성의 이마를 손으로 어루만지지 못한다", "땅에 가득한 전란으로 옛집이 없어져서, 부평초처럼 떠다니고 쑥처럼 구르며 바람모래에 날린다"와 같은 구절들이다.44) 임진왜란의 비참한 상황을 묘사하고, 비록 창의기병倡義起兵 하였으나 백성의 고통을 구제하지 못하여 안타깝기 그지없는데도 구국의 인재를 만나지 못한 아쉬움을 술로나마 달래지 않으면 안 되는 심정, 이런 심정으로 남긴 기록이 이 책이었을 것이다.

4) 임진왜란 이후의 출사기

이 시기는 60세부터 78세까지(1599~1617)가 될 것이다.

앞에서 언급했듯이 61세 때(1600), 『퇴계문집』 간행에 참여하여 「퇴계연보」를 교정하는 일을 담당한 뒤, 문집고성제文集告成祭에 참석하여 여러 동문들과 퇴계의 학문을 강론하였다.

62세부터 깊이 심취하여 본격적으로 탐구한 주자학의 결실인 『주자문록朱子文錄』이 72세(1611)에 완성되었다.

76세(1615)에 백암栢巖 김륵金玏과 의논하여 영주 성재산聖齋山 동쪽에

---

44) 정우락, 「오운의 시세계에 나타난 흥과 낭만주의적 성격」, 『죽유 오운의 삶과 학문세계』(고령가야박물관·경북대학교퇴계학연구소 편), 192~193쪽.

서당을 건립하였다. 후학이 배우고 익히도록 하기 위함인데, 서당명을 산천山泉이라고 하였다.[45] 이 서당은 그의 사후 영주의 사림에서 산천서원山泉書院으로 확대하여 그를 향사하였다.[46]

이 시기 가장 두드러진 특징은 그가 나이 67세 때(1606) 『동사찬요』라는 7권으로 된 역사서를 집필하였다는 점이다. 이것은 필사본이었다. 이후 70세 때(1609)는 같은 책을 8권으로 간행하였고, 다시 75세 때(1614)에 11권으로 된 개찬본을 펴냈다. 이러한 역사서 편찬은 임진왜란에 대한 뼈저린 체험과 여기서 얻은 교훈과 무관하지 않으리라고 여겨진다. 과연 그것이 무엇일까?

아울러 이 시기에 드러나는 또 다른 특징은 위에서 언급한 대로 주자학에 대한 심취였다. 그런데 이러한 주자학에 대한 심취와 『동사찬요』의 저술은 별개의 것이 아니라 상호 연관성을 갖는다. 그가 임진왜란이 일어난 원인을 탐구한 끝에 지식인들에게 자기의 역사에 대한 자부심과 긍지를 심어 주기 위해서 심혈을 기울여 편찬한 『동사찬요』와, 애군·우국의 뜻을 담아서 72세 때(1611) 펴낸 『주자문록』은 그 목적이 다 같이 임진왜란이라는 미증유의 참화에 대한 원인 탐구와 재발 방지에 있었다고 하겠다.

유학자로서, 실지로 목민牧民을 담당하였던 목민관牧民官으로서, 통치계층의 반열에 속했던 오운은 이 전쟁이 일어난 근본 원인을 제대로 진단해야만 올바른 치유책이 나올 수 있다고 보아서 그 원인 탐구에 골몰하였다. 그리하여 그 원인을 짚고 치유책을 제시한 결론을 담은 저술이 가까이로는 <임진왜란기>의 저술인 『용사난리록』이고, 멀리는

---

45) 『죽유선생문집』 제5권, 「年譜」, 755쪽.
46) 허권수, 「죽유 오운」, 『죽유 오운의 삶과 학문세계』(고령가야박물관·경북대학교퇴계학연구소 편), 22쪽.

이 시기 곧 <임진왜란 이후의 출사기>의 저술인『동사찬요』이며 아울러
『주자문록』이었다고 하겠다.

이 셋은 얼핏 보면 전혀 다른 저술인 것처럼 보이지만 이처럼 내부적으
로 깊은 연계성을 갖고 있는 것이다. 다만 현재로서는『용사난리록』과
『주자문록』이 둘 다 실전失傳된 관계로 이 세 저술의 상호 연관성을
깊이 있게 탐구할 수 없어서 유감스러울 따름이다.

과연 이들 저술들에서 제시된 그의 진단과 처방이 올발랐느냐는
차치하더라도, 나름대로 평생토록 쌓은 지식을 활용하여 자기가 처한
시대의 문제를 외면하지 않고 관료로서의 경험을 살려 학문적으로
정리해서 후대에 교훈을 남기려고 했던 그 자세를 높이 사지 않을
수 없다. 이제 여기서는 이 가운데 그가 애정을 갖고 3차례나 수정을
거듭하였던『동사찬요』에 대해서 비교적 자세히 살펴본 뒤, 그 연장선상
에서 이들 세 저술의 상호 연관성을 한 번 짚어 보고자 한다.

4.『동사찬요』에 나타나는 오운의 역사관과 그 함의

1)『동사찬요』의 판본에 따른 소개[47)]

기전체紀傳體와 편년체編年體를 절충한 그의『동사찬요』는 그동안 모두
5개의 판본이 존재해 왔다. 그의 생전에 4종류의 판본이 있었고, 사후에도
한 번의 간행이 있었다.

① 생전에 간행된 것은 67세 때(1606) 처음 편찬하여 임금에게 봉진封進한

---

47) 아래에 소개하는 내용은 박인호, 「『동사찬요』에 나타난 오운의 역사지리인식」,
『죽유 오운의 삶과 학문세계』(고령가야박물관·경북대학교 퇴계학연구소 편),
45~55쪽의 내용을 정리하여 소개하는 것임을 밝혀 둔다.

봉진본으로서 봉진의 기록만 있고 현존하지 않는다. 영천(영주)에서 간행한 필사본이었을 것으로 추정된다.

② 이후 70세 때(1609) 계림부에서 간행한 8권본이 있다. 현존하고 있는 간행본이다. 아마 봉진본을 약간 가필하여 간행하였을 것으로 추정된다. 본문 편성은 권1 국도기년, 권2 삼국명신, 권3~7 고려명신, 권8 별록(叛賊, 權凶)으로 되어 있다. 장수는 291장으로 구성되었다.

③ 간행연도가 불분명한 11권본이 있다. 간기는 1609년본과 마찬가지로 '만력 기유년(1609) 계림부 간행'(萬曆己酉鷄林府刊)으로 되어 있지만 본문 편성이 달라졌다. 권1 국도기년은 상·중·하로 나누어 각각 단군조선~고구려 멸망(권1상), 문무왕 9년~고려 예종(권1중), 고려 인종~충선왕(권1하)을 다루고 있으며, 권2의 경우 상·하로 나누어 각각 고려 충숙왕~공양왕(권2상), 열전 삼국명신(권2하)으로 하였다. 나머지는 그대로이다. 기존의 국도기년을 삼국기, 신라기, 고려기로 구분하였고, 이에 따라서 장수(張數)가 기존의 291장에서 547장으로 거의 2배 가량 늘어났다.

④ 이후 75세 때(1614) 간행된 12권본이 있다. 이것은 일명 개찬본(改撰本)이라고 한다. 오운이 쓴 『죽유집竹牖集』 권3 「동사찬요서」에 따르면 그는 이것을 세 번씩 고쳐서 편찬(三撰三改)하였다고 한다. 본문 편성은 11권본과 거의 비슷한데, 다만 권2중을 신설하여 지리지地理志를 실은 것이 가장 큰 특색이라고 하겠다. 이 외에도 권7에 원천석元天錫을 추가하고 오운의 발문을 추가함으로써 전체 장수가 기존의 547장에서 585장으로 늘어나게 되었다. 이러한 수정을 가한 것은 한백겸韓百謙의 지적 때문이라고 한다. 한백겸은 기존의 『동사찬요』를 보고 열전은 상세하지만 본기가 간략하고 표表와 지志가 없어서 국가의 법제연혁이나 군주의 정치득실에 대해 그 시말을 살필 수 없음을 지적하였다고 한다. 그리고 삼한사군

을 중심으로 우리나라 역사지리 변화에 대한 자세한 설명을 적어서 보냈다고 한다.

⑤ 1908년 영주 삼우정三友亭에서『동사찬요』의 간행이 있었다. 본문 편성은 모두 16권으로 구성되었는데, 그것은 다음과 같다. 권1 단군조선~ 근초고왕, 권2 내물왕~ 태종왕, 권3 문무왕~ 경순왕, 권4 고려 태조~ 현종, 권5 고려 숙종~ 의종, 권6 고려 명종~ 원종, 권7 고려 충렬왕~ 충숙왕, 권8 충혜왕하~ 공양왕, 권9 지리지, 권10 열전 삼국명신, 권11~15 고려명신, 권16 별록(삼국 반적+고려 반적·권흉)이 그것이다. 이 외에 오운의 발문을 서문으로 옮기고 마지막에는『동국세가東國世家』를 추가하였는바, 이것은 허목許穆의『동사東史』의 일부라고 한다.『동국세가』에는 단군세가, 기자 세가, 위만세가, 사군이부, 마한, 진한, 변한, 예맥, 말갈, 탁라가 수록되어 있다. 또한 박승진朴勝振과 후손 오응철吳應澈의 발문이 있다. 박승진의 지문에서는, 이전부터 후손 응윤, 응철 등이 판목을 새로 할 것을 도모하였 으나 이루지 못하다가 이해에 박승진 등의 도움으로 개각하였음을 적고 있다. 기존의 585장에서 597장으로 늘어났다.[48] 2000년 고령문화원에서 발간된『죽유전서』에 실린『동사찬요』가 바로 이것이다.

2)『동사찬요』의 주요 내용과 오운의 역사관

(1) 개관

위에서 소개한 5개의 판본 가운데 특히 주목해 봐야 할 것은 75세 때(1614) 개찬된 12권본(④)이다. 이것이야말로 오운의 최종적인 사관이 가장 충실히 반영된 믿을 만한 사서라고 할 수 있겠기 때문이다. 이제

---

48) 박인호,「『동사찬요』에 나타난 오운의 역사지리인식」,『죽유 오운의 삶과 학문 세계』(고령가야박물관·경북대학교퇴계학연구소 편), 53~54쪽.

이 판본에 나타나는 중요한 내용이 무엇인지 살펴보기로 하자. 물론 이 판본은 앞선 두 개의 판본인 8권본, 11권본과 대부분의 경우 내용이 겹치므로, 이 가운데 중요한 것은 세 개의 판본에서 모두 발견될 수 있을 것이다.

① 권1상 단군조선~고구려 멸망에서는 단군조선, 기자조선, 위만조선, 사군, 이부, 삼한(마한, 진한, 변한)의 내용은 8권본(1609)의 것과 유사하지만, 삼국 이하는 삼국기三國紀라는 표제를 내걸어 신라 시조~고구려 멸망까지를 수록하였다.

② 기원전 57년(甲子) 신라 시조로부터 1392년(壬申) 공양왕까지 1,449년간의 사적을 군왕기君王紀로써 편찬하였다.[49] 이때 참고한 책은 「범례」 말미에 소개하고 있듯이 우리나라 역사서, 중국 역대 제왕들에 관한 기록, 지리지 및 지방지 등 총 21책이나 되었다. 여기에 문집으로는 『목은문집』, 『퇴계문집』, 『남명유고』가 들어 있다. 특히 조선조의 문집으로는 퇴계와 남명 양 선생의 문집을 거론함으로써 『동사찬요』 집필의 사관史觀을 정립함에 있어 퇴계와 남명의 영향을 받았음을 드러내고 있다.

③ 한백겸이 간행된 『동사찬요』를 읽고 역사지리에 관한 비판을 가하자 오운은 새로이 「지리지」를 추가해 넣었다. 이처럼 개찬된 『동사찬요』의 출현은 한백겸으로 하여금 『동국지리지』라는 역사지리서를 편찬하도록 하는 계기가 된 만큼 이는 우리나라 학술사에서 중요한 의미를 지닌다고 하겠다.[50]

---

49) 『동사찬요』, 「서문」, 1쪽.
50) 박인호, 「『동사찬요』에 나타난 오운의 역사지리인식」, 『죽유 오운의 삶과 학문 세계』(고령가야박물관 · 경북대학교퇴계학연구소 편), 44쪽.

(2)『동사찬요』의 상고사 인식

① 단군의 평양도읍 이전 단계를 설정하고 있다. "동방에 구종九種의 이夷가 있었으며 처음에는 군장君長이 없었는데 신인神人이 태백산太白山 단목檀木 아래로 내려와 국인들이 받들어 임금으로 모시고 국호를 조선朝鮮이라고 하였다"라고 한 데서 알 수 있다.[51] 다만 이 신인이 단군으로 간주될 뿐,『삼국유사』에서 거론되는 단군 이전의 환웅桓雄이나 환인桓因과 같은 존재는 거론되지 않는다.

② 『동국통감』에서 정리된 일원적인 상고사 체계를 따르고 있다. 단군조선-기자조선-위만조선-사군-이부-삼한-삼국-고려의 순으로 우리나라 역사를 정리하였다. 그 외 동옥저, 가락국, 예맥, 탐라국은 삼국 시의 소국小國으로 간주하였다. 다만 궁예와 견훤의 경우는 8권본에서 참국僭國으로 정리하였던 것을 11권본부터는 신라의 각 왕대별 기사 속에 나누어 편입시키고 있다. 이는 견훤과 궁예를 하나의 반란세력으로 정리함으로써 국가로서 인정하지 않으려는 자세이다.[52]

③ 여기서 주목되는 것은『동사찬요』의 이러한 상고사 인식체계는 『삼국사기』가 아니라『삼국유사』를 따른다는 점이다.『삼국유사』에서 거론되는 삼국 이전의 크고 작은 역대 모든 나라를 빠짐없이 거론하고 있음이 그 좋은 사례이다. 위의 ①에서 거론된 구이九夷 역시『삼국유사』에서 거론된다. 다만 이들 나라에 대한 내용 서술에 있어서는『삼국유사』와 다르다. 예컨대,『삼국유사』의 「왕력」편을 보면 삼국과 함께 가락국駕洛國 곧 금관가야를 다루고 있다. 42년 건국부터 532년 멸망까지 10대

---

51)『동사찬요』(11권본), 권1상,「단군조선」.
52) 박인호,「『동사찬요』에 나타난 오운의 역사지리인식」,『죽유 오운의 삶과 학문 세계』(고령가야박물관·경북대학교퇴계학연구소 편), 56·60쪽.

491년의 역사를 「왕력」편에 반영하였고, 권2에 '가락국기'조를 두어 그 역사적 시말을 간략하게나마 소개하고 있지만, 『동사찬요』에서는 가락 국을 소국으로 취급하여 별 비중을 두지 않고 있다. 이는 아마도 신라 중심의 역사서술 원칙 때문이었을 것이다.

④ 삼한설에 있어 오운은 마한=백제, 진한=신라, 변한=고구려라고 봄으로써 권근權近의 『동국사략』 주장에 근접하는 대신, 최치원의 설을 따른 『여지승람』의 마한=고구려, 진한=신라, 변한=백제라는 주장을 부정하고 있다. 이 역시 『삼국유사』가 채택한 최치원 설을 수용하지 않은 것이다.[53]

⑤ 삼국 간의 서술에서는 신라, 고구려, 백제의 순으로 적었다. 이는 건국 순서에 따른 것인데, 순서뿐 아니라 건국연대에 있어서도 『삼국사 기』, 『삼국유사』와 동일하다.

⑥ 오운은 고려 선대 세계와 관련하여 당과 결부시키려는 주장과 국내 세력으로 설명하려는 주장을 모두 소개하고 있다. 그러나 11권본에 서는 고려 선대에 대한 (당과 결부시키려는) 세주의 내용을 모두 없애고 송악군 사람인 왕건의 아버지 왕릉王隆에서 시작함으로써 이전의 신이적 인 전설 소개에서 벗어나 합리적인 측면으로 나아가고 있다.[54]

⑦ 주자학의 정통론적인 인식과 권선징악勸善懲惡적인 인식을 바탕으 로 역사를 기술하였다. 아울러 사대교린事大交隣 관계를 빠짐없이 기재함 으로써 우리의 중국에 대한 사대事大가 오랜 역사이며 전통임을 천명하고 자 하였다.[55] 이런 측면에서 『삼국사기』의 유교친화적인 사관을 그대로

---

53) 『동사찬요』, 제1권, 「삼한」, 16~17쪽.
54) 박인호, 「『동사찬요』에 나타난 오운의 역사지리인식」, 『죽유 오운의 삶과 학문 세계』(고령가야박물관 · 경북대학교퇴계학연구소 편), 59쪽.
55) 이러한 입장은 11권본의 「범례」, 「동사찬요서」 등을 참고하여 정리한 것이다.

따르고 있다고 하겠다. 그러다 보니까 중국과 다른 우리의 변별성은 강조하더라도, 중국에 대한 독자성을 확립하는 데까지 나아가지 못하고 있다고 하겠다.

(3)『동사찬요』의 역사지리 인식

① 단군조선이 도읍을 평양에 두었다가 백악으로 옮겼고 나중에 아사달산에 들어가 산신이 되었다고 하였는데, 세주에서 아사달산=문화현, 백악=구월산, 태백산=묘향산이라고 봐서 그 역사무대가 평양과 황해도 일원을 벗어나지 못하고 있음을 알 수 있다.[56] 이는 단군조선이 더 이상 신화가 아니라 엄연한 역사임을 표방한 것으로『삼국유사』의 인식에서 한 걸음 더 나아간 것으로 볼 수 있다.

② 요하 이동以東 한강 이북을 모두 기자의 후예가 다스리던 땅으로 비정하였다.[57] 이는 이미 고대에 우리의 역사무대가 한반도를 넘어서 만주 일대에 미치고 있었음을 표방한 것이다.

③ 위만조선을 대체한 4군에 대해서 낙랑=조선현, 임둔=동이현, 현도군=옥저성, 진번군=삽현이라는 전통적 해석을 수용하면서도 그 위치에 대해, 낙랑은 당시의 평양, 동이는 당시의 강릉, 현도는 유주 동쪽 3천리이자 심양 동북 80리 귀덕주에 해당하는 당시의 무순천호소, 동옥저는 당시의 함경도에 비정하였다.[58] 4군 가운데 현도를 심양 일원으로 보려는 것은 조선 중기 이래 현도를 요동지역에 상정하려는 생각의 선구를 이루는 것이다.[59]

---

56) 박인호,「『동사찬요』에 나타난 오운의 역사지리인식」,『죽유 오운의 삶과 학문 세계』(고령가야박물관·경북대학교퇴계학연구소 편), 61쪽.
57)『동사찬요』(12권본), 권2중,「지리지」.
58)『동사찬요』(8권본), 권1, 국도기년,「위만조선」·「사군」.

④ 삼국에 대해 8권본에서 신라는 동남으로 큰 바다, 서쪽으로 지리산, 북쪽으로 한강에 이른 것으로, 고구려는 동쪽으로 큰 바다, 남쪽으로 한강, 북쪽으로 요하에 이른 것으로, 백제는 동쪽으로 지리산, 서남으로 큰 바다, 북쪽으로 한강에 이른 것으로 적었다. 12권본에서는 "고구려가 가장 크고, 백제가 다음이다. 신라는 작아 수로왕이 점유한 것을 제외하면 영남의 반으로 천리에도 미치지 못한다. 그러나 결국 동토를 모두 차지하여 국조를 누리게 된 것은 신라이다"라고 하였다. 그리하여 신라 위주의 연기年紀 표시 입장이 지리지地理志에서도 그대로 이어지고 있음을 알 수 있다. 신라가 최종 승리하게 된 것은 "두 성인(二聖: 혁거세와 알영부인)이 창업하여 충후忠厚의 풍습을 양성하였으며, 김춘추와 김유신 같은 영웅 호걸이 때에 맞추어 탄생하니 임금 노릇은 크기에 상관된 것이 아니라는 말을 이에 이르러 더욱 징험할 수 있다"라고 적고 있어 도덕론적인 입장에서 승리요인을 설명하고 있음을 볼 수 있다.[60]

⑤ 경덕왕의 명호개혁에 대해서는 삼국 이래의 지리경계가 단번에 중국 제도로 되어 어지러운 세상에 드디어 임금이 있게 되었다고 할 만하다고 평하고 있다.[61] 그리고 『삼국사기』에서 고구려와 백제가 너무 간략한 점, 신라 지리를 상주尙州에서 적기 시작하고 국도를 나중에 적은 점 등을 비판하면서 수도를 먼저 다루고 이어 주·군·현의 순서에 따라 정리하였는바, 여기에서 오운이 지닌 중화적이고 사대주의적인 입장이 드러난다고 할 수 있다.

59) 박인호, 「『동사찬요』에 나타난 오운의 역사지리인식」, 『죽유 오운의 삶과 학문 세계』(고령가야박물관·경북대학교퇴계학연구소 편), 62쪽.
60) 박인호, 「『동사찬요』에 나타난 오운의 역사지리인식」, 『죽유 오운의 삶과 학문 세계』(고령가야박물관·경북대학교퇴계학연구소 편), 63~64쪽.
61) 『동사찬요』, 제9권, 지리지, 「지리1·신라」, 307쪽.

⑥ 소국으로 간주하였던 가야국(금관가야)에 대해서 8권본에서는 구체적인 위치를 비정하지 않고 동쪽으로 황산, 동북으로 가야산, 남쪽으로 바다, 서쪽으로 지리산을 경계로 하였다고 적고 있다. 11권본에서는 아라가야는 함안, 고령가야는 함창, 대가야는 고령, 성산가야는 성주, 소가야는 고성에 비정하였다.[62]

⑦ 고구려의 강역에 대한 재인식을 시도하고 있다. 신라가 차지하지 못한 고구려 군현이 많이 있으며, 그 강역은 이미 한반도를 넘어서고 있다고 봐야 한다는 것이다.[63]

(4) 오운의 역사관

이상의 고찰을 토대로 살펴본『동사찬요』에 나타난 오운의 사관史觀은 무엇일까? 다음과 같이 정리해 볼 수 있을 것이다.

그의 사관 중 특히 고대사 인식체계는 일단『삼국유사』를 따르면서도 세부적인 내용에서는 다르게 서술하는 독자성을 지닌다는 점, 역사지리의 중요성을 인식하고 있는 점, 신라의 정통성을 강조한다는 점, 중국 한족에 대한 사대주의事大主義를 내세우면서도 한편으로 우리의 변별성을 확보하려고 한다는 점, 한반도 강역론을 벗어나서 대륙까지 고대 우리 민족의 강역이 미치고 있었음을 강조한다는 점,『삼국사기』와 유사한 권선징악적이고 정통론적인 입장에서 주자의 유교적인 도덕률을 강조한다는 점 등으로 요약될 수 있을 것이다.

이제 이처럼 겉으로 드러나는『동사찬요』의 특징 외에 이 책이 쓰인

---

62) 박인호,「『동사찬요』에 나타난 오운의 역사지리인식」,『죽유 오운의 삶과 학문 세계』(고령가야박물관·경북대학교퇴계학연구소 편), 68쪽.
63)『동사찬요』(12권본), 권2중, 지리지,「지리2·고구려」.

또 다른 이유가 무엇인지에 대해서 살펴보기로 하자.

오운은 임진왜란이란 미증유의 국난이 일어난 이유를 밝히고 이런 참사가 재발되지 않도록 하는 것이 자기와 같은 지식인이 해야 할 책무라는 생각을 강하게 하고 있었다. 왜 임진왜란이 일어났는가? 왜 우리 힘으로 이 국난을 극복할 수 없었는가? 앞으로 이런 국난의 재발을 방지하기 위해서는 어떻게 해야 하는가? 이런 일련의 문제의식 하에 제대로 된 우리의 역사(東史)를 정리할 필요가 있다고 여기고, 67세의 나이에 그동안 온축한 모든 지식과 역량을 발휘하여 당시로서는 방대한 저술을 집필하였던 것이다. 그리고 그 뒤에 두 번씩이나 개찬을 거듭하였다. 실로 이 책에 들인 오운의 공력은 대단했다고 할 것이다. 이에 필자가 보는 임진왜란과 관련한 오운의 문제의식의 일단을 피력해 보고자 한다.

<전쟁 발발의 원인> 우선 지배층을 비롯한 주류 지식인들이 우리의 역사를 잘 모르고 있다. 특히 조선이 우리의 역사에서 정통성을 계승한 나라라는 자부심과 긍지가 부족하였다. 아울러 우리의 역사적 정통성의 맥락에서 과거 국가적 환란을 극복하기 위해 어떤 노력을 경주하였는지를 알 필요가 있다. 또한 시대마다 임금의 혼명昏明, 현인賢人의 유무有無와 그 역할, 사대교린事大交隣의 득실得失이 어떠한 영향을 미쳤는지에 대해 제대로 알지 않으면 안 됨에도 이런 것에 대해서 관심이 없었다. 이 외에도 위정자가 위기의식이 없었고, 선악의 기준을 확고히 세워서 호선오악好善惡惡하지 못하였다.

<국난 재발을 방지하기 위한 방법> 임진왜란이 얼마나 처참한 전쟁이었는지를 아는 것이 매우 중요하다. 바로 이 점을 제대로 알리기 위해서 직접 전쟁에 참여하여 전쟁을 수행하면서 겪은 경험을 토대로 『용사난리

록』을 지었던 것이다. 이제 어떻게 해야 하는가?

우리가 당당한 역사적 정통성을 가진 나라의 백성이라는 자부심과 긍지가 필요하다. 그래서 이 점을 명확히 알려주기 위해서 『동사찬요』를 집필하였다. 나아가 이 치욕을 씻겠다는 복수의 의지를 가져야 한다. 그러자면 긴장감과 위기의식을 갖고 분발하여 폐정을 일신해야 한다. 특히 지식인들이 주자학을 제대로 배워서 주자의 정신으로 무장해야 한다. 그가 펴낸 『주자문록』에는 주자의 애군·우국의 정신을 담았으니, 이를 읽고 우리도 이런 정신으로 무장해야 한다. 아울러 앞으로 권선징악을 위해서라도 명신名臣과 반흉叛凶을 엄격히 구분할 수 있어야 하는데, 이렇게 하는 데는 『동사찬요』와 『주자문록』이 다 같이 유용할 수 있을 것이다.

<한계와 특장> 우리와 중국 한족의 다름을 역사를 통해 드러내면서도 한족과의 문화적 변별성에 대한 의식이 잘 보이지 않는다. 중국 중심의 사대주의 의식이 여전히 강하다. 신라 경덕왕이 우리의 고유지명을 중국식으로 고친 것을 긍정적으로 평가한다든가 주자를 높인다든가 하는 데서, 유학자로서 평생을 살 수밖에 없었던 오운의 한계를 본다. 그 역시 명나라가 임진왜란 때 우리를 도와준 데 대한 고마움을 깊이 간직하였고, 이것을 중국의 유교적인 가치관에 바탕한 인의仁義의 발휘로 봤던 것 같다. 명의 재조지은再造之恩에 대한 보답 차원에서라도 더욱 유교적 의식으로 무장하는 것은 당연한 일이라고 여겼을 법하다.

임진왜란 당시에 일본은 강하고 우리는 약했는데, 그 일본의 강함이 어디서 기인하였으며 왜 우리가 나약하여 침략을 초래했는가에 대한 인식이 선명하지 못하다. 여전히 선악의 논리에 매몰되어 있다는 인상을 강하게 받게 된다.

그가 국난을 극복하는 일에 적극적으로 관여하였고 다대한 공을 세웠음에도 신라 정통주의에 입각하여 역사를 보면서 가야 소국론의 입장을 고수함으로써, 임진왜란을 극복하는 데 앞장섰던 남명학파의 역사적 연원을 살피는 문제를 제대로 천착할 수 없었던 것도 아쉬움으로 남는다.

5. 나가면서

본고에서는 사승관계와 저술을 중심으로 죽유 오운의 학문과 사상을 살펴보고자 했다. 그리하여 먼저 사승관계를 고찰하였다.

먼저, 그가 일찍이 종유한 남명과 퇴계의 영향이 무엇이었을까? 그가 사숙한 주자로부터 받은 영향은 또 무엇이었을까?

남명의 영향으로는 성격이 강직하여 시세와 영합하지 않는 점, 구국을 위한 창의기병의 의지, 출처대절의 중시, 강렬한 위기의식, 문무겸비지사적 면모, 그리고 불교와 도가에 대한 포용적 태도 등을 꼽았다.

퇴계의 영향으로는 외유내강의 유연한 처세, 학문하는 방법, 주자학 중시, 그리고 심성수양과 도통의식, 저술의 중요성 등에 대한 인식이라고 봤다.

'오운의 삶으로 구현된 남명과 퇴계의 가르침'에서는 그가 저술을 중시하되 성리설에 대한 언급을 자제하는 태도, 주자학의 선지후행론先知後行論에 입각하되 정좌수련으로 거경함양하고 나아가 이것을 통해서 얻어진 집중력(의지력)으로 거경성찰함으로써 궁리 내지 행의를 통해 인격의 완성을 기한 뒤에 치인治人 단계에서 왕도정치를 구현하려고 하는 삶의 자세, 경의敬義와 성경誠敬을 추구하는 삶의 태도 등을 두 선생의 영향으로 꼽았다.

그가 60세가 넘은 나이에 본격적으로 사숙하기 시작하였던 주자로부터 받은 영향은 무엇일까? 그는 『주자서절요』를 간행한 바 있는 스승 퇴계가 미처 챙기지 못한, 『주자대전』에 나오는 봉사封事, 주차奏箚 및 잡저雜著와 서기序記 등이 후학에게 매우 절실하다고 여겼고, 특히 이 가운데서도 소차疏箚에는 애군愛君·우국憂國의 뜻이 보인다고 하여 상·중·하로 엮은 『주자문록』을 편찬할 정도로 주자학에 심취하였다. 주자학을 공부하면 이 속에서 치세治世의 대요大要를 발견할 수 있다고 여겼다. 무엇보다도 주자가 금나라에 밀려 남쪽으로 내려온 지 60년이 지난 시점에도 복수를 생각하는데, 우리는 국난을 겪은 지 10년밖에 안 된 시점임에도 벌써 복수하려는 의식이 결여되어 있는 데 대해서 유감을 갖고 주자학을 통해서 이러한 의식을 되찾고자 하였다.

이러한 사승관계로 인해서 형성된 오운의 정신세계가 어떠한지 살펴봤다. 아들과 문인이 본 오운은 어떤 사람인가? 출사한 공인으로서의 오운의 면모는 어떠했는가?

그는 평소 대인군자의 인격과 풍모를 지니고 있었지만, 또한 공인으로서 조정의 정치를 날카롭게 비판하는 한편으로 그 대안을 제시할 줄 알았다. 이러한 일련의 언사에서 그의 정치적인 안목을 엿볼 수 있고 나아가 그가 어떤 나라를 꿈꾸었던가를 짐작할 수 있었다.

그는 백성의 힘(民力)이 곧 국력이라는 생각으로 이 힘을 기르는 것이 정치의 가장 중요한 요체라고 봤다. 그리고 민력을 기르기 위해서는 임금이 주변의 권간權奸을 물리치고 공평무사한 마음으로 정사에 임하여 법질서와 기강을 바로 세워야 한다고 봤다. 그리고 이러한 바탕 위에서

3정의 하나인 군정軍政을 바로 세워서 국방을 튼튼히 할 것을 주문하고 있는 것이다.

생존을 위해서는 경제와 국방, 그리고 법질서와 기강 확립이 매우 중요하며, 그러자면 임금이 강렬한 위기의식을 갖고 있어야 한다고 보고 있는 것이다.

이상을 통해서 우리는 오운이 구축한 정신세계가 매우 강직하면서도 유연하여 강유剛柔를 겸하고 있고 공사와 대소를 잘 가려 대처하되 포용력을 발휘할 줄 알며, 그리하여 당시의 문사로서는 보기 드물게 출장입상出將入相의 문무겸비지사로서의 능력과 인격을 두루 구비한 그런 존재였음을 알 수 있었다.

다음으로, 오운의 생애를 개관하고 그가 쓴 저술 중 중요한 저술 셋의 상관관계를 살펴봤다.

이에 그의 생애를 크게는 둘, 작게는 넷으로 나누어 개관하였는바, 크게는 <수학기>와 <출사기>로 나누었고, 다시 이 <출사기>를 <임진 왜란 이전의 출사기>, <임진왜란기>, <임진왜란 이후의 출사기>로 나누어 각 기간 동안의 주목할 만한 항목들에 대해서 살펴보았다. 특히 <임진왜란기>에 곽재우를 도와서 의병활동을 하면서 한 역할이 무엇이 었으며, 이 시기의 저술이었던 『용사난리록』이 어떤 의도로 쓰였는지에 주목하였다. <임진왜란 이후의 출사기>에서는 임진왜란을 염두에 두고 우리의 정통성을 고취시켜서 자부심을 갖도록 하기 위한 일환으로 우리의 역사에 대하여 쓴 『동사찬요』, 그리고 임진왜란을 잊지 말고 앞으로 이러한 국난을 미연에 방지하기 위한 마음가짐을 다지기 위해서 저술한 『주자문록』의 상관관계를 구명해 보고자 하였다.

이 가운데서도 오운의 필생의 역작인 『동사찬요』에 주목하여 그 판본과 주요 내용을 고찰하였다. 오운의 저술에 나타난 상고사 인식과 역사지리 인식의 특징이 무엇인지 살펴보고 그의 역사관이 어떠하였는지 고찰하였다.

그의 사관 중 특히 고대사 인식체계는 일단 『삼국유사』를 따르면서도 세부적인 내용에서는 다르게 서술하는 독자성을 지닌다는 점, 역사지리의 중요성을 인식하고 있었다는 점, 신라의 정통성을 강조한다는 점, 중국 한족에 대한 사대주의를 내세우면서도 한편으로 우리의 변별성을 확보하려고 한다는 점, 한반도 강역론을 벗어나서 대륙까지 고대 우리 민족의 강역이 미치고 있었음을 강조한다는 점, 『삼국사기』와 유사한 권선징악적이고 정통론적인 입장에서 주자의 유교적인 도덕률을 강조한다는 점 등으로 요약될 수 있다고 봤다.

『동사찬요』가 쓰인 또 다른 이유로서, <전쟁 발발의 원인>, <국난 재발을 방지하기 위한 방법> 등을 살펴봤고, 여기서 『용사난리록』, 『동사찬요』, 『주자문록』의 세 저술이 상호 밀접한 상관성을 갖는 것임을 밝히고자 하였다. 아울러 오운의 역사관이 갖는 <한계와 특징>을 지적하는 것으로 본고를 마무리하였다.

이번에 지면관계상 미처 언급하지 못했지만, 앞으로 기회가 되는 대로 오운의 예설에 대해서 연구할 필요가 있을 것이다. 남명학파와 퇴계학파, 나아가 기호학파의 예설과 비교하여 살펴본다면 그의 예설이 갖는 특징을 알 수 있을 것이다. 앞으로의 과제로 남겨 두고자 한다.

제6장 남명과 죽유 오운의 학문성향과 시대인식
—남명의 「한훤당화병발」 및 남명과 죽유의 「책문제」를 중심으로—

김 경 수

1. 들머리

남명(1501~1572)과 죽유 오운(1540~1617) 사이에는 39년의 나이차가 있다. 죽유의 「연보」 '19세'(戊午, 嘉靖 37, 명종 13)조에 "이해에 남명선생을 배알하였다. 이때 조선생께서는 산해정에 있었는데 선생이 왕래하면서 강학하였다"[1]라고 하고 있다. 당시 남명은 58세였는데, 48세 이후 주로 삼가의 뇌룡정에 거주하고 있었던 사실에 비추어 보면 남명이 종종 김해의 산해정에 들러서 일정 기간 동안 머물곤 했음을 알 수 있게 한다. 특히 그해는 남명이 대규모의 인원과 함께 제법 장기간에 걸쳐 지리산 쌍계사 방면으로 유람을 하고서 그 내용을 「유두류록」으로 남긴 때이기도 하다. 죽유가 남명을 배알한 것이 남명의 지리산 유람 전인지 후인지는 알 수 없지만, 남명이 지리산 유람을 출발한 지점이 뇌룡사였다는 사실은 그 기록에서 확인할 수 있으므로 여행 직전은

---

1) 『竹牖集』, 「年譜」, "三十七秊, 我明宗十三秊, 戊午, 先生十九. 是歲拜南冥曺先生. 時曺先生在山海亭, 先生往來講學焉."

아니었을 것이라는 추측이 가능하다.

죽유의 조부 오언의吳彦毅(1494~1566)는 남명보다 불과 7살 많은 나이였으므로 지리적으로 가까이 거주한 남명과 잘 알고 있는 관계였다고 볼 수 있다. 죽유가 인척의 관계인 퇴계를 먼저 배알하지 않고 지역적으로 가까운 남명을 스승으로 먼저 섬긴 이유를 짐작할 수 있는 부분이다. 19세에 남명을 스승으로 모신 죽유는 25세에 비로소 퇴계에게 급문하게 된다. 그런데, 그는 남명에게 급문하기 1년 전인 18세에 의령의 김해허씨 집안에 장가를 들게 된다. 기존의 연구들에서 논의한 바를 보면, 그는 함안의 모곡에서 태어나서 결혼 후에는 의령의 처가로 옮겨서 살았던 것으로 판단되며, 50대 중반 무렵 병으로 상주목사를 사퇴하고부터는 영주(榮川)에서 거주한 것으로 보인다. 영주로 옮긴 이유는 그곳에 있던 허씨 집안의 토지를 물려받았기 때문인 것으로 나타나므로, 그가 결혼 이후 처가와의 인연이 각별했음도 알 수 있다. 그가 남명에게 급문한 것은 결혼 후의 일이므로 스스로의 판단에 의한 것으로도 볼 수 있다. 남명이 55세에 「을묘사직소」를 통하여 그 명성을 조야朝野에 떨치고 있을 때였다. 남명을 스승으로 모신 후 그는 22세에 생원시 초시에, 다음해에는 복시에 합격하고, 퇴계를 배알 한 2년 후인 27세에는 문과별시에 급제하였다.

『죽유집』에는 진성이씨 가문의 인물인 이급과 이수정 두 사람의 서문이 수록되어 있다. 이급의 서문에서는 "그 학문에 뜻을 둔 것은 뇌룡정 앞에서 출발하여 암서문 뜰에서 마쳤으니, 남북으로 유학하여 격발하고 경모한 것이 그 어찌 말미암은 바가 없겠는가!"[2]라고 하여, 죽유의 학문이

---

2) 『竹牖集』, 「序文」(李級), "其志學也, 發軔於雷龍堂前, 卒業於巖栖門庭, 南遊北學, 激勵景仰, 夫豈無所由哉."

남명과 퇴계에게서 함께 연원하고 있음을 밝히고 있다. 그러나 이수정의 서문에서는 자신의 선조인 퇴계의 학문적 정통성과 수많은 제자들을 양성한 점만을 첫머리에서부터 크게 부각하고 남명에 대해서는 그 연원을 한마디도 언급하지 않고 있음을 볼 수 있다.

죽유는 문집을 비롯하여 임진왜란의 역사를 기록한『용사난리록』, 우리나라의 역사서인『동사찬요』, 그리고『주자서절요』를 보충하기 위하여 주희의 글들을 추려서 묶은『주자문록』등 비교적 많은 저술을 남겼다. 그리고 한강 정구와 더불어『함주지』를 편찬하기도 하였고, 퇴계를 비롯한 선현들의 문집을 간행하고 교정하는 일에도 적극 참여하였다. 그러나 그 자신의 사상이나 철학을 전개하는 성리학적 저술은 남기지 않았다. 이 점은 남명의 성리학에 대한 관점과 일치함을 알 수 있고, 그가 편찬한『주자문록』도 남명이 독서의 차기箚記로 남긴『학기유편』과 일맥상통한다고 할 수 있다. 그가 죽자 광해군이 제문을 내렸는데, 그 중에 "도는 퇴계를 흠모했고, 학문은 남명을 종주로 삼았다" (道慕退陶, 學宗山海)라는 구절이 있으니 "정자와 주자 이후로는 (성리학에 관한) 저술은 필요 없다"(程朱以後, 不必著書)라는 입장을 견지한 남명의 학문 관을 표준으로 삼았음을 알 수 있다. 죽유는 72세에『주자문록』을 완성하였고, 1617년에 78세로 세상을 떠났다. 남명은 72세에 세상을 떠났고 『학기유편』은 1617년에 그 초간본이 간행되었다.

『죽유집』은 간행되기까지 두 차례 정도의 편집 과정을 겪었고, 그러한 과정에서 집안사람들 사이의 갈등도 있었던 것으로 보고되고 있다. 간행되기 전까지의 과정에서 문집의 내용에 첨삭이 있었다는 사실을 확인할 수 있는 이야기이다. 그러나 현재까지 연구된 바로는 그 변천과정을 알 수 있는 원천자료가 발견되지 않았다. 그런데 지난 8월

24일 고령박물관에서 있은 학술회의에 「『죽유집』의 편찬과정과 주요내용」이란 주제발표에 대해 필자는 토론자로 참여했었다. 필자가 토론에서 그 과정을 알 수 있는 자료가 있는지의 여부를 발표자가 죽유의 후손에게 문의해 보았느냐는 질문을 하였으나, 발표자는 그럴 기회가 없었다고 하였다. 행사를 마치고 저녁식사 자리에서 다시금 필자가 죽유의 종손 오용원 씨에게 그런 원천자료가 문중에 있느냐고 질문을 하였는데, 오용원 씨는 이에 대해 놀라운 대답을 하였다. 근래에 자신이 특별한 제보를 듣고서 어떤 사람을 접촉해 본 결과 『죽유집』 간행을 위한 필사본 및 그 외에 죽유가 쓴 원고의 필사본이 현존하고 있음을 확인하였고, 적절한 대가를 지불하고서 최근에 자신이 그 자료들을 입수하였다는 이야기를 들을 수 있었던 것이다. 하루 빨리 그 원천자료를 전문가가 분석하여 『죽유집』 및 다른 필사본 원고에 대해서도 심도 있는 연구를 진행할 필요성이 절실하다는 점을 아울러 언급해 두는 바이다.

이러한 기본적인 관점 위에서 본고에서는 남명과 죽유의 관계에 대한 새로운 고찰을 진행하고자 한다. 남명과 죽유의 관계를 직접적으로 언급하고 있는 자료는 현재까지 거의 없다. 주고받은 편지도 남은 것이 없고, 다른 인물들의 기록에서도 아직까지는 마땅히 두 인물의 관계를 보충해 줄 수 있는 자료는 발견되지 않고 있다. 그런데 남명이 남긴 글 중에 「한훤당화병발寒暄堂畫屏跋」이 있어 김굉필과 남명 그리고 죽유와의 관계에 대한 흥미로운 실마리를 제공해 주고 있기에 그 내용을 상세히 살펴보고자 한다. 그리고 두 사람의 문집에서 공통적으로 나타나는 제목의 글이 있으니 바로 「책문제策問題」이다. 남명은 한 편을 남겼고, 죽유는 세 편을 남겼다. 그러나 이 자료는 두 사람의 공통점을 몇 가지 측면에서 살필 수 있는 중요한 자료로 판단된다. 이제 이 자료들을 중심으로 두 인물의 관계를 살펴보고자 한다.

2. 「한훤당화병발」에 나타난 남명과 죽유의 학문성향

남명은 자신보다 선배인 도학자 중에서 한훤당 김굉필(1454~1504)을 가장 존경하였던 듯하다. 남명은 「서경현록후書景賢錄後」를 지어 『경현록景賢錄』에서 언급하지 못한 한훤당의 인품과 선견지명을 보충하고 있다.

한훤당은 무오사화戊午史禍에 연루되어 함경도 희천으로 유배되었다가 2년 뒤에 다시 순천으로 유배지를 옮기고, 1504년 갑자사화가 일어나자 처형되었다. 그는 젊어서 매우 호방하고 행동에 거리낌이 없어 사람들이 기피하는 인물이었으나, 김종직의 문하에 들어가 『소학』을 배우고서는 스스로를 '소학동자'라고 칭할 만큼 『소학』을 돈독히 믿고 실행하였다. 갑인년(1494)에 이르러 경상도관찰사 이극균이 리학理學에 밝고 지조가 굳다는 명분으로 유일지사遺逸之士로 추천하여 벼슬길에 나아갔다가, 군자감주부·사헌부감찰·형조좌랑 등을 거쳐 불과 5년 뒤에 무오사화를 만났다. 그의 일생에 있어 천간天干에 '갑甲'이 들어가는 해는 운명의 해였다고 할 수 있겠다. 갑술년에 태어나 갑인년에 벼슬에 나아갔다가 갑자년에 죽었다.

김굉필은 처가가 있던 영남의 합천과 처외가가 있던 성주 등을 왕래하면서 사림파의 선비들과 교유를 넓힌 것으로 알려지고 있다. 합천의 삼가가 고향인 남명은 사화에 연루되어 죽임을 당한 선배들을 많이 안타까워한 인물이기도 한데, 김굉필에 대해서도 여러 이야기를 듣고

자랐을 가능성이 높다고 하겠다. 더구나 남명은 당시의 성리설을 논하는 풍조를 지극히 경계하여 "(청소를 할 때에는) 손으로는 물부터 뿌리고 빗자루로 쓸어야 한다는 순서도 모르면서 입으로 하늘의 이치를 이야기 한다"(手不知灑掃之節而口談天理)라는 비판적인 말을 남긴 것으로 유명하다. 남명에게 『소학』은 학문의 기본이었고, 한훤당은 그 『소학』에 가장 충실한 사람으로서 남명의 학문적 표상이 되었을 것이다.

후에 순천부사로 부임한 구암 이정李楨이 순천에서 처형당한 한훤당을 추모하여 그와 조위曺偉의 사적을 함께 묶은 『경현록』을 편찬하였다. 이정은 사천 출신으로 장원급제하여 벼슬에 나간 인물로, 남명을 스승과 같은 예로 대하였고 남명은 그를 망년지교로 여겨 만년을 덕산에서 함께 보내기로 약속한 사이였으며,[3] 퇴계와는 스승과 제자의 관계를 맺었다. 그리하여 책을 편찬하면서 퇴계로부터 「경현록편정별록景賢錄偏正別錄」이라는 글을 받아 수록하였고, 이 책이 간행되자 남명도 「서경현록후」라는 글을 지어 자신이 알고 있는 한훤당에 관한 내용을 보충하였던 것이다.[4] 그 뒤에 한훤당의 외증손이자 남명과 퇴계의 제자인 한강 정구가 그 책에서 조위와 관련된 내용을 빼고 한훤당의 사적과 기타 내용들을 보충하여 『경현록』을 다시 간행하였다. 따라서 이 『경현록』에는 한훤당, 남명, 퇴계, 구암, 한강 등의 인물이 두루 연관되어 있는 것이다. 그리고 한훤당은 다시 남명과 죽유와의 관계에서도 등장하게 된다.

---

3) 그러나 11살의 나이차가 있던 남명과 구암은 결국 이른바 '진주음부옥 사건'으로 절교하게 되고, 덕산의 남명 거처였던 뇌룡사 옆에 집까지 지어 두었던 구암은 단 하루도 그 집에서 살아보지 못하고 세상을 떠나게 된다.
4) 김훈식, 「순천간본 『경현록』의 편찬과 내용」(『지역과 역사』, 2013) 및 황의열, 「경현록」 해제」(『남명학연구』, 1999) 등에 자세히 언급되어 있다.

죽유의 「연보」에 보면, 30세조에 "한훤당 김선생의 화병첩을 다시 꾸며서 초계현감 김립에게 주었다"(改糚寒暄堂金先生畵屛帖, 與金草溪立)라고 하고서 이에 대한 부연 설명을 다음과 같이 하고 있다.

이에 앞서 선생이 처가에 가서 화병을 보았는데 그것이 김선생의 유적임을 아껴서 색이 있는 비단으로 꾸며서 보물로 여겨 간직하였다. 김선생의 손자 초계현감 김립 공이 듣고 와서 구하므로 이를 그에게 내어주었다. ○ 남명선생이 지은 화병의 발문에서 간략히 말하기를 "지난 경오년에 주상께서 우연히 소대召對에서 김굉필의 유적을 볼 수 있는지를 물으시니, 승선 이충작이 등대하여 '신이 한 민가에서 김굉필의 집안에서 가지고 있던 화병첩이 있는 것을 보았습니다'라고 하였다. 선생의 손자 초계현감 립이 충작에게 탐문하니, 충작이 말하기를 '일찍이 현감 오언의의 집에서 보았습니다'라고 하였다. 언의의 손자 학유 운이 처음 그의 처가인 허원보 집안에서 얻었다가 새 비단으로 다시 꾸며서 김초계에게 주었으니, 모든 일이 사람의 힘이 미칠 바가 아니다"라고 하였다.[5]

이 내용을 정리해 보면, 원래 한훤당의 집에 하나의 특별한 화병첩이 있었는데 어떤 과정을 거쳐 나중에 그것을 허원보의 집에서 소장하게 되었고, 다시 허사렴(허원보의 孫)의 사위인 죽유 오운이 가져다가 보물처럼 보관하고 있었다. 그러던 중 1570년에 선조가 한훤당의 유적이 있느냐고 물었을 때 이충작이 어느 민가에서 그 화병첩을 보았다는 대답을 하였고, 그 이야기를 전해들은 한훤당의 손자 김립이 이충작에게 그 소장자를 물으니 오언의의 집에서 보았다고 하였다. 이에 김립이 오언의

---

5) "先是先生適往聘家, 見畵屛, 愛其爲金先生之遺蹟, 糚以色絹 以爲寶藏. 金先生之孫草溪倅金公立聞而来求, 故出而與之. ○南冥先生所撰畵屛跋, 略曰去歲庚午, 主上偶於召對, 問金宏弼遺跡可得見乎, 承宣李忠綽登對, 臣見一民家有金宏弼家藏畵屛帖云. 先生之孫草溪守立, 爲探於忠綽, 忠綽曰曾見於縣監吳彦毅家. 彦毅之孫學諭澐, 初得於其聘家許元輔之門, 改糚新絹, 以與金草溪, 皆非人力所及."

의 집으로 가서 그 사실을 물었던 것이며, 결국 당시 오운이 처갓집으로부터 얻어 보관하고 있던 화병첩을 새로 단장하여 원래 주인인 김굉필의 손자 김립에게 돌려주게 되었다는 이야기이다. 남명이 쓴 글은 그 과정에 대해서 서술하고 있는 것이다.

현재 『남명집』에는 「한훤당화병발」이 남아 있다. 위의 내용과 더불어 그 정황을 상세하게 보충할 수 있는 이야기가 있으므로, 이 글을 자세히 분석해 보도록 한다. 남명이 이 글을 쓰게 된 이유는, 글의 끝에 "김초계는 나이가 여든에 가까운데, 이 일 때문에 두류산으로 나를 찾아와 그 전말을 기록해 주기를 청하였다. 사양해도 되지 않아 이렇게 기록한다. 융경 5년 신미 임신(7)월 11일"6)이라고 하였다. 선조가 소대에서 질문을 하고 1년이 지난 1571년 여름에 화병을 돌려받은 김립이 그 경위를 글로서 남기고자 산천재로 남명을 찾아 부탁하였음을 알 수 있다. 김립은 왜 남명을 찾아 부탁을 하였을까? 아마도 남명이 한훤당을 매우 존경하고 있음을 알고 있었으며, 또한 오언의 및 오운과도 각별한 사이임을 알고 있었다고 볼 수 있겠다. 글을 청할 때는 가장 적임자를 고르는 것이 상례이기 때문이다.

이 글에서는 이 화병 그림을 그린 사람과 내용에 대해서도 자세히 언급되어 있다.

이 그림은 안견安堅이 그린 것인데, 안견은 정신을 그림에 담아내는 능력이 있어 동국의 오도자吳道子로 알려졌다.7)

6) 경상대학교 남명학연구소 편역, 『교감 국역 남명집』(이론과 실천, 1995; 이하 『남명집』으로 약칭), 195쪽.
7) 경상대학교 남명학연구소 편역, 『남명집』, 193쪽.

열 폭 짧은 병풍에 검푸른 전나무와 늙은 소나무, 푸른 나무와 파릇한 버들, 오래된 나무와 무성한 대숲, 거문고와 학, 소와 양, 낚싯줄을 드리우고 달을 완상하는 모습, 구름 긴 산의 초가, 백 리 긴 강, 천 척의 매달아 둔 듯한 폭포 등이 보이는데, 그때는 어느 시대이며 드러누워 쉬는 사람은 누구인가? 선생께서 마주보고 누워 있을 때나 눈길을 주고 감흥을 일으키실 적에 어떤 생각을 하셨을까 상상해 본다.8)

그림을 그린 사람은 조선의 뛰어난 화가였던 안견이고, 그림은 산수화 열 폭이었음을 잘 묘사하고 있다. 나아가 한훤당이 그 그림을 완상하면서 무슨 생각을 하고 있었을지를 상상하는 남명의 모습까지도 생생하게 떠오른다.

이 화병이 어떤 과정을 거쳐서 그 당시까지 이어지게 되었는지에 대한 내용도 확인된다.

이제 보니, 한훤선생께서 집안에 갈무리해 두셨던 옛 그림이 이리저리 굴러다녀서 주인의 소유가 되지 못한 지 거의 백 년이었다가, 이번에 다시 주인에게 갈무리되었다. 이 두어 장의 유묵은 사람이 맡아서 지킨 것도 귀신이 돌보아 준 것도 아닌데, 쥐가 파손하지도 못했고 좀벌레가 파먹지도 못했으며 바람이 훼손하지도 못했고 비가 썩게 하지도 못했다. 채색이 아련한 빛을 머금고 있어 완전한 것이, 마치 어제 표구한 듯하다.…… 선생께서 불행을 당하심에 미쳐서 나라에서 그 집을 적몰하니 집안의 재산이 쓸린 듯 다 없어져 헤어진 빗자루 하나 남지 않았으나, 다만 이 한 물건만이 도화서에 갈무리되었다. 이렇게 되고 보니, 갈무리하지 않음으로써 갈무리 한 셈이 되었고, 나의 소유는 아니게 되었다. 또 어느 해인지는 알지 못하지만 민가로 훌쩍 나간 뒤 아무도 간 곳을 알지 못했다. 이는 다시 갈무리하지 않은 곳으로 돌아간 셈이었다.9)

---

8) 경상대학교 남명학연구소 편역, 『남명집』, 192~193쪽.
9) 경상대학교 남명학연구소 편역, 『남명집』, 192~194쪽.

갑자사화(1504)로 한훤당이 사사賜死당하면서 나라에서 그 집안의 재산을 몰수함에 집안이 풍비박산 나고 오직 이 그림만 도화서에 보관하게 되었다가, 언제인지도 어떤 연유인지도 알 수 없지만 또 이 그림이 민가로 흘러나가 누가 소장하게 되었는지 알 수 없게 되었던 사실을 기록하였다. 처음 적몰당한 이후로 약 70년 가까운 세월이 흐른 뒤에 주인의 손자가 다시 소유하게 되는 기간 동안 그 보존 상태가 너무도 좋았던 사실도 알 수 있다.

앞의 「죽유연보」에서 인용하고 있는 남명의 「한훤당화병발」의 내용과 더불어 고증해 보면, 이 그림은 도화서에 보관되었다가 어느 때인지 민가로 흘러나왔는데, 죽유의 처가인 허원보[10]의 집에서 보관하게 되었던 것이다. 처음 도화서로부터 허원보의 집으로 바로 간 것인지 다른 소장자를 거쳐서 간 것인지는 알 수 없다. 그러나 허원보가 한훤당 및 탁영 김일손 등과 상당한 교분이 있었던 점을 고려한다면 허원보가 이 그림에 대해 애틋한 마음을 가지고 소장했을 가능성을 충분히 짐작할 수 있다.

그런데 허원보는 죽유에게는 처증조부가 되며, 퇴계에게는 처조부가 되는 인물이다. 허원보의 가문을 매개로 퇴계와 죽유는 인척관계가 되니, 퇴계는 죽유에게 처고모부가 되는 것이다. 그런데 퇴계는 이 화병에 대해서 전혀 언급이 없을뿐더러 김립이 남명에게 그 발문을 청한 것으로 보아도 퇴계는 이 화병을 보지 못했을 가능성이 많다. 또한 죽유가 처가에서 이 화병을 보고 자신의 집으로 가져갔으니, 그 이전에 퇴계가 이 화병을 보았는지 보지 못했는지 확실하지 않은 것이 되어, 이 화병이

---

10) 허원보는 생졸년이 미상이다. 다만, 1495년의 증광시에서 생원시에 합격했던 사실을 확인할 수 있다.

허원보의 집에 소장된 것이 퇴계의 첫 부인이 세상을 떠난 1527년 이후일 확률도 높다. 나아가 죽유가 혼인을 한 것은 18세 때인 1557년이며, 남명을 배알한 것은 19세 때인 1558년이고 퇴계를 배알한 것은 1564년이며, 이 화병을 김립에게 넘겨준 것은 빠르면 1570년이고 늦으면 1571년이다. 이충작이 선조에게 이 화병을 현감 오언의의 집에서 보았다고 했으니 아무리 빨라도 1557년 이후가 된다. 이 화병이 허원보의 집으로부터 오언의의 집으로 옮겨진 것은 1557년 이후 약 10년 내외 정도의 기간이라고 보아야 한다.

남명은 발문의 마무리 부분에서 향후 이 화병의 보관에 대해서 "청컨대 주인은 집에 갈무리하지 말고 선생을 모신 서원에 갈무리한다면 잘 갈무리하는 것이 되리라. 단단한 쇠로 봉하여 대대로 지키더라도 골짜기 속에 배를 숨겨 두는 꼴이 꼭 안 된다고 할 수 없으리라"[11]라고 하여, 『장자』「대종사」편의 고사를 인용하였다. "산골짝에 배를 숨겨 두고 연못에 산을 숨긴다면 견고하게 숨겼다고 말하겠지만, 한밤중에 힘이 있는 자가 짊어지고 달아나는데도 어리석은 자는 알지 못한다"[12]라는 이야기이다. 이와 같이 남명은 도가적 색채를 보이는 표현으로 이 화병의 갈무리를 당부하고 있다. 발문의 첫머리에서도 남명은 "잘 갈무리하는 사람은 하늘에 갈무리한다. 그 하늘의 실상은 태허이다. 공허하지만 갈무리할 수 있기 때문에 그 갈무리는 굳이 갈무리하려고 하지 않아도 저절로 갈무리되는 것이다. 사물을 숨기는 바가 없으면 사람들이 아무도 그것을 다투지 않는다"라고 하여, 이 화병의 보존이 그런 상태였기에 온전히 보존될 수 있었다는 관점을 나타내었다. 이러한 견해는 바로

---

11) 경상대학교 남명학연구소 편역, 『남명집』, 194~195쪽.
12) 『莊子』, 「大宗師」, "夫藏舟於壑, 藏山於澤 謂之固矣, 然而夜半, 有力者負之而走, 昧者不知也."

『노자』에서 말하고 있는 "어진 이를 숭상하지 않으면 백성들로 하여금 다투지 않게 할 것이요, 얻기 어려운 재화를 귀하다고 여기지 않으면 백성들로 하여금 도둑질하지 않게 하고, 욕심낼 만한 것을 보이지 않으면 백성들의 마음이 어지럽지 않게 된다"[13]라는 구절을 연상시킨다. 남명은 귀한 사물에 대해서 이런 관점을 가져야 함을 강조하고 있는 것이다. 남명의 사상에서 나타나는 도가적 색채라고 하겠다.

남명이 남긴 「한훤당화병발」 한 편의 글로 인하여 우리는 남명과 죽유 그리고 한훤당 및 허원보 집안과의 관계뿐만 아니라, 화병 하나에 얽힌 여러 곡절을 자세히 알 수 있게 되었다. 사실 좀 더 유추하자면, 남명은 한훤당을 통하여 우리나라 도학의 계통이 『소학』을 중시하는 풍조로부터 말미암아야 한다는 입장을 견지하고 있는 셈이며, 그러한 전통에서 자신이 그 도학을 계승한 인물임을 암시하고 있다고도 볼 수 있다. 나아가 한훤당과 탁영 등과 밀접한 관계를 가지고 있었던 허원보의 집안을 인연으로 하여 퇴계와 죽유의 관계도 특별한 인연으로 얽혀 있음을 알 수 있고, 그들 또한 도학의 연원에서 계보를 잇고 있는 인물들임도 알 수 있게 되는 실마리가 되기도 하는 것이다. 조선 도학의 맥락을 읽을 수 있는 귀중한 자료를 남명의 「한훤당화병발」은 말하고 있는 셈이다.

우리는 남명이 남긴 「서경현록후」에서 이러한 관점을 확인할 수 있다. 이 글에서 남명은 한훤당과 관련된 일화 7가지 항목의 내용을 보충하고 있다. 1항에서는 한훤당이 정좌수식靜坐數息에 뛰어났음을 말하고 있다. 주지하듯이 정좌는 남명에게서도 매우 중요하게 여겨졌던 수양방법으로, 경敬을 행하는 네 가지 방법 즉 정제엄숙, 기심수렴, 상성성법, 주일무

---

13) 『老子』, 제3장, "不尙賢, 使民不爭, 不貴難得之貨, 使民不爲盜, 不見可欲, 使民心不亂."

적에서 근간이 되는 것이다. 2항에서는 한훤당이 명예를 중히 여기면서도 사람들과 어울리는 연회에서는 자신을 한없이 낮추어 다른 사람들과 구별하고자 아니하여 참으로 현인의 경지에 이른 인물이었음을 묘사하였다. 3항에서는 한훤당이 자신의 호를 사용簑翁으로 하였다가 다시 고치면서 이름으로 세상에 자신을 드러내는 것이 아니라는 관점을 드러낸 것은 천성에서 나온 조심스러움이었지만, 결국 다른 사람의 재앙에 연루된 것은 천명이라고 안타까워하고 있다. 남명이 한평생 벼슬에 나아가지 않고 처사로서의 삶을 견지하면서 일생을 온전히 보존한 것은 이와 같은 귀감이 있었기에 가능한 일이었다고 보아도 과언이 아닐 것이다.

4항에서는 한훤당이 안정 신영희와 절교한 사건의 내막을 언급하고서, 일찍이 세상에 화란이 있을 것임을 기미幾微로써 알고 있었을 것이라고 단언하고 있다. 또 6항에서는 추강 남효온이 한훤당과 절교한 사실을 이야기하고서, 스스로 생각해 보건대 추강이 한훤당과 절교한 일이나 한훤당이 안정과 절교한 일은 모두 당시의 험난한 세상에 대해서 철인만이 화란을 벗어날 수 있어 그 기미를 살핀 것이었다고 설명하고 있다. 그러나 그들이 화를 피하지 못한 것은 천명이었다는 관점이다. 남명은 여러 글들에서 기미의 중요성을 언급하고 있음을 볼 수 있는데, 남명에게 있어 기미를 살피는 일은 매우 중요한 문제였다.[14] 5항에서는 한훤당이 스승을 배반한 사실을 말하면서 반드시 어쩔 수 없는 경우였을 것이라고 하였으니, 이 또한 기미를 살피는 문제와 관련이 있다고 하겠다. 7항은 형제간인 이장길과 이장곤을 비교하면서 이장길의 탐욕과 무례를 비난

---

14) 김경수, 「남명의 인물평을 통해 본 출처관의 기저」, 『한국철학논집』 제25집(한국철학사연구, 2009).

하고 있다. 그 주註에 추강이 한훤당의 문인 중에 스승과 같은 이로는 이장길이 있다고 평한 말이 있지만 실상은 이장길이 중간에 스승을 배반하고 갑자사화의 주도세력들과 협력한 것이라고 하여, 그의 천성이 원래 잘못된 인간임을 말하고자 하였다.

　남명이 본 한훤당은 소학동자로서 도학의 계통을 이어받았고 그 학문은 정좌수양에 바탕하고 있으며, 명예를 중히 여기면서도 스스로를 낮추어 남과 구별되기를 바라지 않았으며 무엇보다도 기미를 살필 수 있는 혜안을 가진 인물이었다. 그러나 그가 결국 화를 피하지 못한 것은 인간으로서는 어쩔 수 없는 천명에 의한 것이었다. 남명은 그러한 한훤당을 매우 존숭하고 있었음을 알 수 있다. 을사사화 당시 많은 벗들이 죽음을 당하지만 남명은 30세에 낙향하여 김해와 합천, 산청 등지에서 후학을 양성하는 것으로 자신의 임무로 삼아 일생을 온전한 처사로 살아갔는데, 이것은 한훤당의 삶으로부터 교훈을 받은 것이 많았다고 보인다. 그리고 이러한 입장은 남명으로부터 다시 죽유에게로 전해져서 죽유의 처세술에 상당히 반영된 것으로 볼 수 있다. 죽유가 가지고 있었던 시대인식의 일단을 그가 남긴 「책문제」를 통하여 살필 수 있는데, 여기에서 그의 시대인식이 남명과 상통함을 알 수 있기 때문이다.

3. 「책문제」에 나타난 남명과 죽유의 시대인식

　조선시대 과거시험의 한 형태가 바로 책문策問이고, 이에 대한 답안이 대책對策이다. 시대적 사회적 문제점을 제시하고서 이에 대한 해결책을 구하는 것이다. 통상적으로 식년시에서 최종 선발된 33인의 순위를 결정하기 위해서 왕이 출제하는 형식의 문제이며, 국가의 중대한 사안에 대한 내용이 주를 이룬다.

『남명집』에는 한 편의 「책문제」가 수록되어 있고, 「죽유집」에는 정해년(1587) 풍기동당시의 문제(「豊基東堂題」)와 연도가 기록되지 않은 경기별시의 문제(「京畿別試題」) 그리고 임인년(1602) 이산서원에서의 문제(「伊山書院題」) 등 세 편의 「책문제」가 수록되어 있다. 『남명집』에 수록된 것은 그 내용으로 보아 별도로 과거시험에서 출제된 것으로는 판단하기 어렵고, 아마도 을묘왜변 이후 선조 즉위 후의 어느 시기에 직접 제자들에게 모의시험 문제로 출제한 것으로 여겨진다. 남명이 그 문제에서 "지금 고명한 덕을 지닌 임금이 보위에 있어"라고 표현한 것으로 보아, 「을묘사직소」에서 강하게 비판하면서 "다만 선왕의 한 외로운 계승자일 뿐"(只是先王之一孤嗣)이라고 지칭한 명종을 가리킨 것으로 판단하기에는 무리가 따르기 때문이다.

『죽유집』에 수록된 것은 「연보」 48세조의 기록에서 보이는 "가을에 제독관으로서 풍기의 동당시를 관장하였다"(秋以提督官, 掌豊基東堂試)와 같이 1588년 식년시의 예비시험으로 풍기에서 치른 과거의 책문으로 출제한 것과, 2년 뒤(1589)의 「연보」에 "가을에 경기별시의 시관으로서 여주의 시험장으로 갔다"(秋以京畿別試試官, 往驪州試所)와 같이 경기도에서 치른 별시에서 출제한 책문, 그리고 62세 이후에는 벼슬을 사양하고 주로 영주 초곡에 거주하였는데 63세 때에 이산서원에서 모의고사로 치른 시험에서 출제한 책문으로 보인다. 죽유는 60세 때에도 별시 두 곳의 채점관으로 임명된 경력이 있다.

남명의 「책문제」는 왜국의 횡포에 대한 대응방안을 묻고 있다.

지금 고명한 덕을 지닌 임금이 보위에 있어 나라를 잘 다스리고 있는데도 섬 오랑캐가 난리를 일으키고 있다. 품어 안아 기르는 은혜를 베풀어 주는데도 그들이 함부로 날뛰면서 일으키는 화란은 비할 바가 없을 정도이다. 아무런 까닭 없이 남의 나라 장수를 죽이고, 나쁜 마음을 품고서 우리 임금의 위엄을 모독하였다. 제포를 자신들에게 돌려달라고 요구하는 것은 안 되는 일인 줄을 알면서도 우리 조정의 의사를 낱낱이 시험하려는 것이고, 대장경을 삼십 부 인출해 가기를 요청하는 것은 반드시 얻고자 함이 아니라 우리나라를 한번 우롱해 보자는 것이다.…… 지금 왜인들이 우리 조정의 의도를 염탐하고자 온갖 재물을 뇌물로 뿌려대어 금과 은과 무소뿔과 구슬 같은 값진 재물이 가득 쌓이게 되었다. 이윽고 뇌물을 받은 역관과 관리들이 그 뇌물을 왕지王旨를 전달하는 승전빗 내시들에게 나누어 주니, 바야흐로 임금의 앞에서 조정이 취할 방책을 한참 논의하고 있는데 이미 그 방책이 새나가서 왜인들의 귀에 들어가는 형편이다.…… 그러나 임금이 벌컥 성을 내어서 위엄을 조금 더하려 하면 "괜스레 변경의 오랑캐를 자극해서 말썽을 일으킨다"라고 하고, 뇌물을 받은 역사譯史 한 놈을 목 베어서 나라의 기밀을 누설하는 일을 엄히 단속하려 하면 "겸손한 말로 온순하게 대하는 것이 낫다"라고 한다. 사정이 이와 같으니 과연 적을 제압할 말이 없는 것이고 또한 적의 침략을 막아낼 계책이 없다는 것인가? 나는 이에 대한 계책을 듣고자 한다.15)

당시 왜인의 횡포를 구체적으로 나열하였는데, 우리나라를 침범하여 장수를 죽이고 제포를 돌려 달라는 억지 요구를 하며 우리를 우롱하기 위하여 대장경의 인출을 요구하고 있다는 것이다. 그러면서 막대한 뇌물을 뿌려 통역관과 관리들을 매수하고, 그들이 다시 왕명의 출납을 맡은 승전빗 내시들에게 뇌물을 주어 조정의 기밀이 즉시로 왜인들의 귀에 들어가도록 되었다는 실정을 말하고 있다. 이에 대해 임금이 위엄을 세우려 하면 조정의 대신들이 오랑캐를 자극해서 말썽을 일으킨다느니

---

15) 경상대학교 남명학연구소 편역, 『남명집』, 270~272쪽.

겸손한 말로 온순하게 대하는 것이 낫다느니 하는 말로써 임금의 의지를 꺾고 있는 상황을 지적하면서, 이에 대한 대책을 묻고 있다.

일찍이 남명은 「을묘사직소」에서도 그해에 일어났던 '을묘왜변'의 폐해를 지적하고 있으며, 「정묘사직증승정원장」에서도 "이적이 업신여겨 쳐들어오고 있으니"라고 하여 왜에 대한 강한 대응책을 주문하고 있다. 또 「유두류록」에도 전라도에서 있었던, 우리의 어선을 왜구의 배로 오인한 일로 인하여 여행 계획이 급하게 변경되는 상황이 묘사되어 있다.[16] 왜적의 침략에 대한 적극적인 대비책 마련이 당시 남명에게 있어서는 중차대한 문제로 인식되었음을 알 수 있다.

「을묘사직소」에서 제시한 남명의 대책은 "세종께서 남쪽 오랑캐를 정벌하시고 성종께서 북벌하신 일을 보아도 어디에 오늘날과 같은 일이 있었습니까?"[17]라는 관점이었다. 즉 힘으로 제압해야 한다는 입장을 분명히 한 것이라고 볼 수 있다. 그러면서도 일이 이 지경에 이르게 된 원인은 일차적으로 내부 관리들의 부패에 있음을 천명하고 있다. 통역관과 같은 전문직을 수행하는 중인계급의 관리로부터 조정의 관리들까지 모두 왜인으로부터 막대한 뇌물을 받았으며, 그들이 중간 다리가 되어 그 뇌물의 일부를 승전빗 내시들에게 주어 조정에서 논의되고 있는 국가의 대왜對倭 기밀사항이 왜인들에게 거의 실시간으로 전달되고 있는 현실을 통탄하고 있기도 하다.

물론 당시의 남명이 조선 조정의 일반적 식견보다 훌륭하게 일본의 현실 정치 상황을 알고 있었다고 볼 수 있는 자료는 없다. 아니, 실제로 일본의 내부적 현실을 전혀 모르고 있었다고 보아야 할 것이다. 당시

---

16) 경상대학교 남명학연구소 편역, 『남명집』, 278쪽.
17) 경상대학교 남명학연구소 편역, 『남명집』, 245쪽.

일본은 조선이 건국하던 해(1392)에 남북조의 통일을 이루었고, 1543년에 포르투갈 선박이 표류하여 철포와 화약을 전수했으며, 1549년에는 천주교가 전파되기 시작하였다. 일본이 외부적으로 서양문물을 수용하고 내부적으로는 전국시대가 진행되고 있던 무렵이 바로 남명이 살았던 시기이다. 남명이 죽은 다음해인 1573년에 오다 노부나가가 무로마치 막부를 멸망시켰다가 1582년에 혼노지(本能寺)의 난으로 자결하고, 곧이어 도요토미 히데요시가 정권을 장악하게 된다. 그리고 히데요시는 종식된 전국시대의 여파를 진정시키기 위하여 조선을 침략할 야심을 드러내면서 여러 경로를 통하여 조선에 첩자를 파견하며 정세를 염탐하고 있었던 것이다.

그런데 남명의 「을묘사직소」를 보면, 이미 1555년 당시에 일본은 이미 조선의 정세를 파악하기 위하여 조정의 요로에 있는 관리들에게 뇌물을 뿌려 대왜정책에 관한 정보를 파악하고 있는 실정이었다. 이에 남명은 한편으로는 왜구들이 조선을 수시로 침탈하여 노략질하는 현실을 지적하면서, 한편으로는 왜에 대한 조정의 정책부재를 질타하고 있다. 이 와중에서 조선 조정의 대신들이 한결같이 왜에 대하여 유화책을 주장하고 있는 것도 그러한 부패의 결과로 보고 있는 것이다. 선조가 즉위하여 벼슬을 제수하자 올린 사직소(「정묘사직증승정원장」)에서도 왜에 대한 경계를 언급하였던 것은 선견지명이라고 할 수 있다. 아마도 이 무렵으로 추정하는 것이 타당하다고 여겨지는 「책문제」를 통한 왜에 대한 강한 경계의식은 남명의 제자들에게 모의시험으로 각성되었던 것이며, 결과적으로는 임진왜란이 일어났을 때 구국의 의병활동으로 승화되어 국난 극복의 초석이 되었다고 할 수 있다. 이 「책문제」를 통하여 우리는 남명이 당시에 가졌던 시대의식의 양 측면, 즉 조정의 부패와 왜에 대한 경계의식을 살펴볼 수 있다.

죽유는 1566년 27세의 나이로 별시문과에 급제한 이후 초기에는 대부분 성균관에서 학유, 학정, 박사, 전적, 직강 등을 역임한 것으로 나타난다. 이는 그가 학자형 관료였다는 것을 나타내는 것으로 볼 수 있다. 그 뒤 충주목사 겸 편수관編修官을 지내고 또 사성司成을 지내고 사재감정司宰監正을 지낸 것도 그 연장선상이라고 하겠다. 1589년 광주목사로 있다가 해직된 것은 무슨 사연인지 분명하지 않지만, 아마도 남명의 제자들이 많이 연루된 기축옥사와 연관이 있을 가능성도 전혀 배제할 수는 없다. 임진왜란이 일어나자 그의 인생은 전환점을 맞이하게 된다. 곽재우와 더불어 의병을 일으켜 공이 뛰어났으며, 상주목사와 합천군수를 지내면서 국난극복에 힘을 더하였다. 그 뒤 정유재란 때에도 의병을 일으켜 공을 세우고 통정대부로 승진하였다. 임진왜란 이후에는 벼슬에 오래 머물지 않고 영주로 물러나 지내는 시간이 많았다. 나중에 그는 선무원종공신 1등에 책록되고 병조참판에 증직되었으니, 임진왜란이 그의 일생에 미친 영향은 지대하다고 하겠다. 그의 관직생활은 임진왜란 전후로 확연히 구분되는 것이다.

이러한 사실은 그가 출제한 「책문제」에도 드러나고 있다고 보인다. 임진왜란 이전인 1587년과 1589년에 각각 풍기동당시와 경기별시에서 출제한 문제는 국가에 대한 근심을 주제로 하였고, 1602년 이산서원에서 출제한 문제는 군자의 출처에 대한 것이었다. 어찌 보면 참으로 시기적으로 묘한 문제라고 할 수 있다. 군자의 즐거움과 근심 그리고 변방의 국방과 민생 문제는 당대 학자와 관료들의 공통 관심사이자 남명의 주요 관심 문제이기도 하였기에 실제 과거의 문제로 출제하게 된 것으로 판단할 수 있다.

「풍기동당제」의 주된 내용은 다음과 같다.

묻는다. 옛사람이 즐거움과 근심에 대하여 논한 것이 오래되었다. 세상을 피하여 걱정이 없고 알아주지 않음에도 성내지 아니하면 또한 즐겁지 아니한가 하면서도 말하기를 "평생토록 근심을 가지고 있어 천하로써 근심한다"는 것은 무엇인가? 팔베고 물마시며 한 도시락밥에 누추한 곳에 사는 것은 사람들이 감당하기 어려운 것인데도 공자와 안자가 즐긴 바는 왜인가? 봄옷이 이루어지매 기수沂水에서 목욕하고 노래 읊으며 돌아오고, 옷이 헤지고 신발이 닳고 노래가 금석을 감동시키고서도 또한 근심하는 바가 있었던 것인가?…… 아! 세상의 도리가 근심스러우나 밖의 걱정이 근심이 아니라, 제생諸生들은 한가히 전원에서 도를 품고 뜻을 구하여 성현이 즐긴 바에 종사하는 것이 기본이니, 원컨대 즐거움 속에 있는 근심을 듣고자 한다. 헛되이 나의 근심을 알지 못한다고 하지 말라!18)

원문의 내용에서는 공자와 안연 그리고 증석曾晳과 증자曾子 등의 고사를 들어 즐거움과 근심에 대하여 언급하고, 나아가 이윤伊尹이 유신有莘에서 밭 갈고 제갈량이 초야에 은거하고 있던 고사 및 벼슬을 버리고 전원으로 돌아간 도연명陶淵明 등도 언급하고 있다. 선비가 비록 일상에서 학문에 뜻을 두어 성현을 공부하지만, 그런 중에도 국가와 백성을 근심하는 것이 중요한 책임임을 일깨우고자 하는 물음인 것이다.

「경기별시제」에서는 다음을 주제로 삼고 있다.

묻는다. 나라를 다스림은 병을 다스리는 것과 같아 반드시 맥의 허실虛實을 살피고

---

18) 『竹牖集』, 권4, 策問題, 「豐基東堂題」, "問. 古人之於憂樂, 論之尙矣. 遯世无悶, 不知不慍, 不亦樂乎, 而其曰有終身之憂, 憂以天下者何耶? 曲肱飲水, 簞瓢陋巷, 人不堪而孔顏所樂何事? 春服旣成, 浴沂詠歸, 肘見踵決, 歌動金石, 而亦有所憂者歟?……噫! 世道可憂, 外懼非虞, 諸生囂然畎畝之中, 抱道求志, 從事聖賢樂地者素矣, 願聞樂中之憂. 無徒曰莫知我憂也."

증상에 따라 약을 쓴 다음에라야 거의 효과를 거두고 사람을 구제할 수 있다. 요순시대는 오래되었고 3대 이하로 한나라·당나라·송나라가 있으니, 그 흥쇠치란興衰治亂이 말미암은 까닭을 자세히 말할 수 있음이라! 생각건대 우리나라는 나라의 기강을 세운 지 2백 년으로 지금에 이르렀으나, 기강은 무너지고 헛되이 세월만 허송하고 있다. 선비는 책을 읽지 않고 노는 것으로 풍속을 이루고 있으며 백성들은 곤궁하여 굶주림과 추위에 노출되어 있고…… 강변의 부락들은 점차 방탕해져서 쫓아내고자 하면 스스로 그들의 땅에 옮겨 가니, 출병의 명분이 없고 그냥 두어 문책하지 않으면 마침내 변방의 우환을 만든다…… 어찌하면 기강을 세우고 선비의 습속을 바로 하여 백성은 곡식이 넉넉해지게 하고 관에는 낭비의 폐단이 없게 하며, 변방의 백성들로 하여금 생업을 즐기게 하고 오랑캐들이 위엄을 두려워하게 하여 서쪽을 돌아보아 그 근심이 없고 재화를 얻는 것이 그 도를 얻게 할 수 있겠는가?[19]

나라의 근본을 튼튼히 할 수 있는 방책을 묻고 있는데, 나라의 기강과 선비의 습속을 바로 하여 백성을 풍족하게 먹여 살리고 서쪽 변방 오랑캐의 근심을 없앨 수 있는 대책을 서술하라고 하고 있다. 죽유는 일찍이 1583년 44세의 나이에 함경도 경원부 아산보阿山堡의 번호藩胡 추장이 난을 일으켜 경원부성을 함락했을 당시 북도조전장北道助戰將으로 참가하여 공을 세운 바가 있었다. 이 난은 흔히 '니탕개泥湯介의 난'으로 알려져 있는데, 귀순한 니탕개가 반역을 꾀하여 일으킨 것이었다. 이 난의 평정에는 당시의 명장 신립과 이일 등이 주장主將을 맡았으며 그들을 도운 장수가 바로 이순신과 김시민이었고, 조전장으로 참가한

---

19) 『竹牖集』, 권4, 策問題, 「京畿別試題」, "問. 治國如治病, 必須審脈虛實, 對證下藥, 然後庶幾收效而濟人. 唐虞尚矣, 三代以下, 有若漢唐宋, 其所以興衰治亂之由, 可得詳言歟! 惟我國家, 立經振紀垂二百秊, 至于今日, 紀綱陵夷, 玩愒度日. 士不讀書, 遊衍成風, 生靈困悴而飢寒切身……江邊部落, 漸成滋蔓, 欲爲驅逐則自居其地, 兵出無名, 置而勿問則窺我虛實, 終貽邊患……何以則紀綱立士習正, 民有餘粟, 官不耗弊, 使邊氓樂業, 夷虜畏威 西顧之無其憂, 生財之得其道歟?"

인물이 죽유 오운과 박선朴宣이었던 것이다.

여진족은 조선의 귀화정책에 따라 많은 무리가 귀순하였다가 이때에 이르러 반란을 일으켰다. 이후로 2년 뒤인 1585년에도 회령으로 침입하였다가 섬멸되었고, 또 2년 뒤 8월에는 갑산으로 기병이 침입하였으며, 9월에는 녹둔도에 침입하였다가 이순신에게 격퇴 당하였다. 11월에는 이일이 두만강 이북의 여진족을 소탕하였다. 죽유가 위와 같은 문제를 출제한 것은 이로부터 2년 뒤인 1589년이었다.

1588년에는 조헌이 일본과의 외교단절을 주장한 일이 있었고, 일본으로부터는 사신 현소玄蘇가 와서 통신사를 파견해 줄 것을 요청하고 있었다. 1589년에는 역사상 가장 많은 사람이 죽임을 당한 옥사가 일어났으니 바로 기축옥사였다. 일본에서는 현소를 다시 파견하여 조선의 정세를 살피면서 통신사의 파견을 거듭 요청하므로 결국 통신사를 파견하기로 결정한 해였다. 실로 이 무렵은 남과 북으로부터 오랑캐의 침략과 침략모의가 한창 진행되고 있었던 시기였다.

이런 상황에서 죽유는 북방 오랑캐인 여진족의 침략과 기근으로 고통 받는 그쪽 백성들의 안위를 걱정하여 이와 같은 문제를 내었던 것이다. 남명은 「을묘사직소」에서 왜적의 침략을 걱정하였는데 그로부터 37년 뒤에 임진왜란이 일어났고, 죽유는 이해에 「책문제」를 통하여 북방오랑캐를 근심하였는데 그로부터 38년 후(1927)에 정묘호란이 일어났고 47년 뒤(1636)에는 병자호란이 일어나 우리역사에서 가장 치욕적인 항복례를 삼전도에서 행하는 일이 벌어졌다. 죽유는 당시 목전에 닥친 왜적의 침략보다는 자신이 직접 그 실상을 목격한 바 있고 나라의 큰 환란이 될 기미를 지닌 여진족의 난을 더 걱정하고 있었던 것이다. 기미를 보고서 나라의 위기를 예측했던 점에서 남명과 죽유는 또 하나의 공통점을 지니고 있었다고 할 수 있겠다.

「이산서원제」로 출제한 문제의 요지는 다음과 같다.

> 묻는다. 군자가 세상에 있어서 중요한 바는 출처出處일 뿐이다. 예로부터 현인과
> 철인의 나아감과 물러남에는 능히 후세 사람들의 의심이 없을 수 없지만 참으로
> 그 가장 두드러진 것으로 말하는 것이다.…… 선비가 이 세상을 살면서 누가 온축한
> 만큼의 값을 바라지 않겠으며 상을 살펴서 진퇴하지 않겠는가마는 마침내는 이름
> 아래 완전한 인간이 없으니, 어쩌면 나아가고 물러남을 때에 따라 편안히 하며
> 벼슬하고 그침의 오래하고 빨리함을 오직 의리와 순리에 맞추어 할 수 있겠는가?[20]

이 문제에서는 길지 않은 문장에 출처와 관련한 여러 역사적 인물들의
고사를 인용하고 있다. 백의산인白衣山人과 화산처사華山處士, 위징魏徵·
진덕수陳德秀 및 정호鄭顥·정이程頤 형제의 차이점 그리고 주희朱熹 등
중국 인물들의 사례를 들고, 우리나라에서는 포은 정몽주와 점필재
김종직의 출처에 대한 이견이 있음을 예로 들었다.

그런데 이산서원에서 출제한 모의시험에서 군자의 '출처'를 주제로
잡은 것에서는 특별한 의미를 찾을 수 있다. 남명이 일생 동안 가장
강조한 것이 바로 군자의 출처 문제였다. 이 문제를 정식 과거가 아닌
서원의 유생들에게 모의시험으로 출제한 것이니, 죽유의 남명정신 계승
의 한 단면을 볼 수 있는 것이다.

게다가 그 시기가 묘하게도 군자의 출처 문제와 관련하여 내암
정인홍이 퇴계의 출처를 비판하고 그의 스승인 남명의 출처를 옹호한
사건이 표면화된 1603년보다 1년 전의 일이라는 점이다. 1603년에 동강

---

20) 『竹牖集』, 권4, 策問題, 「伊山書院題」, "問. 君子之於世也, 所重者出處而已. 自古賢哲之
進退, 不能無後人之疑, 姑擧其表著者言……士生斯世, 孰不欲蘊櫝待價, 觀象進退, 而
畢竟名下無完人, 何以則用舍行藏, 隨遇而安, 仕止久速, 惟義與比耶?"

김우옹이 세상을 떠나자 한강 정구가 지은 만사에서 "퇴계의 정맥을 평생토록 사모했고, 남명의 고풍을 특별히 흠모했네"(退陶正脈終天慕, 山海高風特地欽)라는 구절을 접한 내암이 이에 대한 비판적 관점을 담은 「고풍정맥변」이라는 글을 지어 남명의 출처가 중용에 합당한 것이었다는 점을 강조함으로써 남명과 퇴계의 출처가 이슈로 등장하게 되었다.[21] 이 문제는 광해군이 즉위하고 3년째 되던 해(1612)에 내암이 회재와 퇴계의 문묘배향을 반대하여 올린 「회퇴변척소」로 당대 최대의 분쟁을 일으키게 되는 문제의 시발점이었다. 그런데 1602년에 죽유가 선비의 출처를 주제로 출제하였으니, 선견지명인가 아니면 우연의 일치인가! 물론 문제의 내용으로 보거나 시기적으로 보아 죽유가 퇴계와 남명의 출처를 염두에 두고 출제한 것으로는 보기 힘들다. 분명한 것은 죽유가 남명의 '군자출처대절君子出處大節'을 항상 마음에 간직하고 살았을 것이라는 점과 이러한 사건을 미리 예견이라도 한 듯이 이를 문제로 출제하였다는 점이다.

4. 마무리

남명과 죽유는 그들의 나이 58세와 19세 때에 산해정에서 처음 만났다. 당시 남명은 주로 삼가의 뇌룡정에서 강학하고 있었는데, 죽유는 남명이 산해정에 들른 여가에 찾은 것이었다. 죽유가 남명의 행동반경을 이미 알고 있었다는 말이기도 하다. 이후로 그들이 몇 번을 더 만났는지에 대한 기록은 없다. 그러나 뇌룡정과 죽유가 살던 집이 멀지 않았다는

---

21) 김경수, 「정인홍이 본 스승 남명 그리고 정구와의 갈등」(『공자학』 제34집, 2018)에서 이 문제에 대하여 상세히 다루고 있다.

사실을 생각하면 몇 차례의 만남이 더 있었을 가능성은 충분하다.

남명과 죽유는 향촌사족이라는 공통된 입지를 가지고 있었기에 일찍 부터 서로 집안의 내력에 대해서 잘 알고 있었을 것으로 생각된다. 그러나 오늘날 우리가 확인할 수 있는 것은, 한훤당 김굉필이 소장하고 있다가 유물로 남은 10폭 화병畵屛 하나가 두 사람의 관계와 학문 성향에 대한 내용을 추론해 볼 수 있는 소재로 남아 두 사람을 서로 연결시켜 주고 있다는 사실이다. 『소학』을 중시했던 한훤당은 남명이 가장 존경했 던 선배 도학자였으며, 하학 위주의 실천을 늘 강조했던 남명의 학풍은 죽유에게도 잘 계승된 것으로 확인된다. 남명이 인식한 조선 도학의 맥락은 강우유학의 실천적 학풍에서 찾을 수 있는데, 남명은 스스로 그 임무를 맡고 있다고 자임하였으며 죽유를 비롯한 남명의 문인들은 그 전통을 잘 계승했다고 할 수 있다.

남명과 죽유는 「책문제」라는 각각의 글을 남겨 그들이 가졌던 시대인 식의 단면을 알 수 있게 하고 있다. 남명은 왜적의 침략에 대한 경각심을 강하게 강조하면서 한편으로는 조정 관리들의 무능함과 부패함을 통렬 하게 비판하고 있다. 죽유는 선비의 우환의식과 북방 여진족의 침탈에 대한 대비책 그리고 선비의 출처에 대한 문제를 각각 출제하였다. 죽유에 게서는 남쪽 왜구를 걱정했던 것이 북쪽 오랑캐로 바뀌었다는 것 외에는 남명 평소의 우환의식과 다른 점이 없었다.

죽유의 학문 성향과 시대인식은 남명학을 잘 계승한 제자로서 손색이 없다. 문관으로 벼슬에 나아가 주로 성균관에서 오래 재직하여 학문적 소양이 깊었음을 알 수 있고, 니탕개의 난에 조전장으로 참여하여 공을 세우고 임진왜란 때에는 망우당 곽재우를 도와 많은 공을 이루었으며 정유재란 당시에도 의병장으로서 참여한 것 등은 의義를 추구하는 그의 강인한 기질을 짐작하게 한다.

그의 「책문제」를 다루면서, 문장 속에 담긴 여러 인물과 관련한 고사들과 『주역』에서 보이는 괘사들의 내용을 하나하나 열거하여 분석하는 일은 차후의 과제로 남겨 두고자 한다.

제7장 죽유 오운의 생애와 시세계의 몇몇 특징

강 구 율

1. 서론

죽유竹牖 오운吳澐(1540~1617)은 경남 함안咸安에서 출생하여 의령宜寧 가례촌嘉禮村의 몽재蒙齋 허사렴許士廉의 따님에게 장가를 드는 바람에 의령에서 거주하였고, 50대 중반에 상주목사尙州牧使를 병으로 사퇴하고 영주榮州의 초곡草谷으로 이주하였는데 이는 장인 허사렴의 영주 전장田莊을 물려받았기 때문이다. 따라서 죽유는 영주에 거주하다가 영주에서 별세하였고 묘소도 영주에 자리 잡고 있다. 다만 죽유의 종가는 현재 경상북도 고령군 쌍림면 송림리에 건립되어 있다.

죽유는 16세기를 대표한다고 할 수 있는 훌륭한 두 학자를 스승으로 모시는 행운을 얻었다. 바로 강우江右의 남명南冥 조식曺植(1501~1572)과 강좌江左의 퇴계退溪 이황李滉(1501~1570)이다. 입학한 순서는 남명을 시작으로 퇴계에 이르렀다. 광해군光海君이 죽유의 사제문賜祭文에서 "도는 퇴계를 흠모하였고 학문은 남명을 으뜸으로 삼았다"(道慕退陶, 學宗山海)라고 한 사실과 농은聾隱 이급李級(1721~1790)이 『죽유선생문집竹牖先生文集』 서문에서 죽유에 대해 "뇌룡당雷龍堂 앞에서 출발해 암서헌巖棲軒 문정門庭에서 졸업했다"(發軔於雷龍堂前, 卒業於巖栖門庭)라고 표현한 것을 통해서 볼 때, 그의 학문이 남명으로부터 시작하여 최종적으로 퇴계에게서 결실結實한 사실을 알 수 있겠다. 이는 죽유의 제자이자 사위인 동계東溪 조형도趙亨道 (1567~1637)가 "산해의 마루에 오르고 퇴계의 방에 들어갔다"(升山海堂, 入退溪室)라고 표현한 것을 보더라도 잘 알 수 있다. 그렇지만 퇴계 집안과는 겹으로 인척관계에 있기도 하여 남명보다 퇴계의 영향을 많이 받았다고도 할 수 있겠다.

또한 죽유는 45세 때에 진외증조부陳外曾祖父인 송재松齋 이우李堣(1469~1517)의 『송재시집松齋詩集』을 간행하였다. 송재松齋의 한시 원고를 조카인 퇴계退溪 이황李滉이 편집하여 친필親筆로 정사淨寫하여 두었는데, 죽유가 자신의 녹봉祿俸을 들어 친필 그대로 판각板刻하여 간행하였다. 그리고 같은 해에 함안군수咸安郡守로 재임하고 있던 한강寒岡 정구鄭逑(1543~1620)와 함께 『함주지咸州誌』를 편찬하였다. 이 『함주지』는 우리나라에 현존하는 가장 오래된 지방지地方誌라고 할 수 있다. 한편 영주에 있으면서 임진왜란을 몸소 겪으면서 체득한 전쟁 관련 귀중한 자료인 『용사난리록龍蛇亂離錄』을 지었으며, 광해군 6년인 1614년에는 8년 전인 1606년에 간행한 바 있는 『동사찬요東史纂要』를 개찬改撰하여 완성하였다. 『동사찬요』는 단군조선에서부터 고려 말까지를 기록한 우리나라의 역사서인데, 편년체編年體와 기전체紀傳體를 절충한 독특한 서술 방식을 취하고 있는 특징을 보이는 책이다. 이 외에도 자신의 시문을 모은 『죽유선생문집竹牖先生文集』을 남겼다.

이로써 본다면 죽유는 문학과 역사 부분에서 많은 저작을 남겼다고 할 수 있다. 따라서 죽유에 대한 연구는 활발하게 이루어졌어야 한다고 생각한다. 그렇지만 지금까지 죽유에 대한 연구는 그의 학문과 역할 및 성망聲望에 비해 매우 소략한 처지에 놓여 있다. 죽유 연구의 선편先鞭은 경상대학교 허권수 교수가 잡았는데, 그의 「죽유 오운에 대한 소고」[1]가 아마도 죽유에 대한 최초의 연구가 아닐까 한다. 2005년도에는 김순희 박사가 조금 다른 분야에서 「죽유 오운의 『포은집』 교정에 대하여」[2]라는 논문을 발표한다. 이후 허권수 교수는 또 「죽유 오운―강좌江左와 강우江右 문화의 융합자」[3]라는 논문을 발표하고, 같은 해에 설석규 박사도 「16세기 영남사림의 분화와 오운의 역할」[4]이라는 논문을 발표하며, 경북대학교의 정우락 교수도 「오운의 시세계에 나타난 흥興과 낭만주의적 성격」[5]이라는 논문을 발표한다. 2008년도에는 김순희 박사가 또 「죽유 오운의 학문과 저술세계」[6]라는 논문을 발표하고, 이어서 2009년도에 박동욱 박사도 「죽유 오운의 생애와 내면 의식」[7]이라는 논문을 발표한다. 2010년에도 김순희 박사는 「오운의 『죽유선생문집』에 관한 연구」[8]라는 논문을 발표한다. 이상이 현재까지 죽유에 대한 연구물의 대략적인 모습이라고 할 수 있다. 죽유의 위상과 성망에 비해 소략한 수준에 머물고 있다고 하겠다. 그런데 기존 연구를 살펴보면 문학에 대해 진행한 연구는 한두 편에 불과하다. 죽유 문학의 기초적인 정리가 제대로 되지 않고 본격적인 연구로 나아간 느낌도 든다.

본고는 죽유 문학의 기초를 놓는 상식적이고 초보적인 출발의 성격을

---

1) 『남명학연구』 제2집(경상대학교남명학연구소, 1992).
2) 『서지학연구』 제32권(한국서지학회창립20주년기념특집호, 2005).
3) 『퇴계학과 유교문화』 제40집(경북대학교퇴계연구소, 2007).
4) 『퇴계학과 유교문화』 제40집(경북대학교퇴계연구소, 2007).
5) 『퇴계학과 유교문화』 제40집(경북대학교퇴계연구소, 2007).
6) 『서지학연구』 제41권(한국서지학회, 2008).
7) 『온지논총』 제22권(온지학회, 2009).
8) 『서지학연구』 제47권(한국서지학회, 2008).

지닌 글이라고 할 수 있겠다. 따라서 본고는 죽유의 저작 가운데 『죽유선생문집竹牖先生文集』 권1, 2에 실려 있는 한시를 대상으로 그의 시세계詩世界의 몇몇 특징들을 개괄적으로 논의해 보고자 한다. 논의의 순서는 죽유의 생애를 검토해 보고 이어서 죽유 시의 개관을 통해 대략적인 작품의 연보年譜를 작성하였다. 그리고 죽유 시세계의 특징으로 연작시連作詩의 세계, 기행시紀行詩의 세계, 영주누정시榮州樓亭詩의 세계로 나누어 논의를 진행한다.

대상 텍스트는 현재 온라인상의 한국고전번역원 사이트에서 제공하는 『죽유선생문집竹牖先生文集』을 대상으로 하였다.

2. 생애

죽유의 휘諱는 운澐이고 본관은 고창高敞이며 자는 대원大源이고 호는 죽유竹牖9), 율계栗溪10), 백암노인白巖老人, 죽계竹溪, 백암산로白巖散老, 포덕산인飽德山人 등을 쓰고 있다. 중종 35년인 1540년에 경상도 함안 모곡리茅谷里에서 증 가선대부이조참판嘉善大夫吏曹叅判兼 겸兼 동지의금부사同知義禁府事인 부친 휘 수정守貞과 부호군副護軍 휘 관灌의 따님인 정부인貞夫人 모친 순흥안씨順興安氏 사이에서 출생하였다. 이보다 이른 시기에 증조부인 증 통훈대부통례원좌통례通訓大夫通禮院左通禮 석복碩福이 의령현감宜寧縣監을 지내고 나서 이웃 고을인 함안 모곡촌에 정착함으로써 거처가

---

9) 竹牖라는 호는 朱子의 「次范碩夫諸景福僧開窓韻」이란 작품의 "竹牖向陽開" 구절에서 취한 것인데, '어둠이 물러가고 밝음이 온다'는 의미이다.
10) 이 호는 北宋의 濂溪 周敦頤의 "鄕山在目中"이라는 시구에서 뜻을 취한 것으로, 先代가 살던 고향 栗溪를 그리워하는 의미를 담고 있다.

서울에서 경상도로 바뀌게 되었다. 그리고 증 통정대부승정원좌승지通政大夫承政院左承旨 겸 경연참찬관經筵參贊官인 조부 언의彦毅는 문과에 급제하여 전의현감全義縣監을 지냈는데, 퇴계의 숙부이자 자신의 진외증조부인 송재松齋 이우李堣의 따님에게 장가를 들어 사위가 된 함안의 이름난 선비였다.

여섯 살이 되던 해에 조부인 승지공承旨公에게 수학하였는데, 문재文才가 탁월하여 뭇 아이들보다 크게 뛰어났으므로 승지공이 특별히 사랑하여 힘껏 가르치고 원대한 경지에 이를 것으로 기대하였다. 12세 때에 모친인 정부인貞夫人 안씨安氏의 내간상內艱喪을 당했을 적에 성인成人처럼 조석으로 성묘하며 슬퍼하니 사람들이 모두 특이하다고 칭찬하였다. 16세 때에 이미 문사文辭가 완성되고 필획筆畫이 심히 오묘하여 일대一代의 명류名流들이 모두 추복推服하였다. 18세 때에 퇴계 이황의 맏처남인 생원 몽재蒙齋 허사렴許士廉의 딸에게 장가를 들었는데, 장인에게 아들이 없어서 죽유는 맏사위로서 많은 토지와 집을 상속받게 되었다. 이러한 연유로 하여 죽유는 의령의 가례嘉禮에 거주하면서 이후에 망우당忘憂堂 곽재우郭再祐(1552~1617)와 조우하게 된다. 19세 때 김해金海에 있는 산해정山海亭으로 남명 조식을 찾아뵙고 제자가 되었다. 이때 남명은 삼가三嘉의 토동兎洞에 거처하면서 젊었을 때 강학하던 곳인 산해정山海亭에도 가끔씩 머무르곤 하였는데, 이후로 죽유는 김해 또는 삼가로 남명을 찾아가 수학을 하였다.

21세이던 가을에 향시鄕試 생원시生員試에 합격하고 22세 때 봄에 생원시 복시覆試에 합격을 하였다. 25세 때는 예안禮安의 도산서당陶山書堂으로 퇴계를 찾아가 제자의 예를 갖추었다. 이때 퇴계와 죽유는 사제의 관계이면서 동시에 처고모부와 처질서라는 인척의 관계로 맺어져 있었다.

죽유 자신이 퇴계 맏처남인 몽재 허사렴의 사위이니까 처질서가 되고 죽유에게 퇴계는 처고모부가 된다. 구도求道의 뜻이 남다르고 이미 인척 관계에 있었기 때문에 퇴계는 다른 제자들과 다르게 죽유를 대우했을 것으로 짐작이 되는데, 연보에서는 심히 애중愛重하였다고 적고 있다. 27세 때 퇴계선생으로부터 시를 받았고 윤10월이 되어 별시문과別試文科에 병과丙科 제칠인第七人으로 급제하였는데 서애西厓 유성룡柳成龍(1542~1607), 개암開巖 김우굉金宇宏(1524~1590) 등의 명현들이 이때 함께 급제하였다. 29세 4월에 경상감사인 관원灌園 박계현朴啓賢(1524~1580)을 안강安康의 자옥산紫玉山으로 따라가 관원灌園이 지은 「자계십육영紫溪十六詠」에 차운시次韻詩를 짓게 된다. 이해에 '원앙鴛鴦'이라는 이름을 가진 매화를 화분에 옮겨 심어 퇴계에게 바친다.

31세 때에는 학록學錄에 승진하였다가 얼마 되지 아니하여 사직하고 돌아왔는데, 12월에 퇴계의 부음을 듣는다. 33세 2월에는 또한 남명의 부음을 들었고, 이해에 학정學正으로 승진하고 여름에는 호송관護送官에 차출되어 왜사倭使를 경상도 동래東萊에서 전송하였다. 35세 4월에 참판공參判公의 초상을 당하였고, 37세 6월에 상복을 벗고 곧 성균관成均館 박사博士를 제수 받아 조정에 나아갔다. 이어 38세이던 이듬해 봄에 다시 전적典籍으로 승진하여 경릉敬陵의 집사執事로 차출된다. 이해 여름에 호조좌랑戶曹佐郎 겸 춘추관기사관春秋館記事官으로 전직되었고, 겨울에 말미를 얻어 남쪽으로 내려오다가 상주尙州에 들러 상주목사인 백곡栢谷 정곤수鄭崑壽(1538~1602)를 만나 주연을 베풀고 환담하였다. 그리고 고령高靈에 이르러 쾌빈루快賓樓에 올라 송재松齋 이우李堣의 시에 차운시를 지었고, 겨울에는 외직인 명천현감明川縣監으로 나갔다. 39세 봄에 호조戶曹의 시사時事로 인해 벼슬을 그만두고 가을에 의령 가례리佳禮里의 별장別莊에 우거寓居하면서 스승 퇴계가 유상遊賞하던 곳의 천석泉石이 아름다움을 좋아하여 백암대白巖臺를 짓고 자연을 벗 삼아 유유자적한 생활을 하였다.

42세 때에는 정선군수旌善郡守를 제수 받았고, 같은 해 3월에 처음으로 금강산을 유람하고 「관동록關東錄」을 남겼으며, 가을에는 단종의 노릉魯陵에 나아가 대축大祝으로 참여하여 제사를 받들고 작시作詩를 하였다. 43세 여름에는 강원도 영월寧越에 있는 금강정錦江亭을 유람하였고, 44세 때는 내직으로 돌아와 풍저창수豊儲倉守가 되었다가 가을에는 충주목사忠州牧使 겸 춘추관편수관春秋館編修官을 제수 받아 충주忠州로 나갔다. 이때 음애陰厓 이자李耔(1480~1533)와 탄수灘叟 이연경李延慶(1484~1548)을 모신 팔봉서원八峯書院을 건립하였는데, 이 서원은 개암開巖 김우굉金宇宏의 창건創建으로 시작된 것을 이어받아 완성시킨 것이다. 45세 4월에 송재松齋의 시집詩集을 간행하였고, 겨울에 관직을 그만두고 다시 의령의 별장으로 내려왔다. 그런데 사직을 한 계기가, 충주목사로 있으면서 제선임자諸先任者들이 미결로 남겨 둔 송사訟事를 해결했으나 그것이 충청감사의 일가一家에 관계된 일이었기 때문에 감사에게 미움을 사게 된 탓이었다. 그로 인해 죽유가 파직罷職되기에 이르자 고을 사람들 가운데 애석하게 여기지 않는 이가 없었다고 한다. 이를 통해 우리는 목민관으로 나가서도 권력에 아첨하지 않고 공명정대하게 일을 처리하는 죽유의 강단剛斷을 엿볼 수 있다.

46세에도 계속 의령의 별장에 머물러 있었고, 47세에 의령을 떠나 고향인 함안으로 돌아왔다. 이해 겨울에 한강 정구가 함안군수로 부임해 오자 사직단社稷壇을 중수重修하는 일을 서로 의논하였고, 이듬해에는 한강과 함께 『함주지咸州志』를 편찬하는 일에 참여하였다. 한강이 쓴 『함주지』 서문에 보면 "오대원吳大源 운澐이 역시 읍중邑中의 선진先進으로서 군학郡學을 제독提督함에 공사公私가 서로 모여 여러 번 종용從容하게 그와 함께 지냈다…… 의견이 이미 부합하여 읍지 편찬을 함께 하였다"[11] 라고 하였고, 또 다른 기록에는 죽유가 당시에 함안제독관咸安提督官으로 있었다고도 한다. 그리고 가을에는 제독관으로서 풍기豊基의 동당시東堂 試를 관장하기도 하였다. 49세 여름에는 성균관사성成均館司成에 배명되 었고 가을에는 재상경차관災傷敬差官으로서 평안도平安道를 순찰하였으 며 겨울에는 사재감정司宰監正으로 승차하였다. 50세 봄에 광주목사廣州牧 使 겸 춘추관편수관을 제수 받았고, 가을에는 경기별시京畿別試의 시관試官 으로서 여주시소驪州試所에 나아갔다. 이듬해 여름에 담양潭陽의 식영정息 影亭을 유람하였고, 겨울에는 어떤 사건에 연루되어 사직하고는 의령의 별장으로 돌아왔다. 52세 때에도 다른 곳으로 가지 않고 계속 의령의 별장에 머물러 있었다.

53세 4월에 임진왜란이 발발하여 왜적들이 침범하였다. 이때 망우당 곽재우가 이병里兵을 규합하여 낙동강에서 왜적을 무찔렀으나 얼마 되지 아니하여 조대곤曹大坤의 저지沮止를 받아 두류산으로 피신해 들어가서 죽유를 찾았는데, 죽유는 망우당이 의거한 것을 장려하면서 함께 일하기로 약속하고 군수품軍需品과 전마戰馬와 날랜 가노家奴 7·8명을 제공하였으며 또한 같은 마을의 사우들을 격려하며 각각 정예병을 내고 망우당을 장수로 추대하여 도적을 토벌하게 하였다. 죽유는 스스로 모병과 군량 조달을 전담하기에 이른다. 당시에 경상도 초유사로 학봉鶴峯 김성일金誠一(1538~ 1593)이 내려왔는데 죽유는 중도에서 학봉을 영접하였다. 학봉은 죽유의 충정忠情과 인물됨을 알아보고 소모관召募官으로 임명하여 흩어진 군사들

---

11) 『寒岡先生文集』, 卷10, 「咸州志序」, "吳大源澐, 亦以邑中先進, 方提督郡學, 公私相聚, 屢與之從容.……意見旣符, 絹錄斯共."

을 모으도록 하였다. 7월에 특별히 승문원판교承文院判校를 제수 받았다. 이때에 학봉이 초유사로 의령에 이르러 장차 정암鼎巖 나루를 건너려 하자 휘하의 여러 장사들은 모두 직로直路로 곧장 적소賊所에 접근하려는 것이라고 여겨서 거짓으로 보고하기를 "정암 나루에는 배가 없어서 건널 수가 없으니 구불구불 멀리 진양晉陽으로 달려가는 것이 편하다"라고 하니, 죽유가 달려가서 이 상황을 보고하기를 "새로운 장수가 오면 군민軍民들의 사기가 배가될 터인데 만약 저 우회하는 길을 따라가면 군대의 명성이 실추될까 두렵다"라고 하였다. 초유사가 그 말을 듣고 곧장 정암 나루를 건너고 죽유를 소모관으로 임명하니, 죽유가 병사 수천을 모으고 영산靈山을 지키면서 강과 여울을 오르내리며 영산과 창녕昌寧과 현풍玄風을 왕래하는 적을 저지함에 최선을 다하였다. 초유사가 이 사실을 조정에 보고하자 조정에서 이를 아름답게 여겨 앞의 벼슬을 제수한 것이다. 10월에는 순찰사인 학봉을 따라 산음山陰에 머물렀다. 당시에 학봉은 경상도감사가 되어 산음에 머물고 있었는데, 죽유는 그 막부에서 대소헌大笑軒 조종도趙宗道(1537~1597), 창원재昌原宰 장의국張義國, 산음재山陰宰 김락金洛과 더불어 고락을 함께하고 있었다.

54세 4월에 백씨伯氏인 부정공副正公의 상을 당하였고 곧이어 순찰사 김성일을 진양晉陽 성중城中에서 통곡하였다. 당시에 학봉의 질병이 점점 위중해지자 죽유가 문병하여 말하기를 "공의 병이 이와 같으니 국사를 어이할꼬"라고 하였는데, 학봉은 죽유의 손을 잡고 영결永訣하며 말하기를 "뜻을 이루지 못하고 몸이 먼저 죽으니 그 운수運數에 어찌하겠는가? 왜적이 물러간다면 곧 회복할 시기가 있을 것이지만 조정에서의 붕당을 누가 능히 타파할 것인가?"라고 하였다. 학봉이 병서病逝하자 죽유는 대소헌 조종도, 대암大菴 박성朴惺(1549~1606), 송암松巖 이로李魯(1544~1598)

와 함께 몸소 염습殮襲을 하여 상여를 호송했다. 이해에 상주목사尙州牧使
로 임명되었는데, 부임赴任한 지 조금 지난 뒤에 병으로 사퇴하고 영천榮川
의 초곡草谷으로 돌아갔다. 당시 식솔들이 영천에 피난살이를 하고 있었
고 또한 장인 허사렴의 전장이 있었기 때문에 죽유가 이 재산을 물려받아
이곳으로 오게 된 것이다. 죽유는 영천에서 임란 때의 참혹한 상황을
정리하여 『용사난리록龍蛇亂離錄』을 저술하였으나, 불행하게도 이 책은
일실되어 임란 당시에 죽유가 활약했던 구체적이고 세밀한 상황을
알 수가 없다.

　55세이던 5월에 내섬시정內贍寺正이 배명되고 6월에는 합천군수陜川郡
守에 제수되었다. 56세에는 순찰사 약봉藥峯 서성徐渻(1558~1631)이 여러
차례 포상의 장계를 올려 두 번이나 승차시키라는 명을 받았다. 합천군수
로 부임해서는 전란으로 피폐해진 고을을 복구하고 백성들이 안전하게
살 수 있도록 진력하였다. 당시 합천읍의 아전들이 거의 다 도망가서
죽유는 가동家僮들로 관예官隸를 충당하였는데, 지금의 아전들은 대부분
그 후손들이다. 12월에 종사從事인 해월海月 황여일黃汝一(1556~?)이 호남지
방으로 순찰을 떠나는 것을 이별하며 시를 지어 주었으며, 57세 봄에는
순찰사 서성과 더불어 노신盧愼의 댁에 모였다.

　58세 8월에는 특별히 통정通政에 승차되었다. 당시에 왜구가 다시
침입하여 적의 수괴인 가토 기요마사(加藤淸正)가 호남을 곧장 노략질함에
장수와 읍재邑宰들이 대부분 달아났는데, 죽유는 군郡의 경계를 굳게
지키면서 군졸들을 모으고 장수를 정해서 왜적과 싸워 많은 적들을
생포하거나 참괵斬馘하였으니, 도원수 권율權慄(1537~1599)이 이를 포장褒
獎해 달라는 장계狀啓를 올려 특별히 승자陞資의 명을 받게 된 것이다.
이해에 존재存齋 곽준郭䞭(1550~1597)의 죽음에 통곡하였는데, 죽유는 존재

存齋와 교계交契가 심히 두터웠다. 이때에 존재가 대소헌 조종도와 함께 산음의 황석산성黃石山城에서 순절하고 두 아들과 한 딸도 동시에 죽었는데, 이들을 반장返葬할 때에 죽유는 제문祭文을 지어 그들의 영혼을 위로하였다. 59세 봄에 질병으로 사직하고 돌아왔고, 7월에 의흥위사과義興衛司果에 임명되었으며 겨울에 명나라 제독 진린陳璘의 접반사接伴使에 배명되어 호남으로 달려갔다. 60세 4월에 첨지중추부사僉知中樞府事에 배명되었다가 5월에 장예원판결사掌隸院判決事로 이배移拜되었다. 6월에 두 곳의 별시別試에서 고관考官을 맡아보라는 명을 받았고, 7월에 선영先塋을 개장改葬하는 일로 상소를 올리고 남쪽으로 돌아갔다.

61세 때에는 계속 영천의 초곡에 머물러 있었다. 5월에 스승인 퇴계의 문집 간행을 마치고 제공諸公과 더불어 도산서원 사당祠堂에 가서 제사를 받들며 보고하였다. 이때에 죽유는 백암栢巖 김륵金玏(1540~1616), 안촌安村 배응경裵應褧(1544~1602)과 함께 『퇴계선생연보退溪先生年譜』를 교정하였고, 문집고성제文集告成祭에 참석하여 제우諸友들과 천연대天淵臺에 나가서 종일토록 강론하였다. 6월에 소고嘯皐 박승임朴承任(1517~1586)의 문집을 이산서원伊山書院에서 교정하였다. 62세 정월에 대구도호부사大丘都護府使를 제수받았으나 사직서를 올리고 부임하지 않았다. 2월에 휴가를 얻어 남쪽으로 돌아와서 구천龜川 위에다가 복축卜築을 하여 종로終老할 계획을 세우고, 그로 인해 호號도 율계栗溪라고 하였다. 죽유는 영천에 우거한 후로부터 선조의 묘소에 대해 한결같은 생각을 하여 염계濂溪 주돈이周敦頤(1017~1073)의 "고향의 산이 눈 가운데에 있다"(鄕山在目中)라는 구절의 뜻을 취해 율계라고 자호했는데, 율계는 곧 죽유의 선세들이 살던 구거舊居이다. 그리고 전원으로 돌아온 뒤로 서책을 탐독하며 스스로 즐거워하여 손에서 책을 놓지 아니하였는데,

『주역』과 『주자대전』 읽기를 더욱 좋아하였다.

　63세 12월에 『소학』 한 질을 하사받아 사은하였다. 64세 4월에 만취당晚翠堂 김개국金蓋國(1548~1603)을 곡만哭挽하였으며, 7월에는 『대학』 한 질을 하사받아 사은하였다. 같은 달 보름에 백암柏巖 김륵金玏(1540~1616), 남천南川 권두문權斗文(1543~1617), 취수옹醉睡翁 박록朴漉(1542~1632)과 함께 구대龜臺 아래에 배를 띄우고 놀았다. 구대는 영천군榮川郡 서쪽으로 몇 리 떨어져 있는 돌산으로, 물의 동쪽과 서쪽에 우뚝 솟아서 이름을 구대라 하며 서구대西龜臺의 아래에 백암栢巖의 정자가 있었다. 65세 4월에 성성재惺惺齋 금난수琴蘭秀(1530~1604)를 곡만하였고, 가을에 취수옹 박록, 남천 권두문, 현감 노대해와 함께 부석사浮石寺를 유람하였으며 중양일重陽日에는 백암 김륵을 안동安東으로 전송하였다. 66세 8월에는 『한구소시권韓歐蘇詩卷』을 개장改粧하였는데 이 책은 죽유의 조고인 승지공承旨公과 온계溫溪 이해李瀣(1496~1550), 퇴계가 함께 베낀 것으로 세월이 오래되어 닳고 터진 것을 죽유가 새 비단으로 개장한 것이다. 9월에는 약포藥圃 정탁鄭琢(1526~1605)을 곡만하였다.

　67세에는 우리나라 역사서인 『동사찬요東史纂要』를 편찬하였는데 이 책에서는 단군왕검부터 고려의 마지막 왕인 공양왕까지의 역사를 기전체 양식으로 서술하고 있다. 이 『동사찬요』의 편찬을 통해 외직外職에 있으면서도 춘추관편수관을 겸임한 죽유의 역사에 대한 뛰어난 식견을 알 수 있다. 서애 유성룡이 이 책을 보고 크게 찬탄하면서 선조에게 추천하자 선조는 "유림의 가르침에 표준이 되는 책"(標準儒林之敎)이라고 칭찬을 아끼지 않았다. 3월에 회곡晦谷 권춘란權春蘭(1539~1617), 면진재勉進齋 금응훈琴應壎(1540~1616)과 함께 구대龜臺를 유람하였고, 10월에는 월천月川 조목趙穆(1524~1606)을 곡만하였으며, 12월에는 계부季父인

춘당공春塘公의 부고를 받았다.

68세 3월에 「주자감흥시朱子感興詩」 한 질을 손수 써서 집안에 보관하였는데, 책 아래에는 퇴계의 서문과 발문이 붙어 있다. 4월에는 백암 김륵, 남천 권두문과 함께 우수동愚曳洞의 자원당自遠堂을 유람하였고, 5월에는 서애 유성룡을 곡만하였으며, 6월에는 안동부백安東府伯인 한강 정구를 위하여 안동부 연정蓮亭에 게시한 송재와 퇴계 두 분의 시판詩板을 썼다. 가을에 함안의 선영에 가서 성묘하고 그 귀로歸路에 의령을 들러서 백암白巖 옛 터전을 유람하였는데, 이때에 의령 고을 사람들이 백암대白巖臺 아래에서 죽유를 위해 위로연을 성대하게 베풀어 주었다. 돌아오는 길에 거창군수居昌郡守 양죽당養竹堂 박정완朴廷琬(1543~1613)과 그 아우인 학암鶴巖 박정번朴廷璠(1550~1611) 형제를 차례로 방문하였다. 69세 2월에 선조가 승하하였고 그 국휼國恤로 조정에 달려갔다가 용양위부호군龍驤衛副護軍을 부여받았다. 7월에 경주부윤慶州府尹을 제수받았는데 평이하게 백성들을 다스려 민심이 돌아왔다. 그리고 학봉의 묘소에 제문을 지어 제사를 지냈다.

70세 2월에 치사致仕하고 돌아왔다. 71세 겨울에 육우당六友堂 박회무朴檜茂(1575~1666)를 방문하였는데, 육우당이 자기가 세운 당堂의 이름을 지어 달라고 요청하기에 취향당翠香堂이라고 명명하여 주었다. 당堂 앞에 소나무와 대나무와 연꽃과 국화가 있는 까닭이었다. 72세 8월에는 『주자문록』을 완성하였다. 원래 죽유는 주자서에 대한 공부를 독실하게 하여 늙어서도 게을리하지 않아 거의 침식을 잊을 정도였다. 그리하여 주자서의 내용 가운데 후학들에게 절실하고 애군우국愛君憂國하는 뜻이 있다고 여겨지는 것을 손수 초록抄錄하여 상중하上中下 3책册으로 만들고 『주자문록』이란 이름을 붙여 책상 위에 두고는 항상 읽었다.

73세 봄에는 외선조外先祖인 밀직제학密直提學 안석安碩의 묘소를 수리
하였고, 74세 2월에 외선조인 문간공文簡公 안종원安宗源(1324~1394)의 묘지
석을 고쳐 묻었으며, 3월에 『가세지家世志』를 완성하였다. 75세 2월에는
스승 퇴계의 부인인 허씨의 묘갈명을 찬술하였다. 5월에 『동사찬요』를
개찬하였으며, 구암久菴 한백겸韓百謙(1552~1615)에게 편지를 보내어 『동사
찬요』의 거취去取를 토론하였다. 이해에 이산서원伊山書院의 터가 협소하
고 낮아서 쉬 무너질 가능성이 있다고 판단하여 제동지諸同志들과 함께
이건 문제를 논의하였다. 76세에는 평소 거처하는 방에 작은 바라지를
만들어 죽유정사竹牖精舍란 이름을 붙이고 죽유로 자호를 삼았다. 이해에
백암 김륵과 함께 산천서당山泉書堂을 성재산聖齋山 동쪽에 건립하여
후생들이 학업을 익히는 장소로 삼을 것을 논의하였다. 77세 6월에
공조참의工曹參議에 배명되었으나 사양하고 부임하지 아니하였다. 8월에
청송부사靑松府使에 제수되자 10월에 부임하였는데, 이미 여러 번 조정의
명을 어겼기 때문에 억지로 출사한 것이었다.

78세 2월에 본디부터 앓던 환위증患胃症이 점점 심각해져서 사직하고
돌아왔다. 3월 3일에 정침에서 고종考終하니 향년 78세였다. 광해군이
관리를 보내어 부의賻儀와 제문祭文을 하사하고 제사를 의식대로 드렸다.
6월 3일 집에서 두어 리 떨어진 첩석리疊石里 곤좌坤坐의 언덕에다 장사를
지냈다. 정조 10년에 사림들이 산천서당山泉書堂 옛터에 사당을 건립하여
산천서원山泉書院이라고 이름을 고치고 죽유를 배향하였다.

이상 죽유의 일생을 더듬어 볼 때, 죽유는 당대의 다른 사람들에
비해 굉장한 장수를 누렸다. 그리고 벼슬살이를 포함하여 여러 가지
사회적 활동도 비교적 왕성하게 수행한 사실을 알 수가 있다. 특히
임진왜란이 일어났을 때 직접 뛰어들어 나라를 위해서 기여한 점은

높이 평가할 만하다고 하겠다. 한마디로 서론에서 언급한 바와 같이 죽유의 생애는 성세와 난세를 모두 산 삶이었다고 할 수 있겠다.

3. 죽유 한시 개관

이 절에서는 죽유의 한시를 개관해 보기로 한다. 문집에 의하면 죽유는 일평생 그렇게 다작도 아니고 과작이라고 말하기도 어려운 140제題 231수首 정도의 작품을 남겼다. 아래에서 나이의 순서대로 창작한 작품을 나열해 보기로 한다. 문집에 실린 죽유의 작품은 연대순으로 수록되어 있다.

29세(1568): 1제 16수【七言絶句 1題 16首】

31세(1570): 2제 4수【七言律詩 2題 4首】

38세(1577): 6제 6수【七言絶句 1題 1首, 七言律詩 5題 5首】

39세(1578): 2제 3수【五言律詩 2題 3首】

42세(1581): 31제 33수【五七言古詩 1題 1首, 五言絶句 6題 6首, 五言律詩 2題 2首, 七言絶句 16題 17首, 七言律詩 6題 7首】

43세(1582): 3제 4수【七言絶句 2題 2首, 七言律詩 1題 2首】

45세(1584): 1제 1수【七言律詩 1題 1首】

51세(1590): 2제 2수【七言律詩 2題 2首】

53세(1592): 1제 1수【五言絶句 1題 1首】

55세(1594): 2제 3수【五言絶句 1題 2首, 五言律詩 1題 1首】

56세(1595): 1제 1수【七言絶句 1題 1首】

57세(1596): 3제 3수【五言絶句 1題 1首, 七言絶句 1題 1首, 七言律詩 1題 1首】

59세(1598): 8제 27수【五言絶句 2題 20首, 五言律詩 2題 3首, 七言絶句 3題 3首, 七言律詩 1題 1首】

60세(1599): 2제 3수【七言絶句 1題 2首, 七言律詩 1題 1首】

61세(1600): 3제 10수【七言絶句 2題 8首, 七言律詩 1題 2首】

62세(1601): 4제 5수(輓 1首)【五言律詩 1題 1首, 七言絶句 2題 3首, 七言律詩 1題 1首】

63세(1602): 1제 1수(輓 1首)【七言律詩 1題 1首】

64세(1603): 3제 7수(輓 2首)【七言絶句 1題 5首, 七言律詩 2題 2首】

65세(1604): 21제 24수(輓 2首)【五言絶句 3題 3首, 五言律詩 4題 4首, 七言絶句 12題 13首, 七言律詩 2題 4首】

66세(1605): 12제 16수(輓 3首)【五言律詩 1題 1首, 七言絶句 6題 10首, 七言律詩 5題 5首】

67세(1606): 5제 12수【七言絶句 4題 11首, 七言律詩 1題 1首】

68세(1607): 14제 29수(輓 4首)【五言絶句 1題 2首, 五言律詩 3題 4首, 七言絶句 7題 18首, 七言律詩 3題 5首】

70세(1609): 6제 11수(輓 2首)【七言絶句 3題 8首, 七言律詩 3題 3首】

73세(1612): 2제 3수(輓 3首)【七言律詩 2題 3首】

74세(1613): 5제 6수(輓 5首)【五言律詩 1題 2首, 七言律詩 4題 4首】

　　죽유의 시작詩作은 위의 작시作詩 정리에서 보아 알 수 있듯이 29세에 시작하여 74세에 그쳤고 총 작품 숫자는 140제 231수 정도인 것으로 파악할 수 있다. 물론 29세 이전에도 시작이 있었을 것이고 74세 이후에도 작시는 하였을 것으로 보이지만, 현재 문집에 실려서 전해지는 작품을 중심으로 보면 대략 위와 같이 말할 수 있겠다.

　　죽유의 시 231수 가운데 만시輓詩는 23수 정도로 전체 작품의 10%를 차지하고 있다. 또한 일종의 차운次韻 연작시連作詩가 4제 44수를 차지하고 있어서 약 20% 정도의 비율을 차지하는 것도 죽유 시의 특징 가운데 하나라고 할 수 있겠다. 아울러 42세 때인 1581년부터 3년 정도 정선군수旌善郡守로 재직하면서 금강산을 포함한 강원도 일대를 유람하며 지은 작품이 35제 38수로 전체 작품 가운데 약 16% 정도의 비율을 차지하는 것도 죽유 시의 한 특징으로 언급할 수 있겠다. 그리고 영주누정시가 대략 12제 38수 정도가 되어 죽유 전체 시에서 16%를 차지하는데, 작품 숫자는 앞의 금강산과 강원도 지역 유람시와 숫자가 같다. 이런 정도가 죽유 한시의 통계적 특징이라고 할 수 있겠다.

4. 죽유 시세계의 특징

3절에서 언급한 바와 같이 죽유 시세계의 특징으로 거론할 수 있는 작품은 4제 44수에 이르는 연작시를 들 수 있겠는데, 「자계십육영紫溪十六詠」에 대한 차운시 16수와 권응인權應仁이 조맹부가 쓴 적벽부의 글자에서 따서 지은 시를 본받아서 지은 10수, 소고嘯皐 박승임朴承任(1517~1586)의 하한정夏寒亭을 읊은 10수, 성오당省吾堂 이개립李介立(1546~1625)의 당堂을 읊은 8수 등이 그것이다. 자계는 안강의 자옥산紫玉山 아래로 흐르는 개울이고, 하한정과 성오당은 모두 영주에 있는 정자와 당의 이름이다.

그리고 죽유는 42세 때인 1581년에 강원도江原道 정선군수旌善郡守를 한 3년 정도 역임한 일이 있다. 이때 죽유는 강원도의 명산인 금강산과 금강산을 오가는 동안 통과한 지역의 경관, 정선 주변 지역의 역사적 유적지를 읊은 많은 작품을 창작하게 된다. 이 또한 죽유 시의 한 특징으로 지적할 수 있겠다. 물론 강원도와 금강산 시를 제외한 기행시도 있다. 그렇지만 본고에서는 죽유 시의 특징을 살펴보는 차원에서 다른 지역의 기행시는 제외하기로 한다.

그리고 만년에 죽유는 영주에 거주하며 영주의 여러 누정에서 선후배와 동료들과 함께 많은 작품을 남겼다. 풍류의 공간으로 주로 활용되는 누정에서 작시한 작품을 중심으로 죽유 시의 특징들을 살펴보기로 한다. 아래에서는 먼저 죽유의 연작시에 대해 살펴보고, 이어서 죽유의 기행시를, 그리고 죽유의 영주누정시를 차례로 살펴보기로 하겠다.

1) 연작시의 세계

죽유의 문집에서 우선 눈에 띄는 특징으로 4제 44수의 연작시가 실려 있다는 것이다. 첫 번째 작품은 감사監司 박계현朴啓賢(1524~1580)의 「자계십육영」에 대한 차운시(「次朴監司紫溪十六詠韻」)이고, 두 번째는 권응인權應仁이 조맹부[12]가 쓴 적벽부의 글자에서 따서 지은 시를 본받아서 지은 10수(「效權應仁摘松雪赤壁賦字, 模得十絕」)이며, 세 번째는 원나라 선우추鮮于樞(1256~1302)[13]가 쓴 전후적벽부前後赤壁賦의 글자를 따서 지은 하한정 시 10수(「摘鮮于樞所寫前後赤壁賦字, 模作夏寒亭十絕」)이고, 마지막은 성오당 이개립의 성오당에 대해 읊은 「성오당팔영省吾堂八詠」이다. 그런데 대체로 차운시는 그 성격상 원시原詩나 소재에·구애되어 시상詩想이 그 범위를 벗어나기가 대체로 어려운 것이 일반적이다. 따라서 그러한 한계를 조금 벗어난 것으로 생각되는 작품을 중심으로 내용 항목을 설정하여 논의를 진행하기로 한다.

우선 「차자계십육영운」에서는 독락당獨樂堂 주변에 있는 여러 명소를 노래한 박계현朴啓賢의 「자계십육영」을 차운한 작품으로, 많은 작품은 각 명소의 이름이나 본래의 의미에 충실하게 노래하고 있으나 몇몇 작품에서는 작자의 의도가 드러나고 있다. 따라서 그런 작품 몇 수만

---

12) 趙孟頫(1254~1322)는 元나라의 서예가로 松雪體로 유명한데, 자는 子昂이요 호는 松雪道人, 水晶宮道人, 鷗波이다. 東坡의 「前赤壁賦」를 쓴 書帖이 있다.
13) 鮮于樞는 元나라의 서예가로 자는 伯機요 호는 困學山民, 寄直老人이다. 趙孟頫와 나란히 名聲을 떨친 사람인데, 東坡의 「前後赤壁賦」를 쓴 書帖이 있다.

골라 논의를 해보고자 한다. 먼저 선현의 부재에 대한 무상감 내지는
아쉬움을 노래한 작품과 자신의 수양 의지를 표출한 작품만 살펴보기로
한다.

　다음은 「독락당獨樂堂」이라는 제목의 작품이다.

다시는 옷을 걷고 이 당을 오를 수 없으니	無復攓衣升此堂
당은 있는데 사람은 가서 내 마음 아프다네.	堂存人去感余腸
당년의 독락을 어느 곳에서 찾을 수 있을까?	當年獨樂尋何處
월백당 앞으로 시냇물이 길이길이 흘러가네.14)	月白堂前溪水長

　이 작품 기구와 승구를 보면 회재晦齋 이언적李彦迪(1491~1553)과 같은
대현인大賢人에게 학문을 배워 보고 싶은 강한 의지를 읽을 수 있다.
그렇지만 자신과는 서로 세월이 어긋나서 그렇게 할 수 없는 상황에
놓여 있다. 이에 대해 독락당은 존재하고 있으나 사람은 떠나고 없어서
마음이 아프다는 표현을 통해 선현의 부재에 대한 무상감과 안타까움을
나타내고 있다. 전구와 결구는 기구와 승구에서 느끼는 무상감과 안타까
움을 설의設疑를 통해 돋우는 역할을 하고 있다. 아래 「시냇가 정자」(「溪亭」)
라는 제목의 작품에서도 이러한 점을 확인할 수 있다.

칠리탄에 응당 한 머리는 양보하겠지만	七里灘應讓一頭
풍류는 엄자릉에 크게 뒤지지 않는다네.	風流不減披羊裘
두어 서까래 정자에 사람은 어디에 있는가?	數椽亭舍人安在
고개 위 한가한 구름은 사시로 떠다니네.15)	嶺上閒雲春復秋

---

14) 『竹牖先生文集』, 卷1.
15) 『竹牖先生文集』, 卷1.

예시 작품 전구를 보면 역시 선현의 부재를 언급하고 있다. 기구와 승구를 보면 이 계정이 비록 부춘산富春山에 있는 엄광嚴光16)의 칠리탄七里灘보다는 못할지 몰라도 선현의 풍류만큼은 결코 엄광에게 뒤지지 않는다는 표현을 통해 선현에 대한 강한 존경심과 자부심을 노래하고 있다. 그렇지만 그러한 선현이 떠나고 없는 아쉬움과 안타까움을 전구에 표현하면서, 결구에서는 고개 위 사시로 떠다니는 구름을 선현의 상징으로 표현하고 있다.

그리고 명소를 보고 자신의 내면적 수양의 의지를 노래한 작품도 있다. 바로 「화개산華蓋山」이란 작품이 그것이다.

시냇물 동쪽 검은빛 쓸어내고 구름 뚫고 오르니	掃黛穿雲溪水東
천암과 만학이 마치 서로 따르는 듯하네.	千巖萬壑若相從
어떻게 하면 높디높은 산꼭대기에 올라서서	捫參安得峯頭立
평생 가슴속 찌꺼기를 죄다 씻어낼까?17)	洗盡生平芥滯胸

이 작품 전구와 결구를 보면 높디높은 화개산 꼭대기에 올라가 평생 가슴속에 가득 찬 찌꺼기를 일시에 모두 씻어 버리려는 강한 열망을 담고 있다고 하겠다. 힘든 여정을 거쳐 높은 봉우리 꼭대기에 올라 일망무제一望無際의 호연한 기상을 느끼며 평생 가슴속을 채우고 있던 찌꺼기를 모두 씻어 버리고 싶다는 표현에는 자신의 내면적 수양에 대한 강력한 열망을 담고 있다고 하겠다.

다음은 「권응인權應仁이 조맹부가 쓴 적벽부의 글자에서 따서 지은

---

16) BC 39~AD 41. 會稽 餘姚 출신으로 다른 이름은 遵이고 자는 子陵이다. 본래 성은 莊이었다. 東漢 光武帝 劉秀의 절친한 친구로 유수가 군사를 일으켰을 때 그를 도왔다. 그러나 그가 황제에 즉위하자 이름을 바꾸고 富春山에 은거했다.
17) 『竹牖先生文集』, 卷1.

시를 본받아서 지은 10수의 절구」(「效權應仁摘松雪赤壁賦字, 模得十絶」)라는 작품
이다. 송계松溪 권응인權應仁의 작품을 모방해 지은 죽유는 작품 속에서
많은 것을 표현하고 있으나, 그 가운데 두드러지는 것으로 무상감과
풍류에 대한 인식, 달관의 태도를 보여 주고 있다. 이를 순서대로 보면
다음과 같다. 먼저 무상감을 노래한 작품이다.

일찍이 노래하고 춤추며 놀던 곳이   歌舞曾遊地
강물만 속절없이 절로 흘러가고 있네.   空餘江自流
우리 인생은 이파리 위의 이슬과 같고   吾生葉上露
세상은 골짜기에 숨긴 배와 같다네.18)   人世壑藏舟

예시 작품 기구와 승구는 변화하던 곳이 적막해진 것을 노래하고
있다. 일찍이 노래를 부르고 춤을 추면서 질탕하게 놀던 곳이 지금에
와서는 속절없이 강물만 절로 흘러가는 적막한 땅으로 변했다는 것이다.
그리하여 전구와 결구에서는 이파리 위의 이슬과 같은 인생과 골짜기에
감춘 배처럼 부단한 변화를 거듭하는 세상을 노래하고 있다. 이파리
위의 이슬은 해가 뜨면 곧바로 말라서 사라지고 마는데, 거시적으로
보면 우리 인생도 이와 같다는 것이다. 동시에 사람이 사는 세상도
골짜기에 감추어 둔 배처럼 부단하게 변화하고 바뀌는 곳이어서 영원한
것은 없다는 무상감無常感을 잘 표현하고 있다. '골짜기에 배를 감춘다'(壑藏
舟)는 것은 『장자莊子』 「대종사大宗師」19)에 나오는 말로, 사물이 끊임없이

---

18) 『竹牖先生文集』, 卷1.
19) "배를 골짜기에 감추어 두고 어살을 연못 속에 감추어 두면 든든하게 감추었다
고 할 만하다. 그러나 밤중에 힘 있는 자가 그것을 짊어지고 달아날 수도 있을
것인데, 어리석은 자들은 그것을 알지 못한다."(夫藏舟於壑, 藏山於澤, 謂之固矣.
然而夜半有力者負之而走, 昧者不知也.)

변화하고 바뀌는 것을 말한다.

다음은 풍류에 대한 인식을 엿볼 수 있는 작품이다.

자리 위에는 시인 벗들이 넘쳐나고	坐上盈詩友
술통 속에는 술이 언제나 가득하네.	罇中酒不空
한평생 길이 이런 경우를 얻는다면	一生長得此
어떤 즐거움인들 다시 무궁하리라.[20]	何樂更無窮

시를 짓는 벗들이 넘쳐나고 술통에 술이 마르지 않는 상황을 한평생 누릴 수만 있다면 어떤 즐거움이라도 무궁할 것이라는 표현에서 작자의 풍류에 대한 인식을 볼 수 있겠다. 시주詩酒를 한평생 마음껏 누리는 것보다 더한 풍류는 없을 것이기 때문에 말이다.

그리고 달관達觀의 태도를 볼 수 있는 작품이다.

귀는 긴 강물에 씻어 버리고	耳洗長江水
회포는 골짜기 바람에 맑게 하네.	襟淸絶壑風
세상 사이의 천변만화가	世間千萬變
모두 헛됨을 한 번 웃어 보노라.[21]	一笑盡成空

강물에다 귀를 씻고 골짜기 바람에 회포를 맑게 가질 수 있다면 세상의 천변만화에 대해 집착하지 않게 될 것이다. 그리하여 또 세상의 천변만화가 결국에는 모두 헛되다는 것을 알고 한번 크게 웃을 수 있다면 달관의 경지에 이를 수 있을 것이다.

다음은 「선우추가 모사한 전적벽부와 후적벽부의 글자를 적출摘出하

---

20) 『竹牖先生文集』, 卷1.
21) 『竹牖先生文集』, 卷1.

여 그것을 본떠 하한정 10수의 절구를 짓다」(「摘鮮于樞所寫前後赤壁賦字, 模作夏寒亭十絶」)라는 제목의 작품이다. 이 작품에서 죽유의 인식이 비교적 잘 드러난 작품을 살펴보자. 은거의 즐거움을 노래한 「북촌의 저문 연기」(「北村暮煙」)라는 작품이다.

날 저물 때의 연기 모였다 흩어지고	日暮橫復斷
바람 앞에선 반이나 있다가 없어지네.	風前半有無
고기 잡고 나무하는 한평생의 즐거움	漁樵一生樂
다시 다른 산에도 있으려나?22)	更有他山乎

이 작품 기구와 승구는 날 저물 때의 연기 모습을 그리고 있다. 연기 중에서도 특히 저녁의 연기는 밥을 지을 때 발생한다. 동네의 밥 짓는 연기는 피어올라 공중을 가로지르다가 일정한 시간이 지나면 사라진다. 그렇지만 바람이 불면 더 쉽게 사라진다. 밥 짓는 연기는 일반적으로 평화로움과 여유로움, 느긋함의 상징으로 많이 쓰이는데, 여기서도 예외는 아니라고 본다. 전구와 결구에서는 그런 연기를 언제나 볼 수 있는 어촌과 산촌의 생활을 노래하고 있다. 물에서 물고기를 잡고 산에 가서 나무를 해 오는 실제 생활인의 삶은 고달플 수 있겠으나, 은자의 삶은 자족을 할 때 즐거울 수도 있을 것이다. 그런 한평생의 즐거움은 다른 곳에서도 느낄 수 있는가? 라는 반문을 통해 현재 이곳의 생활에 만족하고 있다는 것을 강조하고 있다. 지족과 자족이 전제된 어촌과 산촌 은자의 즐거운 삶을 노래하는 작품으로 읽을 수 있겠다.

마지막으로 성오당 이개립이 성오당에 쓴 「성오당팔영省吾堂八詠」이 있다. 이 작품도 일반적으로 볼 때 성오당의 각 건물과 경관의 성격에

---

22) 『竹牖先生文集』, 卷1.

비슷하게 맞추어 읊고 있으나, 작자의 의도가 비교적 드러난다고 생각되는 작품 한두 수를 소개하기로 한다.

먼저 「서적을 간직한 누대」(「藏書樓」)라는 제목의 작품을 보자. 장서루는 오늘날로 말하면 일종의 도서관인데, 도서관이라고 하면 일반적으로 떠오르는 생각의 범위를 넘어 죽유 자신의 생각을 담은 것으로 보인다.

역사의 흥망은 백 번 이상의 변화를 겪었는데	映帛興亡百變餘
성인 경전과 제자서가 수레 가득 모여 있네.	聖經諸子集盈車
갠 창문에서 날마다 천고 역사를 체득해야지	晴窓日閲胷千古
한갓 복서를 말린다고[23] 자랑함은 우스운 일이라네.[24]	笑殺徒誇曬腹書

모아 놓은 서적으로는 수많은 흥망을 기록하고 있는 역사서를 비롯하여 성인 및 현인의 경전과 제자백가서諸子百家書가 있는데 이를 수레에 실으면 가득 찰 정도로 많다는 사실을 기구와 승구에서 노래하고 있다. 그렇지만 사서와 경전과 제자서를 아무리 많이 간직하고 또 아무리 많이 읽어서 기억하더라도 그렇게 의미가 있는 일은 아니라는 것이다. 그보다는 날마다 천고의 세월 동안에 산출된 책을 가슴으로 읽어서 체득하는 것이 중요하다는 사실을 전구와 결구에서 강조하고 있다. 한갓 기억된 지식을 자랑만 하는 것은 우스운 일이라고 하여 지식의 체득을 통한 경륜과 지혜로의 심화나 승화가 필요함을 역설한 것으로 볼 수 있겠다. 바로 "흉천고胷千古"라는 시어가 이를 상징하고 "복서腹書"는

---

23) 曬腹 혹은 曬腹書는 햇볕에 배를 쬐는 것을 이른다. 晉나라 때 郝隆이 칠월칠석에 남들은 모두 衣物을 꺼내서 햇볕에 쬐는데 그는 햇볕에 배를 내놓고 누워 있으므로, 누가 그 까닭을 물으니 "나는 내 뱃속에 들어 있는 서책들을 볕에 쬐고 있다"라고 대답하였다.(『世說新語』, 「排調」)

24) 『竹牖先生文集』, 卷2.

그렇지 못한 지식의 단순한 암기를 상징한다고 볼 수 있겠다. 성오당의 장서루에 특별한 애정을 가지고 나름의 철학을 담은 작품이라고 할 수 있겠다.

이어서 「어리고 어리석은 사람을 기르는 재실」(「養蒙齋」)이라는 제목의 작품을 보자.

청탁으로 물의 속성을 알기가 어렵지는 않으나 　　　　　　淸濁非難知水性
물을 볼 땐 산에서 처음 나올 때를 봐야 한다네. 　　　　要須觀水出山初
많이도 그대가 뜻을 취해 재액의 이름을 지었으니 　　　多君取義名齋額
가시 자르고 난초를 기름에 천천히 하지 말게나.25) 　　　剪棘培蘭且勿徐

청탁으로 물의 속성을 알기는 어려운 일이 아니나 물의 본질을 보려고 한다면 물이 산에서 처음 흘러나올 적에 보아야 한다는 사실을 기구와 승구에서 전제로 하여 표출하고 있다. 이 논리대로 가시를 자르고 난초를 기를 때에도 부지런히 제초除草와 배양培養을 하여야 하듯이 어리고 어리석은 사람을 기를 때에도 처음부터 부지런히 일깨워 주고 잘못을 바로잡아 주어야 한다는 사실을 전구와 결구에서 노래하고 있다. 재실의 액자 이름을 '양몽養蒙'이라고 명명한 것은 바로 이러한 의미 때문이라고 해석하고 있다. '양몽'을 '관수觀水'에서 취해 해석한 것은 죽유의 독특한 안목이라고 할 수 있겠다.

마지막으로 「국화를 심어 놓은 언덕」(「種菊塢」)이라는 제목의 작품이다.

잡다한 꽃 심지 않고 국화를 심은 것은 　　　　　　　不種開花栽隱逸
찬 꽃이 눈과 서리에도 남기를 바란 까닭이네. 　　　寒英要待雪霜餘

---

25) 『竹牖先生文集』, 卷2.

도연명 울타리와 한기 채전에 가을 향기 늦으니   陶籬韓圃秋香晚
날마다 남쪽 이웃 찾아 술 단지에다 띄우네.26)   日覓南鄰泛瓮蛆

국화의 속성에서 크게 벗어나지 않는 인식을 보여 주고 있다. 기구와
승구에서는 언덕에 국화를 심은 이유를 설명하고 있다. 잡다한 꽃을
심지 아니하고 유독 국화를 심은 것은 국화가 눈과 서리를 이기고
살아남아 꽃을 피우기 때문이라고 했다. 바로 국화가 지닌 '오상고절傲霜
孤節'의 속성을 알기 때문에 심는다는 것이다. 전구와 결구에서는 향기가
물씬 풍기는 국화 꽃잎을 술잔에 띄우고 술을 마시는 다소 풍류스러운
모습을 그리고 있다. 진晉나라 도연명陶淵明(365~427)의 울타리와 송宋나라
의 명재상 한기韓琦(1008~1075)의 채전菜田에 있는 국화가 진한 향기를
뿜어 대니 이것을 따다가 날마다 남쪽 이웃집을 찾아가서 술동이에다
띄우고 함께 술을 마시는 모습의 묘사에서 풍류스러운 장면을 떠올릴
수가 있겠다. 일반적으로 국화주는 들어보아도 국화 꽃잎을 술에 띄워
마시는 것은 별로 들어보지 못했다. 옛날 춘추시대 초楚나라의 충신인
굴원屈原(BC 343?~BC 278?)도『이소경離騷經』에서 "아침에는 목란에서 떨어
진 이슬을 마시고 저녁에는 가을 국화에서 떨어진 꽃잎을 먹는다"(朝飮木蘭
之墜露兮, 夕餐秋菊之落英)라고 하여 국화를 먹는다는 말을 남기기는 했다.
하여간 국화 꽃잎을 술에 띄워 마시는 발상을 성오당의 '종국오種菊塢'라
는 언덕에서 노래한 것은 참신하다고 하겠다.
    이상에서 죽유의 연작시에 나타난 죽유 시의 특징적인 세계를 살펴보
았다. 여타의 시인과 비슷한 발상으로 작품을 구성한 것도 있지만 죽유
특유의 발상으로 노래한 작품도 있음을 알 수가 있었다.

---

26)『竹牖先生文集』, 卷2.

2) 기행시의 세계

죽유의 금강산과 강원도 기행시에는 많은 시세계가 존재하고 있겠지만 그 가운데 금강산을 노래한 시들 가운데 비교적 특징적인 것으로 지적할 수 있는 것이 자각자성自覺自省의 계기契機와 탈속선계脫俗仙界의 지향志向 이라고 할 수 있겠다. 먼저 죽유가 세속적 가치에 대한 자신의 강한 집착과 욕망을 인식하고 이를 벗어나야겠다는 생각을 가지게 된 것과 좁은 세계관 을 극복하고 보다 넓은 시각을 가지게 된 계기를 자각자성의 계기라는 항목으로 마련해 놓고 논의를 진행하고자 한다.「묘길상에서 비가 내린 뒤에 장차 외산을 향하며」(「妙吉祥雨後; 將向外山」)라는 작품을 보자.

찬 시냇물은 비 온 뒤에 푸른 물결 자랑하고	寒溪雨後弄靑淙
녹색 나무 울창한 검푸른 산 온통 모습을 고쳤네.	綠樹蒼山總改容
절간의 하룻밤 숙박에 정신이 갑자기 각성되니	一宿仙龕神頓醒
산을 나섬에 공연히 옛 속세 발자취 부끄럽네.27)	出山空媿舊塵蹤

예시 작품의 기구와 승구는 비 온 뒤의 묘길상妙吉祥 모습을 그리고 있다. 강우로 인해 수량이 별로 많지 않던 찬 시내에 물이 불어나 드디어 푸른 물결이 일렁거릴 정도로 소리치며 시냇물은 흘러가고 있다. 또 먼지를 뒤집어쓰고 있던 녹색의 나무들이 들어찬 검푸른 산도 먼지를 씻어내고 나니 더욱 짙푸른 산으로 탈바꿈하는 변화를 보여 주고 있다. 전구와 결구에서는 이러한 변화를 인지하고 그것을 자신의 내면을 되돌아보는 태도로 연결하여 보여 주고 있다. 즉 묘길상 아래에 있는 절간에서 하룻밤을 지내며 이러한 경관의 변화를 보고 나서 자신이 지난날 케케묵은 속세의 발자취를 전혀 인식하지도 못하고 기고만장한

---

27)『竹牖先生文集』, 卷1.

태도로 지냈다는 사실을 크게 깨닫게 되었음을 노래하고 있다. 강우라는 자연현상이 자연에서 일으키는 변화의 모습을 통해 자신의 모습을 되돌아보면서 지난날의 잘못과 좁은 시야를 깨닫는 계기를 마련하고 있다. 단순하게 금강산의 빼어난 경관만 구경한 것이 아니라 자연의 변화를 깊이 관찰하여 이를 자신의 변화로 전이시키려는 죽유의 자연인식의 한 단면을 볼 수 있겠다.

「불정대즉사」(「佛頂臺卽事」)라는 작품도 유사한 성격을 보여 주고 있다.

봉래산 수많은 봉우리를 모두 밟아 보는데	躡盡蓬萊幾萬峯
한 지팡이로 와서 작은 대의 바람에 기댔네.	一筇來倚小臺風
지금부터 비로소 천지가 광대함을 깨닫겠으니	從今始覺乾坤大
북극과 남명이 바라보는 눈 속에 있구나.28)	北極南溟望眼中

예시 작품의 기구와 승구는 금강산 거의 전체를 작은 지팡이 하나 짚고 직접 답사하는 장면을 노래하고 있다. 일만이천 봉우리나 되는 금강산을 지팡이 하나에 의지해 거의 밟아 보는데 이제 불정대佛頂臺에 이르렀다는 것이다. 그래서 전구와 결구에서는 불정대에 이르러 광대한 건곤乾坤을 깨닫게 된 심정을 '비로소'라는 한 글자 시어로 표현하고 있다. 작자의 시각과 시야가 비로소 광대한 건곤의 경지로 확장됨을 결구의 북극과 남명이 시야 속에 들어오는 것으로 표출하고 있다. '비로소'란 한 글자의 시어가 바로 이전에는 그렇게 깨닫지 못했다는 것을 나타내 주고 있다. 이전에 가졌던 좁은 시야와 세계관이 불정대를 와서 봄으로써 처음으로 확대되고 확장되는 감흥을 이 작품에서 노래하고 있다.

한편 죽유의 금강산을 노래한 작품에는 속세를 떠나 선계로 향하고자

---

28) 『竹牖先生文集』, 卷1.

하는 탈속선계 지향의 성격을 지닌 작품들도 있다. 탈속선계를 지향한다는 것은 그만큼 속세에 굳게 묶여 있어서 자신의 의지대로 살아가기가 힘들다는 고백일 수 있겠다. 그렇지 않다면 굳이 탈속을 지향할 이유가 없을 것이다. 이것은 빼어난 절경의 금강산을 보고 막연하게 일시적으로 가지는 단순한 탈속선계 지향이 아니라 평소 자신의 내면에 깊숙하게 가지고 있던 생각이 금강산이라는 절경을 마주하고 보니 강하게 표출된 것으로 생각된다. 이제 구체적으로 그러한 경우를 확인해 볼 수 있는 작품을 살펴보기로 한다. 「만폭동에서; 이전에 사용한 운자를 재차 사용하다」(「萬瀑洞; 再疊前韻」)라는 작품을 보자. 이 시의 말미에는 "금강대와 서학봉이 있다"(有金剛臺棲鶴峯)라는 후기가 붙어 있다.

기이한 유람을 장년에 저버릴까 봐 스스로 한탄하여	自恨奇遊負壯年
무기력한 근력이나마 지팡이를 짚고 길을 나섰네.	筇枝筋力任頹然
구름 가장자리에서는 삼생의 빚을 갚지 못하였고	雲邊未償三生債
호수 위에는 두어 이랑의 밭이 장차 묵어가는구나.	湖上將蕪數頃田
뭇 봉우리 솟은 아래 학은 떠나고 대는 비었으며	鶴去臺空攢束釖
귀신이 깎고 판 듯한 폭포는 큰소리로 울부짖네.	神剜鬼削吼飛泉
신선 구역에서 보내는 세월은 한가함이 많으리니	仙區歲月閒多少
어느 날 비녀를 빼 던지고 속세 인연 끊어 볼까?[29]	何日抽簪斷俗緣

이 작품의 두련에는 더 나이가 들기 전에 명산유람을 나서려는 작자의 강한 의지가 나타나 있다. 나이가 더 들면 지팡이를 짚을 힘조차 없을 것이고, 따라서 한 살이라도 젊었을 때 유람에 나서지 못하면 이를 두고두고 한탄하게 될 줄을 알기 때문에 명산유람에 나서야겠다는

---

29) 『竹牖先生文集』, 卷1.

의지를 피력한 것으로 보인다. 함련과 경련에서는 자신의 심정과 가는 도중의 상황, 그리고 금강산 만폭동萬瀑洞의 모습을 노래하고 있다. "삼생채三生債"가 구체적으로 무엇을 말하는지 자세하지는 않지만, 아마도 그 가운데 하나가 금강산에 가서 시를 지어 보려는 크나큰 숙제가 아닌가 한다. 지금까지 금강산을 들어가지 못하여 삼생의 빚을 갚지 못했다는 것으로 읽힌다. 가는 도중에 보니 호수 위에는 넓은 밭이 묵어 있는 상황도 눈에 들어온다. 그리고 만폭동을 들어서니 칼을 묶은 듯이 뾰족하게 솟은 금강대와 서학봉에 학은 날아가고 없고 사람 하나 없는 누대만 덩그렇게 서 있다. 귀신이 깎고 판 듯이 신비스러운 폭포가 우렁찬 소리를 내며 내리쏟고 있는 장면을 그리고 있다. 적막하지만 경치만큼은 빼어나다는 사실을 나타내고 있다. 마지막 미련에서 속세를 떠나 선계를 지향하려는 자신의 생각을 마침내 밝히고 있다. 신선 구역에서 보내는 세월에는 한가로움이 많은 까닭에, 바쁘게 살아갈 수밖에 없는 속세에서의 삶을 떠나 선계로 지향하려는 의지를 "추잠단연抽簪斷緣"이라는 시어로 강하게 표현하고 있다. 금강산이 속세를 떠나 선계로 지향하려는 생각을 가지게 할 만큼 빼어나다는 사실과, 실제로 속세를 떠나 선계의 명산에서 살아보려는 강렬한 희망과 의지를 표출하였다고도 볼 수 있겠다.

아래 「백천동 시내 위에서 읊조리다」(「百川洞溪上吟」)라는 작품을 보자. 이 작품에서도 앞의 작품과 유사한 인식과 의지를 드러내고 있다.

자하의 신선 골짜기 미련 남아 자주 돌아보는 것은　　　紫霞仙洞首頻回
지난밤 맑은 흥취가 커서 재단하지 못했기 때문이네.　　　清興前宵浩莫裁
속세 번뇌 백년 세월에도 마침내 끝나지 아니하니　　　塵累百年終未了
꿈속의 혼은 길이길이 정양대를 맴돌고 있다네.　　　夢魂長繞正陽臺

예시 작품의 기구와 승구는 한없는 맑은 흥에 도취되어 자줏빛 노을이 낀 신선 골짜기에 강한 미련이 남아 있음을 노래하고 있다. "청흥靑興"으로 대표되는 감정은 속세에서는 도저히 느껴 볼 수 없는 감정으로 묘사되고 있다. 자신으로서는 주체할 수가 없다는 표현이 그것이다. 이러한 흥취를 느낄 수 있는 자줏빛 노을이 낀 신선의 골짜기를 쉽게 떠날 수 없어서 자주 머리를 돌려 바라보는 행위는 결국 떨쳐버릴 수 없는 미련이 남아 있다는 것을 방증하고 있다. 전구와 결구에서는 아무리 많은 세월이 흘러도 속세의 번뇌는 쉬 사라지지 않으므로 선계를 꿈꿀 수밖에 없다는 인식을 노래하고 있다. 선계로 대표될 수 있는 장소로 결구에서 '정양대正陽臺'를 설정하고 있는데, 꿈속의 혼백魂魄이 길이길이 맴돈다는 것은 그만큼 선계에의 지향이 강렬하다는 것을 뜻한다고 하겠다. 그런데 '정양대'는 실제로 그런 이름이 있는 것이 아니라 아마도 금강산 정양사 부근에 있는 천일대天一臺(혹은 天逸臺)나 개심대開心臺를 지칭하는 것이 아닌가 한다.

마지막으로 속세로 되돌아갈 수밖에 없는 안타까운 심정을 노래함으로써 탈속선계에의 지향이 강렬함을 노래한 작품이 있다. 바로 「사주대에서; 중린의 운자에 차운하다」(「瀉珠臺; 次仲鄰韻」)라는 작품이다.

신선 사는 산의 흥취 다하지 아니하여　　　　　　　不盡仙山興
냇물에 임하여 푸른 물결을 희롱하네.　　　　　　臨流弄碧羅
맑게 읊조리는데 아전들 가자고 재촉하니　　　　清吟催簿吏
세속 인연에 묶인 것이 참으로 우습구나.[30]　　堪笑俗緣魔

이 작품 기구와 승구에서는 신선이 사는 산을 떠나고 싶지 않다는

---

30) 『竹牖先生文集』, 卷1.

강한 애착을 노래하고 있다. 떠나고 싶지 않은 이유는 신선이 사는 산에서 받은 흥취가 다하지 않았기 때문이란 것이다. 그래서 시냇물로 달려가 푸른 비단처럼 맑은 냇물을 희롱하는 태도로 산을 떠나고 싶지 않다는 강한 의지를 표출하고 있다. 그렇지만 전구와 결구에서는 떠나지 않을 수 없는 상황을 대비하여 노래함으로써 오히려 떠나지 않고 머물러 있고자 하는 강렬한 의지와 애착을 나타내고 있다. 선산에서 받은 감흥으로 계속 맑게 읊조리고 싶으나 부리簿吏의 재촉으로 다시 속세로 되돌아가지 않을 수가 없다는 것이다. 그래서 결구에서는 속세의 인연을 마귀가 붙들어 두는 것으로 표현하면서 속세로의 복귀를 강하게 거부하는 태도를 어쩔 수 없어서 나오는 헛웃음으로 나타내고 있다.

이상의 죽유 작품에서 세속적 가치에의 강한 집착과 욕망을 인식하고 이를 벗어나려는 생각을 가지게 된 것과, 협소한 세계관을 극복하고 광대한 시각을 가지게 된 계기를 표현하는 자각자성의 계기를 살펴보았다. 아울러 복잡다단한 속세를 벗어나 한가로움이 넘치는 선계로 가고자 하는 탈속선계의 지향도 엿볼 수 있었다.

3) 영주누정시의 세계

죽유가 인생 후반기에 영주에 정착하면서 영주지역에 소재하고 있는 누정에서 여러 벗이나 선후배와 어울려 작시한 것이 상당한 분량을 차지한다. 물론 영주에 정착하기 이전에도 영주 소재의 누정을 창작공간으로 하여 작시한 작품도 존재하고 있다. 그 가운데에서 상시우국傷時憂國의 심정과 포부를 펼치지 못함에 대한 안타까운 심정을 토로하는 공간으로 하한정夏寒亭과 유연당悠然堂을 노래한 작품이 있는데, 이를 우선으로 살펴보기로 한다. 그리고 일반적이기는 하지만 누정을 풍류공간으로 인식하고 있는 작품도 아울러 살펴보고자 한다.

먼저 상시우국의 심정과 포부를 펼치지 못함에 대한 안타까운 심정을 토로하는 공간으로 인식한 작품을 보자. 「하한정에서; 태수 이한의 운자에 술 취해서 차운하다」(「夏寒亭; 醉次太守李瀚韻, 二首○甲午○在草谷」)라는 작품을 보자. 이 작품은 1594년 영주의 초곡草谷(世間에서는 一名 푸실로 부름)에 머무르고 있을 때 지은 것으로, 당시는 임진왜란이 한창 진행되고 있는 시점이었다.

벗들이 모여서 기이한 모임을 이루니	簪盍成奇會
오동나무 잎이 떨어지는 늦가을이라네.	梧桐落晚秋
잔나라 주의의 한은 알지도 못하면서	不知周顗恨
앞 다투어 구양수의 놀이만 말하는구나.[31]	爭道醉翁遊

예시 작품 기구와 승구에서는 모임을 결성한 시기를 노래하고 있다. 벗들이 기이한 모임을 결성한 것이 오동나무 잎이 떨어지는 늦가을이라는 것이다. 낙엽 진 늦가을에는 별로 완상玩賞할 만한 풍경이 없어도 서리를 딛고 피는 국화가 있어서 나름대로 절의를 상징한다고 볼 수 있겠다. 그런데 전구와 결구에서는 그런 절의나 절개에 대해 오불관언吾不關焉의 태도를 보이는 벗들을 지적하는 내용을 노래하고 있다. 동진東晉의 재상 주의周顗(269~322)는 좋은 날을 만날 때마다 신정新亭에 모여 풀을 깔고 앉아서 연음宴飮하였는데, 한번은 연음하던 중에 주의가 탄식하여 말하기를 "풍경은 서쪽의 고국과 서로 다르지 않으나 산하는 정히 절로 다른 것이 있구나"(風景不殊, 正自有山河之異)라고 하였다. 그러자 온 좌중이 서로 바라보며 눈물을 흘렸지만 유독 승상丞相 왕도王導(276~339)[32]는

---

31) 『竹牖先生文集』, 卷1.

심각한 표정으로 말하기를 "의당 우리가 함께 왕실에 힘을 합쳐서 중원을 회복해야 할 터인데, 어찌 초나라 죄수 꼴을 하고 서로 마주하는 지경에 이를 수 있단 말인가?"(當共戮力王室, 克復神州, 何至作楚囚相對?)라고 한 일이 있었다. 여기서 '주의한周顗恨'은 바로 빼앗긴 나라를 회복하지 못한 한을 말한다고 볼 수 있다. 그런데 다른 사람들은 그 옛날 북송의 명상名相인 구양수歐陽修(1007~1072)가 저주자사滁州刺史로 있을 때 그곳의 빼어난 산수의 경치를 매우 좋아한 나머지 앞서 산승山僧 지선智仙이 지어 놓은 정자를 스스로 취옹정醉翁亭이라 이름한 뒤 날마다 빈객들을 불러서 술 마시고 노닐며 유유자적했던 사실만 앞 다투어 말하고 있는 태도를 지적하고 있다. 나라가 왜구의 침략을 받아 쑥대밭이 되었는데도 나라 걱정보다는 풍류만 생각하는 벗들의 태도를 지적하는 데서 작자의 우국충정憂國衷情을 엿볼 수 있겠다.

같은 제목의 두 번째 작품에서도 비슷한 인식을 볼 수가 있다.

눈처럼 부서지는 물결 삼하33)를 놀라게 하고	水雪驚三夏
바람과 안개는 또 하나의 가을을 느끼게 하네.	風煙又一秋
근심 삭이려고 애오라지 승지에 모였으나	散愁聊勝集
이것이 청담이나 하는 놀이라 말하지는 말게나.34)	莫道是淸遊

이 작품 기구와 승구는 모임을 가진 계절의 분위기를 묘사하고 있다. 물결이 쳐서 서늘함을 느끼게 하는 여름에서 바람과 안개로 휩싸인 가을로 접어드는 계절이어서 모임을 가지기에 적합함을 나타내고 있다.

---

32) 東晉 사람으로 자는 武弘, 시호는 文獻이다. 元帝의 총애를 받아 宰相이 되었다. 뒤에 遺詔를 받아 明帝와 成帝의 太傅가 되었다.
33) 三夏는 孟夏, 仲夏, 季夏를 말한다.
34) 『竹牖先生文集』, 卷1.

달리 생각해 보면 여름에도 한기를 느낄 정도로 분위기가 차갑고 앞을 분간하기 어려운 바람과 안개로 뒤덮인 가을은 앞으로 가늠하기 어려운 나라의 운명을 상징한다고 볼 수도 있겠다. 그리하여 전구와 결구에서는 모임이 단순히 근심이나 삭이는 모임이 되어서는 안 된다는 사실을 힘주어 노래하고 있다. 비록 좋은 벗들이 경치가 좋은 곳에 근심을 삭이려고 모여들기는 했으나 이 모임이 단순한 '청유淸遊'가 되어서는 안 된다는 것이다. 당시의 시국과 관련하여 나라와 시대의 어려움을 타개해 나갈 수 있는 대책을 마련하는 데 골몰해야지 그저 청담이나 나누면서 놀이만 하는 것은 바람직한 태도가 아니라는 인식을 행간에 담고 있다.

아래 작품은 역시 영주에 소재하고 있는 「유연당에서 벽 위의 운자에 차운하다」(「悠然堂; 次壁上韻」)라는 작품인데 이 유연당은 김대현金大賢(1553~1602)이 거처하던 집의 당호이면서 동시에 그의 자호이기도 하다.

어젯밤 가을비가 급하게 내리더니	秋雨前宵急
새로운 물이 먼데 물굽이에 불었네.	新流漲遠灣
해가 저물녘에 맑은 술통을 여니	清罇開落日
진하게 푸른색 먼 산에 문득 보이네.	翠黛忽遙山
한창 전쟁을 하는 때를 정히 만나니	政值干戈滿
문무지략 안 쓰임을 쓸데없이 슬퍼하네.	空嗟書劍閒
난리에 술 취하는 것 사양하지 말게나.	休辭亂離醉
술 깬 뒤엔 살쩍이 희어짐을 재촉한다네.35)	醒後鬢催斑

예시 작품 두련에서는 강우로 물이 불어난 상황을 노래하고 있다.

---

35) 『竹牖先生文集』, 卷1.

어젯밤에 많이 내린 가을비로 인해 먼데 물굽이에 물이 많이 불어난 시간적 배경을 그리고 있다. 함련에서는 석양 무렵에 술자리를 벌이는 상황을 그리고 있다. 자신이 할 수 있는 일이 별로 없어서 석양이 질 무렵에 술자리를 벌이고 거기에서 문득 먼 산을 바라보니 마치 눈썹을 그리는 먹처럼 짙은 산 빛이 눈에 들어오는 상황을 표출하고 있다. 그렇게 할 수밖에 없었던 이유에 대해서는 경련에 보다 구체화되어 나타난다. 경련에서는 전쟁은 벌어졌는데 문무를 겸비한 지략은 쓰일 데가 없는 현실을 속절없이 슬퍼하는 상황을 노래하고 있다. '서검書劍'은 바로 '문무文武'를 뜻하는 것으로 볼 수 있고, '한閑'은 아무 곳에도 쓰이지 않으니 바쁘지 않고 한가하다는 뜻으로 기회가 주어지지 않음을 뜻한다고도 볼 수 있겠다. 전쟁이 한창 치열하게 진행되고 있어서 많은 인재를 필요로 하지만 정작 문무의 지략을 갖춘 사람은 그 기회를 얻지 못하여 속절없이 시간만 보내고 있는 안타까운 상황을 경련에서 노래하고 있다. 어쩌면 기회를 얻지 못한 자신의 처지를 나타내었다고도 하겠다. 마지막 미련에서는 술에 취하는 이유를 에둘러 표현하고 있다. 술이 깬 뒤에는 살쩍이 하얗게 세어지는 상황이 빠르게 이어지는데, 그것을 잊기 위해서라도 난리 중에 술 취하는 것을 사양하지 말라는 것이다. 정신을 바짝 차리고 있어도 어려운 국난을 극복하기가 쉽지 않을 터인데 오히려 술을 취하라고 하는 것은, 역설적으로 자신의 능력을 발휘할 기회가 주어지지 않음에 대한 강한 불만의 표출로 볼 수도 있겠다. 어쩌면 도연명의 시구인 "유연견남산悠然見南山"에서처럼 유연하게 살 수 있는 것은 자족의 경지에 이르러야 가능한 것이지 작자의 현재 상황에서 그렇게 살 수는 없는 것이므로 유연당에서 슬퍼하는 심정을 노래한 것으로 볼 수 있겠다.

다음으로 죽유만의 특징적인 면모는 아니지만 죽유가 영주에 소재하
는 누정을 풍류와 교유의 공간으로 인식하고 여러 선후배나 벗들과
어울려 작시한 작품이 있다. 여기에서는 그러한 몇몇 작품을 중심으로
논의를 진행해 보기로 한다.

먼저 「서구대에서 술 취한 중에; 구학정 주인인 희옥希玉 이 안동으로
부임하는 것을 보내며」(「西臺醉裏; 送龜鶴亭主人希玉赴花山」)라는 작품을 보자.
아울러 이 작품에는 "만력 갑진년(1604) 이후 중양절에 구옹龜翁이 서울로
부터 와서 안동의 임소로 부임하는데, 군수 노군盧君과 권군權君 경앙景仰,
박군朴君 자징子澄과 내가 구학정龜鶴亭에서 송별을 하였다. 술이 반도
돌지 않아 구옹은 일어나 떠났고 우리 네 사람은 그대로 크게 취하도록
많이 마셨다. 당시 시내의 동구대와 서구대 양쪽 언덕에 가을빛이 정히
아름다웠는데, 술 취한 속에 이 절구를 써서 한 아이를 시켜 달려가서
희옥이 가는 깃발 아래에서 바치게 하였다. 포덕산인 죽유 오대원은
절한다"[36]라는 후기가 붙어 있다.

동구대와 서구대 던져 버리고 영호루에 누웠으니 　　抛却龜臺臥暎湖
모를레라, 이 사이에 기이한 명승이 없어서인가? 　　未知奇勝此間無
맑은 못에 비치는 붉은 단풍잎의 맑은 가을빛을 　　澄潭紅葉淸秋色
모두 우리 벗들에게 부쳐서 취하고 즐기세나.[37] 　　都付吾儕盡醉娛

이 작품 기구와 승구는 아름다운 영주의 동구대와 서구대를 버리고
안동으로 가는 친구를 원망하는 내용을 담고 있다. 구옹이 영주 서구대를

---

36) "萬曆甲辰之後重陽, 龜翁自京來, 赴花山之任, 郡守盧君, 權君景仰, 朴君子澄, 曁與吾,
　　送別於龜鶴亭. 酒未半, 龜翁起去, 吾四人, 仍大酌劇飮. 時溪臺兩岸, 秋色政佳, 醉裏書此
　　絶, 走一童趕呈于行旌之下. 飽德山人竹牖吳大源拜."
37) 『竹牖先生文集』, 卷2.

버리고 안동으로 가는 것은 실제로는 부임을 하러 가는 것이지만, 술자리에서는 서구대보다 영호루의 경치가 더 좋아서 가는 것으로 장난스럽게 표현하고 있다. 사실을 알면서도 짐짓 절경을 탐하여 가는 것처럼 여기는 희학적인 표현을 통해 풍류의 일면을 엿볼 수 있겠다. 전구와 결구에서는 벗이 떠난 이후의 추경을 제배儕輩들과 마음껏 즐기자는 제안을 담고 있다. 이미 떠난 사람은 어찌할 수 없으니 맑은 못에 비친 붉은 단풍잎의 아름다운 가을빛을 우리 제배들이 실컷 감상하면서 취하고 즐기자는 제안을 통해 작자의 풍류스러운 면모가 여실히 드러난다고 하겠다. 술자리를 같이하다가 한 사람의 결원이 생기면 자칫 주흥을 깨트리는 경우가 왕왕 있으나 거기에 개의하지 않고 오히려 멋을 즐기는 작자의 풍류가 돋보이는 작품이라고 할 수 있겠다.

다음 작품 역시 「술 취한 가운데 구학정 주인의 운자에 차운하다」(「醉裏次龜鶴亭主人韻」)라는 작품인데, 두 수 가운데 첫 번째 작품을 보기로 한다. 구학정주인龜鶴亭主人은 아마도 앞의 작품에서처럼 백암 김륵을 말하는 것으로 보인다.

여름 더위 얼마나 가랴? 서늘한 가을로 바뀌니	夏炎能幾換秋涼
근심의 실마리가 갑자기 취하는 자리로 들어오네.	愁緒俄然入醉場
이곳이 난정이 아니라면 곧 두곡일 것이니	不是蘭亭卽杜曲
일거에 수천 잔 기울임을 어찌 사양하리오238)	何辭一擧累千觴

예시 작품 기구와 승구는 계절의 변화로 수심이 생김에 술로 근심을 삭이는 상황을 노래하고 있다. 더운 여름이 지나고 서늘한 가을로 계절이 바뀌면 근심의 실마리가 갑자기 사람을 술자리로 이끈다는 것이다.

---

38) 『竹牖先生文集』, 卷2.

아무래도 술을 망우물忘憂物이라 한 고인들의 말처럼 근심을 잊고 해소하는 데에는 술과 같은 것이 없는가 보다. 전구와 결구에서는 술을 마시는 이곳은 유상곡수流觴曲水를 즐긴 왕희지王羲之의 난정蘭亭이나 두씨杜氏들이 대대로 거주한 두곡杜曲과 같은 곳이므로 일거에 수천 잔의 술을 사양할 필요가 없다는 사실을 노래하고 있다. 시를 짓고 술을 마시는 유상곡수의 난정은 시를 짓지 못하면 벌주를 마시는 장소로 풍류스러운 공간이고 또한 반드시 술이 필요한 공간이기도 하다. 또 두씨들이 대대로 산 두곡은 마치 고향과 같이 푸근함을 느낄 수 있는 공간이어서 아무런 부담도 없이 마음껏 마실 수 있으므로 수천 잔의 술을 사양할 필요가 없다. 참으로 풍류스럽고 호기롭게 술을 마실 수 있는 곳에서 마음껏 술을 마시며 근심을 삭일 수 있는 여유가 느껴진다.

다음은 아주 긴 제목의 작품이다. 「섣달 스무날 취향당翠香堂에 모였는데 술을 마신 사람은 호여瑚如 금복고琴復古(1549~1631) 등 네다섯 사람이었다. 화분에 한매寒梅가 정히 피었는데, 사우四友의 반열에는 들지 못한다고 좌중에서 말하는 사람이 있었다. 내가 말하기를, 증자曾子도 공문사과孔門四科에 들지 못했는데 이것은 당시에 우연히 문하에 이르지 않았기 때문일 뿐이라고 하였다. 그리하여 각각 호여의 운자에 차운하여 이것을 보충한다」(「臘念會翠香堂, 飮者琴瑚如復古等士友五六人. 盆有寒梅政開, 而不與於四友之列, 坐有言之者. 余謂, 曾子之不與四科, 當時偶不及門耳. 仍各次瑚如韻以補之」)라는 제목의 작품 세 수 가운데 두 번째 작품을 보자. 죽유의 작품 가운데 아마도 제목이 가장 긴 작품이 아닌가 한다.

얼음 같은 자질 사랑해 담박한 사귐 이루었는데   爲愛冰姿作淡交
줄 끊어짐에 누가 아교로 이어붙일 줄 아는가?   絶絃誰解續鸞膠

추운 날씨에 또 마음을 논의하는 벗 마주하니　　　　　　歲寒且對論心友
밤이 새도록 술을 마시는 것이 무에 해로우랴?[39]　　　　罇酒何妨夜徹朝

　예거한 작품 기구와 승구에서는 담박한 우정은 끊어지지 않고 오래갈
수 있다는 사실을 담고 있다. 얼음과 같은 자질을 가진 사람과 맺은
담박한 사귐은 중도에 변함이 없이 오래갈 수가 있고 만약 중간에
끊어지는 경우가 있더라도 다시 이어 줄 능력이 자신에게 있다는 사실을
설의設疑를 통해 강조하고 있다. 전구와 결구에서는 지심통언지우知心通
言之友와의 음주는 시간의 구애를 받지 않는다는 사실을 강조하고 있다.
부쩍 추워진 날씨에도 마음을 논하는 친구와 마주 앉아 술을 마신다면
철야달조徹夜達朝토록 마셔도 아무런 문제가 없다는 인식을 드러내고
있다. 일반적으로 우정을 말할 때 거론하는 "주봉지기천종소酒逢知己千鍾
少"는 술의 양의 문제이지만 "야철조夜徹朝"는 시간의 문제로, 아무런
시간의 제약이 없이 자유롭고 풍류스러우며 호기롭게 마실 수 있는
것은 마음이 통하는 벗과의 음주이기 때문에 가능한 것이다. 취향당에서
시간적 구애나 제약이 없이 마음이 통하는 벗과 마음껏 술을 마시는
풍류를 엿볼 수 있겠다.
　죽유의 영주누정 한시 세계에서는 민시병속憫時病俗과 우국의 심정,
자신의 포부를 제대로 펼쳐보지 못함에 대한 안타까운 심정을 토로하는
공간으로 하한정과 유연당을 노래한 작품이 있고, 또 일반적이기는
하지만 누정을 풍류공간으로 인식하고 있는 작품도 있었다. 이것은
죽유만의 특징이라고 하기는 어렵지만 누정공간에서 이러한 인식을
한 것은 눈여겨볼 필요가 있다고 생각한다.

---

39) 『竹牖先生文集』, 卷2.

5. 결론

비록 중종 시대에 출생하였지만 '목릉성세'라고 하는 선조 시대에 주로 활동하였고 임진왜란을 몸소 겪으며 격동의 시기를 살았던 죽유의 삶은 결코 평탄하였다고 하기는 어렵다. 자기 시대에 엄청난 전쟁을 겪는 것만으로도 삶이 많이 왜곡되고 꼬일 수 있는데, 성세와 난세를 동시에 경험한 죽유의 삶은 평면적이 아니라 다면적으로, 적층적으로 이루어져 있다고 생각되어 이를 면밀하게 살펴볼 필요가 있다고 하겠다. 이상에서 논의한 내용을 결론으로 요약하여 죽유의 시세계를 정리해 보면 아래와 같다.

먼저 연작시의 세계에서는, 죽유는 모두 4제 44수의 연작시를 읊고 있다. 그 가운데 3제 34수의 시가 안강의 독락당을 중심으로 읊은 시, 영주의 하한정을 읊은 시, 역시 영주의 이개립의 성오당을 읊은 시이다. 이들 시에서 죽유는 선현의 부재에 대한 무상감과 아쉬움을 노래한 작품과 자신의 수양 의지를 표출하고 있다. 그리고 친하게 지내며 많은 작품으로 교유했던 송계 권응인의 시에 차운한 절구 10수처럼 무상감과 풍류에 대한 인식, 달관의 태도를 노래한 작품도 있으며, 하한정을 읊은 작품처럼 은거의 즐거움을 노래한 것도 있다. 성오당팔영시에서는 각 건물과 경관 등에서 느끼는 죽유 나름의 독특한 발상을 작품화하기도 하였다. 다시 말하면 '양몽'을 '관수'에서 취해 해석한 것과 국화 꽃잎을 술에 띄워 마시는 발상이 그것이다.

둘째로 기행시의 세계에서는, 죽유는 정선군수로 재직할 당시에 금강산을 유람하고 나서 많은 작품을 남겼는데 그 가운데에는 자각자성의 계기와 탈속선계의 지향을 나타낸 작품이 있다. 그가 세속적 가치에 대한 자신의 강한 집착과 욕망을 인식하고 이를 벗어나야겠다는 생각을 가지게 된 것과, 좁은 세계관을 극복하고 보다 넓은 시각을 가지게 된 계기를 담은 작품을 자각자성의 계기라고 명명한다. 그리고 복잡다단한 속세를 벗어나 한가로움이 넘치는 선계로 가고자 하는 내용을 담은 작품은 탈속선계의 지향이라고 설정하였다.

마지막으로 죽유의 영주누정 한시 세계에서는, 시대를 아파하고 나라를 걱정하는 상시우국의 심정과 자신의 포부를 펼치지 못함에 대한 안타까운 심정을 토로하는 공간으로서의 하한정과 유연당을 노래한 작품이 있고, 일반적이기는 하지만 누정을 풍류공간으로 인식하고 있는 작품도 있다.

죽유 한시의 특징을 간단하게 말하자면, 적지 않은 연작시를 남긴 것과 다양한 인식을 담은 금강산 기행시와 역시 죽유의 특징적인 면모를 볼 수 있는 영주누정시를 남긴 것이라고 할 수 있겠다.

서론의 연구사 정리에서도 살펴보았듯이 죽유에 대한 연구는 그가 차지하는 위상과 성망에 견주어 볼 때 앞으로도 꾸준하게 전개되어야 한다고 생각한다. 본고는 그러한 노력에 일조하는 정도의 의미는 가진다고 하겠다. 이를 계기로 죽유의 연구가 활발하게 이루어지기를 기대해 본다.

제8장 『동사찬요』「열전」의 서술 방식과 특징적 양상

최 은 주

1. 들어가며

죽유竹牖 오운吳澐(1540~1617)에 대한 연구는 그동안 다양한 방면에서 이루어져 왔다. 가장 먼저 주목받은 것은 그가 말년에 직접 편찬한 역사서 『동사찬요東史纂要』였다.[1] 이후 오운에 대한 그간의 관심과 연구가 임진왜란 당시 의병을 일으킨 의병장 또는 『동사찬요』의 저자라는 측면에 집중되

---

[1] 정구복은 16~17세기 사찬사서로서 『동사찬요』를 주목하고 사림문화의 성장 배경 속에서 당시 유행한 사략형 사서 형태로 규명하였다.(「16~17세기의 사찬 사서에 대하여」, 『전북사학』1, 1977) 한영우는 『동사찬요』를 당시 당파 문화를 배경으로 만들어진 남인파 역사의식의 산물이라 분석하였다.(「17세기 초의 역사서술 ―오운의 『동사찬요』와 조정의 『동사보유』」, 『한국사학』6, 1985) 김순희는 『동사찬요』 저술 간행과 관련하여 서지학적 연구를 진행하였고(「오운의 『동사찬요』의 서지학적 연구」, 『서지학연구』24, 서지학회, 2002), 박인호는 『동사찬요』의 판본별 수정 보충 내용을 분석하고 그에 따른 오운의 역사지리인식의 추이를 규명하면서, 결론적으로 유교적인 도덕률과 합리성에 기반하면서도 주자학의 정통논리를 적용하려 했던 당시 사림들의 역사인식을 대표하는 인물로 오운을 자리매김하였다(「『동사찬요』에 나타난 오운의 역사지리인식」, 『죽유 오운의 삶과 학문세계』, 역락, 2007). 장윤석은 오운의 『동사찬요』와 홍여하의 『동사제강』을 비교 분석하면서 17세기 영남 남인으로서의 의식이 반영된 오운과 홍여하의 역사인식을 규명하려 하였다.(「17세기 영남 남인 오운과 홍여하의 역사인식」, 경북대 석사학위논문, 2007)

었다는 반성적 논의를 토대로 그의 삶과 학문세계에 대한 종합적 고찰이 진행되었다. 허권수는 강좌와 강우 문화의 융합자로서의 오운의 생애와 교유관계를 주목하였고,[2] 설석규는 영남 사림의 분화에 있어서 이황과 조식을 통해 복합적으로 학문을 수용한 오운이 어떤 역할을 담당했는지 또 그 의미가 무엇인지 분석 고찰하였다.[3] 또 정우락은 오운의 독서 경향과 문학정신을 살펴보면서 그의 시세계에 담긴 감성, 곧 흥興과 낭만주의적 성격을 탐색하였다.[4] 김순희는 도서편찬자로서의 오운을 주목하고 그의 학문과 저술을 상세하게 정리 분석하였으며,[5] 박동욱은 오운의 시 작품 전반을 대상으로 총체적 특징 양상을 규명하였다.[6]

기왕의 연구성과를 바탕으로 본고는 다시 오운을 주목하였다. 그 중에서 도 많은 관심을 받아 왔던『동사찬요』안에 수록된「열전」을 연구 대상으로 삼았다. 앞서 박인호는『동사찬요』의「열전」을 대상으로 판본별「열전」 수록 인물의 변화, 범례로 밝힌 서술 원칙,「열전」의 인물 구성과 수록된 평론의 내용 등을 살펴 오운의 역사 인식을 탐색한 바 있다. 그리고 그는 임진왜란 이후 국가에 대한 충성심이 강조되고 사림으로서의 의식 확립이 요구되었던 당시의 시대적 배경의 중요성을 언급하면서 개국이나 개혁 등의 제도적 측면보다 개인적 측면의 충성과 의리가 더 중시되었음을 지적하고, 이에 따라 오운이 지나간 역사에서 이러한 행적을 남긴 인물들을 뽑아 열전을 편찬하였다는 결론을 도출하였다.[7]

---

2) 허권수,「죽유 오운 —강좌와 강우 문화의 융합자」,『죽유 오운의 삶과 학문세 계』(역락, 2007).
3) 설석규,「16세기 영남사림의 분화와 오운의 역할」,『죽유 오운의 삶과 학문세계』 (역락, 2007).
4) 정우락,「오운의 시세계에 나타난 흥과 낭만주의적 성격」,『죽유 오운의 삶과 학문세계』(역락, 2007).
5) 김순희,「죽유 오운의 학문과 저술세계」,『서지학연구』41(서지학회, 2008).
6) 박동욱,「죽유 오운의 생애와 내면의식」,『온지논총』22(온지학회, 2009).

본고는 이러한 연구 결과와 함께 오운에 대한 다음과 같은 사실들을 새롭게 주목했다. 오운은 오랜 시간 동안 약 11종에 이르는 책을 저술 편찬하거나 교정 및 개장改粧하였고[8] 임진왜란이라는 큰 사건을 겪으면서도 도서 편찬 및 교정에 변함없는 노력과 정성을 쏟았다. 더욱이 『동사찬요』가 개찬改撰의 과정을 거쳐 최종 완성되었을 때 오운의 나이가 75세였는데, 이로 보아 『동사찬요』 편찬은 오운의 학문과 경륜이 원숙해지는 정점에서 이루어졌으며 그의 인생 경험과 글쓰기 역량이 총체적으로 발현된 결과물이었음을 알 수 있다. 이러한 사실들을 염두에 두며 『동사찬요』 「열전」의 서술방식과 특징적 양상을 분석해 보고, 이를 통해 오운의 글쓰기 경향이 마지막으로 어떻게 완성되었는지 살펴보려 한다. 이러한 연구 목적의 달성을 위해 먼저 『동사찬요』 「열전」의 편찬 방향과 체재를 검토하고, 다음으로 「열전」의 실제 서술이 어떤 방식으로 이루어졌는지 실상을 살펴보면서 뚜렷이 나타나는 특징적 양상을 규명할 것이다. 그리고 마지막으로 본론에서 검토한 결과를 바탕으로 오운이 글쓰기에 있어서 특히 논리성이 중시되는 글을 지을 때 어떤 서술 원칙을 중시했었는지 종합적으로 정리해 볼 것이다.

2. 『동사찬요』 「열전」의 편찬 방향과 체재

『동사찬요』 전반 또는 『동사찬요』 「열전」의 편찬 동기와 서술 원칙

---

7) 박인호, 「『동사찬요』 「열전」에 나타난 오운의 역사인식」, 『퇴계학과 유교문화』 50호(경북대 퇴계연구소, 2012).
8) 오운의 저술에 대해서는 김순희, 「죽유 오운의 학문과 저술세계」, 『서지학연구』 41(서지학회, 2008) 참조.

등은 오운이 쓴 서문과 범례에 근거하여 기존 연구에서 어느 정도 밝혀 놓았다.9) 이 절에서는 기존 연구의 성과 위에서 『동사찬요』의 서문과 범례를 요약정리하고, 이를 통해 오운이 어떤 목적으로 어떤 원칙을 세워서 어디에 근거하여 어떤 체재를 갖추어 「열전」을 서술하려 했던 것인지 배경 설명 차원에서 핵심적 사항만 검토해 보려 한다.

먼저, 목적 부분이다. 이에 대해서 오운은 『동사찬요』 서문에서 뚜렷하게 언급하였다.

> 내가 임진왜란을 겪은 후 궁벽한 시골에 은둔할 때 우리나라 역사를 보고 옛것을 끌어다 지금을 고증하고자 생각했다.…… 삼국三國 이후 명신名臣들의 언행에 이르러 손 가는 대로 뽑아 나열하였다. 다시 생각하니 선악이 모두 존재해야 권선징악이 갖추어지므로 이에 반적叛賊과 권흉權凶 중에 두드러지는 자를 뽑아내어 뒷부분에 별도로 수록하였다. 이로써 어진 이를 가까이하는 것을 보배로 삼게 되고 서리를 보면 얼음이 언다는 경계를 알게 될 것이다.10)

오운은 지나온 역사를 돌아보면서 현재와 미래를 대비하는 것이 필요하다고 생각했다. 이 생각이 더욱 절실했던 것은 그가 임진왜란이라는 전쟁을 몸소 겪었기 때문이었다. 시작은 가벼웠다. 오운은 당초 누구에게 보이려는 목적이 아니라 혼자서 편리하게 기억하려고 쓴 것이어서 편집과 체재가 치우침이 있었다고 밝혔다. 그러나 사우들이 간행하여 전파하려 하므로 처음 찬술 후에 두 번의 수정 보완을 더 거쳐 지금의

---

9) 이에 대해서는 박인호, 「『동사찬요』 「열전」에 나타난 오운의 역사인식」(『퇴계학과 유교문화』 50호)과 김순희, 「오운의 『동사찬요』의 서지학적 연구」(『서지학연구』 24) 참조.

10) 오운, 『동사찬요』, 발문, "余經龍蛇亂離來, 屏跡窮巷, 思見東史攬古證今.……至於三國以後名臣言行, 隨手抄列. 旋念善惡俱存, 勸懲斯備, 乃拈出叛賊權兇之尤者, 別錄于下. 庶幾親賢爲寶, 霜氷知戒."

완성된 체재를 갖추게 되었다고 하였다.[11] 이렇게 해서 집필 원칙과 편집의 체재가 갖추어졌다. 오운은 범례에서 「열전」과 관련된 원칙을 제시하면서 뒤이어 그 원칙을 적용한 입전 인물 일부를 예시하였다. 아래의 예문은 관련 범례를 정리한 것이며, 예시 부분은 생략하였다.

① 명신을 뽑아 나열하되 인물의 선후로 차례로 삼았다. 혹 뒤따라 이름이 난 인물이 거나 동시에 같은 일을 하였으나 행적이 많지 않은 인물, 또는 당시의 일로 이름이 드러난 인물은 먼저 이름이 드러난 인물의 아래에 아울러 덧붙여 놓았다.

② 같은 일에 공적이 서로 차이가 없을 경우에는 아울러 하나의 전傳으로 만들었다.

③ 한 인물의 사적事蹟이 구절마다 흩어져 나와 번쇄하거나 혹 언행이 전할 만한데 기재된 것이 빠지고 또 생략된 경우에는 비지문자碑誌文字 및 다른 서적들을 모아 서 살펴보고 첨삭하였으며 자못 은괄隱括(굽고 뒤틀린 것을 바로잡음)을 가하였다. 그러나 한 가지 말 한 가지 일이라도 모두 고거考據한 것이며 감히 두찬杜撰(전거와 출처가 확실하지 않거나 틀린 곳이 많은 저술)하지 않았다. 혹 다른 서적의 말을 전적으로 인용할 때에는 별도로 기록하고 그 출처를 써 두었다. 【『동국통감』에 보이지만 사적이 미비한 자는 『고려사』에서 전적으로 취하였다.】[12]

④ 본기本紀에 등재된 선유先儒 및 사가史家의 평론은 가려 뽑아 요점을 축약한 것이 다. 당시 사관史官이면 사신史臣으로 칭하고, 사서史書를 편찬할 때의 여러 신하들 은 사씨史氏라 칭하였다.

⑤ 일의 업적과 행적이 국가의 흥망성쇠와 관련된 것은 두루 찾아내어 채집하였다. 비록 많다 하더라도 마다하지 않았다. 만약 언행이 크게 드러나지 않고 문한文翰에 힘을 쏟았을 따름이라면 구절을 생략하고 그 대략만 썼다.

⑥ 속세를 떠나 고고하게 지냈거나 오도吾道에 기치를 세운 인물인데 본사本史의 기록이 간략한 경우에는 선현先賢의 언론이 유고遺稿에 나타나 있으면 그 중의

---

11) 오운, 『동사찬요』, 발문.
12) 【 】 속의 기록은 처음 찬술 후 첫 번째로 개찬하여 1609년 경주부에서 간행했던 己酉本의 범례에는 있었으나, 두 번째 개찬을 거쳐 1614년에 간행한 甲寅本에는 산삭되고 없다.

한두 조를 취하여 보충하였다.

⑦ 언행이 역사에 드러나 공경할 만한 인물은 비록 간략하더라도 반드시 기록하였으나, 다만 의거할 만한 다른 서적이 없으면 처음과 끝을 갖추어 서술할 수 없었다. 또한 야은 같은 인물은 풍교와 절의가 온 나라에 드리워졌는데 원사原史에 기록된 것이 없으니, 우선 박아군자를 기다리거나 혹 (고려의) 전사全史를 얻어서 추가 보충하였다. 우리 동방에 야사野史가 없어서 숨은 행적이 자못 매몰되었으니 애석하다.

⑧ 야은冶隱 이하 네 군자는 원사原史에 드러난 것이 없으므로 처음에는 기록하지 않았는데 여러 서적에서 찾아내어 보충 기록하였다. 농암籠巖(김주)의 풍절에 이르면 더욱 뛰어나고 특별하므로 그 후예들에게서 행적을 직접 조사하여 기록하였다.

⑨ 삼국三國 때의 사절지사死節之士는 신라가 가장 많기에 모아서 나열하여 별도의 전傳으로 만들고 그 뒤에 효열孝烈을 덧붙였다.

⑩ 반적叛賊의 부류를 뽑아서 그 사적事蹟을 나열하였으나 명신의 입전에 비할 바는 아니어서 모두 한 글자씩 낮추어 썼으니, 곤월袞鉞의 뜻을 나타낸 것이다.

⑪ 가만히 나의 견해를 붙이고자 할 때에는 전傳 말미에 '안按'자로 표시하였다.

오운은『동사찬요』열전을 서술하면서 ① 명신을 뽑아 시대순으로 나열하면서 필요할 경우 입전 인물에 덧붙여 관련되는 인물의 행적을 서술하였고, ② 같은 일의 공적일 경우 여러 인물을 하나의 전傳으로 만들었으며, ③ 여러 서적들을 참고하여 첨삭을 가하되 철저한 고증에 의거하고 더불어 인용처를 표기함으로써 자료의 신뢰성을 더하였다. 또 ④ 필요하다고 판단할 경우 기존 역사서의 논평이나 선유先儒들의 논평을 절취 및 요약해서 수록하였고, ⑤ 행적이 나라의 흥망성쇠와 직접적으로 연결될 경우 두루 채집한 자료를 바탕으로 서술 분량을 많이 할애하였으며 문필에 힘써서 두드러진 언행이 없을 경우 간략하게 서술하였다. 그리고 ⑥ 은둔하며 절의를 지키거나 유학의 확산에 공이 있는 인물은 선현의 언론을 추가 보완하였고, ⑦⑧ 입전해야 마땅하지만 기존 역사서에 누락된 경우 그 행적을 여러 서적에서 찾아내고 또 후손들에게 조사하여 단독 입전하였다. 마지막으로 ⑪ 자신의 견해를 덧붙일 때에는 전傳이 끝난 말미에 '안按'이란 글자를 쓰고 기록하였다. 이 가운데 ①②⑪은 집필 원칙이면서 편집 체재를 반영하는 것이고, ⑨⑩은 편집 체재를 설명한 것이다.

다음은 어디에 근거하였는가 하는 부분이다. 이 역시 범례 마지막에 '찬집제서纂輯諸書'라는 제목으로 본인이 참고한 서적들을 기록하였으므로 어렵지 않게 확인할 수 있다. 그 책들은 다음과 같다.

> 동국통감東國通鑑, 동국사략東國史略, 고려사高麗史, 삼국사절요三國史節要, 여지승람輿地勝覽, 천운소통天運紹統, 동문선東文選, 목은문집牧隱文集, 청구풍아靑丘風雅, 추강냉화秋江冷話, 어제시御製詩, 익재난고益齋亂藁(櫟翁稗說), 퇴계문집退溪文集, 남명유고南冥遺稿, 죽계지竹溪志, 병진정사록丙辰丁巳錄, 용재총화慵齋叢話, 소문쇄록謏聞鎖錄, 오산지吳山志, 동국명신행적東國名臣行蹟, 대동운옥大東韻玉.

오운이 「열전」을 편찬하는 데 있어서 위와 같은 서적들을 참고할 때의 기본 방침은 『동국통감』과 『고려사』를 큰 줄기로 삼고 나머지 책들은 ③⑤⑥⑦⑧처럼 필요하다고 판단할 경우 세밀한 고증을 거쳐 선택적 인용을 취하는 것이었다. 「열전」의 내용들을 살펴보면, 삼국의 명신들은 『동국통감』의 해당 연도와 줄기를 기본으로 삼아 일정한 산삭과 내용의 재배치 그리고 약간의 보완을 진행하였고, 고려의 명신들은 『고려사』「열전」을 기본으로 삼아 산삭을 주로 하되 보완 서술이 필요할 경우 『동국통감』의 해당 사적 또는 위에 나온 선현들의 저술 등을 참고하여 고증을 진행한 후 선택적으로 인용하였다. 상대적으로 자료가 많아지는 고려 후기 명신들의 경우 내용 보완을 좀 더 시도하였고, 특히 『고려사』 「열전」에 수록되지 않았던 길재와 서견, 이양중, 김주, 원천석을 입전하면서 그 행적을 서술하기 위해 위의 서적들을 많이 참고하였다.

3. 『동사찬요』 「열전」의 서술 방식과 특징적 양상

이 절에서는 오운이 서문 및 범례에서 직접 밝힌 『동사찬요』 「열전」의 편찬 방향과 편집 체재에 근거하여, 「열전」 서술의 방식이 어떤 특징적 양상을 나타내고 있는지 그 실제를 검증해 보려 한다.

1) 내용 구조의 체계성 고려

『동사찬요』 「열전」의 인물별 서술은 기본적으로 도입부 – 본론 – 종결부로 전개된다. 도입부 – 본론 – 종결부에서 각각 서술한 내용들은 대략 아래의 표와 같다.

도입부	字, 본관, 간략 가계, 타고난 역량과 기질, 과거급제와 관직 진출
본론	관직 진출 이후 뚜렷한 공적들을 시간 경과에 따라 서술
종결부	졸한 시기, 시호, 배향, 총평(성품, 저술), 특징적 일화, 장례, 자손 언급

도입부는 인물마다 서술 내용에 큰 차이가 없고, 본론은 행적에 따라 분량의 차이가 크다. 마지막 종결부는 보통 "몇 세에 졸하고 시호는 무엇이며 어디에 배향되었다"로 끝나는데, 경우에 따라 성품이나 저술을

언급하는 총평이 더해지고 특징적 일화가 있는 경우 말미에 별도로 서술하기도 하였다. 또는 「지채문전」처럼 제일 끝부분에 "채문의 후손 지녹연은 인종仁宗 때 동지추밀원사가 되었는데, 지혜는 있으나 계책이 졸렬해서 이자겸이 국권을 전횡할 때 그를 죽일 것을 도모하다가 오히려 죽음을 면치 못했다"[13]라는 내용을 실어 경계로 삼을 만한 자손의 이야기를 간략하게 언급하기도 하였다. 인물마다 기록과 자료의 차이가 있기 때문에 위와 같이 서술 내용이 다 갖추어진 경우도 있지만 어떤 경우는 매우 소략할 때도 있는데 주로 삼국 명신들이 이에 해당한다. 삼국 명신의 경우 편년체 역사서인 『동국통감』에서 해당 인물들의 공적을 추려내고 그의 졸기를 참고하여 위와 같은 전개 방식의 원칙을 고수하였다. 고려 명신의 경우 『고려사』「열전」이 대체로 위와 같은 전개 방식을 취하고 있기에 그 기본 축을 따라 서술했지만, 장황한 설명은 산삭하고 넘치는 정보들은 요약하면서 위의 전개 구조를 끝까지 고려해 서술을 조금씩 조정한 부분들이 보인다.

다음은 도입부 – 본론 – 종결부의 전개 방식으로 완성된 한 인물의 전을 기본으로 하면서 여기에 다른 인물의 행적을 요약적으로 덧붙인 내용 전개 구조이다. 이것은 앞의 범례에서 확인한 바로, 『고려사』「열전」의 본전과 부전 형태를 차용한 것으로 보인다. 범례 끝에 스스로 그 예로 든 것이 곧 서희(서눌), 유응규(유석), 윤관(오연총), 김이(최성지), 김보당(윤인첨), 박상충(정사도, 김구용)이었다. 다음의 표는 그 실상을 분석하여 정리한 것이다.

---

13) 오운, 『동사찬요』, 권3, 「열전·고려명신」, '智蔡文', "蔡文之後祿延, 仁宗時同知樞密院, 有智而謀拙, 李資謙專國謀誅之, 不克死."

<표 1> ① 자손인 경우

本傳	附傳	기술 형식	本傳	附傳	기술 형식
서희	서눌(子), 서공(後孫)	요약 기술	최당	최선(弟), 후손들 언급	요약 기술
최유선	최사추(孫), 최윤의(玄孫)	요약 기술	김훤	김개물(子)	요약 기술
김부식	김군수(孫)	요약 기술	정해	정보(孫)	요약 기술
유응규	유석(孫)	요약 기술			

<표 2> ② 행적이 연결되는 경우

本傳	附傳	기술 형식	本傳	附傳	기술 형식
유검필	박술희, 이총언	요약 기술	유경	오윤부	요약 기술
윤관	오연총, 윤언이(子)	요약 기술	홍자번	(오기), 허공	요약 기술
이자현	곽여	요약 기술	김이	최성지	요약 기술
최유청	정서	요약 기술	이공수	이자송, 임박	요약 기술
김보당	윤인첨	요약 기술	박상충	정사도, 김구용	요약 기술
이인로	오세재, 임춘, 조통, 황보항, 함순, 이담지	요약 기술	이색	박의중, 정지, 우현보	細註 삽입
			정몽주	이숭인, 김진양, 이종학	요약 기술
김방경	김주정	요약 기술			

　　오운이 어떤 인물을 덧붙여 서술할 필요가 있다고 판단한 경우는 대략 2가지 유형으로 나누어졌다. 먼저 입전 인물의 자손으로서 명신으로서의 행적이 두드러질 경우 그 인물에 대해 간략하게 요약하여 서술하였다. 다음으로 입전 인물의 어떤 사적에 연결되어 있거나 서로 행적이 유사한 경우 그 인물의 행적을 덧붙여 요약적으로 서술하였다. 예컨대, 「유검필전」 뒤에 붙인 박술희, 이총언은 태조의 왕업을 도왔다는 공통의 행적이 있으며, 「윤관전」 뒤에 붙은 오연총은 여진정벌 때 함께했던 공동의 이력이 있었다. 그 뒤에 붙은 '윤언이'는 윤관의 아들이다. 이자현과 곽여는 동년同年인데 둘 다 벼슬을 버리고 은거한 행적이 유사하였다. 「최유청전」에 덧붙은 정서는 그의 처남으로, 당시 정서가 대령후 왕경王

曝과 모반을 꾀했다는 무고를 입고 유배당하게 되었을 때 최유청도 함께 연루되어 탄핵을 입고 좌천된 일이 있었다. 이러한 서술 방식은 『고려사』「열전」의 본전과 부전 형태를 참고한 것으로 보이지만, 인물 선정과 연결은 나름대로 판단한 것이었다.

또 다른 내용 전개 방식은 같은 공적을 남긴 여러 명을 하나의 전傳으로 완성한 것이다. 역시 앞의 범례에서 확인했던 사실인데, 오운은 홍유洪儒·배현경裵玄慶·신숭겸申崇謙·복지겸卜智謙 4명과 정세운鄭世雲·안우安祐·김득배金得培·이방실李芳實 4명을 예로 들었다. 이 외에 을두지乙豆智·송옥구松屋句와 최항崔沆·채충순蔡忠順의 경우가 더 있다. 하나의 전으로 한데 묶어 서술하였기에 내용 전개에 다소 차이점이 있다. 대개 한 명씩 간략하게 출신을 언급한 후 공통된 활동상을 중심으로 서술하였다. 예컨대 정세운 외 3인의 경우, 순서대로 그들의 집안 내력과 관력을 언급한 후 홍건적 토벌을 중심으로 네 사람의 활동상을 함께 서술하고, 이어서 안우·김득배·이방실이 정세운 살해 사건에 연루되어 처형되는 과정을 차례로 서술하였다. 『고려사』「열전」에는 3인이 하나의 전으로 묶여 있고 정세운은 단독 입전되어 있으나, 오운은 네 명을 하나의 전으로 묶어 서술하였다.

입전 인물의 시문 가운데 그의 행적 설명과 연결성이 있다고 판단한 경우, 오운은 주로 종결부를 마무리한 후 그 뒤에 작품 원문 또는 관련 일화를 수록하는 전개 구조를 취하였다. 그러나 이 부분은 출처를 별도로 밝히지 않은 채로 인물의 행적과 자연스럽게 연결되어 있다. 이것은 기본 서적으로 삼았던 『동국통감』과 『고려사』에는 기록이 없지만, 그가 두루 참고했던 『여지승람』, 『동문선』, 『역옹패설』, 『청구풍아』 등에 고려 중기 이후 명신들의 작품과 관련 일화가 꽤 수록되어 있었기에 가능한 방식이었다. 이와 관련한 사례들은 뒤에서 좀 더 자세히 언급하겠다.

마지막으로,『동국통감』의 사론史論 및 선유先儒들의 평론을 인용하거나 자기의 견해를 기록할 때 순차적으로 덧붙인 구조를 취하였는데, 이 역시 체계성을 갖추고 있음을 확인할 수 있다.

이와 같이 오운이 「열전」을 서술하면서 취한 내용 전개의 구조를 종합적으로 정리하면 아래와 같다.

本傳	도입부 - 본론 - 종결부					
附傳	중간에 세주 형태로 삽입	or	(+) 요약 기술			
시문/일화		필요시	+	纂輯諸書 인용		
평론			필요시	+	동국통감 평론 인용	or +	先儒의 평론 인용
				필요시	+	오운의 평론

위의 표를 보면 본전 자체로 완성된 구조를 두고 판단에 따라 계속 덧붙여 서술하였음을 알 수 있다. 그 안에서 서술의 순서를 일관되게 적용하였으며, 이러한 구조에 의거해 서술 방식의 체계성과 내용의 논리성을 획득하였다.

2) 간결명료의 추구

오운은 내용 전개의 체계적 구성을 고려하면서 인물의 주요 행적을 중심으로 가능하면 간결명료하게 기록하려 하였다. 앞에서『동국통감』과『고려사』「열전」의 내용을 기본 줄기로 삼으면서도 적절하게 산삭을 가하거나 요점을 압축하여 서술했다는 사실을 지적하였는데, 곧 이러한 서술 방식을 말한다. 산삭의 사례로 「위계정전」의 경우를 들 수 있다. 『고려사』「열전」에는 위계정이 사직을 요청하고 녹봉을 사양하기 위해 표문을 여러 번 올리자 그것에 대해 왕이 내린 네 차례의 조서가 그대로 기록되어 있는데, 오운은 2개를 산삭하고 나머지 2개도 요점만 간추려 서술하였다. 이런 산삭의 사례는 꽤 많아서 일일이 거론하기 어려울 정도이다. 어떤 경우에는 해당 인물이 표문이나 상서문을 작성한 배경만 언급하고 그 원문을 산삭하기도 했다.

① 최승로 : (시무)이십팔조는 모두 원사原史에 실려 있으므로 지금 기록하지 않는다.[14]

② 윤언이(윤관의 附傳) : 모두 본전에 실려 있다.[15]

①의 경우, 최승로는 성종 원년(982)에 왕이 진언을 요구하자 상소와 함께 시무책 28조를 별지로 올렸는데, 『고려사』「열전」에는 상소 원문과 시무책 28조 중 확인되지 않는 4개 조항을 뺀 나머지 원문이 모두 기록되어 있는 데 비해 오운은 상소 원문은 모두 싣고 시무책은 산삭하였음을 표기한 것이다. ②는 김부식과의 사건[16] 때문에 축출되었던 윤언이가 묘청의 난을 진압한 후에 자신이 정지상과 연루되었다고 한 김부식의

---

14) 오운, 『동사찬요』, 권3, 「열전 · 고려명신」, '崔承老', "二十八條具載原史, 今不盡錄."
15) 오운, 『동사찬요』, 권4, 「열전 · 고려명신」, '尹瓘(尹彦頤)', "具載本傳."
16) 윤언이의 부친 윤관이 왕의 지시를 받아 大覺國師 碑文을 지었는데 글 솜씨가 뛰어나지 못해 그 門徒가 몰래 왕에게 건의해 김부식에게 고쳐 짓게 하였다. 당시 윤관이 相府에 있었으나 김부식이 사양하지 않고 끝내 짓자 윤언이가 앙심을 품게 되었다. 어느 날 왕이 國子監에 행차하여 김부식에게 『周易』을 강론하게 하고 윤언이를 시켜 그 내용을 토론하게 했다. 윤언이는 『주역』에 정통했기 때문에 여러모로 따져 질문을 퍼부으니 김부식이 답변이 궁해 진땀을 흘렸다. 뒤에 윤언이가 그 막료가 되자 김부식이 "윤언이는 鄭知常과 서로 깊이 마음을 통하고 도왔으니 죄를 용서할 수 없습니다"라고 반발하는 바람에 梁州防禦使로 좌천되었다.

말을 부정하고 자신의 입장을 해명하는 내용의 표문을 올렸음을 기록하면서 "모두 본전에 실려 있다"는 말로 대신하고 전체를 산삭한 것이다.

요점을 뽑아 압축 서술하는 방식은 「열전」 전반에 걸쳐 나타나는데, 예를 들면 다음과 같다.

① 3년 기유己酉에 백제가 정병精兵 7천을 보내어 신라의 석토石吐 등 7개의 성을 공격해 함락시키니 (김)유신이 삼군三軍을 나누어 다섯 길로 나아갔다. 열흘 동안 전투를 지속하자 넘어진 시체가 들판에 가득하였다. 도살성 아래 진을 치고 분격하여 크게 이겼으니, 장군과 병졸 8천 9백여 명을 사로잡고 장사將士 10명의 목을 베었으며 말 일만 필을 획득하였다.[17]

② 장성함에 따라 학문이 날로 진보하여 과거에 급제하고 성균학관에 임명되었다. (최)해가 예문춘추검열에 뽑혔는데 사건이 있어 장사감무로 좌천되었다.(『동사찬요』, 권6, 「열전·고려명신」, '최해') / 旣長學日進, 大爲先輩所服. 登第補成均學官, 學諭闕員, 遂與李守者爭. 政丞崔有渷欲與守, 伯倫罵有渷, 語頗不遜, 配伯倫于孤蘭島. 遂選藝文春秋檢閱, 以事貶長沙監務, 召授藝文春秋館注簿.(『고려사』, 권109, 「열전」 22, '최해')

삼국 명신들의 행적은 주로 편년체 역사서인 『동국통감』에서 추출하였는데, 이때의 방식은 건너뛰거나 해당 연도의 내용을 축약해서 기록하는 것이었다. ①은 649년(진덕여왕 3)에 김유신이 백제와의 전투에서 승리를 거둔 사건을 기록한 것인데, 『동국통감』에는 당시 전투에서 김유신이 썼던 작전과 함께 그 경과가 보다 상세하게 기록되어 있다. ②는 「최해전」 도입부의 일부분을 『고려사』 「열전」과 비교해 본 것이다. 과거급제와 관직 이력을 간략하게 기록하려 했던 원칙이 드러나는 부분이라 하겠다.

---

17) 오운, 『동사찬요』, 권2下, 「열전·삼국명신」, '金庾信', "三年己酉, 百濟遣精兵七千, 攻陷新羅石吐等七城, 庾信分三軍爲五道, 經旬轉鬪, 僵屍滿野. 進屯道薩城下, 奮擊大克, 虜將軍卒八千九百餘人, 斬將士十人, 獲馬萬匹."

또 다른 축약 방식은 인물이 작성한 글을 수록할 때 "약왈略曰"이라는 표현을 직접적으로 쓰고 그 요지를 기록한 것이다. 그 사례를 들면 아래와 같다.

① 왕이 청연각淸讌閣에서 친왕親王과 양부兩府의 대신들에게 연회를 베풀면서 (김)인존에게 그 일을 기록하게 했는데, 문사가 지극히 풍부하고 화려하였다. 모두 본전本傳에 수록되어 있는데 대략은 다음과 같다.[18]

② 아들 언순彦純을 보내어 하례하는 표문을 올렸는데, 대략은 다음과 같다.[19]

③ (임)완이 상소를 올려 극력 말하였으니 대략은 다음과 같다.[20]

④ (경)복흥이 덕흥군을 따르는 자들에게 격문을 보냈는데 대략은 다음과 같다.[21]

간결한 서술을 추구하면서 적용한 또 하나의 방식은 기록의 중복을 피하는 것이었다. 동시대 인물들의 얽혀 있는 행적을 서술할 때 사건이 겹치는 경우가 발생하는데, 이때 오운은 연관된 사건 상황만 간단하게 쓰고 "기록이 앞에 있다" 등의 구절로 대신하였다. 예를 들면 「김이전」에서는, 유청신柳淸臣과 오잠吳潛 등이 황제에게 고려에 행성行省을 설치하고 아예 국호를 없앨 것을 건의하려 했을 때 충선왕의 지시를 받은 김이가 최성지·이제현 등과 함께 도당都堂에 글을 올려 그 시도를 저지하게 된 과정에 대해 자세하게 기록하고 있다. 그러나 「이제현전」에서는 간단한 언급 후 "이미 설명이 「김이전」에 있다"(已語在金怡傳)라는

---

18) 오운, 『동사찬요』, 권4, 「열전·고려명신」, '金仁存', "王宴親王兩府于淸讌閣, 命仁存記之, 詞極富麗. 俱在本傳, 略曰."
19) 오운, 『동사찬요』, 권4, 「열전·고려명신」, '尹瓘', "遣其子彦純奉表稱賀略曰."
20) 오운, 『동사찬요』, 권4, 「열전·고려명신」, '林完', "完上疏極言略曰."
21) 오운, 『동사찬요』, 권4, 「열전·고려명신」, '慶復興', "復興移檄德興從者略曰."

말로 대체하였다. 또 고려반적 '김용金鏞'의 경우에도, 왕의 명령을 위조해서 안우·김득배·이방실 삼인이 원수元帥를 살해하게 만들었다는 내용을 기록한 뒤 "사건이 정세운 아래에 있다"(事見鄭世雲下)라고 표기하였다. 실제로 이와 관련해서는 정세운 외 3인의 전에 그 사실이 비교적 상세하게 기록되어 있다.

오운이 추구했던 간결명료한 서술 방식은『동국통감』의 평론을 인용할 때 선택적으로 절취하여 자칫 모호해질 수 있는 내용은 과감하게 생략한 것에서도 잘 드러난다. 오운은 「최승로전」 제일 마지막에『동국통감』의 평론을 앞부분만 절취하여 요약해서 인용하였는데, 다음과 같다.

> 가산賈山의 지언至言과 유분劉賁의 대책對策을 당시에 직언이라 칭송하였으나, (최)승로가 조종祖宗 행사의 잘하고 못한 점을 논하고 열거하며 당시 정치의 득실을 숨김없이 지적한 것에는 미치지 못한다. 진실로 예전부터 내려온 충직이라 할 수 있다.[22]

이것은『동국통감』 고려 성종 원년(982)의 최승로 상소에 대한 평론 가운데 앞부분만 선택적으로 인용한 것이었다. 평론의 전문을 보면 앞에서는 위와 같이 최승로의 직언을 칭송하였으나 뒷부분에서는 그가 당 태종의『정관정요』를 제1의로 삼고 요순의 도를 언급하지 않음으로써 임금에게 고하는 체모를 잃고 말았다고 그 한계를 지적하였는데, 오운은 뒷부분을 생략하고 언급도 하지 않았으며 오히려 평론 안에 있던 "상소문 속의 수천 수백 글자가 항절과 직척의 내용"(疏中數千百言, 抗節直斥)이라는 문구를 상소문 앞에 삽입하여 자신의 생각을 뚜렷하게 부각시켰다.

---

22) 오운,『동사찬요』, 권3,「열전·고려명신」, '韓彦恭', "史氏曰, 賈山至言劉賁對策, 時稱直言, 然不若承老論列祖宗行事美惡時政得失指斥無隱. 眞古之遺直也."

3) 세심한 고증과 논증의 강화

오운은 다른 서적들을 참고하여 인물의 사적 및 시문을 보완하거나
『동국통감』의 평론 및 선유들의 평론이나 자신의 견해를 덧붙일 때에는
세심한 고증을 원칙으로 삼았다. 아래는 오운이 시문 및 관련 일화를
보완하거나 선유의 평론을 수록한 사례를 도표로 정리한 것이며, 여기에
오운이 자신의 견해를 붙였을 경우 함께 표시하였다.

인물	시문 및 관련 일화 수록	선유의 평론 수록	오운의 평론
최치원	학사 顧雲의 詩(『삼국사기』)	① 매계조위왈(「題崔文昌傳後」)	
이자현(곽여)	예종·곽여의 詩(『승람』)23)	① 퇴계선생왈(「過清平山有感幷序」)	
최유청(정서)	이제현·이숭인의 詩(『승람』)24)		
정습명	「石竹花」(『동문선』)와 관련 일화		
문극겸	공주 유구역에서 지은 詩와 일화 (『보한집』,『승람』)		○
한유한		① 조남명왈(「유두류록」) ②(『승람』)	
이인로 (죽림칠현)	이인로의 「燈夕」(『동문선』) 및 조통에게 준 詩(『동문선』)와 오세재 詩(『역옹패설』)		
김취려		① 이제현왈(『익재난고』)25)	
곽예	「賞蓮」(『동문선』,『역옹패설』)		
안향		① 신재주선생세붕(「죽계지서」)	○
우탁		① 퇴계선생왈(「역동서원기」)	
이조년	「次百花軒」(『동문선』)	① 이제현왈(『동문선』,『익재난고』26)) ② 퇴계선생왈(『퇴계집』)	
이제현	則天陵과 관련 일화(『역옹패설』)		
유숙	이인복의 「送柳思庵」(『동문선』)		○
최영	마지막 죽음의 일화(『용재총화』)		
이색	행적 보완(『행장』,『수문쇄록』)	① 임필중왈(『병진정사록』)	○

23) 『신증동국여지승람』, 권5, 「개성부」하, <古跡> '東山齋'.
24) 『신증동국여지승람』, 권23, 경상도, 「동래현」, <古跡> '瓜亭'.
25) 이제현, 『익재난고』, 권6, 「門下侍郎平章事 判史部事 贈謚威烈公金公行軍記」.
26) 이제현, 『익재난고』, 권7, 「有元高麗國誠勤翊贊勁節功臣 重大匡星山君 贈謚文烈公李
    公墓誌銘」.

먼저 인용한 서적들을 살펴보면 그가 '찬집제서'에서 밝힌 서명들임을 확인할 수 있다. 오운은 『동국통감』과 『고려사』「열전」의 기록만으로 그 공적을 다 드러내기 어렵다고 판단할 때, 절의·충성·강직 등 인물의 공적이나 성향을 대표하는 시문 및 관련 일화나 그에 대한 선유의 평가를 찾아 보완함으로써 그 인물됨을 한층 더 부각시켰다. 그리고 간혹 마지막에 입전 인물의 행적에 대해 자신의 생각을 적거나 다른 서적의 기록을 다시 인용하여 평가를 내리기도 하였다. 이 과정에서 오운은 면밀하게 찾아보고 비교하면서 '고증'의 자세를 잃지 않았다. 이러한 원칙은 『고려사』「열전」에는 없던 길재, 서견, 이양중, 김주, 원천석을 마지막에 '보유補遺'라는 소제목 아래 새롭게 입전하면서 더욱 세심해졌다. 그는 '보유' 제목 아래 세주로 설명하길 "야은 이하 여러 군자는 풍절이 두드러져 사람들의 이목에 남아 있는데 원사(고려사)에는 실려 있지 않기에, 여러 서적들을 널리 고증하여 다음과 같이 더하여 기록한다"27)라고 하였다. 아래의 예문은 5명을 새로 입전하면서 오운이 참고했던 서적들을 정리한 것이다.

① 길재吉再: 『오산지』, 『이존록彛尊錄』(김종직), 『속몽구』, 「지주비음기砥柱碑陰記」(유성룡).
② 서견徐甄: 『대동운옥』, 『용재총화』, 원사原史(『고려사』).
③ 이양중李養中: 『대동운옥』.
④ 김주金澍: 「농암선생전籠巖先生傳」(윤근수 『월정집』).
⑤ 원천석元天錫: 원천석의 유고遺稿.

---

27) 오운, 『동사찬요』, 권7, 「補遺」, "冶隱以下數君子, 風節表表, 在人耳目而原史不載, 博考諸書, 補錄如左."

오운이 『고려사』에 없던 5명을 새로 입전하면서 중요하게 생각했던 행적은 이들이 기울어져 가는 고려를 지키기 위해 절의를 지켰다는 사실이다. 오운이 이들을 추숭했던 배경은 당시 절의를 숭상하던 사림파 의식과 잇닿아 있다. 여말 절의파는 당시 사림파의 정신적 지주로 부각되고 있었기 때문이다.[28)]

여말 절의파로 대표되는 '이색'의 사례에서 오운은 자신의 견해를 드러내면서도 고증적 자세를 잃지 않았음을 확실하게 보여 준다. 『동국통감』과 『고려사』에서는 이색의 행적을 기술하면서 칭찬과 비난의 어조를 함께 담았는데, 특히 창왕 옹립에 연루된 일에 대해서 많은 비판을 가했다. 오운은 두 역사서를 참고하여 산삭과 축약을 통해 행적을 정리 기술하였고, 그 마지막에 『고려사』 「열전」에서 총평으로 기록한 "지조와 절개가 굳세지 못하여 국정에 대한 원대한 의견을 내놓은 것이 없었고 학문이 순수하지 못하여 불교를 숭상했기 때문에 세상 사람들로부터 비난을 받았다"라는 부정적 내용을 그대로 수록하였다. 그러나 이 구절 바로 앞에 그는 "정몽주와 더불어 같은 마음으로 처음부터 끝까지 신하의 절의를 지켰다"(與夢周同心, 終始不變臣節)라는 자신의 생각을 삽입하여 이색이 신하로서 지킨 절의를 함께 강조하였고, 뒤이어 이색의 행장에서 신하로서의 절의가 담긴 일화와 이성계가 그를 예우한 사실을 추출하여 보완하였으며, 창왕 옹립에 찬성했던 사실과 관련해서도 부득이한 내막이 있었을 것이라는 『고려사』의 추측 기록과 그것은 정확하게 알 수 없다는 『병진정사록』의 관련 기록을 다시 덧붙였다. 그리고 마지막으로는 『목은집』에 수록된 「호불귀행胡不歸行」과 「대국유감對菊有感」 시를 그대로 옮겨 적으며 오운 자신의 의견을 덧붙였는데, "시의 언어가 구슬프고 근심이

---

28) 정구복, 「16~17세기의 사찬사서에 대하여」, 『전북사학』 1(1977), 81쪽 참조.

격렬하니 이로 보건대 공의 마음을 충분히 알 수 있다"라고 하였다. 이 시들은 이제현의 우국충절을 대표하는 작품이다. 고려 말 혼란한 정치적 상황 속에서 이색이 새 왕조의 시각에서 비난할 만한 구실을 준 것은 사실이지만 그가 지킨 신하로서의 절의는 칭송해야 하는 것임을 오운은 분명하게 인식하였던 것으로 보인다. 그러나 이러한 인식 속에서도 자료와 기록에 의거해 고증적 자세를 견지하며 서술의 균형을 잃지 않았다.

오운이 실제 서술 과정에서 고증에 세심한 주의를 기울였음을 보여주는 직접적인 흔적은 곳곳에서 발견된다. 예를 들면 아래와 같은 기록들이다.

> ① 고려사 본전本傳에, 충선왕이 토번에 유배되었을 때 (최)성지가 원나라에 있었는데 달아나 자취를 감추어 버렸고 오직 박인간, 장원지 등 열여덟 명만이 따라갔으니, 당시 사람들이 말하길 "최성지는 대신이면서 임금이 치욕을 당하는데도 은혜를 저버렸으니 군신의 의리가 땅에 떨어졌다"라고 하였다. 여기에 기록한 바와 같지 않아서 우선 두 기록을 남겨 두어 훗날 상고하는 데 대비한다.29)

> ② 『승람』을 상고해 볼 때 영춘현永春縣이 본래 고구려 을아단현이었다고 하니, 아마도 아단성이 이곳이었던 것 같다.30)

『동사찬요』 「열전」에서 오운은 최성지에 대해 서술하기를, 충선왕이 토번에 유배되었을 때 최성지가 아들 문도文度와 함께 조롱洮隴에 달려가

---

29) 오운, 『동사찬요』, 권6, 「열전·고려명신」, '金怡(崔誠之)', "麗史本傳, 忠宣流吐蕃 誠之在元, 逃匿不見. 惟朴仁幹張元祉等十八人從, 時人謂誠之大臣也, 主辱忘恩, 君臣之 義掃地云. 如此所記不同, 姑兩存之, 以備後考."

30) 오운, 『동사찬요』, 권2下, 「열전·여제의열」, '溫達', "考勝覽, 永春本高句麗乙阿旦 縣云, 疑阿旦城卽此地."

문안하였다고 썼다. 이러한 사실은 이제현이 지은 최문도의 묘지명에서 발견된다.[31] 그러나 오운은 ①의 예문에서 볼 수 있는 것처럼 『고려사』 「열전」의 내용은 다르다면서 훗날의 상고에 대비해 두 기록을 모두 남겨 둔다고 하였다. 이것은 아마도 오운이 『고려사』에 기록된 최성지의 행동이 돌출적이어서 우선 남겨 두었다가, 다른 문헌 즉 『익재난고』에서 보다 합당한 내용을 찾아 기록하고 그 뒤에 위의 내용을 세주로 덧붙였을 것으로 보인다. ②의 예문은 온달이 아단성 전투에서 전사한 것을 두고 '아단성'이 어디인지 고증한 것이다. 『동국여지승람』에서 '영춘현'이 본래 고구려 을아단현이었다는 건치 연혁을 보고 이곳을 '아단성'이라고 추측한 것이다.

  오운은 세심한 고증에 근거해 자신의 견해 및 논리 입증을 강화하는 서술 방식을 택하기도 했다. 인물의 성향이 함축된 시문을 삽입 기록한 것도 이러한 서술 방식의 일면으로 이해할 수 있다. 앞에서 제시한 사례 가운데 「유숙전」을 예로 들어 본다. 오운은 유숙의 행적 부분 마지막에 이인복李仁復이 그에게 써 준 「송유사암送柳思庵」 중 3·4구인 "위태로운 때 사직을 편안케 하더니, 다시 평안한 곳에서 신선이 되는구려"의 구절을 『동문선』에서 뽑아 수록하였다. 사암思庵은 유숙의 호인데, 당시 그가 은퇴하여 시골에 은거할 때 이인복이 지어서 보낸 것이었다. 오운은 뒤이어 자신의 견해를 덧붙이면서 유숙의 「벽란도碧欄渡」 시와 이에 대한 남효온의 언급 및 차운시(출처 『추강냉화』)를 함께 기록한 뒤, 말미에 "추강도 또한 혹독한 화를 면하지 못하였으니 다시 후인을 슬프게 만든다. 어진 이를 해치는 무리들이 어느 시대인들 없으랴. 통탄스럽다"[32]라고 하였다. 오운이 『동문선』과 『추강냉화』에 근거하여 보완 기록

---

31) 이제현, 『익재난고』, 권7, 「有元高麗王靖大夫都僉議參理上護軍春軒先生崔良敬公墓誌銘」.

한 유숙의 시문은 그가 유숙을 어떻게 평가했는지 단적으로 보여 주는
것으로, 결국 유숙에 대한 자신의 생각을 다른 서적의 기록에 근거하여
입증하려 했던 것으로 볼 수 있다 하겠다.

특히, 충돌되는 평론을 수록하거나 자신의 견해가 조금 다른 부분이
있을 때에는 논리적 입증에 더욱 신경을 썼다. 아래의 표는 평론이
2개 이상 덧붙은 사례들만 정리한 것으로, 이 가운데 이자현·김부식·김
보당에 붙인 오운의 평론은 『동국통감』의 평론과 비교했을 때 견해의
차이를 보이는 것이었다. 이때 오운이 선택한 논증의 강화 방식은 선유의
평론을 인용하거나 행적 부분에서 자신의 견해를 입증할 만한 내용을
보완해 일정 부분 조정을 가하는 것이었다.

인물	동국통감 평론	선유先儒의 평론	오운의 평론
이자현(곽여)	① 사씨왈(1117)	① 퇴계선생왈(『퇴계집』33))	○
김부식	① 사씨안(1135)		○
김보당	① 사씨왈(1173)		○
이색		① 임필중왈(『병진정사록』)	○
이조년		① 이제현왈(『익재난고』)34) ② 퇴계선생왈(『퇴계집』35))	

위의 사례 가운데 「이자현전」을 예로 들면 다음과 같다. 오운이 「이자
현전」에서 인용한 『동국통감』의 평론을 보면, "이름을 속이고 행실을
꾸미며 농민을 괴롭힌 자로서 왕이 다시 불러 예로 대접한 것을 이해할

---

32) 오운, 『동사찬요』, 권7, 「열전·고려명신」, '柳淑', "秋江亦未免酷禍, 復使後人哀之.
   賊賢之徒, 何代無之, 痛哉."
33) 이황, 『퇴계집』, 권1, 「過淸平山有感 幷序」.
34) 이제현, 『익재난고』, 권7, 「有元高麗國誠勤翊贊勁節功臣 重大匡星山君 贈諡文烈公李
   公墓誌銘」.
35) 이황, 『퇴계집』, 권14, 「答李叔獻」.

수 없는데, 다만 이보다 행동이 더 심한 곽여에게 대우한 것을 보니 이자현의 경우는 그나마 나은 편"이라고 비판하고 있다. 오운은 이에 대해 아래와 같이 자신의 의견을 덧붙였다.

> 살펴보건대, 세상에 임금된 자는 높은 지위를 즐기며 신분이 낮은 사람에 굽히는 것을 많이 부끄러워하니, 비록 선행을 즐거워할 것을 권하고 어진 이를 좋아할 것으로 이끌어도 오히려 스스로 성인이라 여기는 마음이 상할까 두려워한다. 만약 반드시 이윤伊尹과 강태공, 제갈량諸葛亮 같은 현자를 기다린 연후에야 속백束帛의 예를 더한 다면 삼대 이후로 임금 곁에 사람이 없을 것이다.……36)

오운은『동국통감』의 평론과 관점을 달리하여, 왕인 예종이 초야의 선비를 불러들이고 예우한 것을 미덕으로 평가하고 있다. 이자현이 선비를 기다리는 예종의 정성을 밝게 알지 못했다고 해서 그르다고 할 수는 없으며, 선비를 좋아하는 왕인데 다만 도와주는 신하가 없어서 어진 인재를 얻지 못하고 한갓 글을 좋아하는 데 그쳤을 따름이라고 하면서, 그러나 예종이 몸을 굽혀 초야의 선비를 반드시 끌어들이려고 한 것은 칭송할 만한 것인데 사씨의 폄사가 너무 지나치다고 하였다. 오운은 이러한 견해를 입증하기 위해 그 앞에 이황이 청평산을 지나다가 지은 시와 서문에서 이자현에 대해 평가한 것을 끌어왔다. 이황은 여기에서 이자현은 풍류와 문아가 뛰어난 자로 혼탁하고 더러운 세상을 떠나 초야에 은거하며 고고하게 살았다는 부분을 칭찬하였다. 또, 오운은

---

36) 오운,『동사찬요』, 권3,「열전・고려명신」, '李資玄', "按世之人君, 甘爲亢龍, 多恥下賤, 雖勸之以樂善, 導之以好賢, 猶懼其自聖. 若必待莘渭南陽之賢然後加束帛之禮, 則三代以下, 無人乎君側矣. 所以先從隗始, 幽居帝畵, 世爲美談, 而不以爲非, 若資玄爲人高下, 雖不能灼知, 睿宗待士之誠, 不可非之也. 惜其以如是好士之君, 而贊襄無臣, 不能正得其賢, 而徒爲好文之歸, 然其屈己移蹕, 必欲致之, 亦足嘉矣. 史氏之深貶亦獨何哉."

본전 뒤에 부전附傳으로 곽여를 덧붙여 곽여와 예종이 주고받은 시문을 상세하게 기록하면서 선비를 예우하는 예종의 모습을 부각시켰다. 이역시 자신의 견해를 입증하기 위한 구성이라고 볼 수 있다.

4. 맺음말

오운은 『동사찬요』 「열전」을 서술하면서 체계적이고 정밀한 글쓰기를 시종일관 견지하였다. 다른 인물 다른 공적을 일관된 전개 방식으로 집필하였으며, 방대한 분량에도 그 균형감을 잃지 않았던 것이다. '역사서'이기에 세심한 고증을 원칙으로 삼았으며, 의혹이 있을 때에도 선현들의 기록을 바탕으로 한 고증에 의거할 뿐 자신의 의견을 함부로 달지 않았다. 자신의 의견을 붙일 때에는 인물의 공적을 재차 강조하는 정도였다. 간혹 자신의 의견이 기존의 사론史論과 다른 부분이 있을 때에는 선현들의 기록에 근거하여 자신의 견해를 입증하려 애썼다. 이와 함께 많은 정보를 담은 장황한 내용 전개를 지양하고 간결하면서도 명료한 서술 방식을 선호하였다. 이것은 범례에서 그가 제시했던 「열전」의 서술 원칙에 어느 정도 드러나 있던 것이다. 「열전」의 실제 서술을 분석해 본 결과 오운은 꽤 철저하게 이 원칙들을 지키며 쓰고 있었음을 확인할 수 있었다.

이러한 글쓰기 경향은 오운이 논증적 글쓰기에 많은 노력을 쏟았다는 것을 반증한다. 『동사찬요』 「열전」이 크게 보면 역사서에서 두드러지는 공적이 있는 명신들을 추출하여 나열한 것으로서 그 서술 내용이 기존의 기록을 대부분 차용하는 것이므로 편찬자의 글쓰기 경향이 어떻게 반영될 수 있을지 의문이 들 수도 있다. 그러나 오운은 자신이 선택한 입전 인물의 공적 즉 일종의 주제를 보다 명료하게 부각시키기 위해, 또는 그에 대한 논리적 설득력을 확보하기 위해 내용의 전개를 나름대로 세밀하게 구성하였다. 어찌 보면 자신의 생각과 주장을 있는 그대로 서술만 안 했을 뿐, 사실에 근거하였지만 판단과 선택이 개입되어 있는 대부분의 서술들이 그의 주장을 대변하고 있는 셈이다.

『동사찬요』「열전」을 수정·보완하여 마지막으로 완성하였을 때, 그의 나이 75세였다. 오운의 행적에 근거할 때 75세라는 그의 나이에는 많은 의미를 부여함과 동시에 여러 가지 상황들을 유추해 볼 수 있다. 풍부한 독서 경험, 학문과 사고의 원숙, 임진왜란이라는 전쟁 체험, 다양한 도서의 편찬과 저술, 편집교정의 참여 등 오운의 이러한 인생 경험들이 총체적으로 어우러져 『동사찬요』「열전」의 서술에 일정한 영향을 끼친 것이라 판단된다. 또한 세심한 고증과 논증의 방법에서 노년의 대학자가 지닌 여유와 균형이 느껴진다 하겠다.

제9장 죽유 오운의 강학과 교육

사 재 명

1. 머리말

오운吳澐(1540~1617)의 자는 태원太源이며, 호는 죽유竹牖, 죽계竹溪, 백암노인白巖老人, 율계栗溪 등으로 불린다. 1540년(중종 35)에 경남 함안咸安의 모곡리茅谷里에서 태어나, 의령宜寧과 경북 영주榮州로 이주하며 살았다. 남명과 퇴계를 사승연원師承淵源으로 하였으며, 합천陜川, 경주慶州, 상주尙州에서의 지방관직을 역임하였다.

그의 인품과 학문에 대해서는 「가장家狀」(吳汝橃)에 다음과 같이 기술되어 있다.

성질性質이 관후寬厚하며, 도량이 넓고 기상은 의연하였다. 자기 자신은 엄하게 다스리면서도 남을 대할 때에는 온후한 자세로 일관하였다. 관직에 나아가 일을 처리할 때는 항상 성誠·신信을 위주로 하였으며, 화를 내는 모습을 보이지 않았을 뿐만 아니라 실적에도 연연해하지 않았다. 평생 동안 남들과 친하게 지냈지만, 시류時流에 영합하여 출세의 길을 찾으려는 생각은 하지 않았다. 이 때문에 손해를 보는 일도 많았지만 이에 개의치 않았다. 날마다 반드시 일찍 일어나서는 방안에 정좌靜坐한 가운데 책읽기를 좋아하여 손에서 책이 떠나지 않았다.…… 문인운사文人韻士를 만나면 함께 경사經史를 토론하고 고금古今을 비교하는 것을 즐겨하여 조금도 싫어하는 기색을 보이지 않았다. 술상에 앉아서도 화기和氣가 넘쳐흘렀다. 선善을 좋아하고 악惡을 싫어하는 것은 천성天性에서 나왔으며, 선善을 보면 반드시 칭찬하고 악惡을 들으면 반드시 배척하였다. 그래서 착한 자는 그를 좋아했고, 악한 자는 그를 꺼려하였다.[1]

여기서 그는 성격이 매우 밝았으며, 일처리에 시종일관하는 모습을 보여 주었다. 일찍이 가학家學을 전수하고, 남명과 퇴계를 따라 배웠다. 남명 조식의 뇌룡당雷龍堂에서는 꼿꼿한 자세로 일관하여 경의敬義를 준수했으며, 퇴계의 암서문巖棲門에서는 눈을 맞으며 성경誠敬을 도모하고자 했다. 임금은 그의 사제문에서, "퇴도退陶의 도를 흠모하고, 학문은 산해山海를 종주로 삼았다"[2]라고 했다. 그 학문의 시작이 남명이었고 마무리는 퇴계였다는 점이 주목되는데, 이는 죽유의 학문이 주자 이후, 남명과 퇴계로 이어지는 성리학의 현실인식에 대한 일관성을 시사해 준다.

---

1) 吳澐, 『竹牖集』 附錄下, 「家狀(吳汝機)」, "府君性質寬厚, 氣度弘毅. 律己以嚴, 待人以和. 居官處事, 誠信爲主, 不爲表爆, 不修邊幅. 平生未嘗有崖異之行, 又不投合時好, 以求進取. 坐是多蹇滯, 不卹也. 日必夙興, 靜坐一室, 勄書自娛, 手不釋卷. 因以竹牖自號, 蓋取晦菴竹牖向陽開之義也. 兵燹之後, 寓居榮川, 而松楸一念, 未嘗少弛, 取濂溪鄕山在目中之義, 以栗溪自號, 栗溪乃祖先舊居也. 遇文人韻士, 輒與之討論經史, 商礭古今, 亹亹不厭. 罇俎之間, 和氣油然. 好善嫉惡, 出於天性, 見善必揚, 聞惡必斥. 故善者好之, 惡者憚之"

2) 吳澐, 『竹牖集』 附錄下, 「墓碣銘幷序(金應祖)」, "訃聞上命別致賻, 遣禮官祭之, 其文有道慕退陶, 學宗山海等語." 남명과 퇴계의 학문을 수용했다는 언급은 다음과 같다. "19세에 남명선생을 찾아뵙고, 25세에 퇴계선생을 찾아뵈었다."(吳澐, 『竹牖集』, 卷5, 「年譜」, 19세 및 25세조); "雷龍堂에서 출발하여, 巖栖軒에서 끝났다."(吳澐, 『竹牖集』, 「竹牖先生文集序(李級)」, "發軔於雷龍堂前, 卒業於巖栖門庭南遊北學."); "山海堂에 오르고 退陶室에 들어감으로써 바르고 큰 길만을 추구하게 되었으며, 학식은 진실하여 다른 사람의 표준이 되었다."(吳澐, 『竹牖集』 附錄上, 「士林祭文(趙亨道)」, "升山海堂, 入退陶室, 趨向正大, 學識端的."); "도는 退陶를 사모했고, 학문은 山海를 마루로 삼았다."(吳澐, 『竹牖集』 附錄上, 「賜祭文」, "道慕退陶, 學宗山海."); "山海에서 옷깃을 잡고, 陶門에서 立雪하였다."(吳澐, 『竹牖集』 附錄下, 「南溪祠奉安文(金熙周)」, "摳衣山海, 立雪陶門.")

임진왜란 이전에 그는 경남 의령에서 남명학을 배웠고 이어서 경북 영주로 이주하여 퇴계학을 수용하였다. 임란을 당해서는 비록 왜적으로 부터 분탕질을 당했지만, 일을 처리함에 있어서는 어려움을 피하지 않았고 자신의 몸을 돌보지 않으면서 의義를 지켜 성공할 수 있었다.3) 그리고 조정에 들어가서는 바름(正)으로써 스스로를 지켜 시호時好에 영합하지 않았다.4)

지금까지 죽유에 관한 연구는 그의 생애와 내면의식5), 역사6), 문학7), 서지8) 등에서 이루어져 왔으나, 죽유의 강학과 교육에 관한 연구는 보이지 않는다. 따라서 가학에 기반하고 남명과 퇴계의 학문을 수용한 죽유의 학문과 교육에 관한 연구의 필요성이 제기된다. 이에 본고에서는 죽유의 교유와 강학, 그리고 강학공간의 확보를 통한 교육의 기반 등을 바탕으로 그의 교육관과 목적, 그리고 교육내용 및 방법을 고찰함으로써 죽유의 교육사상에 대한 대체적인 면모를 살펴보고자 한다.

---

3) 吳澐, 『竹牖集』 附錄下, 「墓碣銘幷序(金應祖)」, "及至當蕩殘遇大亂, 又不肯臨事辭難, 忘身循義, 以能有成功."

4) 吳澐, 『竹牖集』 附錄下, 「墓碣銘幷序(金應祖)」, "少遊退陶南冥兩先生之門, 甚見器重. 其立朝也, 以正自守, 不肯迎合時好."

5) 박동욱, 「죽유 오운의 생애와 내면 의식」, 『溫知論叢』 22(온지학회, 2009), 67~94쪽; 설석규, 「남명학: 남명문도를 찾아서; 山海堂에 올라 退陶室에 들어가다 ─ 죽유 吳澐」, 『선비문화』 10(남명학연구원, 2006), 103~117쪽; 허권수, 「죽유 오운, 강좌와 강우 문화의 융합자」, 『퇴계학과 유교문화』 40(경북대학교 퇴계연구소, 2007), 5~28쪽.

6) 설석규, 「16세기 嶺南士林의 分化와 吳澐의 역할」, 『퇴계학과 유교문화』 40(경북대학교 퇴계연구소, 2007), 103~142쪽.

7) 정우락, 「오운의 시세계에 나타난 興과 浪漫主義的 性格」, 『퇴계학과 유교문화』 40(경북대학교 퇴계연구소, 2007), 143~182쪽.

8) 김순희, 「吳澐과 『東史纂要』의 書誌學的 硏究」, 『書誌學硏究』 24(書誌學會, 2002); 김순희, 「吳澐과 『咸州志』」, 『書誌學硏究』 29(書誌學會, 2004); 김순희, 「竹牖 吳澐의 『圃隱集』 校訂에 대하여」, 『書誌學硏究』 32(書誌學會, 2005).

2. 죽유의 학문과 강학

1) 학문 형성

(1) 가학기

종제從弟 윤綸의 「제문祭文」9)에 의하면, 죽유는 일찍이 가훈을 이어받아 시례詩禮에 부지런하였고, 문단文壇에서는 으뜸이었다. 필체는 왕희지의 필법을 익힌 것으로 보인다. 죽유의 가학은 6세 때(1545) 조고 승지공으로부터 글을 배움으로써 시작되었다. 승지공은 그의 글재주가 뛰어나자 매우 기특하게 여겼으며, 장차 높은 경지에 이르기를 기대하였다.

12세 때(1551) 4월에 모친(聚友亭 安灌의 女)의 상을 당하자 백씨 부정공이 죽과 소금을 먹으면서 3년간의 여묘살이를 하였는데, 죽유는 조석朝夕으로 성묘하면서 애통해하기를 마치 어른과 같이 하였다. 모친의 사망 이후, 조모의 보살핌으로 인격적 감화를 받으면서 성장하였다.10) 16세 때(1555)에는 문사가 이루어지고 필획이 매우 기묘하여 일시의 명류로 추복되었다.

(2) 남명 문하의 수학기

남명의 문하에서는 정程·주朱의 학문적 논리에 입각한 실천의 방법을 정립하는 한편, 자연의 이치를 깨달아 체득하는 시기이기도 하였다.

김해의 산해정山海亭으로 남명 조식(1501~1572)을 찾아가 제자가 된 것은 죽유의 나이 19세 때(1558)였다. 당시 남명이 합천 삼가의 계부당鷄伏堂과 뇌룡정雷龍亭에 머물면서 강학지인 김해의 산해정을 왕래하고 있었기

---

9) 吳澐, 『竹牖集』 附錄上, 「士林祭文(從弟綸)」, "早承庭訓, 詩禮孜孜, 騷壇白也, 筆陣義之."
10) 吳澐, 『竹牖集』, 卷4, 行蹟, 「祖妣淑夫人眞城李氏行蹟」, "後來眞城一門之言曰, 道德則退溪先生存焉, 閨行則全義內子爲冠, 世以爲知言."

에, 김해와 삼가로 남명을 찾아가 수학하였던 것이다.[11]

남명은 고향인 삼가에 계부당과 뇌룡정을 건립한 이래, 이곳에서 자신의 학문체계를 심화하는 한편, 독자적인 방법으로 제자들을 교육하고 있었다. 당시 남명의 교육은 죽유에게 있어서 다소 생소한 시각으로 비춰지기도 했다.[12]

남명은 제자들에게 반드시 먼저 『소학』을 기본으로 세우고 『대학』으로 그 범주를 확대하는 한편, 의義와 리利를 밝게 분별하여 기질을 변화시키도록 하는 데 주력하였다. 특히, 학문의 목적이 현학적 지식을 얻는 것이 아니라 배운 바를 실천하는 데 있음을 강조하면서 깊은 사색을 통해 올바른 실천의 방향을 모색할 것을 강조하였다. 남명은 성리학의 이론구조가 이미 정자程子와 주자朱子에 의해 완성되었기 때문에,[13] 후학들은 이를 반복적으로 천착하기보다는 그것을 실천에 옮기는 것이 보다 현실적이고 실용적임을 강조하였다. 그래서 그는 다음과 같이 주장하였다.

오늘날의 폐단은 고원高遠한 것에만 힘쓸 뿐, 자신의 몸에 절박한 병통이 무엇인지를 모르는 자가 많다는 것이다. 성현의 학문이란 처음부터 날마다 사용하고 언제든지 행하기 위한 목적에서 벗어나는 것이 아니다. 만약 엉뚱하게도 이것을 버려두고 갑자기 성명性命의 오묘한 이치만을 엿보고자 한다면, 그것은 인사人事의 토대에서 천리天理를 구하지 않는 것이 될 뿐만 아니라 성性과 명命을 효제孝悌에 근본을 두지 않으려는 것이 된다. 이는 시장 바닥을 돌아다니면서 진기한 보배를 바라만 보는 것과 같다. 하루 종일 오락가락하며 보배의 값만 흥정하다가, 결국에는 내 것으로 갖지 못하는 것이나 다를 바가 없다.[14]

---

11) 吳澐, 『竹牖集』, 卷5, 「年譜」, "是歲拜南冥曹先生, 時曹先生在山海亭, 先生往來講學焉."; 曹植, 『南冥集』, 「編年」, 58歲條; 『德川師友淵源錄』, 卷3, 「門人 吳澐」.

12) 曹植, 『南冥集』別集, 卷5, 「編年」, 27歲條, "其叩竭兩端, 對症施藥如此……吳竹牖曰, 先生敎人, 逈出流俗."

13) 曹植, 『南冥集』, 卷4, 「學記類編下」, '學記跋', "程朱以後, 不必著書."

여기서 남명은 성리학적 우주론의 해석에 관심을 갖기보다는 일상에 적용할 수 있는 실천에 학문의 비중을 두었다. 이러한 이유로 죽유는 성리학의 형이상학적 해석보다는 정程·주朱의 학문적 논리에 입각한 실천의 방법을 정립하는 데 노력하게 되었던 것으로 보인다.

한편, 죽유는 한때 자연주의적인 경향에 경도되는 모습을 보여 주기도 하는데, 이는 그의 나이 30세 때(1569), 처가에서 얻어 와 보관하고 있던 한훤당寒暄堂 김굉필金宏弼(1454~1504)의 화병첩畵屛帖을 개장改粧하여 한원당의 손자 김립에게 전해 준 일에서 비롯된다. 이는 갑자사화로 사사賜死된 한훤당寒暄堂 김굉필의 고병풍이 유실된 지 백여 년 만에 자손의 손에 돌아오게 된 것으로, 남명南冥(71세, 7월)이 초계草溪 김립金立의 청으로 그간의 경위를 「한훤당화병발寒暄堂畵屛跋」15)에 담아 기술하게 된다. 죽유의 「연보」에는 다음과 같이 적혀 있다.

······ 이에 앞서 죽유는 처가에 가서 화병을 보았는데, 그것이 김굉필 선생의 유적이므로 소중히 여겨 비단으로 단장하여 보배처럼 간수하였다. 김굉필 선생의 손자 초계草

---

14) 曹植, 『南冥集』別集, 卷5, 「編年」, 48歲條.
15) "잘 갈무리하는 사람은 하늘에 갈무리한다. 그 하늘의 實相은 太虛(크게 공허함)이다. 공허한데도 갈무리가 되니, 그러므로 이 갈무리는 굳이 갈무리하려고 하지 않아도 저절로 갈무리되는 것이다. 사물을 숨기는 바가 없으면, 사람들이 아무도 그것을 다투지 않는다. 크게는 天下와 같은 것에서부터 작게는 티끌과 같은 것에 이르기까지, 힘으로 끌어당기려고 하면 도리어 잃게 되고 지혜로 가두어 두려고 하면 도리어 잃게 된다. 반드시 사물은 각기 사물에게 맡겨서 자연스럽게 갈무리가 되도록 한 뒤에 하늘에게 책임을 맡겨야 한다.······ 理致의 자연스러움에 맡기면 實하면서도 자취가 없고, 사물의 자연스러운 변화에 맡겨 두면 虛하면서도 기대할 수 있다는 것을 알 수 있다. 갈무리하지 않았으므로 갈무리가 된 것이요 뜻함이 없었기 때문에 잘 갈무리된 것이니, 하늘에 갈무리하면 사물이 숨을 데도 없고 사람이 빼앗을 수도 없다는 것을 알 수 있다. 청컨대 주인은 집에 갈무리하지 말고 선생을 모신 書院에 갈무리한다면, 아마도 잘 갈무리하는 것이 되리라. 단단한 쇠로 봉하여 대대로 지키더라도 골짜기 속에 배를 숨겨 두는 꼴이 꼭 안 된다고 할 수는 없으리라."(曹植, 『南冥集』, 卷2, 跋, 「寒暄堂畵屛跋」)

溪 김립金立(1497~1583)이 이를 듣고 와서 구하므로 내어 주었다. 남명선생이 찬한 「화병발문」에 간략하게 기록하기를, "지난해 경오에 주상이 소대召對하여 묻기를, '김굉필 유적을 가히 얻어 볼 수 있겠느냐?' 하였다. 승선 이충작李忠綽(1521~1577)이 등대하여 아뢰기를, '신이 한 민가에서 김선생 가장 화병첩을 본 일이 있습니다' 하였다. 선생의 손자 초계 김립이 충작에게 탐문하니 충작이 말하기를, '일찍이 현감 오언의吳彦毅(1494~1566)의 집에서 보았다'고 하였다. 언의의 손자 학유 오운吳澐(1540~1617)이 처음에 그의 처가인 허원보許元輔(1455~1507)의 집에서 얻은 것으로, 이를 새로운 비단으로 개장하여 초계 김립에게 주었다고 하니 모두 인력의 미칠 바가 아니다"라고 하였다.[16]

「한훤당화병발」에서 남명은 "힘으로 끌어당기면 오히려 잃게 되고, 지혜로써 가두어 두려 하면 역시 오히려 잃게 된다"는 것을 전제로, 가장 중요한 것은 "하늘의 이치에 따라 자연스럽게 갈무리하는 것"이라고 강조하였다. 이는 『장자莊子』 「대종사大宗師」편[17])과도 자연스럽게 연결되는 것으로 보이는데, 남명은 이것을 인위人爲가 아닌 자연自然의 이치로 돌리고 인위적으로 소유하기보다는 자연에 맡겨 두었던 것이 오히려 병풍을 제대로 잘 보존하게 되었던 것이라고 보았다.

이러한 보존 방법은 『함주지咸州志』의 경우에서도 살펴볼 수 있다. 『함주지』는 한훤당의 화병과 마찬가지로 인위가 아닌 천운天運으로

---

16) 吳澐, 『竹牖集』, 「年譜」, 30歲條, "改糚寒暄堂金先生畵屛帖, 與金草溪立. 先是先生適往 聘家, 見畵屛, 愛其爲金先生之遺蹟, 糚以色綃 以爲寶藏. 金先生之孫草溪倅金公立聞而來 求 故出而與之. ○南冥先生所撰畵屛跋, 略曰去歲庚午, 主上偶於召對, 問金宏弼遺跡可 得見乎. 承宣李忠綽登對, 臣見一民家有金宏弼家藏畵屛帖云. 先生之孫草溪守立, 爲探於 忠綽, 忠綽曰曾見於縣監吳彦毅家, 彦毅之孫學諭澐, 初得於其聘家許元輔之門, 改糚新絹, 以與金草溪, 皆非人力所及."

17) "대저 배를 산골짜기에 감추어 두고 그물을 못 속에 감추어 두고서 그것을 든든 하다고 한다. 그러나 밤중에 유력한 자가 짊어지고 달아나도 어리석은 사람은 그것을 알지 못한다. 이와 같이, 작고 큰 것을 적절히 감추어 두어도 오히려 빠져나가는 바가 있다. 그러나 만일 저 천하를 천하 자체에다 감추어 두면 빠져나 갈 수가 없다. 이것이 모든 사물에 통하는 위대한 진리이다."(『莊子』, 「大宗師」)

보존된 사례를 보여 준다.『함주지』는 현존하는 최고最古의 사찬읍지私撰邑誌로, 1586년(선조 19) 8월에 함안군수로 부임한 한강寒岡 정구鄭逑가 1587년(선조 20)에 황곡簧谷 이칭李偁(1535~1600), 황암簧品 박제인朴齊仁(1536~1618), 모촌茅村 이정李瀞(1541~1613), 죽유 오운 등과 함께 편찬한 것이다.「제함주지후題咸州志後」에서는 이 책의 보존 경위에 대해 다음과 같이 적고 있다.

> 임진·계사의 난 때, 고을이 왜적의 소굴이 된 것이 7년이나 되니 연기가 땅에 가득하고 초토화되어 아무것도 없었고 산천초목이 참담하였다. 설령 당시 그것이 종이로 등사되었다 하더라도, 전란 중에 과연 (이 책이) 보존되었을까? 다행히 한강의 만 권의 책이 사우들의 힘에 의하여 함께 해인사에 보존되었다. 가히 위술韋述의 종남終南[18]이라 할 수 있다.『함주지』도 또한 해를 면하여 보전되었으니, 이는 곧 천운天運이라고 할 수 있겠다.[19]

죽유는 임진왜란이 발생한 이후로 7년 동안 이 책을 돌볼 겨를이 없었는데, 다행스럽게도 사우士友들의 도움을 받아 해인사海印寺에 감추어져 보관됨으로써 온전하게 보존될 수 있었다. 이처럼『함주지』가 온전하게 보존될 수 있었던 것을 죽유는 천운으로 여겼던 것이다.

(3) 퇴계 문하의 수학기

남명을 찾아가 배운 지 6년 뒤, 죽유는 25세 때(1564) 도산서당陶山書堂으로 처고모부인 퇴계를 찾아가 그 문하에서 수학하게 되었다. 당시 퇴계는

---

18) 옛날 당나라 사관 韋述이 安祿山의 난 때 나라의 역사책을 남산으로 옮겨 두었다. 그러나 적에게 잡혀 僞官으로 몸을 더럽혔기에 난이 평정된 후 渝州로 귀양 가서 죽었는데, 廣德 초년에 공로로 죄를 용서받고 우산기상시에 증직되었다.

19) 吳澐,『竹牖集』, 卷3, 跋,「題咸州志後」, "辰巳之變, 郡爲賊藪者殆七秊, 撲地煙村, 蕩焉焦土, 雲山水竹, 亦爲之慘狀. 設使當時寫置此紙, 能保其存乎? 幸惟寒岡萬軸, 賴士友之力, 並藏於海印寺. 得爲韋述之終南. 而州之志亦獲瓦全, 是則天也."

도산에서 학문을 천명하였으므로, 죽유는 도道를 구하러 책갑을 짊어지고 퇴계의 문하로 들어갔는데, 퇴계가 그를 매우 소중히 여겼다.[20]

죽유는 퇴계로부터 성리학적 세계관에 입각한 학문적 탐구에 주력하여 신뢰를 쌓았으므로, 『도산급문제현록陶山及門諸賢錄』에는 "학문에 힘쓰고, 문장에 뛰어났다"[21]라고 했다. 퇴계는 선악의 분별에 대해서 원칙적으로는 동의하면서도, 그것의 현실적인 적용에 있어서는 다소 탄력적인 입장을 견지했던 것으로 보인다. 이는 의義의 내향적 필수조건인 경敬에 주목하되, 반드시 의義의 실천을 전제로 내세웠던 남명의 경우와는 다소 구별되는 모습이다. 남명의 경우 주경행의主敬行義의 위학관爲學觀에 따라 이론을 전개한 것으로 볼 수 있다면, 퇴계의 경우는 거경궁리居敬窮理의 위학관에 따라 이론을 전개한 것으로 볼 수 있을 것이다.

2) 교유와 강학, 그리고 강학공간

(1) 교유와 강학

죽유와 교유한 이들의 흔적을 살펴보면 다음과 같다. 죽유는 27세 때(1566) 별시문과別試文科 병과 제7인에 서애西厓 유성룡柳成龍(1542~1607), 개암開巖 김우굉金宇宏(1524~1590) 등과 함께 동방급제同榜及第하였고, 2년 뒤(29세, 1568)에는 관원灌園 박계현朴啓賢(1524~1580)과 더불어 자옥산紫玉山을 유람하였다. 38세(1577) 겨울에 상주로 가서 백곡栢谷 정곤수鄭崑壽(1538~1602)의 환대를 받았고, 42세 때(1581)에는 정선군수를 제수받고 소고嘯皐 박승임朴承任(1517~1586)의 서신을 받기도 하였다.

---

20) 吳澐, 『竹牖集』, 卷5, 「年譜」, "是歲拜退溪李先生 時李先生闡學陶山 先生有求道之志 負笈于門下 李先生甚重之."
21) 『陶山及門諸賢錄』, 卷3, 「吳澐」, "二十五登先生門, 力學能文, 早闡科名, 歷試中外."

47세(1586) 겨울에 한강寒岡 정구鄭逑(1543~1620)가 고을의 수령으로 부임하자 사직단社稷壇의 수리에 대해 논의하였다. 당시 한강은 옛 제단의 규격이 너무 좁고 제단이 기울어져 무너진 것을 보고, 죽유로 하여금 백씨伯氏 부정공副正公(吳澐)22)과 함께 그 일을 맡아 다각도로 설계하여 상세하게 구축하게 하였다.

48세 때(1587)에는 한강 정구와 더불어 『함주지』를 편찬하였다. 한강은 이 서문에서 다음과 같이 적고 있다.

죽유는 이 고을의 선배로서 지금 향교의 제독提督이다. 공사 간에 서로 모여 자주 자연스럽게 어울리던 중에 내가 수집한 산천과 백성들의 풍속에 관한 기록을 보고는 말하기를 "그대가 이것들을 편찬하여 군지郡志로 만들어 보지 않겠는가?"라고 하였는데, 이는 곧 내가 원하던 바였다. 서로의 의견이 일치되자 수집하고 기록하는 작업을 공동으로 수행하여 열흘 동안 손질한 끝에 작업이 마무리되었다. 만약 제군들이 정성이 깃든 마음으로 민첩하게 도와주지 않았더라면, 어찌 일이 이렇게 빨리 완성되고 그 과정이 이처럼 조리 있을 수가 있었겠는가?23)

53세 때(1592)에 임란이 일어나 여러 고을이 와해되자 망우당忘憂堂 곽재우郭再祐(1552~1617)와 함께 창의하여 적을 물리쳤고, 57세(1596) 봄에는 순찰사 낙재樂齋 서사원徐思遠(1552~1615), 옥계玉溪 노진盧禛(1518~1578)과 더불어 모임을 가졌다.

61세(1600) 때에는 영주의 초곡草谷에 있었는데, 5월에 퇴계선생의 문집 간행을 마치고 제공과 더불어 도산원사陶山院祠에 고告하였다. 백암栢巖

---

22) 오운의 형인 吳澐은 鄭逑가 함안군수로 부임한 뒤 퇴락한 사직단을 수리할 때 그 책임자로 임명되었다.(鄭逑, 『寒岡集』, 卷10, 記, 「咸安社稷壇記」[丁亥年, 1587, 宣祖 20], "吳澐, 俾屬其役事焉.")
23) 鄭逑, 『寒岡集』, 卷10, 序, 「咸州志序文」 참고.

김륵金玏(1540~1616), 안촌安村 배응경裴應褧과 더불어 「퇴계선생연보」를 교정한 뒤 보름에 문집고성제文集告成祭에 참여하였고, 여러 벗과 더불어 천연대天淵臺에서 종일 강론하였다. 이해에 한양에서 한강 정구를 만나 『함주지』를 열람하고 필사하였다.

64세(1603) 7월, 보름이 지나 백암 김륵, 남천南川 권두문權斗文(1543~1617), 취수醉睡 박록朴漉(1542~1632)과 더불어 구대龜臺 아래에서 뱃놀이를 하였다. 65세(1604) 가을에는 취수 박록, 남천 권두문, 노대해盧大海와 더불어 부석사浮石寺를, 67세(1606) 3월에는 회곡晦谷 권춘란權春蘭(1539~1617), 면진勉進 금응훈琴應壎(1540~1616)과 더불어 구대를 유람하였다.

68세(1607) 4월에 백암 김륵, 남천 권두문과 더불어 권준신權俊臣(1561~?) 이 지은 우수동愚叟洞의 자원당自遠堂에서 놀았다. 6월에 안동의 부련정府 蓮亭에 걸려 있는 송재松齋와 퇴계의 시를 베껴 써서 한강 정구에게 보내 주었다.[24]

71세(1610) 겨울에 박회무朴檜茂(1575~?)를 방문하였는데, 회무가 당堂을 세우고 당명을 청하니 '취향翠香'이라 하였다. 박공의 당 앞에 송죽연국松 竹蓮菊이 있는 것을 보고 그렇게 이름한 것이다. 75세(1614)에는 구암久菴 한백겸韓百謙(1552~1615)에게 『동사東史』의 처리에 관한 글을 보냈다.

76세 때는 평소 거처하는 방에 작은 창을 뚫어 '죽유정사竹牖精舍'라 명하고 이를 호號로 삼았다. 이는 주자의 "죽유향양개竹牖向陽開" 시구에 담긴 '어둠이 가고 밝음이 옴을 좋아한다'는 뜻을 취한 것이다. 이때 풍기군수豊基郡守 창석蒼石 이준李埈(1560~1635)이 고을 원으로 부임한 현주 玄洲 조찬한趙纘韓(1572~1631)과 함께 방문해서 더불어 서로 창수하였다.

---

24) 吳澐, 『竹牖集』, 「年譜」, 68歲條, "六月, 爲鄭寒岡書安東府蓮亭所揭, 松齋退溪兩先生 詩板."

(2) 강학공간

"인재를 교육하는 것은 곧 국가의 제일 중요한 일이다. 그래서 안에는 대학大學이 있고, 밖에는 향교鄕校를 설치했던 것이다. 그리고 서원書院은 독서하는 장소가 되었다. 후학을 양성하는 데 있어서는 최선의 교육방법을 모색하고 있으며, 마을마다 서당書堂을 세우는 것이 도움이 되었다. 예나 지금이나 학문에 뜻을 둔 선비는 모두 이에 힘썼던 것이다."25) 여기서 죽유는 인재를 양성하는 교육이 국가의 중대사임을 강조하고 있다.

"『예기』「학기學記」에는 '옛날의 교육은, 가家에는 숙塾이 있고 당黨에는 상庠이 있고 술術(州)에는 서序가 있고, 국國에는 학學이 있다26)라고 했는데, 옛 향숙당서鄕塾黨序의 설치는 대체로 그 이유가 있었던 것이다."27) 이는 죽유와 교유한 이들과의 강학활동이 대체로 일정한 공간의 장소를 통해서 이루어진 것과도 무관하지 않다. 평생교육의 장으로서의 기능을 하는 누·정·재, 서당, 서원 등이 대표적이라 할 수 있다. 이에 죽유의 강학활동지로 보이는 공간을 살펴보면 다음과 같다.

죽유는 39세(1578) 가을에 의령 가례의 별장에 머물면서 백암대白巖臺를 축조하였다. 예전에 퇴계선생이 즐겨 찾던 유람의 장소와 닮았고, 죽유가 냇돌이 가파르고 기이한 것을 좋아했으므로, 거기에다 별장을 짓고 대를 쌓아 진정한 깨달음의 지향처로 삼았던 것이다.

---

25) 吳澐, 『竹牖集』, 卷4, 雜著, 「呈巡察使沈公惇文(乙卯, 代山泉書堂儒生作)」, "敎育人才, 乃國家第一事. 內有大學, 外設鄕校. 又有書院, 讀書之有其地. 培養之盡其方, 則村巷間書堂之作, 似無所增益. 而自古及今, 苟有志學之士, 擧皆致力於此."

26) 吳澐, 『竹牖集』, 卷4, 雜著, 「呈巡察使沈公惇文(乙卯, 代山泉書堂儒生作)」; 『禮記』, 第18, 「學記」, "古之敎者, 家有塾, 黨有庠, 術有序, 國有學."

27) 吳澐, 『竹牖集』, 卷4, 雜著, 「呈巡察使沈公惇文(乙卯, 代山泉書堂儒生作)」, "古者鄕塾黨序之設, 蓋有以也."

44세 때(1583)에는 충주목사 겸 춘추관편수관에 제수되어, 충주에 팔봉서원八峯書院을 세웠다. 처음에 개암 김우굉이 원우를 창건하기 시작하였고, 이를 죽유가 이어받아 추진한 것이다. 사호祠號와 당실편액堂室扁額은 모두 죽유가 지었다. 선조 임인년(1602)에 완성이 되었고 현종 임자년(1672)에 사액되었으며,[28] 음애陰崖 이자李耔(1480~1533),[29] 탄수灘叟 이연경李延慶(1484~1548),[30] 십청헌十淸軒 김세필金世弼(1473~1533),[31] 소재穌齋 노수신盧守愼(1515~1590)[32]을 배향하였다.

45세와 46세 때에는 의령 별장에, 47세 때에는 함안의 옛집에 머물러 있었으며, 51세 때에는 식영정에서 머물다가 겨울에 의령 별장으로 돌아왔다. 54세 때 영주 초곡으로 와서 『용사난리록』을 저술하였고, 61세 때에도 이곳에 머물렀다.

75세 때(1615)에는 이산서원伊山書院의 이건移建에 대해서 논의하였다. 이는 원지院址가 낮고 습하고 좁아서 무너질 우려가 있기 때문이었다. 그래서 한두 명의 동지와 더불어 이건을 정하고자 논의하였다. 당시 서원의 상황을 살펴보면, "원우가 세워진 지가 무릇 50여 년이나 되었는데, 원 터에 물이 새고 땅이 마를 날이 없었다. 여름에는 축돌 층계 사이에서 물이 솟아나 담재의 기둥 초석이 기울어져 빠지고 푸줏간과 창고가 온전하지 못했다. 그동안 수리를 하였지만 돌아서면 전과 같이

---

28) 『新增東國輿地勝覽』, 卷14, 「忠淸道」, 寺院條.
29) 李耔의 자는 次野이며, 호는 陰崖, 본관은 韓山이다. 벼슬은 우참찬이었으며, 좌찬성에 추증되었다. 시호는 文懿이다.
30) 李延慶의 자는 長吉이며, 호는 灘叟, 본관은 廣州이다. 벼슬은 교리였는데, 이조참판에 추증되었다.
31) 金世弼의 자는 公碩이며, 호는 十淸軒, 본관은 慶州이다. 벼슬은 이조참판이었는데, 이조판서에 추증되었다. 시호는 文簡이다.
32) 盧守愼의 자는 寬悔이고, 호는 蘇齋, 본관은 光州이다. 벼슬은 영의정이었으며, 시호는 文懿이다.

되어 버렸다. 음식물을 보관하는 시렁이 새어서 구차하게 넘긴 것이 여러 해 되었다"33)라고 한다.

76세 때(1616)에는 평소 거처하는 방에 자그마한 창을 뚫어서 '죽유정사竹牖精舍'라고 하였다. 이해에 백암 김륵과 함께 성재산聖齋山 아래에 산천서당山泉書堂을 세우고 후생들을 교육하는 장소로 삼았다.34) 당시 서당교육의 성격과 관련하여 유생儒生은 다음과 같이 서술하였다.

> 우리를 기다려 이웃하며 살았고, 예의禮意가 서로 커졌다. 선량善良함을 훈도薰陶하고,
> 허물이 없어지기를 기대하였다. 정성을 다해 교육함으로써 사람들이 글을 이룰 수
> 있게 하였다. 재실과 산천서당을 세우고 양정養正을 당명으로 하였다. 어유롭게 거울
> 을 보듯이 산책하며 읊조리고 돌아올 때 장구杖屨 모시듯 백년을 기약하였다.35)

여기서 주목해야 할 점은 예의와 선량함, 그리고 교육을 통해서 글을 익히게 하는 서당교육의 모습이 당시 유생의 시각으로 묘사되었다는 것이고 또 하나는 존경받는 스승이 훌륭한 제자를 양성하여 맑은 조정의 충신으로 일하게 하며 문장과 덕업이 영구적으로 후인에게 전해질 것을 기약하는 산천서원의 이상36)을 보여 주는 것이다. 여기서 죽유의 서당(서원)교육에 대한 이념이 시사된다고 할 수 있다.

---

33) 吳澐, 『竹牖集』, 卷3, 祭文, 「伊山書院移建告由文(甲寅)」, "追今五十季餘, 而占基沮洳
地無乾淨. 當其夏潦, 水湧階砌之間, 堂齋棟礎, 傾頹推陷, 以至庖廚廩舍, 靡有完整. 間歲
繕修, 旋歸前轍. 架漏苟度者有季."

34) 吳澐, 『竹牖集』, 「年譜」, 76歲條, "是歲與金栢巖議建書堂於聖齋山東, 以爲後生肄業之
地, 書堂名山泉."

35) 吳澐, 『竹牖集』附錄上, 「士林祭文(山泉書堂儒生)」, "待我鄰比, 禮意交加. 薰陶善良, 庶
幾寡過. 誠深教育, 俾人成章. 立齋山泉, 養正名堂. 優游覽鏡, 逍遙詠歸, 陪叩杖屨, 百季
爲期."

36) 吳澐, 『竹牖集』附錄下, 「山泉書院常享文(李守定)」, "宗師賢弟, 清朝藎臣, 文章德業, 永
垂後人."

3. 죽유의 교육사상

1) 교육관 및 목적

스승 남명의 학문은 성리학적 범주를 토대로 한 학문을 지향하고 성인자기聖人自期의 요체를 경의敬義로 파악함으로써 궁극적으로는 법성인法聖人을 교육의 목적으로 상정하였는데, 이는 죽유의 교육관이나 교육목적론 형성에 적지 않은 영향을 주었을 것으로 여겨진다.

교육은 개인의 자질에 따라 각기 성장과 발달을 통해서 이루어지는 인재양성이므로, 박록의 「제문祭文」[37]에서 묘사되듯이 "뜻은 오로지 교육에 있으며, 인재를 양성하는 것"이 죽유의 교육철학이었음을 짐작할 수 있다.

그는 슬하의 모든 아이들을 돈독하게 어루만지며, 날로 학업이 성취되기를 간절히 바랐다.[38] 자제교육에 있어서도 반드시 고훈古訓으로 하였으며, 성현의 언행을 접할 때 절실하고 긴요한 곳에 이르게 되면 이를 쉽게 풀이하여 반복하여 가르쳤다. 모름지기 학문은 언제나 자신의 몸을 위한 것[39]이어야 함을 강조했던 것이다.

『죽유집』「기문록記聞錄」에 있는 동암東巖 권성오權省吾의 기록[40]에는 "작인조사作人造士"라는 말이 보이는데, 이는 주周나라의 학제學制를 설명한 대목 중에 나오는 것으로『예기』의 왕제王制[41]에 자세히 설명되어

---

37) 吳澐, 『竹牖集』附錄上, 「士林祭文(朴漉)」, "志專敎育, 人才可成."
38) 吳澐, 『竹牖集』附錄上, 「士林祭文(趙亨道)」, "膝下諸兒, 撫愛亦篤, 學業成就, 維日望切."
39) 吳澐, 『竹牖集』附錄下, 「家狀(吳汝橃)」, "敎子弟必則古訓, 或遇聖賢言行切要處, 招以開示, 反復告敎. 每日爲學須爲己."
40) 吳澐, 『竹牖集』附錄下, 「記聞錄(權東巖省吾錄)」, "竹牖誠於作人造士, 必因其材而篤焉."
41) 『禮記正義』, 卷13, 「王制第五」. 鄕學으로 천거되어 오르는 자를 俊士라고 하고, 그 중에서 학업이 뛰어나 司馬에게 천거된 뒤에 장차 등용될 자를 造士라고 한다. (崔岦, 『簡易集』, 卷9, 稀年錄, 「敬憲公의 關北 사당에 대한 일의 기록」)

있다. 죽유는 작인조사에 정성을 다하여 반드시 그 재능에 따라 독실하게 하는 '재능에 따른 교육'을 제시하였다. 주지하는 바와 같이, 그는 남명과 퇴계의 문하에 출입함으로써 두 학문을 두루 수용하게 되었고, 남북南北으로 종유하여 배우면서 노력한 끝에 결국에는 존경받는 인물이 되었다.[42] 이는 그가 스승의 학문을 수용하고 종유함으로써 존경받는 인물로 성장해 가는 모습을 스스로 후학에게 보여 준 셈이다. 교육의 목적이 인간을 대상으로 하고 인간을 목적으로 지향한다는 점에 있어서, 몸소 실천하여 보여 준 사범師範의 전형이라고도 볼 수 있을 것이다.

2) 교육내용 및 방법

(1) 수학 및 교육내용

죽유는 평소 책과 독서를 좋아하는 습관이 있었다. 그는 매일 일찍 일어나고 한밤중에는 고요히 홀로 앉아 책에 열중하는 것을 낙으로 삼아, 손에서 책을 놓지 않았다.[43] 또한 그는 서가에 책을 많이 꽂아 두고 가죽책갑에 책이 가득 차게 하여, 숨을 쉬는 동안조차도 책을 놓지 않았다.[44] 이는 그의 평생 한 가지의 습관이 서적書籍과 독서에 있었음을 잘 보여 준다.

이산서원伊山書院에서의 「책문제策問題(壬寅)」에서도 그는 성현의 글을 독서하는 것에 대해서, "제생은 성현의 글을 읽고, 뜻이 큰 사람은 두레박 틀처럼 사람을 따르지 않기를 바란다. 또한 금수禽獸와 더불어 성현의

---

42) 吳澐, 『竹牖集』 補遺, 「神道碑閣上樑文」.
43) 吳澐, 『竹牖集』 附錄下, 「行狀(趙亨道)」, "日必夙興, 靜坐一室, 劬書自娛, 手不釋卷."
44) 吳澐, 『竹牖集』 附錄上, 「士林祭文(趙亨道)」, "生平一癖, 最在書籍, 鄴揷盈架, 韋藏滿軸, 食息之暇, 手未暫釋."

글을 함께할 수는 없으니, 평소 마음에 저울질을 해야 할 것임"45)을 강조하면서, 학습자가 평소 품고 있었던 생각을 허심탄회하게 풀어놓을 수 있는 허용적 분위기를 중요시하였다.

대체로 그가 익혔던 수학 및 교육의 내용은『주역周易』,『주자대전朱子大全』「봉사주차封事奏箚」, 주자일서朱子一書,『소학小學』과『대학大學』, 주자의 지구문인문답서찰知舊門人問答書札・잡저서기지류雜著序記之類・소차疏箚 등이었음을 볼 수 있는데, 이는 다음과 같다.

첫째,『주역』및『주자대전』의「봉사주차」이다. 그는 62세 때(1601) 귀전歸田한 뒤로는 방 안의 도서 중에서『주역』과『주자대전』을 좋아하여 손에서 책을 떼지 않았다.46) 항상 좌우에 도서를 두고 깊이 연구하기를 게을리하지 않았다.『주자대전』의 주서朱書에 이르러서는 특히「봉사주차」를 발췌하여 기록하면서 침식을 잊을 정도로 몰두47)한 것을 볼 수 있다. 그는『주자대전』이야말로 치세의 모범이 되는 것이고, 그 가운데서도 특히「봉사주차」는 군주가 절실히 살펴야 할 것이라고 보았는데, 이는 77세(1616) 6월의「사공조참의소辭工曹參議疏(丙辰)」에서 보다 구체화되어 진술되었다. 여기서 그는 "신은 일찍이『주자대전』을 읽었는데, 천언만어가 모두 치세의 모범이 아닌 것이 없고 문장이 매우 광대하여 표주박으로 바닷물을 헤아릴 수 없듯이 쉽지 않은 것이었습니다.「봉사주차」같은 데 이르러서는 강綱을 들고 목目을 대어 근본을 바로하고 잘못을 바르게 하였으니, 더욱 애군우국愛君憂國의 뜻을 볼 수 있고 경륜의

---

45) 吳澐,『竹牖集』, 卷4, 雜著,「策問題(壬寅)」, "諸生讀聖賢書, 嘐嘐然必不願俯仰隨人如桔橰. 亦不可與鳥獸同輩, 尙論千古, 權衡於心上者素矣."

46) 吳澐,『牖先集』附錄下,「記聞錄(溪門諸子錄○權蒼雪斗經所錄)」, "歸田之後, 一室圖書尤喜讀周易朱子大全, 手不釋卷."

47) 吳澐,『竹牖集』附錄下,「家狀(吳汝橃)」, "左右圖書, 玩賾不倦. 尤喜讀周易朱子大全, 至於朱書, 手抄封事奏箚, 殆忘寢食."

대략이 갖추어져 있었으므로 어람御覽에 가장 절실한 것입니다"48)라고
하였다.

둘째, 주자일서이다. 바야흐로 세상이 공리功利에 빠져서 심신에 관한
학문을 알지 못하게 되었는데, 공은 홀로 초연하였다. 주자일서로 만년에
공부의 묘미49)로 삼았던 것이다.

셋째, 『소학』과 『대학』이다. 『소학』은 63세(1602) 12월에 『소학』 1건을
하사받았고, 『대학』은 64세(1603) 7월에 『대학』 1건을 하사받았는데, 이는
모두 사은하지 말라는 명으로 받은 것이었다.

넷째, 『주자문록』으로, 이 책은 72세(1611) 8월에 완성된 것이다. 그는
주자서朱子書에 용공이 더욱 두터워서 노년에도 권태롭지 않고 침식을
거의 잊어버릴 정도였다. 그러나 주자가 벗이나 문인과 문답한 서찰(知舊門
人間答書札)은 이미 퇴계선생이 지은 것이 있으므로, 그에 못지않게 절실한
「봉사주차」 및 「잡저」·「서기序記」의 부류와, 특히 더욱 애군우국의 뜻을
볼 수 있는 「소차」를 모아서 선록選錄한 상중하 3책의 『주자문록』을
만들어 항상 책상 위에 두었던 것이다.50)

(2) 교육방법

죽유는 젊어서 남명과 퇴도 양 선생의 문하에 유학한 이후, 벼슬길에

---

48) 吳澐, 『竹牖集』, 卷3, 疏, 「辭工曹參議疏(丙辰)」, "臣嘗讀朱子大全書千言萬語, 無非治世
之模範, 而浩瀚閎博, 未易窺測. 至若封事奏箚, 提綱絜目, 端本格非, 尤可見愛君憂國之
意, 經綸大略具焉, 最切於御覽."
49) 吳澐, 『竹牖集』 附錄上, 「士林祭文(朴檜茂)」, "世方沒溺於功利, 不復知有身心之學, 而
公獨超然遠覺. 以朱子一書, 爲晩來用工之妙."
50) 吳澐, 『竹牖集』, 卷3, 跋, 「書朱子文錄後」; 吳澐, 『竹牖集』, 「年譜」, 72歲條, "八月朱子
文錄成, 先生於朱子書, 用工益篤, 老而不倦, 殆忘寢食. 以爲知舊門人間答書札, 有退溪先
生所選, 至若封事奏箚及雜著序記之類, 並切於後學, 而疏箚尤見愛君憂國之意, 乃手抄成
上中下三冊, 題曰朱子文錄, 常對案上."

나아가서는 강론하는 자리에서 부단한 수학을 할 수는 없었지만 스승을 경모하는 마음이 나이가 들어서도 더욱 돈독해졌다. 항상 옷깃을 여미고 책상 위의 문집을 대하는 모습은, 마치 스승으로부터 직접 가르침을 받는 듯[51]하였다. 가학이나 스승으로부터의 수학 이후, 자신의 학문이나 수양을 위한 교육방법의 탐구는 다음과 같이 찾아볼 수 있다.

첫째, 경계하여 깨우치는 법도와 연구하여 직접 논의하는 방법이다. 이와 관련하여 그는 "「소차」의 류는 특명으로 인출하여 한가하게 지내는 여가에 깊이 궁구하게 해서 당일에 강직하게 기탄없이 한 말과 곧은 논의를 마치 직접 듣는 것과 같이 한다면, 예와 지금이 비록 서로 다르지만 경계하여 깨우치는 데는 그 법도가 같을 것입니다"[52]라고 하여, 깨우치며 연구하고 직접 논의하는 방식의 공부법을 강조하였다.

둘째, 자득自得의 공부이다. 그는 바른 것을 스스로 지키고 시호時好에 영합하지 않았기 때문에 기구하게 주군州郡으로 떠돌아다녔지만, 거기에 개의치 않고 한가롭게 지내면서 즐거워하며 자득하였다. 「유연당기悠然堂記」에서 그는, "나의 당堂이 이제 완성되었는데, 산과 같이 우러러보는 마음이 고금에 서로 비추니, 산명山名으로 편액하지 않고 '유연悠然'으로 한 까닭은, 유연 두 글자가 도연명陶淵明의 고요히 물을 비추어 진의眞意를 자득自得한 곳이니, 이것이 산에 있는가, 이것이 연명淵明에 있는가"[53]라고 하였다. 이처럼 스스로 무엇인가를 탐구하고 깨우치고 터득하는

---

51) 吳澐, 『竹牖集』 附錄下, 「行狀(趙亨道)」, "少遊退陶南冥兩先生之門, 深見稱詡, 及身繫仕宦, 終不得源源摳衣於函丈之間, 而其敬慕篤信之心, 老而彌篤. 常對文集於案上, 斂袵奉讀, 若親承警咳焉."

52) 吳澐, 『竹牖集』, 卷3, 疏, 「辭工曹參議疏(丙辰)」, "願疏箚之類, 特命別印, 燕閒之暇, 沉潛玩繹, 使當日危言讜論, 如親聽聞, 古今雖殊, 警惕省悟, 其揆一也."

53) 吳澐, 『竹牖集』, 卷3, 記, 「悠然堂記」, "吾堂適成而山仰之地, 古今相照, 然而不扁之以山名, 而必揭之悠然, 悠然兩箇字, 正淵明因靜照物, 眞意自得處, 是在山乎, 是在淵明乎."

방식을 즐겨했던 것으로 보인다.

셋째, 박통경전博通經傳이다. 그는 경전에 널리 통하고 의리가 마음을 뚫었다. 깊이 공부하고 부지런히 달리니, 덕행이 높고 청결하였다.[54] 「행장行狀」에는, "문인운사文人韻士를 만나서는 문득 함께 경사를 토론하였고, 고금을 비교하며 부지런하여 쉬는 일이 없었다"[55]라고 할 정도로 경전에 널리 통했던 것을 볼 수 있다.

넷째, 직관교수의 원리이다. 하나는 '아래에서 위로', '가까운 데에서 먼 곳으로'이다. 만약 대인군자가 사람의 근본을 통제하려 하고 또한 깨우치고 가르치는 일을 좋아한다면, 대개 낮은 데에서 높은 곳으로 오르게 하고 가까운 데에서 먼 곳으로 이르게 한다.[56] 이는 사람의 근본을 통제하거나 깨우치고 가르치는 일에 있어서 순차적이고 점진적인 방식으로 임했던 것이라고 볼 수 있다. 다른 하나는 '쇄소응대지여灑掃應對之餘'이다. 산천서당 유생의 글에 의하면, "쇄소응대의 여가에 반드시 여럿이 모여 독서하며, 성취된 뒤에라야 거의 노둔하고 몽매한 곳에 이르지 않고, 마침내 국가에 쓰이게 되는 것"[57]이라고 하였다. 이는 물 뿌리고 빗자루 청소하는 법을 통해서 상달처上達處에 이르는 공부법을 의미하는 것으로, 기초적인 역량학습의 강화를 강조한 것이다. 이러한 교수법은 오늘날에도 함의하는 바가 크다고 할 수 있다.

---

54) 吳澐, 『竹牖集』附錄下, 「南溪祠奉安文(金熙周)」, "博通經傳. 義理貫心. 工深邁征, 行峻淸潔."

55) 吳澐, 『竹牖集』附錄下, 「家狀(吳汝橃)」 및 「行狀(趙亨道)」, "遇文人韻士, 輒與之討論經史, 商礭古今, 亹亹不厭."

56) 吳澐, 『竹牖集』, 卷4, 雜著, 「呈巡察使沉公惇文(乙卯, 代山泉書堂儒生作)」, "至若大人君子操作人之柄者, 亦莫不樂聞而勸成之, 蓋以登高自卑, 行遠自邇."

57) 吳澐, 『竹牖集』, 卷4, 雜著, 「呈巡察使沉公惇文(乙卯, 代山泉書堂儒生作)」, "灑掃應對之餘, 必羣居讀書, 成就有所, 然後庶不至, 魯莽蒙昧之地, 終爲國家之利用."

4. 맺음말

본고는 가학을 기반으로 하여 남명과 퇴계의 학문을 수용한 죽유의 강학과 교육에 관하여 고찰한 것이다. 먼저 죽유의 교유와 강학 그리고 강학공간의 확보를 통한 교육의 기반적 여건을 살펴보고, 이를 바탕으로 교육관과 목적 그리고 교육의 내용 및 방법을 고찰하였으며, 이를 통해서 죽유의 교육사상에 대한 대체적인 면모를 구명해 보았다. 이제 이를 정리하면 다음과 같다.

죽유는 남명의 문하에서 정·주의 학문적 논리에 입각한 실천의 방법을 정립하는 한편, 자연주의적 경향에 경도되어 한때 자연의 이치를 체득하는 모습을 보이기도 하였다. 스승 남명은 성리학적 우주론의 해석에 관심을 갖기보다는 일상에 적용할 수 있는 실천에 학문의 비중을 두었다. 이러한 연유로 죽유는 성리학의 형이상학적 해석보다는 정·주의 학문적 논리에 입각한 실천의 방법을 정립하는 데 노력한 것으로 보인다.

한편, 죽유는 30세 때(1569), 한훤당 김굉필의 화병첩畵屛帖을 그 후손에게 돌려준 일을 통해서 '하늘의 이치에 따라 자연스럽게 갈무리하는 것'을 체득하게 되고, 인위적으로 소유하기보다는 자연에 맡기는 것이 오히려 병풍을 제대로 보존하는 방법이라는 것을 깨닫게 되었다. 『함주지』의 보존 경위에서도 그러한 양상을 찾아볼 수 있다.

남명을 찾아가 배운 지 6년 뒤, 죽유는 25세 때(1564) 도산서당으로 찾아가 퇴계의 문하에서 수학하게 되었다. 퇴계로부터 성리학적 세계관에 입각한 학문적 탐구에 주력하고 신뢰를 쌓은 그는 "학문에 힘쓰고, 문장에 뛰어났다"는 평을 받게 되었다. 이는 경敬을 강조하면서도 항상의義의 실천을 전면에 내세웠던 남명의 경우와는 다소 구별되는 모습이다. 남명의 경우 주경행의의 위학관에 따라 이론을 전개하였다고 한다면, 퇴계의 경우는 거경궁리의 위학관에 따라 이론을 전개한 것이라고 볼 수 있을 것이다.

인재를 교육하는 것은 국가의 제일 중요한 일이다. 안에는 대학이 있고, 밖에는 향교가 있으며, 또한 서원에서는 독서를 할 수 있었다. 후학을 배양하는 데 있어서 최선의 방법을 다하고 있으며, 마을마다 서당을 세우는 것이 도움이 되는 바 없는 것 같으나, 예나 지금이나 진실로 학문에 뜻을 둔 선비들이 모두들 이에 힘을 써 왔다. 이는 옛 향숙당서의 설치가 대개 까닭이 있었던 것임을 보여 준다.

죽유의 생각은 오로지 교육과 인재를 양성하는 데 있었다. 이는 개인의 성장과 발달을 추구하며 개인의 자질에 따른 교육을 통해서 인재를 양성하려는 것이 그의 교육에 관한 철학으로 비춰진 것이라고 할 수 있다. 그는 작인조사에 정성을 다하여 반드시 그 재능에 따른 독실한 교육을 강조하였으며, 인간을 양성하려는 교육의 목적을 몸소 실천함으로써 사범의 전형을 보여 주었다. 수학 및 교육의 내용은 『주역』과 『주자대전』 「봉사주차」, 주자의 서한들, 『소학』과 『대학』, 『주자문록』 등으로 찾아볼 수 있었고, 교육방법은 첫째 경계하여 깨우치는 법도와 연구하여 직접 논의하는 것, 둘째 자득의 공부, 셋째 박통경전, 넷째 직관교수의 원리에 해당하는 방법으로 살펴볼 수 있었다.

제10장 남명학파와 죽유 오운

권 인 호

1. 머리말

남명南冥 조식曺植(1501~1572)이 훈척정권과 타협을 배제하고 평생 출사出仕를 거부한 채 출처의리를 고수한 것이나, 퇴계退溪 이황李滉(1501~1570)이 비판적 시각을 견지하면서도 출처를 반복하며 일정한 타협의 면모를 보인 것으로 대조적 양상이 나타나는 것도, 그들의 현실인식과 그 대응방안에 대한 생각과 견해 차이를 반영하는 것이다.

남명학파와 퇴계학파를 주축으로 하는 '영남학파'는 조선 중기 신진 사림정치의 확립을 위한 훈척정치의 잔재청산에 적극적 자세를 견지하며 동인東人으로 좌정하였다. 화담학파의 일부와 율곡학파의 '기호학파'의 서인西人은 비록 사림파라고 하지만, 훈척파勳戚派의 요소를 지니고 있었다.

한편 동인은 기성旣成적인 분위기를 보였던 서인세력에 대응하는 자세에 있어 내부적 견해차를 극복하지 못하고 퇴계학파의 남인과 남명학파의 북인으로 분화하고 말았다. 이러한 분화의 이면에는 조식과 이황의 성리학적 세계관의 차별적 경향이 개재해 있었다. 그러나 그것은 훈척정치의 잔재청산을 위한 개혁을 주도함과 동시에 서인세력에 공동으로 대응해야 하는 그들에게 심대한 타격이 될 수 있는 것이었다. 뿐만 아니라 '계미삼찬癸未三竄'(1583)이나 전 시대의 이른바 '4대 사화'(戊午·甲子·己卯·乙巳) 못지않은 '기축옥사己丑獄事'(1589) 같은, 선조宣祖·이이·성혼·정철 등에 의한 동인과 서인의 치명적인 정치투쟁과 소장의 신진사류 중심의 동인 현사賢士들이 피화를 입는 사림 내부와 정치·사회적 갈등뿐만 아니라, 뒤이은 임진왜란(1592)과 인조반정仁祖反正(1623, 궁정쿠데타, 왕위찬탈사건)으로 이어졌다.

이러한 과정 속에서 덕계德溪 오건吳健(1521~1574)을 비롯하여 개암開巖 김우굉金宇宏(1524~1590)·동강東岡 김우옹金宇顒(1540~1603) 형제와 죽유竹牖 오운吳澐(1540~1617), 약포藥圃 정탁鄭琢(1526~1605)과 한강寒岡 정구鄭逑(1543~1620), 낙천洛川 배신裵紳(1520~1572)과 송암松庵 김면金沔(1541~1593) 등 남명과 퇴계 양 문하에 왕래往來·집지執贄한 사림들에 의해 분화를 막고 통합을 추구하기 위한 다각도의 방안이 모색되었다.

광해군은 죽유 오운의 부음을 듣고 예관禮官을 파견하여, 그 사제문賜祭文에서 "도道는 도산陶山을 사모思慕했고, 학學은 산해山海를 종주宗主로 삼았다"[1]라고 하였으며, 퇴계의 후손인 이가원李家源도 "덕산德山에서 발인發軔하여 도산陶山에서 졸업卒業하였다"[2]라고 평가한 것에서, '죽유 오운에게 주어진 역할 역시 그러한 범주에서 벗어나는 것이 아니었다'[3]라고 하여, 남명학파와 퇴계학파 양문兩門에서 죽유 오운의 관계설정과

---

1) 『竹牖集』, 「附錄下」, '家狀'.
2) 『國譯 竹牖全書』, 「景刊序」.
3) 설석규, 「16세기 嶺南士林의 分化와 吳澐의 역할」, 『退溪學과 韓國文化』 제40호 (2007), 104~105쪽.

위상을 잘 설명하고 있다. 이 논문은 그러한 문제의식에서 '남명학파와 죽유 오운'을 중심으로 서술하였다.

2. 조선 중기 시대적 배경과 영남사림

1) 사회 · 경제적 배경

유학사상에서 인간생활에서 기본적인 사회경제적인 토대의 중요성은 일찍이 공자孔子가 '먼저 백성을 먹여 살리고 난 후에 가르쳐야 한다'(先富後敎)[4]는 데에서 찾아볼 수 있고, 그런 의미에서 유학은 바로 고원高遠하고 심오한 천리天理만은 논하는 것이 아님을 알 수 있다. 또한 맹자孟子도 왕도정치王道政治를 논論하면서 '민중을 다스리기 위해서는 항산恒産이 없으면 항심恒心이 없게 된다'[5]고 하여 무엇보다도 사회경제적 안정이 정치에 있어서 나아가 유학정치사상의 근본이 됨을 역설하고 있다. 그런 의미에서 이중환李重煥의 『택리지擇里志』를 굳이 인용하지 않더라도 지형상이나 역사 인물의 배출 양상을 살펴보아도, 경상우도를 기반으로 하는 남명학파가 경상좌도의 퇴계학파에 비해 풍요로웠다는 것을 알 수 있다.

그런데 그러한 일반적인 예와는 좀 다르게 퇴계와 죽유는 의령의 가례동천에 많은 전장과 노비를 소유한 김해 허씨 몽재蒙齋 허사렴許士廉 가문이 같은 처갓집이 되었다. 죽유는 허사렴이 아들이 없고 딸만 둘인데 그 맏사위가 되어 많은 재산을 상속하게 되었고, 또한 허사렴은 퇴계의

---

4) 『論語』, 「子路」.
5) 『孟子』, 「梁惠王」 上.

맏처남이 되고, 죽유는 퇴계의 처질서妻姪婿가 되니, 퇴계가 곧 죽유의 처고모부가 된다. 더구나 죽유는 생장하는 주요 지역이 함안·고령·의령 등으로 당시에는 모두 경상우도에 속하는 지역이었다. 한편 내암來庵 정인홍鄭仁弘(1535~1623)의 종손자宗孫子인 정릉鄭稜의 부인(내암의 종손부)이 죽유의 손녀(죽유의 아들 吳汝穩의 딸, 高敞吳氏)인 것도 참고할 만하다.

조선왕조 전全 시기를 통하여 토지개혁론이 계속적으로 주장되고 있는데, 이는 과전법에 나타난 소박하지만 공전公田이라는 기본적 제도 하에서 분배적 정의실현이라는 것이 일정한 부분이지만 맹자孟子의 정전법井田法에서 찾아볼 수 있는 유교 민본사상이라는 원칙에로의 회귀하려는 의식을 나타낸다. 한편 당시 왕족과 훈척파勳戚派의 경제적 독점에서 배제된 사림파士林派 자신들의 이익을 위한 주장이라고 보아질 수도 있다. 실제로 대개 지방 중소지주층 출신인 사림파가 중앙의 대지주(대상인의 뒷배) 출신 훈구척신파에 대항함으로써, 토지제도와 함께 성리학적 사회·정치질서 구축이라는 사실은 역사적 발전에 기여한 것이라고 인정할 수 있다. 그러나 궁극적으로 이들 또한 자기네들의 권익을 보호하기 위한 자위적인 수단으로 세금수탈 방법에 반대한 혐의도 없지 않다. 물론 당시의 조세제도가 그들이 생각하고 추진하려는 '왕도정치王道政治' 내지 '도학道學정치'를 근본에서부터 해치는 것으로 보았기 때문이라는 점[6]은 인정한다. 그러나 훈구파와의 정치·사회·경제적 투쟁인 사화士禍를 거치고 선조 초기 사림파가 정치적 헤게모니를 장악하면서 상황은 당쟁으로 이어지면서 그들도 이권利權의 독점에 몰두하게 된다.

사림파가 정권을 장악했다(?)는 선조 이후에 그들은 자신들의 정권정

---

6) 『孟子』 「梁惠王」 章句의 곳곳에 나오는 王道政治의 具體的實例; 『荀子』, 「王制」, "王者之法……關市幾而不征, 山林澤梁以時禁發而不稅……"; 宋榮培, 『中國社會思想史』(한길사, 1986), 160~161쪽 참조.

통성과 그 정권의 밑바탕이 되는 성리학의 학문정통성을 세우기 위해 다분히 인위조작적인 '도통연원道統淵源7)'을 내세웠다. 즉 사림파의 성리학性理學의 정통계보를 주장하고 내세우지만 이는 자기 출신성분의 비순결성을 호도하고자 하는 데 다분한 의도가 있다고 보아진다.8) 그것은 사림파의 정권장악과 조선 후기에 가서는 조선 전기의 훈구파보다 더욱 비유학적非儒學的 정치행태9)를 보이면서도 도통연원을 강조한 점에서도 엿볼 수 있다.

2) 정치적 배경

조선 중기 15~6세기 재야 사림파들이 중앙정계로 진출하면서 발생한 조정의 훈구척신파와의 정치적 갈등을 '사화士禍'10)라고 일반적으로

---

7) 方東美는 道通論의 배타성·폐쇄성·독단성을 지적하고 도통관념은 결코 역사적으로 명확하게 증명이 없는 武斷的인 신앙이라고 배격하였다. 여기에 대한 참고자료는 방동미, 『宋明哲學』 제1·2·3·4강, 월간 『哲學與文化』 제8·9·10기에 나온 것을 金忠烈이 쓴 「性理學 전래 이전의 高麗儒學」, 『韓國思想大系 Ⅳ—性理學思想篇』(성균관대 대동문화연구원, 1984), 21쪽, 주1)에서 소개하고 있다. 이러한 논지에서 바로 조선조에서 성리학자들의 아전인수적인 도통연원의 주장은 사실이 증명되지 않는 비역사적 성격이 짙다고 본다. 그 이유에 대한 근거는 권인호, 『조선중기 사림파의 사회정치사상—남명 조식과 내암 정인홍』(한길사, 1995), 23~28쪽 참조.

8) 鄭夢周─吉再─金叔滋─金宗直─金宏弼(鄭汝昌)─趙光祖로 이어지는 계보는 기묘사화 후에 사림파의 힘이 재충전되는 仁宗 元年 3월에 朴謹의 상소문에 이어, 사림파가 확고하게 중앙정계로의 진출이 확실시되는 宣祖 初에 奇大升이 제기하였고 후대에 올수록 자기 학파의 정통성을 주장하기 위해 조광조 이후는 모두 자기 학파의 계보를 갖다 붙이고 있다.

9) 反民衆的이고 大土地所有 지향(退溪 등 일부), 一黨專制 경향(西人─老論), 非理性的 政治行態(己丑士禍를 비롯한 조선 후기 당쟁의 반대당의 무차별 肅淸)와 연결되는 王權의 無力化와 外戚政治(光山金氏, 慶州金氏, 豊山洪氏, 達城徐氏, 豊壤趙氏, 安東金氏, 驪興閔氏)에 의한 민중수탈 그리고 事大的 경향(尤庵 등 일부 大明尊華論者) 등.

10) 一部에서는 戊午士禍는 史草 문제로 발생한 것이라 하여 '史禍'라고도 한다. 그러나 이것은 士禍 자체를 構造的으로 照明하지 않고 個人의 怨恨이나 些少한 에피소드로 士禍를 보려는 非歷史的 視覺이 露出된 것이라 생각된다.

말한다. 여기에는 많은 문제점이 내포되어 있다. 특히 '정여립鄭汝立의 모반'이라는 무고誣告사건이라고 할 수 있는데, 서인들이 수많은 동인 사류士類들을 연루시켜 조선조 최대의 '선비들 희생'(被禍)을 선조 22년(1589)에서 약 3년간 겪었지만, 후일 이는 '기축옥사己丑獄事'라는 명칭으로, 서인들 자신이 가해자인 것을 정당화하고자 '사화士禍'라는 용어 대신 '옥사獄事'라 명명하였다.

사림파가 정계에서 주도권을 잡는 사림정치는 중종中宗 때 정암靜庵 조광조趙光祖(1482~1519)에 의해 시도된 '지치주의至治主義'에 의한 '도학정치'로 일컬어진다. 이 사림파의 정치사상은 『대학大學』의 '삼강령三綱領'과 '팔조목八條目'의 정신에 토대를 둔, 다시 말해서 '수기치인修己治人'이라는 유학 정치사상과 그 종지宗旨에 철저하고자 한 것이었다. 이것은 정치담당자의 학문적 입장을 정치에 바로 일치시키려는 것이다. 그것은 정치의 학문화를 위하여 통치자의 인간적인 덕성과 인격의 수양을 요구하였다. 그리하여 동강 김우옹의 상소문 등은 바로 '수기치인'에 철저하였고 그 경연經筵 강의는 스승 남명의 경의敬義사상으로 엮어나갔던 것이다. 그러나 역사적으로 존재하였던 정치적 사건과 그것의 토대가 된 철학사상을 연구하고 분석하는 시각은 각기 다를 수밖에 없다.

요즈음에 와서 일부 역사학자는 사림파의 정치사상과 그 역사적 존재를 긍정적으로 평가하고 성리학적 공도론公道論의 정당성이 재발견된다는 논조를 펴고 있다. 앞 세대 한국의 철학계와 역사학계에 있어 왔던 소박한 학파 구분11)과 보다 유심론적인 가치평가기준, 다시 말해서 역성혁명易姓革命과 왕위찬탈에 대한 찬반의 정치사상적 입장으로 학파

---

11) 李丙燾의 勳舊・士林・節義・淸談派나 조선 중기 이후에 대해서는 高橋亨의 主理・主氣派 등.

를 구분한 것에서 탈피하여 보다 구체적인 사회경제적 입장에서 사림파의 특징을 주장하였다. 그는 15~16세기의 사림파가 사창제社倉制·유향소留鄕所·사마소司馬所·『소학小學』 보급과 실천·『주례周禮』의 향사례鄕射禮·향음주례鄕飮酒禮 시행·향약鄕約 보급12) 등으로 재지향촌在地鄕村 사회의 안정을 통하여 자기 세력을 유지 강화시켜 중앙의 조정으로 진출한다. 그렇게 되면서 사림파는 훈척파의 대토지 소유 및 농장農莊의 확대에 부딪혀 상호 경제적 이익과 이를 통한 사회정치적 세력이 대립되었다. 그들의 충돌이 바로 사화로 나타났다. 그리하여 사대사화가 그 표면적 원인은 각기 다르지만 가해자인 훈척파가 승리한 후 구체적인 제도개혁에서 앞서 열거한 사항이 철폐된 점을 예로 들 수 있다13)고 하였다.

물론 이러한 이론은 앞 세대 학자들보다 발전된 의미를 가지지만 과연 사림파가 사상적인 선진성과 역사적인 발전에 부응하는가 하는 문제는 여전히 의문이다. 그런 의미에서 몇 가지 문제가 남는다고 보아진다. 이것은 본 논문의 진행에 있어서 조선 중기 영남사림파의 전형적인 인물로서의 동강이 과연 역사적 진보성과 그것을 담보해 주는 사상적인 정당성을 과연 지니고 있느냐와 연관된다고 보이기 때문에 중요한 문제로 부각된다.

첫째 사림파의 출신배경이 과연 영남을 중심으로 한 지방 중소지주층이면서 역성혁명과 왕위찬탈, 즉 성리학에서 주장하는 정치적인 리理적 질서에 위배되는 비유교적 정치변혁이 일어난 당시의 정치현실을 비판하고 그 출처出處에 있어서 순결성이 있느냐는 것이다.

---

12) 김우옹의 鄕約에 관한 논의는 權仁浩, 「金東岡의 學問과 思想 硏究」, 『南冥學硏究論叢』 제2집(南冥學硏究院, 1992.2), 476~484쪽 참조.

13) 李泰鎭, 『韓國社會史硏究』(한길사, 1986), 125~185·253~303쪽 참조.

둘째 과연 이들이 내세운 성리학적 공도론公道論과 이를 구체적으로 실현하기 위해서라는 여러 사회제도들의 실시주장이 당시 유교의 정치사상에 부합되는 것인가. 또한 현재의 정치사상에 비추어 그것을 긍정적으로 평가할 수 있느냐 하는 문제이다.[14]

이러한 문제에 대하여 유학의 기본 사상인 '수기치인修己治人'에서 그 비중이 '수기修己'와 '치인治人'이 상호조화를 이루어야 하는 것인데 성리학은 주지하다시피 수기修己 부분에 중점을 두어, 치인治人하는 개인의 주관심성主觀心性과 객관대상客觀對象의 형이상학적形而上學的 분석으로서의 리기理氣 문제에 매달린다. 물론 '치인治人' 부분에서도 계급관계의 조화론이 없는 바는 아니지만 그것이 가지는 정치 이데올로기적 허위의식은 또 다른 문제로 지적될 수 있다.

정주학程朱學적 성리학에서 '수기修己'의 강조나 리기심성론理氣心性論에로의 도피는 이민족인 원元나라가 이를 관학화官學化하여 한漢민족을 지배하는 데 일정 부분 복무하였다고 본다. 그런데 원 세조世祖 쿠빌라이에게 벼슬하며 우리가 고려 말에 받아들이게 되는 원대 성리학을 결정적으로 이룩해 주는 노재魯齋 허형許衡(南宋末 元代初의 학자, 1209~1281)의 출사出仕와 그의 『소학』 보급과 실천운동을 조선 초·중기 사림파가 그대로 답습하고 있다. 그러면서도 문묘文廟에 종사된 허형을 훼철하자는 조선 후기 사림파의 주장은 절의명분과 그들의 실지 행동과 그 지향에 있어서의 이율배반적이고 자기모순적인 성격이 드러나는 곳이다.

---

14) 앞서 열거한 사림파의 사회제도 개혁제시가 사림파 자체 강화만이 아니라 유교의 민본사상에 바탕을 둔 사회정치철학적 기준에서 性理學의 理的秩序가 부합되는 것인지와 민중에게 복무한 의미와 구체적 사례가 존재하는가 하는 문제이다. 여기에 대해서도 일단 東岡의 經世思想을 살펴보면 일정한 긍정성을 부여할 수 있다고 생각된다.

공자와 맹자의 경제적 평등과 사회정치의 안정사상도 주자朱子는 인간의 타고난 신분등급의 차별적인 분수分數에 의해서 왜곡하였다. 이러한 주자의 정분론定分論[15]이 바로 조선의 15~6세기 사림파의 이데올로기가 되었다고 볼 수도 있다. 왜냐하면 이들 사림파는 쿠데타와 왕위찬탈에 반대하여 사림파가 형성되어 중앙정계에 진출할 때 사환仕宦을 안 한 것이 아니라, 그 처신에 있어서 훈척파와 크게 다름이 없었고, 그 경제적 지반도 중소지주라고는 할 수 없는 대토지 소유자들인 것이 다른 연구[16]에 의해 밝혀지고 있다.

3. 남명과 퇴계의 양문 제자 죽유

다음은 남명과 퇴계의 양문의 제자인 죽유 오운의 선후배 일부 명단을 필자의 여러 가지 선별과 순서의 기준으로 나열한 것이다.

남명 문하의 뛰어난 제자로 <u>덕계 오건</u>, <u>수우당 최영경</u>, <u>내암 정인홍</u>, <u>동강 김우옹</u>, <u>한강 정구</u>의 이른바 '남명오현南冥五賢'을 포함하여, 개암

---

15) 守本順一郎, 김수길 譯, 『東洋政治思想史硏究』(동녘, 1985), 142~150쪽 / 曹永祿, 「陽明思想에 있어서의 '分'의 문제」, 『東洋史論文選集』 2(일조각, 1978), 39~49쪽(朱子學의 定分論과 陽明學의 '分'意識), 『禮記』 「禮運」편의 "天尊地卑, 君臣定"이라는 소박한 君尊臣卑 관념은 宋學의 선구자라고 할 수 있는 唐末의 韓愈에 와서는 "君出令, 臣行君令致於民, 民出米粟"(「原道」)의 君臣民의 上下 定分論의 틀이 세워지게 된 것이다. 그런데 '上下의 分'의 고정화는 儒法兩家에 공통적으로 보이는 바로서(물론 이는 원리상으로는 法家에 가깝지만) 그들은 西漢 初 體制이데올로기를 圍繞한 상호 간의 論爭을 벌였으며, 이후 儒生 간에도 이 문제를 易姓革命說과 관련하여 논란하는 배경을 이루었다. 佐野公治, 「明夷待訪錄における 易姓革命思想」, 『日本中國學會報』 17집(東京), 133~134쪽; 위의 글, 41쪽, 주39)에서 再引用. 그러므로 지나친 性理學의 理的 秩序의 강조는 현실체제옹호의 색채가 짙다. 이는 法家적인 이론적 바탕을 가지면서도 오히려 異端論爭에 철저한 것은 허위의식 그대로이다. 여기에 대해 星湖 李瀷도 이를 비판한다.
16) 李樹健, 『嶺南士林派의 形成』(영남대 민족문제연구소, 1980), 90~92쪽 참조.

김우굉, 도구 이제신, 첨모당 임운, 낙천 배신, <u>개암 강익</u>, 신암 이준민, <u>약포 정탁</u>, 옥동 문익성, 원당 권문임, 죽각 이광우, 입제 노흠, 탁계 전치원, 각재 하항, 황암 박제인, 일신당 이천경, 예곡 곽율, 성암 김효원, 대소헌 조종도, 죽유 오운, 송암 김면, 모촌 이정, 송암 이로, 운강 조원, <u>부사 성여신</u>, <u>망우당 곽재우</u>, 설학 이대기, 청강 이제신, 백곡 진극경, 사암 박순, 월정 윤근수, 아계 이산해, 문암 정인기 등을 열거할 수 있겠다.[17]

퇴계 문하의 뛰어난 제자로는 월천 조목, 학봉 김성일, 간재 이덕홍, 서애 유성룡, 한강 정구, 지산 조호익의 이른바 '퇴계육철六哲'을 포함하여,[18] 추밀 정지운, 구암 이정, 소재 노수신, 금계 황준양, 청암 권동보, <u>덕계 오건</u>, <u>개암 김우굉</u>, <u>낙천 배신</u>, 후조당 김부필, 월천 조목, <u>약포 정탁</u>, 고봉 기대승, 동강 남언경, 성성재 금난수, 송암 권호문, <u>성암 김효원</u>,[19] 문봉 정유일, 초간 권문해, 우계 성혼, 율곡 이이, 초당 허엽, <u>사암 박순</u>, 오음 윤두수, <u>월정 윤근수</u>, 주은 김명원, 학봉 김성일, <u>동강 김우옹</u>, <u>죽유 오운</u>, <u>송암 김면</u>, 간재 이덕홍, 겸암 유운룡, 서애 유성룡, 추연 우성전, <u>한강 정구</u>, 지산 조호익, 몽촌 김수 등이 거론될 수 있겠다.[20]

죽유는 1540년 함안의 모곡리茅谷里에서 태어나 1617년 청송부사로 재임 중 병을 얻어 사임하고 집으로 돌아와 영주의 집에서 일생을

---

17) 『典故大方』・『德川師友淵源錄』(『남명선생 문인자료집』의 146인 中에서; 남명학연구원, 2001). 밑줄 친 인물의 연구논문집이 '남명학연구총서'(예문서원)로 출간되었다.

18) 경북대학교 퇴계연구소, 『退溪門下 6哲의 삶과 사상』(예문서원, 1999).

19) 「퇴계문인 사승관계 도표」에 의하면 309인 가운데 102번째로 등재되어 있다. 그런데 생졸연대가 '1542~1590'으로 되어 있는데, '1532~1590'으로 고쳐야 할 것 같다.

20) 『典故大方』・『退溪門下 6哲의 삶과 사상』(부록 「퇴계문인 사승관계 도표」의 309인 中에서). 밑줄 친 인물은 南退兩門 門人.

마쳤던 인물이다. 죽유 오운의 자는 대원大源, 호는 죽유竹牖·죽계竹溪·백암노인白巖老人·율계栗溪이다.

죽유가 태어난 함안 인근에는 당대의 남명 문인이 많이 거주하고 있었으니, 송암松巖 박제현朴齊賢(1521~1575), 황곡篁谷 이칭李偁(1535~1613), 황엽篁嚅 박제인朴齊仁(1536~1618), 대소헌大笑軒 조종도趙宗道(1537~1597), 모촌茅村 이정李瀞(1541~1613) 등의 선·후배들이다. 죽유가 생장한 모곡리 인근의 이와 같은 학문과 지역적 분위기는 자연스럽게 남명학파의 학문을 접하고 훈습을 받을 수 있게 하였다.

죽유는 19세(1558)에 김해 산해정山海亭으로 남명을 찾아뵙고 그 제자가 되었다. 이때 남명은 1548년 모친의 복상을 마치고 고향인 삼가三嘉 토동兎洞으로 돌아와 계부당鷄伏堂과 뇌룡정雷龍亭을 낙성하였고, 다음 해인 1549년 이후 정인홍, 이광우, 이광곤, 문익성 등이 와서 제자로 입문하여 배우는 강학하던 시기였지만, 산해정에도 자주 와서 강학하였던 것이다.

25세(1564) 안동 예안의 도산서당陶山書堂으로 퇴계를 찾아뵙고 제자가 되었다.

27세(1566) 문과에 급제하여 권지성균관학유權知成均館學諭에 제수되어 출사하기 시작하였다. 동문인 김우굉, 유성룡 등과 함께 합격하여 동방이 되었다. 31세(1570) 성균관 학록學錄에 승진되고 얼마 있다가 사직하고 고향에 돌아와 지냈다. 이후 퇴계 선생의 상을 치르고 2년 후인 33세(1572)에 남명 선생의 상을 만났다.

48세 때 함안군수로 재임 중이던 동문인 정구와 함께 『함주지咸州誌』를 편찬하였는데, 이 책은 우리나라에 현존하는 가장 오래된 지방지이다. 다음해 성균관 사성司成을 부임했다가 그 이듬해 광주목사光州牧使로 나갔다. 2년 만에 파면되어 집으로 돌아왔다.

53세(1592) 때 의령의 집에서 임진왜란을 맞이하였다. 단시일에 여러 고을이 와해되고 수령과 병사들은 대부분 도망가 숨으니 왜적들은 파죽지세로 밀고 올라왔다. 이때 망우당忘憂堂 곽재우郭再祐를 도와 의병을 일으켜 낙동강과 남강으로 오는 왜적을 격멸하였다. 그리고 경상도 초유사招諭使로 부임한 학봉鶴峰 김성일金誠一을 맞이하여 인도하였다. 학봉과는 퇴계 문하의 동문일 뿐 아니라, 학봉의 아들 김집金潗은 둘째 아들 오여벌吳汝橃의 장인이었으므로, 죽유와는 사돈관계가 되었다. 학봉은 죽유를 소모관召募官으로 임명하여 흩어진 병사들을 불러 모아 재편성하도록 하였다.

그리고 퇴계 후손인 이급李級은 『죽유선생문집』 서문에서 "뇌룡정 앞에서 출발하여 암서헌 마당에서 졸업했다"(發軔於雷龍堂前, 卒業於巖棲門庭)라 하여 학문의 입문은 남명에게서 해서 최종적으로 퇴계에게서 결실을 맺었음을 말하였다.[21]

죽유는 청년시절부터 남명과 퇴계 양문을 출입하여 두 선생의 훈도를 많이 입었다. 그 결과 죽유가 벼슬길에 나아가 시속에 영합하지 않았다. 임진왜란이 일어나자 남명문하의 동문인 망우당 곽재우의 창의와 퇴계 문하의 동문인 경상도 초유사 학봉 김성일을 도운 것은 '의義'를 숭상하고 불의와 타협하지 않는 스승 남명의 경의정신과 실천사상을 몸소 행동으로 옮기는 것을 물려받은 바가 많았음을 살펴볼 수 있겠다. 그리고 명종 말에 문정왕후가 죽어 정치적 파행이 끝나자 과거를 통하여 관계에 진출했으면서도 굳건한 절조를 지켜 타협하지 않아 체직·파면을 수차

---

21) 鄭玄涉, 「『竹牖先生文集』 解題」, 『南冥學硏究』 제22집(경상대 남명학연구소), 471~ 473쪽 참조.

례 당하거나 스스로 물러나길 좋아하여 출처대의를 지켰고, 주자 성리학과 문장·역사를 찬술 등의 저술을 남긴 것은 퇴계와 남명학파의 영향이라 할 수 있겠다.

4. 남명학파의 출처·의병창의와 죽유

1) 역사철학적 인물평가와 『동사찬요』

죽유는 1600년(선조 33) 이후 영주에 머물면서 월천月川 조목趙穆(1524~1606) 등과 함께 『퇴계집退溪集』을 편찬한 데 이어, 진성이씨眞城李氏의 족보인 『도산보陶山譜』(庚子譜)의 편찬을 주도하며 서문을 쓰기도 했다. 그런가 하면 그는 정구가 편찬한 『함주지咸州誌』의 발문을 쓰는 한편, 유성룡과는 선조宣祖 33년(1600) 의인왕후懿仁王后 박씨朴氏의 상喪을 맞아 편지로 성복成服에 관한 의견을 교환하는 등 좌·우도 사림들과 교유의 폭을 넓혀 나갔다.

그러나 그는 정인홍이 주도하는 남명학파가 『남명집南冥集』을 편찬하면서 이언적李彦迪과 이황李滉의 학문을 비판하는 발문을 싣는 등 퇴계학파와의 갈등을 표면화하는 양상을 보이자, 두 학파의 학문적 동질성을 확보하기 위한 방안의 일환으로 각종 역사서의 내용을 축약해 『동사찬요東史纂要』의 저술에 들어갔다. 그가 『퇴계집』과 함께 『남명유고』를 참조하며 역사서를 저술한 것은 우리나라 역사의 체계적 정리라는 목적 외에도, 남명학과 퇴계학을 주축으로 한 사림의 성리학적 역사관을 정립하겠다는 목표도 포함되어 있었다고 볼 수 있는 것이다.

특히 그는 대부분의 사략史略형 역사서들이 연대순으로 역사를 기록하는 관행과는 달리 자신의 역사서에 각종 제도를 정리한 지志와 함께 역대 인물의 행적을 상세하게 기록한 열전列傳을 포함시켰다. 여기에는 도덕과 명분의 관점에서 인물들을 평가함으로써 도학적 현실대응 자세의 합리적 방안을 모색하겠다는 그의 의도가 작용하고 있었다. 『동사찬요』의 편찬은 결과적으로 역사를 통해 도학적 삶의 기준을 정립하는 계기를 마련했을 뿐만 아니라, 남명학과 퇴계학이 접목된 세계관이 사림의 세계관으로 정립되는 토대를 구축하는 촉매제가 되었던 것이다.[22]

원칙에 철저한 춘추필법적인 남명과 현실과 그 추이에 비중을 두는 퇴계의 이러한 역사의식 내지 역사철학적 함의의 차이는 그들의 현실인식과 대응자세를 규정하는 토대가 되었을 뿐만 아니라, 그들의 학풍을 계승한 남명학파와 퇴계학파의 차별적 경향을 초래해 분화하게 되는 직접적 요인이 되었다. 이는 결국 남명과 퇴계의 학풍을 복합적으로 수용한 제자, 특히 양문의 제자들에게 차별성을 극복하며 종합·융화하여 승화해야 하는 과제를 안겨주는 것이기도 했다. 따라서 죽유가 양兩 선생의 저술을 참고하여 『동사찬요』를 저술하게 된 것도, 원칙과 현실을 조화하는 합리적인 역사의식의 바탕 위에 과거 우리의 역사를 재평가하여 당대 현실의 충역·붕당·임진왜란 등을 직시하여 진실을 밝히고 미래를 올바로 조망할 수 있는 분명한 정립을 통해 남명학과 퇴계학의 동질성과 정당성을 확보 부각하려는 의도가 강하게 작용하였다고 보인다.

『고려사』를 비롯하여 조선 성종成宗 대의 『동국통감』, 박상朴祥의 『동국

---

22) 설석규, 「16세기 嶺南士林의 分化와 吳澐의 역할」, 『退溪學과 韓國文化』 제40호(경북대 퇴계학연구소, 2007), 134쪽.

사략』, 유희령의 『표제음주동국사략』 등에는 모두 공민왕 16년 기사로
언급되고 있다. 이 기사는 포은 정몽주가 조선 리학의 비조로 칭송받게
되는 연유를 언급한 상당히 의미 있는 기사이다. 또한 이는 중종 12년(1517)
문묘종사가 될 수 있었던 연유이자 이후 조선 리학의 도통을 말하는
시초가 되고 있다. 하지만 오운은 이 기사를 따로 떼어서 정몽주의
업적을 칭송하는 부분에 포함시키고 있다는 점을 유의해야 한다.

오운은 정몽주의 공양왕 대 기사 가운데 공양왕 옹립과 정몽주의
죽음을 제외한 나머지 기사를 모두 삭제하고 있는 점이 특이하다. 그
이전의 사서와 비교하더라도 오운의 『동사찬요』에서는 공양왕 대 기사
가 거의 삭제되었다고 해도 과언이 아니다.

공양왕 이전 기사는 별반 차이가 없는 데 비해, 공양왕 대 기사만이
유독 거의 다 삭제된 까닭은 선조宣祖 대에 이르러 정몽주에 대한 인식이
'현인賢人'의 반열에서 '성인聖人'으로까지 인식하고, 이제는 이른바 '조선
(東方) 리학理學의 비조鼻祖'에서 '도통道統의 연원淵源'으로 첫 자리에 매김
하고자 한 데 있지 않을까 싶다. 또한 이황의 문인이기도 한 오운 역시
정몽주의 출처에 대한 논란을 잠재운 이황의 '언행록'을 『퇴계집』 간행에
참여하면서 살펴보았을 것이며, 이 역시 스승에 대한 의리명분의 실천이
라 생각된다.

또한 오운은 특이하게도 문집의 연보에 주로 서술되는 정몽주의
출생일을 서술하고 있다. 그 이전의 사서에서는 보이지 않는 내용이다.
오운은 『포은집』 교정을 서술할 정도로 『포은집』에 대해 상세히 알고
있다. 선조 18년(1585) 유성룡은 3본을 비교하여 정몽주의 연보를 주자의
서술에 의거하여 새로 고쳐서 「연보고이年譜攷異」를 서술하였는데, 오운
은 이를 당연히 『동사찬요』 갑인본에 반영한 것이다.

조선 건국 이후 문종文宗 대에 이르기까지 조선 초기 정몽주 인식은 '충신'과 '난(역)신亂(逆)臣'이 혼재된 이중적 인식에서 점차 난신으로의 인식이 희석되어 가며, 계유정란과 조카인 단종端宗에게서 왕위를 찬탈한 세조世祖 이후 성종 때 이르러 『동국통감』에서 난신의 이미지[23]를 극복하고 절의지사로서 충신으로 인식되다가, 중종 12년(1517) 문묘종사文廟從祀를 기점으로 정몽주에 대한 인식은 성현의 반열에 오르게 되고, 이는 앞서 거론한 박상과 유희령의 책에서 그대로 반영되고 있다.

오운은 당대에 세 차례에 걸쳐 『동사찬요』를 수정보완하며 편찬하였다. 그 과정에서 『고려사』에는 수록되지 못한, 고려 말 절의를 지킨 인물 길재, 김주, 이양중, 서견, 원천석을 추가 서술하는데, 이들은 선조 때 이르러 다시 세인들의 주목을 받던 인물들이다. 여기에는 선조시대 정몽주에 대한 인식의 변화가 한몫을 하고 있다.

또한 광해군 대 이르러 『동사찬요』의 정몽주 열전에서 이성계와 관련 있는 내용은 삭제하고 대신에 공민왕 16년 기사, 즉 이색이 정몽주를 '동방 리학의 비조'라고 칭송한 기사를 따로 떼어서 정몽주의 업적에다 포함시키고 있다. 이는 중종 12년(1517) 정몽주가 문묘에 종사된 이후 '조선朝鮮 (성)리학(性)理學의 도(학정)통道(學正)統의 연원淵源'이라는 것을 강조하는 단초가 되는 기사로서, 이를 강조하고자 함인 것이다. 정몽주의 죽음을 살신성인殺身成仁으로 강조하게 되어 성현聖賢의 반열로 추앙하며 '인인仁人'의 모습을 부각하고 있다.[24]

---

23) 徐居正, 『筆苑雜記』, 권1. 정몽주에 대한 폄하(난신 이미지)를 적나라하게 논하는 형식을 빌려서 드러내고 있다.

24) 김보정, 「선조·광해군대 정몽주 인식―윤두수의 『成仁錄』과 오운의 『동사찬요』를 중심으로―」, 『한국민족문화』 61(2016) 참조.

2) 남명과 퇴계의 정몽주·길재 출처의리론

고려의 망국과 조선의 개국과 관련하여 그 출처대절出處大節을 이야기할 때 야은冶隱 길재吉再를 꼽는다. 당시 너나 할 것 없이 모두가 변하는데, 산림에 은거함으로써 유교의 출처하는 바른 모습을 보여 준 것은 가히 후세의 모범이라 하겠다. 이런 태도의 중요성은 정치하는 조정의 벼슬아치가 잘못을 스스로 부끄러워하여 올바른 정치를 할 수 있게 한 데서 찾아볼 수 있겠다. 정치의 근본이 민중에게 있는 이른바 '정재양민政在養民'이라면 그러한 풍속과 예교禮敎의 정화작용에 의해 지배층의 방자한 가렴주구나 호화사치를 스스로 치욕스럽게 여기게 하는 작용을 한다는 것이다.

남명은 여말선초의 길재를 흠모하여 「야은길선생전冶隱吉先生傳」을 지었다. 그러나 애석하게도 전문前文만 남아 있고 뒷부분의 글은 없어져 전해지지 않는다. 그렇지만 죽유와 같이 남명과 퇴계 양문의 제자였던 한강이 정몽주의 출처出處에 대하여 퇴계와 질의·답변의 논의를 하여 여말麗末 당시 길재의 출처를 비교 우위적으로 높인 남명의 의견을 대변하고 있는 것으로 보인다.

즉 한강이 퇴계에게 묻기를,

조남명曺南冥께서 일찍이 정포은鄭圃隱의 출처出處에 대해 의심을 하였습니다. 저의 생각에도 정포은의 일개 한 죽음은 자못 가소로운 것입니다. 공민왕조恭愍王朝에 대신大臣 노릇을 30년이나 하였으니 '불가不可하면 벼슬을 그만둔다'는 (옛 성현의) 도리道理에 가히 부끄러운 일이며, 또한 신우부자辛禑父子를 섬겼으니, 생각하건대 (정몽주가) 우왕을 왕씨王氏[25])의 출생으로 알았더라면 곧 다른 날 (우왕과 창왕을)

---

25) 高麗王朝의 宗姓.

추방하는 데 참예한 것은 무엇입니까. 10년을 신하로써 섬기다가 하루아침에 추방하고 살해하였으니 이것이 차마 가可한 일입니까? 만일 왕씨에서 출생한 것이 아니라면 (그것은) 곧 여정呂政26)이 제위帝位에 오름에서 영씨嬴氏27)는 이미 망한 것과 같은 것입니다. (그런데도 정몽주는) 아무렇지도 않게 종사하여 그 녹祿을 먹었습니다. 이와 같은 일28)이 있은 후일 다른 임금29)을 위하여 죽었으니 저로서는 깊이 알지 못할 바가 있습니다.30)

라고 하여 조식과 정구는 정몽주의 출처의리와 그 실천궁행에 있어서 의심을 보인 것은 분명한 것 같다. 이것은 단순한 충역시비忠逆是非가 아니라 출처의 구체적 사례를 철저히 구명究明함으로써 정명론正名論적 명분론名分論31)과 유학의 실천적 정치사상을 지키고자 한 것이라 생각한다. 그러나 과연 고려 말의 정치상황이 수명론守名論적 명분을 지킬 때인가, 아니면 혁명성까지 내포한 정명론적 명분을 주장할 때인가는 이론異論의 여지가 남는다고 할 수 있다. 또한 이때 맹자나 그 후에 주희가 맹자의 혁명적 정치사상을 부분적으로 지지하면서 내세운, "앞의 임금이 걸주桀紂처럼 포악하고 뒤의 임금이 탕무湯武처럼 유덕有德할

---

26) 秦始皇의 이름이 '政'인데 呂不韋의 씨라고 보아 '呂政'이라 한 것임. 『史記列傳』, 「呂不韋列傳」, 제25 참조.
27) 秦나라의 宗姓.
28) 禑王, 昌王이 추방되고 弑害될 때, 여기에 참가하여 圃隱이 功臣까지 된 일.
29) 恭讓王을 말함.
30) 『退溪全書』, 권39, 「答鄭道可問目」, "南冥曺先生, 嘗以鄭圃隱出處爲疑. 鄙意鄭圃隱一死, 頗可笑. 爲恭愍朝大臣三十年, 於不可則止之道已爲可愧, 又事辛禑父子謂以辛爲王出, 則他日放出, 己亦預焉何也. 十年服事, 一朝放殺, 是可乎. 如非王出, 則呂政之立, 嬴氏已亡. 而乃尙無恙, 又從而食其祿. 如是而有後日之死, 深所未解."
31) 儒敎政治思想에서 名分論을 正名論的 名分論과 守名論的 名分論으로 구분하여 사용한 것은 徐復觀(「儒家政治思想與民主自由人權」, 臺灣: 80年代出版社, 1979, 15쪽)이다. 安炳周도 이 용어를 인용하여 圃隱의 정치행태와 사상을 최근 연구발표 「圃隱殉節과 朝鮮朝 政治理念定立」(『鄭圃隱의 詩世界와 行爲世界』, 포은사상연구원 제2차 학술발표회, 1991)에 싣고 圃隱을 옹호하고 있다.

때에만 가능한 것이지 그렇지 않을 경우 왕위찬탈王位簒奪의 구실밖에 되지 않는다"32)라는 이야기에 비추어, 과연 우왕禑王과 창왕昌王이 걸주처럼 포악하고 그들 구공신九功臣이 옹위한 공양왕恭讓王이 탕무처럼 덕이 있는 임금이었던가? 또한 후일에 역성혁명易姓革命을 하는 조선조 태조太祖 이성계李成桂가 탕무나 아니면 적어도 고려 태조 왕건王建처럼 유덕有德33)한 인물이었던가?

분명 역사기록은 그렇지 않았음을 전하고 있다.34) 그리고 민의民意를 바탕으로 한 천명天命의 개념을 단순한 군신君臣의 명분보다 상위에 두고자 한 주희의 맹자옹호와 정명론적 명분론에 비추어서도 과연 조선의 건국창업이 그러한가 하는 등등의 많은 논란의 여지는 있다고 본다.

여기에 대한 이황의 답변은,

정자程子의 말씀에 "사람은 마땅히 허물이 있는 가운데서 허물이 없기를 구하여야 하고, 허물이 없는 가운데서 허물이 있기를 구하는 것은 부당하다"고 하였다. 포은의 정충대절精忠大節은 가히 천지天地에 경위經緯가 되고 우주宇宙에 동량棟梁이 된다고

---

32) 安炳周,「朱子의「尊孟辨」의 意味─讀余隱之尊孟辨을 중심으로─」,『儒敎思想硏究』 제1집(한국유교학회, 1986) 참조.
33) 신라 경순왕과 경주김씨 왕족 및 후백제 甄萱을 우대하고 수용한 모습.
34) 崔瑩(1316~1388)이 李成桂 일파에 의해 살해당하자 서울인 開京의 민중들이 撤市하여 애도하였다. 또한 王建이 고려를 건국하고 난 후에 甄萱과 敬順王을 우대하고 그 왕족들을 보호한 것과는 다르게 李成桂는 禑王·昌王에 이어 王氏라고 스스로 추대한 恭讓王마저 죽이고 고려 왕족을 무수히 도륙하였다. 이는 周나라 武王이 비록 殷나라 紂王은 죽였으나 그 자손은 보호하여 제사를 지낼 수 있게 하고 殷의 후예를 宋나라에 封한 역사적 사실과도 대비된다. 그러므로 李成桂와 그 일파의 威化島回軍(1388; 임금의 명령을 어기고 그 軍士를 開京으로 되돌린 것은 명백한 反亂이고 군사적 쿠데타임) 이후에 일어난 일련의 정치적 행동은 '有德作王'으로서의 '明德愼罰'이나 民意에 바탕을 둔 天命의 바뀜인 革命性을 내포한 正名論的 名分論으로서 평가하기에는 일말의 의문이 남는다고 보아진다. 그러므로 孟子의 '桀紂一夫論'에 바탕을 둔 湯武의 易姓革命 시인을 李成桂와 그 일파에게 적용하는 것도 논란의 여지는 있다고 생각한다.

말할 수 있다. 그런데 세상에서 의논을 좋아하고 남을 공박하기 좋아하는 사람들은 남의 미덕을 이루어 주는 것을 즐겨하지 않는 것을 겁내고 꺼려하여 마지않으니, 나는 매양 귀를 막고 (그런 말은) 듣지 않으려 하는데, 자네도 또한 그런 병통이 있는 게 아닌가.35)

라고 하여 이황의 온건한 성품과 날카로운 옳고 그름의 시비是非와 그리고 새로운 입론과 정치적 개혁보다는 있는 그대로를 지키고자 하는 수구守舊내지는 보수적保守的인 '수명론적 명분론'의 성격이 잘 드러나고 있다. 그러나 이황의 이 답변에서는 정몽주의 출처시비에 대한 직접적인 언급은 회피하고 있다.

그러나 「퇴계선생언행통록退溪先生言行通錄」에 보면 퇴계의 제자인 간 재艮齋 이덕홍李德弘(1541~1596)의 질문에는 좀 더 구체적인 답변을 하고 있다.

(이덕홍이) 묻기를 "앞 왕조王朝의 왕씨王氏에 뒤를 이어 왕위에 선 사람은 신씨辛氏인데, 정포은鄭圃隱 선생은 그를 섬기고 은퇴해서 가지 않았으니, 뒤에 비록 공이 있었다 한들 어찌 그 죄를 면할 수 있습니까"라고 했더니, (퇴계) 선생이 말하기를 "그렇지 않다. 왕위를 계승한 사람은 비록 신씨였으나, 왕씨의 종묘사직은 망하지 않았기 때문에 포은은 (왕씨를) 섬긴 것이다. 그것은 저 진秦나라 여씨呂氏나 진晉나라 우씨牛氏와 같으니, 강목綱目(『資治通鑑綱目』)에서도 왕도王導36)의 무리를 배척하여 말하지 않았다. 포은은 진실로 이 뜻을 얻었다"라고 하였다.37)

---

35) 『退溪全書』, 권39, 「答鄭道可問目」, "程子曰, 人當於有過中求無過, 不當於無過中求有過. 以圃隱之精忠大節, 可謂經緯天地, 棟梁宇宙. 而世之好論議喜攻發, 不樂成人之美者, 嘵嘵不已, 滉每欲掩耳而不聞, 不意君亦有此病也."

36) 晉나라 元帝 때의 名宰相.

37) 『退溪先生言行通錄』, 권5, 類編, 「論人物」, "問前朝王氏之後, 繼立者辛氏, 而圃隱先生, 事之不去, 後雖有功, 何足贖哉. 先生曰不然. 繼之者雖辛, 而王氏宗社未亡, 故圃隱猶事之. 正如秦之呂, 晉之牛, 而綱目不斥言王導之流, 圃隱正得此義."

이는 정몽주의 출처에 대한 이덕홍의 정확하고 날카로운 질문에 대해 퇴계退溪의 불분명한 논리가 그대로 드러난 것이라고 생각된다. 왜냐하면 우왕과 창왕이 신씨辛氏라면 앞서 정구가 말한 대로 고려는 이미 망한 나라가 아닌가? 진시황과 동진東晉의 원제元帝가 이성異姓으로서 왕위를 계승하였다면 이미 그 왕조는 망한 나라가 아닌가? 그렇다면 정몽주는 불가하면 벼슬을 그만둔다는 성현의 논리에 의해 우왕이나 창왕이 왕위를 이을 때 조정을 떠나 은퇴하여야만 하였다. 이에 대하여 이황의 답변은 전후논리가 요령부득이기 때문이다. 이는 이황 스스로 을사사화와 정미사화로 이어지는 문정왕후와 명종과 그리고 훈척들의 암울한 정권의 조정에서 출처에 온전하지 못한 것에 대한 자기변명이 투사된 답변이 아닌가 하는 의문도 생긴다.

만약 맹자의 논리대로 임금보다는 사직社稷[국가]과 백성이 더욱 귀중하고[38], 이이李珥의 논리대로 '사직지신社稷之臣'으로서의 신하[39]이거나, 명말청초明末淸初의 황종희黃宗義(1610~1695)가 『명이대방록明夷待訪錄』에서 주장한 논리대로, '신하는 일성일가一姓一家의 신하가 아니라 천하만민天下萬民의 신하[40]라고 한다면, 단지 우왕·창왕만의 신하가 아니고 또한 아직 고려왕조가 망하지 않았으니 고려의 그 조정에 종사하여 녹을

---

38) 『孟子』, 「盡心章句」 下, "民爲貴, 社稷次之, 君爲輕."
39) 『栗谷全書』, 권31, 語錄, 「金振綱所錄」(朴世采, 『東儒師友錄』 권2), "鄭圃隱號爲理學之祖, 而余觀之, 安社稷之臣, 非儒者也." 이 '社稷之臣'이란 문구는 일찍이 『論語』 「季氏」편과 『荀子』 「臣道」편에 "간쟁하여 (군주를) 보필하는 사람은 사직의 신하(社稷之臣)이며, 군주의 보물이다"라는 것이 보인다. 『史記』 「列傳」 '汲鄭列傳'에서도 죽음을 각오하고 직언을 서슴지 않았던 汲黯에 대해서 '社稷之臣'이라 운운하는 것을 볼 때, 圃隱이 고려 말에 우왕·창왕을 대한 태도를 일컬어 '社稷之臣'이라 운운하는 것은 곤란하다. 이에 대해 핵심적인 의문을 던졌던 南冥이 급암과의 出處와 思想的 유사점은 권인호, 「朝鮮中期 社會政治思想 硏究」(성균관대 대학원 박사학위논문, 1990), 95~103·143~150쪽 참조.
40) 『明夷待訪錄』, 「原臣」편 참조.

먹었다면, 나중에 가서 거짓 임금을 폐하고 참된 종실宗室(王氏)을 세운다는 이른바 '폐가입진廢假立眞'이라는 논리로 이성異姓(辛氏)으로 왕위를 계승하였으니, 스스로 섬기던 두 왕을 폐하여 추방하고 시해하는 데 공신이 되었다는 것은 모순이 아닌가? 하는 의문 때문이다.

여기에 대해 주희를 존신尊信하는 이황은 주희가 『자치통감강목資治通鑑綱目』에서 동진東晋의 왕도王導(276~339)를 배척하지 않았으니, 그 스스로도 정몽주를 배척하지 않고 오히려 높이고 있는 것이라 생각된다. 이는 이황 자신의 논리가 별로 설득력이 없고 스스로의 출처에 모순점이 있자, 스스로 항상 존신하고 당시 조선시대에 그 권위를 무시하면 오히려 배척받을 수밖에 없는 정주程朱의 논의를 끌어와서, 자신의 논리에 대한 후광화後光化내지 권위화權威化를 시도하며 합리화하려고 하였다는 의심을 배제할 수 없다.

그렇다면 이황이 끌어와서 스스로의 논의를 정당화하고자 한 주희의 『통감강목』에서의 논리는 과연 타당한가에 대해서는 약간의 의문이 제기될 수 있다고 본다. 왜냐하면 주희는 『자치통감강목』에서 사마천司馬遷의 『사기史記』 「열전列傳」과 사마광司馬光의 『자치통감資治通鑑』의 진시황秦始皇 영정嬴政(BC 259~BC 210)과 그 모후母后 및 여불위呂不韋(?~BC 235)의 고사故事를 그대로 인용하면서 제왕가의 이른바 '씨 도둑질'[41]이 정권의

---

41) 일찍이 帝王家의 씨도둑질의 故事는 楚나라 春申君과 女環의 私通 관계와 이에서 출생하였다는 幽王에 대한 기록이 『戰國策』의 「楚策」에 이미 보이고 있다. 司馬遷의 『史記列傳』에서부터 앞 왕조가 망하면 뒤에 오는 왕조가 정권의 정통성과 易姓革命의 정당성을 이미지 조작하기 위해 상투적으로 쓰는 수법 중에 하나라는 이야기도 있다. 실지로 고려왕조의 禑王과 昌王은 '恭愍王의 씨고 後孫'이라는 말은 이미 당시 이성계가 위화도 쿠데타 이후 '廢假立眞'이라는 허위날조로 섬기던 임금을 시해하자, 벼슬을 버리고 낙향(原州 雉岳山)한 元天錫의 기록에도 분명하게 적혀 있었다고 전한다. 죽유 오운이 『동사찬요』 「원천석전」을 추가한 데에는 남명의 포은의 출처의리에 대한 생각에 일말의 동조하고자 하는 의도가 있는 게 아닌가 한다.

정통성에서 문제와 부정적 영향을 미치는 것처럼 간접적 암시를 하고, 마찬가지로 동진東晉의 원제元帝 사마예司馬睿(276~322)와 그 모후 그리고 우금牛金으로 대비되는 씨 도둑질한 왕조에서 원제를 잘 보필한 재상 왕도를 옹호하는 것은 논리의 모순이기 때문이다.

진나라의 시황과 동진의 원제가 왕조계승에 있어서 씨 도둑질이 정권의 정통성에 결정적인 문제가 있다고 본다면, 이들을 왕실과 정권을 탈취한 역적이나 도둑으로 본 것이 된다. 그렇게 될 때 역적이나 도둑을 잘 보필한 것은 이미 나라와 백성을 위한 제왕의 재상이 아니라 역적과 도둑의 참모로 해석될 소지가 다분할 뿐이다. 여불위와 우금 그리고 왕도는 어떤 쪽인가? 여기에서 주희도 논리적 일관성이 없어진 것이 아닌가 하는 의심이 간다. 그런데 퇴계는 정자程子나 주자의 권위를 빌려와 남명과 퇴계 제자들의 출처의리에 대한 날카로운 질문들을 비논리적으로 얼버무리면서 정몽주의 출처의리의 문제점을 변호하고 있다고 보아진다. 그리고 그 당시 시대적으로 정몽주의 문묘종사에 이어 충신과 성현추앙 분위기나 그 추이에 이론異論 없이 영합하고자 하는 시론時論을 추세趨勢하는 모습이 아닐까? 생각된다.

또한 여기에서 오히려 필자의 견해는, 과연 왕가의 '씨 도둑질'이 정권의 정통성과 무슨 관계가 있는 것인가? 하는 것이다. 정권의 정통성이란 동서고금을 막론하고 정치가 민중에게 복무하여 민본정치가 올바로 행하여질 때라고 본다.[42] 그렇다면 주희가 왕도를 비난하지 않는 것이 타당한 것은 이황이 인용한 바대로의 논리가 아니라, 필자의 견해대로 맹자의 민본적 정치사상을 부분적으로나마 수용한 주희 왕도에

---

42) 權仁浩, 「『明夷待訪錄』을 통해 본 儒敎政治思想論」, 『東洋哲學硏究』 제8집(동양철학연구회, 1987), 111~140쪽 참조.

대한 옹호논리, 즉 왕도가 동진의 원제를 잘 보필하여 올바른 정치를 통하여 유교의 민본정치를 펼쳐서 민의民意에 따르는 천명天命을 받아 바로 정권의 정통성을 획득하였기 때문이라고 본다.

그리고 왕도는 그가 섬기던 원제를 사마씨司馬氏[43]가 아니라 우씨牛氏라고 해서, 정몽주처럼 '폐가입진'이란 허울 아래 15년간이나 신하로서 섬기던 임금을 배반하여 시해하는 데 참여하지는 않았다. 그렇기 때문에 왕도에 대하여 주희가 인정한 것과 이황이 정몽주를 인정한 것은 그 차원이 다르다고 본다. 다시 말하여 백성에 대한 복무인 민본정치가 한 왕조나 정권의 정통성과 연결되며, 이것은 단순한 제왕가帝王家의 씨 도둑질이 정통성과 연결되는 논리는 그 차원과는 다르다고 본다. 이와 더불어 그 왕조나 정권에 대한 정치적인 보좌와 참모 역할 등에 대한 의미해석에서 이황은 주희의 해석과 사상에서 차이가 있는 것이 아닌가 하는 생각이다.

그렇게 볼 때 이황은 주희를 끌어와서 그의 논리를 옹호하고 나아가 그의 학문적 권위를 주희에 투영하여 내세우는 태도를 송시열 등 조선 후기 '주자 도그마(dogma)'에 빠진 성리학자들에게 물려주었다고 본다. 그리하여 이들로 하여금 배타적이고 유아독존적이며 존명사대주의尊明事大主義 등을 내세우며 백성의 생존과 그 존재마저도 외면하면서도 자기 당파와 훈척들에게 정권의 수호를 위한 명분만 지키도록 한 악습의 원인과 그 기초를 만들어 자신들만이 주희를 알고 '주자전매특허권朱子專賣特許權'을 가진 자인 양, 다른 학파나 정파의 이론이나 학문적인 견해에 대해서는 "주자朱子! 주자! 하는데 너희들이 주자를 어떻게 아는가?"[44]라

---

43) 晉나라의 宗姓.
44) 鄭澈이 己丑士禍에서 鄭介淸을 鞫廳에서 審問하면서 한 이야기다. 『燃藜室記述』3, 宣祖朝 故事本末, p.443.

고 윽박질렀다. 그러면서 그들 주자 성리학자들은 학문적 견해를 달리하는 학파의 학자들을 소위 '사문난적斯文亂賊'으로 아니면 역적으로 날조무고捏造誣告하여 죽이고 다른 학파의 학문과 사상의 자유를 탄압박탈하면서 이를 바탕으로 한 권위로써 정권을 독점 전횡하는 횡포를 저질렀다.

아무튼 이러한 정몽주의 출처에 대한 여러 사람들의 의문과 이황의 포은존신圃隱尊信에 대하여, 이미 공자는 『논어論語』에서,

이른바 대신大臣이라는 것은 도道로써 임금을 섬기고 그렇게 되지 않으면 물러나느니라. 이제 유와 구는 구신具臣[45]이라 할 수 있느니라. (계자연이) 말하기를 그렇다면 (임금이 하고자 하는 대로) 따르는 사람입니까. 공자가 말씀하시기를 아버지나 임금 죽이는 일은 또한 따르지 않을 것이다.[46]

라고 하여 분명히 신하의 올바른 정치적 태도인 출처의리를 말하고 있다고 본다. 그렇기 때문에 조식은 분명히 정몽주에 비해 길재의 출처가 자신의 출처에 더 접근하고 있다고 본 듯하고 정몽주에 대해서는 회의한 것이라 볼 수 있다.

이러한 조식의 출처에 대한 태도를 미루어 볼 때 간접적으로 그 없어진 「길재론」의 후문後文의 내용을 짐작할 수 있다. 그러면 왜 길재에 대한 '전傳'이 결장缺章되었을까에 대한 의문은, 후세에 와서 길재보다는 정몽주에 대한 충신 표창表彰[47]이 크게 우세해졌고 특히 이황의 정몽주

---

45) 臣下의 자격은 갖추었지만 머리 數만 채우고 大臣은 아직 되지 못한다는 것을 말함.
46) 『論語』, 「先進」, "子曰……所謂大臣者, 以道事君, 不可則止. 今由與求也, 可謂具臣矣. 曰, 然則從之者與. 子曰, 弒父與君, 亦不從也."
47) 高麗朝의 입장에서 냉정하게 보아 圃隱의 麗末에 보여 준 일련의 정치적 처신은 忠臣이라 할 수 없는 많은 의문을 남기고 있지만, 朝鮮의 開國 후 얼마 되지 않은 태종 때 陽村의 건의로 圃隱에게 최고의 벼슬로 追贈하고 '文忠公'이란 시호가

숭앙崇仰에 의지하여 몰락한 조식과 견해를 달리하거나, 아니면 인조반정이라는 왕정쿠데타나 왕위 찬탈사건 이후에도 살아남으려는 의지가 앞선 남명학파의 일부 후예들이 고의적으로 『남명집』에서 이른바 '이정본釐正本48)을 만든다'고 삭제한 것이 아닌가 하는 추측이 가능하게 된다. 물론 수성守成이 절실한 조선왕조 초기의 조정에서는 처음부터 끝내 은퇴해 버리는 길재보다 정몽주의 행위가 주는 상징성이 더욱 필요한 이념이고 그 모습이었을 것인지도 모른다.

하지만 길재에 관한 조식 글에서 그의 출처에 대한 의식을 분명하게 엿볼 수 있다. 즉

> 길재吉再의 자는 재보再父이고 해평海平이 본관이다. 18세에 박분朴賁에게서 『논어論語』와 『맹자孟子』를 배우고, 목은牧隱, 포은圃隱, 양촌陽村의 문하에서 유학遊學하였고 이때 비로소 성리학性理學을 들었다. 공양왕恭讓王이 왕위에 오르자 드디어 물러나 봉계鳳溪에 살았다. 그 후로는 벼슬을 제수하여도 부임하지 않았다. 두 성씨姓氏를 섬기지 않는 의리를 지켰다. 양촌이 졸卒하자 삼년을 심상心喪하고 박분朴賁이 졸하자 똑같이 하였다.49)

라고 하여 길재는 일반적으로 알고 있는 정몽주의 적전嫡傳이 아닌 것을 분명하게 밝혔다. 길재는 성균관에서 목은牧隱 이색李穡(1328~1396)과 정몽주에게서도 배웠지만, 권근이 그 적전임을 역사적 사실대로 주장하고자 한 것으로 보인다. 그리고 조식은 공양왕이 왕위에 오르자 길재가

내린 이후로 세종 때 「忠臣錄」에 기록되고 중종 때 최고의 영예라고 할 수 있는 文廟從祀가 이뤄진 이후 조선 후기로 올수록 '萬古忠臣'으로 더욱 表彰되었다.
48) 여기에 대한 자세한 것은 吳二煥, 「『南冥集』釐正本의 成立」, 『南冥學研究論叢』 제3집(南冥學研究院, 1995), 395~478쪽 참조. 이 글에 대한 필자 논평으로 이 책의 말미에 부록으로 실린 「『南冥集』 釐正本의 成立에 대한 論評」 참조.
49) 『南冥集』 續集, 「冶隱吉先生傳」.

정계政界에서 물러난 것은 올바른 출처의리의 태도라고 본 것이다. 왜냐
하면 이때(1389) 이성계는 이미 위화도 쿠데타(1388)로 우왕을 몰아낸 후에
역성혁명의 여론과 명분조작을 위해 다시 '폐가입진廢假立眞'이라는 말로
써 창왕까지 몰아내어 시해弑害하였기 때문이다. 그리고 이성계 자신의
인척인 정창군定昌君 왕요王瑤[50]를 공양왕에 앉혀 놓고 허수아비로 만들
었다. 이때 길재는 이미 고려는 사실상 멸망했다고 보았고 당시 스승이었
던 이색을 찾아가 그 의견을 질의하고는 낙향을 결심하고 은둔해 버렸던
것이다.

그런데 정몽주는 이때 거사擧事에 참여하여 자기가 섬기던 고려왕조와
그 임금을 추방하여 시해弑害하고 공양왕을 추대한 공으로 공신功臣[51]에
오르고 매우 높은 벼슬[52]에 이른다. 또한 그 뒤에도 고려의 세족世族과
충신忠臣들이 끊임없이 귀양과 살해 등 한없는 박해를 당하고 그래도
고려왕조를 새로 중흥하고자 노력하였으나, 이성계 일파의 철저한 방해
공작으로 이루어질 수 없었고 이씨李氏의 조선왕조의 개창을 향해 달려가
고 있을 당시에 정몽주의 출처는 문제시 될 소지가 있는 것이다. 더구나
영우입창迎禑立昌[53]과 윤이尹彝·이초李初의 옥사獄事[54] 이후 그 처리에
공이 있다고 하여 이성계와 심덕부沈德符 그리고 정몽주 세 사람이 '안사

---

50) 神宗의 7대손으로 당시 寒微하였으나 李成桂와의 인척관계가 결정적인 王位繼承
   이유인 것이다.
51) 李成桂, 沈德符, 池湧奇, 鄭夢周, 契長壽, 成石璘, 趙浚, 朴威, 鄭道傳 이들이 소위 '九
   功臣'으로 興國寺에 모여 謀議하고 '廢假立眞'의 구호 아래 逆亂(궁정반란)을 일으
   킨 인물들이다. 이때의 功으로 圃隱은 純忠論道佐命功臣 益陽郡忠義君에 封해졌다.
52) 門下贊成事同判都評議使司 戶曹尙瑞司事 進賢館大提學 知經筵春秋館事 兼成均館大司
   成 領書雲觀事에 임명되었다.
53) 私家에 있던 '무니노'를 太子로 만들고 恭愍王 死後 禑王을 왕위에 영입하고 昌王
   을 왕위에 세운 것.
54) 李成桂 일파가 舊臣世族을 一網打盡하기 위한 誣獄. 이 사건에 대해서는 異論도
   많다. 李相佰, 『李朝建國의 硏究』(을유문화사, 1984), 101∼116쪽 참조.

공신(安社功臣)'에 오른다.[55] 당시는 고려왕조인데 글자 그대로 이 세 사람이 '고려의 사직(社稷)을 편안하게 하였던 것'인가는 역사기록에 대한 공정한 판단을 맡길 수밖에 없다.

그리고 '충신(忠臣)'이나 '사직지신(社稷之臣)'이란 백성과 왕조, 곧 사직을 위하여 비록 임금이 우매무능(愚昧無能)하다 할지라도 그를 충실히 보좌보도(補佐輔導)함으로써 우군(愚君)[56]을 현군(賢君)으로 만들어 나라를 중흥의 반석에 올려놓아야 하는 것이 바로 이른바 '남의 신하된 자(人臣)의 도리일 것이다. 그리고 그것은 내우외환으로부터 백성을 보호하는, 진정한 유학의 수기치인을 실천궁행하는 '인인(仁人)'이나 '현인(賢人)'을 말하는 것이다. 비록 정몽주가 공민왕과 우왕 그리고 창왕 등의 시대에 나라를 위해 많은 공이 없는 바 아니나, 그 왕들의 신하였던 사람으로서 '위화도회군(威化島回軍)'이라는 군사반란(쿠데타) 전후에 이성계의 일파가 되어[57] 보여 준 그의 일련의 정치적 행위는 출처에 엄정한 조식에게, 올바른 충신과 현인으로서는 일말의 의심을 품게 만들었다는 것이다.

한편 이성계 일파의 정권장악에 최대의 걸림돌이자 구신세족(舊臣世族)으로서 영향력이 있던 학자관료 출신들인 우현보(禹玄寶), 권중화(權仲和) 등을 순군옥에 구금하고 이색(李穡), 이림(李琳), 이숭인(李崇仁), 권근(權近) 등은 청주옥에 구금하여 연일 혹독한 고문으로 옥사(獄死)하는 자가 속출하였

---

55) 『高麗史』, 권46, 恭讓王 3년 12월 丙子條.
56) 『高麗史』의 마지막은 禑王의 방자하고 왕으로서 미흡하였다는 기록이 가득 차 있다. 역대 왕으로서 황음무도하였다고 그 왕위를 簒奪하고 弑害하여 나중에 易姓革命을 하였다면 우리나라 역사는 수십, 수백 왕조에 弑害의 피로 얼룩지고 忠臣과 逆賊의 구분은 없어졌을 것이다. 그리고 '歷史라는 것은 항상 勝者의 自己辨明'이란 말도 참고해야 한다.
57) 鄭夢周는 恭愍王代 이후 같은 李成桂와 親明派이며 고려 말 李成桂가 지휘한 각 戰鬪에서 大捷을 올릴 때 그의 幕僚이자 政治參謀라 할 수 있는 '助戰元帥'로 참가하였고, 李方遠 일파에게 피살되기 전까지 李成桂 일파로서 고려 말 정치적 쿠데타와 一連의 擧事 때마다 같은 일파로 活躍하였다.

고, 역옥逆獄사건으로 날조하기에 여념이 없었던 시절이었다. 이들은 대개 정몽주와 같이 성균관에서 학문을 논하고 쇠망하는 나라를 위해 분골쇄신을 마다않던 선배동료와 후배동학들로서 현경유종賢卿儒宗이었지만, 망해 가는 고려를 위해 이성계를 반대 배척한 것이 죄가 된 것이다. 이 옥사에 대한 무고의 결과와 구신세족들의 일망타진은 바로 이미 거대한 세력으로 성장해 있었던 이성계 일파에게 결정적인 힘을 충전시켜 주었다. 바로 이때 그는 이성계의 일파였다는 것은 무엇을 말하는가?

또한 세상에 모두 정치적 야망이나 음모 그리고 궁정쿠데타로 왕위찬탈로 퇴위시켜 버린 왕을 모두 암군暗君이거나 폭군暴君으로 몰아서 스스로가 행한 불의不義의 행동을 '탕무湯武의 역성혁명易姓革命'에 비긴다면, 그것은 바로 일찍이 북송 때 사마광司馬光 등이 우려해 마지않았던 맹자孟子의 '걸주일부론桀紂一夫論'이 왕위찬탈의 도구에 지나지 않을 것이다. 바로 이 점에서 사마광은 역사적으로 이성계나 정도전, 정몽주 등과 같은 일을 미리 경계하여 맹자를 비난했던 것으로 보인다.

또한 신하로서 왕위찬탈과 시해 그리고 역성혁명을 하는 마지막 단계로 역대 중국의 역사나 우리나라 역사에서 보듯이, 실권이 이미 군왕君王보다 강한 재상宰相이나 장군將軍에게 부여하는 '칼을 차고도 전상殿上에 오를 수 있고, 왕을 배알할 때 이름을 호명하지 않는'(劍履上殿, 贊拜不名)[58] 특권을 이성계에게 내려줄 것을 정몽주가 창왕에게 주청하여

---

58) 後漢 末에 曹操가 丞相으로서 이러한 특권을 가진 것은 너무나 잘 아는 일이다. 그 이후 曹操는 그래도 皇位簒奪은 하지 않고(이 점에서 李成桂보다는 曹操가 더 양심적<?>이라 할 수 있다), 아들 曹丕 때 가서야 황제의 직위를 禪讓받아 三國時代가 된다. 그러므로 왕 앞에서 칼 차고 왕이 신하의 이름도 呼名하지 못했다면 그것은 이미 '남의 신하'(人臣)가 아닌 것이다.

그렇게 되었으니,[59] 하물며 정몽주가 사책史冊을 읽었다면 과연 이것이 있을 수 있는 일인가? 또한 그것이 곧 무엇을 뜻하는지 알면서도 감히 할 수 있는 일인가? 그래서 일찍이 한漢나라 동중서董仲舒(BC 179~104)는 "남의 신하된 자로서 『춘추春秋』의 뜻을 모르면 반드시 왕위를 찬탈하고 시해弑害하는 죄에 빠진다"[60]라고 하였던가? 이와 같은 여러 가지를 생각해 보면 조식이 정몽주에 대하여 일말의 출처의리에 대한 의구심은 수긍이 갈 수 밖에 없고, 유학을 배우고 실천하며 제자를 가르치는 입장에서는 정당한 판단이었다고 본다.

정몽주는 이렇게 이성계의 일파로서 나중에 역성혁명을 위한 발판 역할을 하였는데도, 이성계의 해주 사냥터에서의 낙마落馬를 기화로 일시에 정국의 변화를 노렸으나 발각되어 고려를 위해 거룩하게(?) 죽었다. 그리고 발과 머리 빠른 이방원의 계획 하에 조영규와 고여 등에 의해 피살되고 역적으로 몰렸으나, 권근이 태종 원년(1401)에 건의하여 신원복작伸冤復爵되고 조선의 최고 벼슬인 영의정부사領議政府事에 추증되어 중종 때는 문묘文廟에 배향配享되고, 사림파에 의해 동방유학東方儒學의 도통연원道統淵源의 으뜸으로 하였다. 그렇지만 한 피살된 죽음이 비록 거룩(고려를 위한 殉國?)하였다 할지라도 나머지 일련의 정치적 행각行脚마저 탕척蕩滌되는 것인가에 대해, 조식의 엄정한 출처의식과 실천사상은 질문을 던지게 하고 있다는 것이다.

바로 이러한 여러 가지 이유 때문에 후세에 와서 정몽주를 이른바 '만고충신萬古忠臣'과 사림파의 도통연원에서 그 으뜸으로 하는 것에 대해 조선시대에 이미 의심을 품은 사람들이 있었다. 그것은 올바른

---

59) 『高麗史節要』, 권34, 恭讓王 元年(사실은 昌王 때) 9月條.
60) 『春秋集傳大全』, 「春秋序論」, 胡代傳序, "董仲舒曰……爲人臣者而不通春秋, 必陷簒弑之罪."

'충忠'과 '출처出處'가 무엇이고, 역사적 사실과 다른 오도된 진실이 현실을 어떻게 타락·변모하게 하는지를 직시하였기 때문일 것이다. 그들은 바로 단종 때 생육신生六臣의 한 사람인 추강秋江 남효온南孝溫(1454~1492)과 수천守天 정광필鄭光弼(1462~1538)을 위시해서 남명과 율곡 이이 그리고 정구와 이덕홍을 비롯하여 후대의 상촌象村 신흠申欽(1566~1628), 연려실燃藜室 이긍익李肯翊(1736~1806) 등이다.[61]

그리고 무엇보다도 정몽주를 '동방리학의 조祖'[62]로 받드는 것에 대해서도 객관적인 자료를 살펴볼 때 재인식이 필요하다고 하겠다. 그것은 구체적으로 고려 말 당시 주자 성리학은 회헌晦軒 안향安珦(1243~1306)이 충렬왕 16년(1290)에 원元나라로부터 성리학을 전래하였다. 그 이후 그의 제자인 국재菊齋 권보權溥(1262~1346)가 충숙왕忠肅王 2년(1315) 주희의 『사서집주四書集註』를 간행하여 보급하였고, 권보의 제자이자 사위인 익재益齋 이제현李齊賢(1287~1367)과 가정稼亭 이곡李穀(1298~1351)으로 이어지고 이곡의 아들이자 '고려조 최고의 성리학자'라고 할 수 있는 목은牧隱 이색李穡(1328~1396)으로 우리나라 성리학의 정맥正脈과 그 학풍學風이 이어졌다. 그렇기 때문에 "우리나라 성리학은 권보로부터 창도倡導되었다"[63]라는 문구가 이미 보이고 있는 것이다.

그리고 위에 인용된 문구를 보다시피 공민왕 당시 대학의 학장學長(成均館大司成)이던 이색이, 교수(成均館博士)이던 정몽주의 경전 해석이 횡설수설

---

61) 『秋江集』, 권2; 『大東野乘』, 권25, 「象村雜錄」(민족문화추진회本, 권6, 249~272쪽); 『燃藜實記述』, 권1, 「鄭夢周」(민족문화추진회本, 권1, 75~79쪽); 文暻鉉, 「鄭夢周 殉節處의 新考察」, 『大丘史學』 15·16호(대구사학회, 1978), 213쪽; 文暻鉉, 「麗末性理學의 形成」, 『韓國의 哲學』 제9호(경북대 퇴계학연구소, 1980) 참조.

62) 『高麗史』, 권117, 「列傳」, 권30, '鄭夢周傳', "時經書至東方者, 唯朱子集註耳. 夢周講說發越, 超出人意, 聞者頗疑. 及得胡炳文四書通, 無不脗合, 諸儒尤加歎服, 李穡亟稱之曰, 夢周論理橫說竪說, 無非當理, 推爲東方理學之祖."

63) 『高麗史』, 「列傳」, '權溥傳', "東方性理之學, 自溥倡."

하는 것 같지만 나중에 전래된 원나라 호병문胡炳文(1250~1333)[64]의『사서통四書通』에 부합되고 있는 것을 보아 칭찬하면서 한 말이다. 성리학(理學)이 단순히 경전 해석, 그것도 한때 호병문의 해석과 부합되었다 하여 우리나라(東方) 성리학을 개창한 것으로 보는 조선조[65]와 요즈음의 일부 학자들의 견해는 아전인수를 넘어 견강부회란 말이 어울린다. 당시의 학풍과 학문적 업적, 문집 등 기타 모든 정황으로 보아 목은 이색이 당연히 '동방리학지조東方理學之祖'로 호칭되어야 옳다고 본다.

다만 정몽주는 조정에서 높은 벼슬을 하고 중국(明)과 일본에 사신으로 다녀오고, 이성계의 조전원수助戰元帥로 전장戰場에 나아가 함께 대첩의 성과를 올리는 공업功業을 볼 때 정치외교적 인물로 추앙하는 것은 가하겠다. 그렇지만 이러한 정치적 인물이 언제 깊이 사색하고 학문적 업적을 남길 수 있겠는가. 여말선초의 정변으로 정몽주의 글이 산일散逸된 것은 미루어 짐작이 가지만, 바로 얼마 후인 태종 초년에 최고의 벼슬로 신원복작된 인물이다. 어찌 되었던 그의 문집에 성리학의 문자기록은 거의 없고 잠시 성균관의 교수로 있으면서 강론한 몇 마디가 성리학의 종사태두宗師泰斗로서 '동방리학의 조'로 추거推擧되는 이유라면, 조선・대한민국(東方) 성리학 약 700년의 역사가 너무 비하卑下되는 것은 아닌가 한다. 여기에 대해서는 이이를 비롯한 선현선학先賢先學들의 논의가 이미 있었다.[66]

죽유의 포은에 대한 출처의리 논의, 곧『동사찬요』에서의 열전은

---

64) 徽州 婺源人, 호는 雲峰. 朱熹의 宗孫으로부터『周易』과『書經』을 배워 주자학에 잠심하고, 특히『주역』에 밝았다.
65)『中宗實錄』中宗 12년 11월 庚辰條 아래에 特進官 姜澄이 말한 것은 역사적 사실을 왜곡 날조한 것이다.
66)『栗谷全書』, 권31,「語錄」; 朴世采,『東儒師友錄』, 권2; 李相佰,「朝鮮文化史研究論攷」; 文暻鉉,「麗末性理學派의 形成」(『韓國의 哲學』제9호, 1980).

남명의 견해보다는 퇴계의 시각을 영향 받은 것 같고, 야은에 대한 열전을 추가로 보충한 것은 남명의 「야은길선생전」의 영향을 받아 보다 적극적으로 서술했다고 본다. 아울러 그는 동문인 정구와 이덕홍의 포은의 출처의리 문제에 대하여 퇴계에게 질문한 내용의 의미를 수용하면서도 이를 서술하지 않았던 대신 야은의 열전을 기술한 것은 그러한 의미를 내포한 것으로 볼 수 있겠다.

이상의 논의에 대한 보다 자세한 출처론 및 남명의 '엄광출처론'과 '군왕대현관'에 대해서는 춘번春樊 권명섭權命燮(1885~1949)[67]의 '엄광嚴光(BC 37~43)이 후한後漢 광무제光武帝에게 굴복하지 않아 출사하지 않음을 논함'(「嚴子陵不屈光武論」), 그리고 남명 조식과 퇴계 이황의 포은 정몽주와 야은 길재에 대한 출처의리론은 논자의 글[68]을 참조하면 좋을 것이다.

3) 경세와 실천사상의 남명적 경향성

죽유가 거주한 고령은 합천·성주·현풍과 인접하고 있어, 다양한 학문을 복합적으로 수용해 소화할 수 있는 기반을 제공해 주었다. 현풍 출신으로 합천에 우거한 적이 있는 김굉필金宏弼의 도학을 일찍부터 받아들여 토대를 구출할 수 있게 되는 배경도 거기에 있었다. 그런 다음 그들은 합천에서 발흥한 남명학을 직접 체득할 뿐만 아니라 정인홍鄭仁弘 등과의 교유를 통해 경상우도 사림의 보편적 세계관과 보조를 맞추어 나갔다. 또한 그들은 조식과 이황 사이를 왕래하며 배운 오운,

---

[67] 沖齋 權橃(1478~1548)의 직계 後孫이고 退溪 李滉의 嫡傳인 省齋 權相翊의 弟子이자 族姪이며 慶北 奉化 닭실(酉谷) 출신이라 일반적으로 嶺南 南人의 후예로서 退溪學派로 인정된다.

[68] 권인호, 『조선중기 사림파의 사회정치사상—남명 조식과 내암 정인홍을 중심으로—』(한길사, 1995), 73~119쪽 참조.

김우옹金宇顒과 정구鄭逑 등을 통해 퇴계학의 접목을 시도하기도 했다.

이같이 고령 사림들이 남명학의 학풍강화와 더불어 퇴계학과의 융화를 지향하는 데 주도적 역할을 했던 인물이 바로 오운과 김면金沔이었다. 고령에 토착적 기반을 확보하고 있던 김면은 조식을 통해 모순과 타협하지 않는 확고한 시是·비非분별의 자세를 확립함과 동시에 정인홍·곽재우뿐만 아니라 정구 등과 긴밀한 관계를 유지하며 고령지역 남명학의 정착에 기여했다. 또한 오운은 조식에게서 불의와 타협하지 않는 가치분별의 자세를 체득함과 동시에, 이황을 통해 탄력적 현실인식과 대응자세에 대한 철학적 논리를 수용하며 남명학과 퇴계학을 관통하는 복합적 학문체계 수립을 위한 발판을 마련했다.

조식은 자신의 분명한 출처의리를 확립하여, 평소에도 고금의 인물을 평가할 때 먼저 그 출처出處를 살핀 후 행사行事의 득실을 따졌고, 죽기 전에도 정인홍·김우옹·정구 등 제자들에게 '군자의 대절大節은 오직 출처에 있을 뿐'이라고 당부하기도 했다. 이것이 그가 평생 동안 분명한 출처의리로 모순된 현실과 타협하지 않으며 군자로서의 대절을 지킨 것에 자부심을 갖는[69] 배경이 되었다.

선조 23년(1590) 광주목사로 재직하던 중 병을 얻은 그는 관직을 버리고 의령으로 내려갔다. 여기서 그가 건강을 추스르고 있는 동안 임진왜란이 발발했다. 1592년(선조 25) 왜의 침략으로 시작된 임진왜란은 훈척정권이 붕괴된 이후 독자적인 현실인식 체계를 바탕으로 각각의 대응방식을 모색하던 사림세력의 시험무대가 되고 있었다. 그들은 국난을 극복해야 한다는 점에는 동의하고 있었지만, 그 방법에 있어서는 일정한 차별적

---

69) 『燃藜室記述』, 권11, 「明宗朝遺逸」, '曺植, "吾平生只有一長處, 抵死不得苟從也, 士君子大節, 惟在出處一事而已."

경향을 보여 주고 있었다. 특히 남명학파의 경우는 조식의 확고한 가치 분별적 자세를 계승하여 왜를 소멸되어야 할 악으로 규정하며 적극적인 대응자세의 면모를 보여 주었다. 전쟁이 발발한 지 얼마 지나지 않아 그들이 앞장서 의병을 조직해 항전을 전개한 것도 그러한 경향이 반영된 결과였다.

그럼에도 곽재우가 김수金睟와의 대립을 자제하게 된 것은 김성일과 김면의 중재에 따른 결과이기는 했지만, 그에 앞서 오운의 적극적인 설득과 양보가 전제되어 있었다는 사실이 간과될 수 없다. 곽재우는 김수가 자신을 역적으로 몰면서 모함을 하고 있는 데다 조정에서조차 자신의 주장이 수용될 기미를 보이지 않자 의병활동을 포기하고 지리산 으로 들어가 은거할 마음을 굳혔다. 그리하여 그는 지리산으로 향하는 길에 오운을 찾았다. 그러나 오운은 심정적으로 그에게 동조를 하면서도 유생이 관료를 처단했을 때 나타날 파장을 우려하며 그를 달랬다. 그리고 는 다시 일어서 의병의 선봉에 나설 것을 권유하는 한편, 자신도 직접 나서겠다고 약속했다.

이에 따라 곽재우를 의병장(대장)으로 하고 윤탁尹鐸을 영장領將, 박사제 朴思齊를 도총都摠, 오운吳澐과 이운장李雲長을 수병장收兵將으로 하는 의병 진이 다시 구성되어 본격적인 의병활동에 들어갈 수 있게 되었던 것이다. 정3품의 목사牧使를 역임한 53세의 오운은 유생의 신분으로 12살 연하이 고 동문 후배인 곽재우의 휘하에 들어간 셈이다. 그 결과 오운은 곽재우가 낙동강 서쪽에서 정진鼎津 이북에 이르는 지역을 온전하게 방어하는 데 적지 않은 공업을 세우도록 했던 것이다. 이 같은 오운의 지위와 나이를 불문한 파격적 행적은 물론 그가 병중이고 전투경험이 없다는 데 연유하는 것이기는 하지만, 대의를 위해 사적 이해관계에 연연하지 않는 대국적 자세는 선·악의 가치분별에 투철하면서도 공익을 위해 활용하는 그의 평소의 합리적인 자세가 발휘된 것이라 하겠다.

이후 오운은 곽재우의 휘하에서 활약함과 동시에 경상도 의병을 지휘하던 초유사招諭使 김성일의 지시를 받아 소모관召募官으로서 군사 및 군량의 확보를 위해 노력하는 한편, 조선을 지원하기 위해 파견된 명나라 군대의 영접을 주도하는 등 국난극복을 위한 의병활동에 적지 않은 공적을 남겼다. 김성일은 오운의 그러한 활약을 높이 평가하여 그 사실을 왕에게 보고했고, 그가 승문원판교承文院判校에 발탁된 데 이어 상주목사尙州牧使로 임명되는 발판을 마련해 주기도 했다. 그러나 그는 병마에 시달린 나머지 관직을 포기하고 가족이 피난 와 있던 영주의 초곡草谷에 자리를 잡았다. 이곳은 그의 장인 허사렴의 전장田莊이 있던 곳으로, 그는 장인의 재산을 상속받아 이미 별장을 마련해 두고 있었다.

1597년(선조 30) 정유재란이 일어나자 58세의 죽유는 다시 호남을 공격하던 가토 기요마사(加藤淸正) 군軍을 곳곳에서 격파하는 전과를 올렸고, 그 결과 이치대첩과 행주대첩 등으로 도원수가 된 권율權慄(1537~1599)의 추천으로 통정대부通政大夫(정3품)로 승품되기도 했다. 이어 그는 의흥위 사과義興衛司果에 임명된 다음 접반사接伴使로서 호남에 주둔하고 있던 명나라 제독 진린陳璘을 서울로 맞이했으며, 첨지중추부사僉知中樞府事를 거쳐 장례원판결사掌隸院判決事에 임명된 다음 전란으로 훼손된 선영을 보수하기 위해 상소를 올리고 낙향했다.[70]

---

70) 설석규, 「16세기 嶺南士林의 分化와 吳澐의 역할」, 『退溪學과 韓國文化』 제40호(경북대 퇴계학연구소, 2007), 129~134쪽 참조.

5. 맺음말

영남의 사림들은 남명과 퇴계가 훈척정권에 대응하는 과정에서 차별화된 경향을 보이며 각각의 유학의 종지인 '수기치인'에 대한 독자적인 성리학적 세계관을 정립하였다. 이로 인하여 경상우도의 남명학파는 출처의리와 이론 중심의 수기에만 머물지 않고 경세와 실천궁행을 통해, 임진왜란 같은 때에 의병창의의 모습으로 나타났다. 죽유는 남명문하에 나아가고 다시 퇴계의 문하에도 나아감으로써 영남 좌·우도 사림의 장점을 겸비하였다고 본다.

죽유는 남명에게서 불의와 타협하지 않는 확고한 가치분별의 자세를 체득함과 동시에, 퇴계를 통해 합리적인 현실인식과 대응자세에 대한 철학적 논리를 수용함으로써 남명학과 퇴계학을 관통하는 복합적 학문 체계와 함께 현실대응 자세를 확립할 수 있게 된 셈이었다. 다시 말해 죽유는 남명학을 토대로 모순된 현실과 타협하지 않는 실천적 자세를 정립하는 한편, 퇴계학을 통해 실천의 현실적 정당성을 확보하기 위한 역사적 인물들의 시대인식을 체화하고 저술하였다고 본다.

임진왜란 직전 일어난 '기축옥사'는 정철 등 훈척·기성 서인들이 선조와 합심하여 동인 사류들을 사대사화와 결정적 타격을 준 사건에서, 후일 정철 등 서인에 대한 처리 문제에서 당쟁의 '군자·소인론'으로 남·북인의 분화가 진행되었다. 또한 광해군 초기에 문묘종사 문제로 남명학파와 퇴계학파의 갈등을 벌이며 보다 심화된 분화의 양상을 보였다.

이에 따라 오운은 조식과 이황의 역사관을 토대로, 그의 통합된 역사의식을 정립한 저술인 『동사찬요』라는 업적을 남겼다. 이는 역사를 통한

두 학파의 동질성을 확인하려는 데 따른 것으로, 이질적 요소를 역사속에서 극복하여 공통된 역사의식을 확립하기 위한 그의 의도가 작용하고 있었던 것이다. 그는 이를 위해 우리나라의 각종 역사서를 참고하면서도『퇴계집』과 『남명집』에 나타난 역사의식을 바탕으로 우리의 역사를 조감하고 평가했던 것이다. 인조반정 이후 남명학파가 심대한 타격을 입기는 했지만, 서인정권에 대응해 영남 사림들이 정치적으로 다시 결속하게 되는 것은 그의 이러한 노력과 결코 무관한 것이 아니었다.

고려 말에 그 출처의리와 실천궁행에서 비교가 되는 길재와 정몽주에 대한 조식과 이황의 견해가 다른 것은, 서로의 현실인식과 출처가 다르기 때문이라고 볼 수도 있다. 조식의 수제자인 정인홍의「우찬성사직차右贊成辭職箚」, 일명 '회퇴변척소晦退辨斥疏'는 스승의 출처사상을 그대로 계승하려는 뜻의 발로라고 볼 수도 있다. 그것은 바로 조식과 성운成運의 출처가 이언적과 이황의 출처의리와는 다름을 주장하여, 당시의 현실상황이 후자를 추종하는 사람들이 많아 그 풍조가 추시부세趨時附勢하고 기리무치嗜利無恥하면서 올바른 논의를 배척하는 것을 통렬하게 비판한것으로 본다.

이러한 치열한 시대상황과 학계의 논의 가운데, 올곧은 시대정신을 담지한 죽유 오운의 역할과 저술, 의병창의, 경세적 공업 등은 우리 후학들이 더욱 천착하여 그 의의를 실천해야 될 것으로 본다.

제11장 임진왜란 시기 죽유 오운의 의병 활동과 의미

김 강 식

1. 머리말

1592~1598년에 전개되었던 임진왜란은 조선 건국 200년 후에 발생했던 최대의 수난기였으며, 동시에 사회 전반에 급속한 변화를 가져다 준 한국 역사에서의 최대의 전쟁이었다. 때문에 임진왜란에 대한 연구는 여러 측면에서 중시되어 진행되어 왔다.[1] 이러한 임진왜란을 극복할 수 있었던 동력은 16세기 조선사회 내부의 동력에서 찾을 수 있다. 조선의 동력으로는 재지사족在地士族 중심의 의병 활동, 이순신李舜臣 장군의 해상 활동, 조선 관군의 재정비와 명군의 지원 등을 들 수 있다.[2]

---

1) 임진왜란에 대한 대표적인 연구로는 李章熙, 「壬辰倭亂」, 『韓國史論』 4(국사편찬 위원회, 1981); 「倭亂과 胡亂」, 『韓國史硏究入門』 제2판(한국사연구회 편, 1987); 오종록, 「壬辰倭亂～丙兵胡亂時期 軍事史 硏究의 現況과 課題」, 『軍事』 38(1999); 노영구, 「임진왜란의 학설사적 검토」, 『동아시아 세계와 임진왜란』(경인문화사, 2010); 김강식, 「임진왜란을 바라보는 한국과 일본의 시각」, 『지역과 역사』 38(2016)이 있다. 한편 임진왜란에 대한 일본의 연구로는 北島万次, 「豊臣政權の朝鮮侵略に關する 學說史的檢討」, 『豊臣政權の對外認識と朝鮮侵掠』(校倉書房, 1990)이 대표적이다.
2) 이형석, 『임진전란사』 상～하(임진란사간행위원회, 1974); 국방부전사편찬위원회, 『임진전란사』(1987).

이 가운데서 임진왜란 시기의 의병義兵은 각 지방에서 전개되어 개전 초기에 전쟁을 지탱할 수 있었던 중요한 동력이었다. 임진왜란 시기의 의병 활동 가운데서 뚜렷한 활동과 역할을 했던 지방이 경상우도였다. 경상우도의 의병이 중요한 의미를 가지는 것은 임진왜란 시기에 경상우도가 차지하는 전략적 중요성 때문이었다. 경상우도의 의병 활동은 일차적으로 일본군의 곡창 호남 진출을 차단하여 일본군의 전력을 분산시킨 점에서 특히 의미가 있으며, 아울러 낙동강 수로를 확보하여 일본군의 군량 운송을 막았다는 점에서도 매우 중요하다.[3]

지금까지 임진왜란 극복의 주요 원동력이었던 의병[4]에 대해서는 비교적 많은 구체적인 연구가 이루어졌음에도 불구하고,[5] 당시 여러 지역에서 전개되었던 개별 의병 활동에 대해서는 아직까지도 구체적인 연구가 미흡한 실정이다. 이에 각 지역에서 전개되었던 의병 활동에 대해서는 지속적인 연구가 요망된다. 이러한 노력을 통해서 임진왜란 시기의 전쟁 전체 상황에 대한 구체적인 실상이 드러날 수 있을 것이기 때문이다.[6] 그런데 이것은 무엇보다도 각 지역에서 전개되었던 의병 활동에 대한 구체적인 개별 사례연구를 통해서 가능해질 수 있을 것이다.

---

3) 김강식, 『임진왜란과 경상우도의 의병운동』(혜안, 2001).

4) 崔永禧, 「壬亂義兵의 性格」, 『史學硏究』 8(1960); 金錫禧, 「임진란의 義兵運動에 關한 一考」, 『鄕土서울』 15(1962); 貫井正之, 「豊臣秀吉의 朝鮮侵略戰爭における朝鮮人民の 動向について─特に朝鮮の義兵を中心にして─」, 『朝鮮史硏究會論文集』 1(1962); 北島 万次, 「豊臣の朝鮮侵略挫折と義兵運動展開の基盤」, 『歷史評論』 300(1975).

5) 각 지역의 대표적인 義兵將에 대한 연구로는 경상도의 郭再祐, 鄭仁弘, 金沔, 金垓, 權應銖, 충청도의 趙憲, 전라도의 金千鎰, 高敬命, 任啓英, 張潤, 황해도의 李廷馣, 함경도의 鄭文孚를 대표적으로 들 수 있다.

6) 대표적으로 2012년 이후 지속된 임진란정신문화선양회의 연구성과(사 임진란 정신문화선양회 편저, 『임란의병사의 재조명』, 2012)를 들 수 있다. 한편 경상우 도의 경우 김강식(『임진왜란과 경상우도의 의병운동』)을 통해서 전체적인 윤곽 과 의미가 파악되었으며, 이후 지속적으로 연구성과가 나오고 있다.

특히 임진왜란 시기의 의병 활동에서 중요한 의미를 가지는 경상우도 의병 활동에 대해서는 의병 활동을 16세기의 연속성이라는 입장에서 접근하여 연구하고 있다.[7] 이런 연구에 의하면 경상우도 의병의 기반은 의병 상층부 사족士族의 경우 사상적으로 경상우도에서 남명학이 갖는 위치와 특성을 주목하고 있다. 사회적 기반에서는 전쟁 중에 의병 조직이 가능할 수 있었던 토대를 사족들의 향촌지배책으로 파악하여 유향소留鄕 所를 통한 향촌 장악, 향교鄕校와 서원書院을 통한 사족의 유대, 향약鄕約과 동약洞約을 통한 민과의 유대라는 입장에서 접근하여 의병의 모병募兵이 가능하였다고 파악하고 있다. 경제적 기반에서는 재지사족의 소유 노비 수와 재산의 규모를 통해서 의병의 모집과 유지가 전시에도 가능할 수 있었음을 경상우도 의병장 가문의 노비문서와 토지문서를 통해 실증하고 있다. 한편 의병의 변화와 관련하여 경상우도의 의병장들이 관직을 제수除授받아 활동하는 1592년 10월까지를 초기 의병으로, 1592년 11월부터 1594년 해체까지를 후기 의병이라고 구분하였다. 초기 의병은 지역방위군으로서 향병鄕兵이었지만, 후기 의병은 준관군準官軍이었음 에 주목하고 있다.

본고에서는 지금까지의 경상우도 의병에 대한 연구 토대 위에서 죽유竹牖 오운吳澐의 의병 활동과 의미[8]에 대해 살펴보고자 한다.[9] 이를

7) 김강식, 『임진왜란과 경상우도의 의병운동』(혜안, 2001).
8) 허권수, 「죽유 오운에 대한 소고」, 『남명학연구』 2(남명학연구소, 1992); 허권수, 「죽유 오운—강좌와 강우 문화의 융합자—」; 김용만, 「죽유 오운 종순가의 사회 경제적 기반」; 설석규, 「16세기 영남사림의 분화와 오운의 역할」; 정우락, 「오운 시세계에 나타난 興종과 낭만주의적 성격」, 『죽유 오운의 삶과 학문세계』(고령 대가야박물관·경북대 퇴계학연구소, 역락, 2007);『강우지역 남명학파의 인물 연구』(보고사, 2017).
9) 죽유 오운에 대한 자료는 1885년에 목판으로 간행된 『竹牖集』이 있다. 고령문화 원에서 2000년 추보 등을 보충하여 간행한 『竹牖全書』도 있다.

위해서 죽유 오운의 의병 기반을 살펴보고, 죽유 오운의 의병 활동과 의미를 구체적으로 밝혀 보고자 한다.

2. 의병 기반

임진왜란 시기에 경상우도의 의병이 두드러진 성과를 거둘 수 있었던 것은 일본군의 직접적인 공격로에서 벗어나 있었기 때문이었다고[10] 파악해 왔다. 그러나 적의 진격로에서 벗어나 있었다는 것만이 의병 활동의 직접적인 성공 요인은 아니었다. 실제 임진왜란의 전쟁 수행 과정에서 일본군의 커다란 전략은 경상우도를 먼저 장악한 후 곡창지대 전라도로 진출하는 것이었지만, 그것이 실현되지 못한 것은 경상우도의 의병 활동 때문이었다. 이에 전쟁 중이었음에도 불구하고 경상우도에서 의병이 먼저 창의(倡義)할 수 있었으며, 또 지속될 수 있었던 강력한 의병 기반에 주목할 필요가 있다.[11]

임진왜란 시기의 의병은 전국적인 단위가 아니라 거주지의 군현이나 지역 단위로 진행되었으며, 의병 활동의 수행에 필요한 물자 등은 생활권 역을 중심으로 해결할 수밖에 없었다. 이런 입장에서 주목되는 것이 조선 중기 재지사족의 등장이다. 16세기 이래 계속된 사족의 지주적 성격의 강화, 사화로 인한 낙향 관료의 증가, 재지사족의 향촌 기반 확보는 궁극적으로 16세기 후반 이후 사림정권의 창출 기반이 되었으며, 사림이 향촌사회에서 확보했던 재지적 기반은 임진왜란 시기에 창의할 수 있는 기반을 제공해 주었다.[12] 실제 임진왜란 시기의 의병 구성과

---

10) 崔永禧, 『壬辰倭亂中의 社會動態』(韓國研究院, 1975) 참조.
11) 김강식, 『임진왜란과 경상우도의 의병운동』(혜안, 2001), 79~80쪽.

조직에 필요했던 인적·물적 자원과 군량은 해당 지역에서 직접 조달할 수밖에 없었으므로 지방민의 지지가 필수적이었다.[13] 때문에 해당 지역에서 경제적 기반과 향권鄕權을 동시에 장악하고 있던 사족 상호 간의 결합과 향촌지배조직을 통해서 하층민을 동원할 수 있었던 점이 중요한 문제였다. 경상우도에서의 의병 기반을 죽유 오운이 생활했던 의령 지역을 중심으로 살펴보면 다음과 같다.

1) 사상적 기반

죽유 오운의 의병 활동과 관련하여 사상적 기반을 어디에서 찾아야 될 것인가의 문제이다. 죽유 오운은 남명과 퇴계의 두 문하를 출입한 대표적인 인물이었다.[14] 죽유 오운의 학맥과 사상적 기반을 통해서 그의 의병의 사상적 기반을 경상우도 성리학의 흐름 속에서 살펴보기로 한다. 오운은 퇴계와 남명을 통해서 학문적 토대를 마련한 인물이었다.

조선 전기에 영남사림파嶺南士林派가 재지적 기반을 구축하는 과정에서 주목할 점은 학문적인 연원을 통해 그들이 서로 연계될 수 있었던 학문적 기반이 형성되었다는 것이다. 사족士族의 기반이 강했던 경상도지역은 일찍부터 사족들이 성리학性理學을 경세지학經世之學으로 수용하였던 성리학의 선진지대였는데, 김종직金宗直 이후 그의 학통을 계승한 김굉필金宏弼, 정여창鄭汝昌, 김일손金馹孫 등에 의해 경상우도 전역으로 확대되어 나가다가[15] 16세기에 남명 조식이 출현함으로써 경상우도의 학문은 절정

---

12) 李泰鎭, 『조선유교사회사론』(知識産業社, 1989), 238~247쪽.
13) 金錫禧, 「郭再祐의 起兵과 社會的 基盤」, 『忘憂堂郭再祐硏究』 2(忘憂堂記念事業會, 1989) 참조.
14) 김강식, 『임진왜란과 경상우도의 의병운동』(혜안, 2001), 91쪽.
15) 李樹健, 『嶺南士林派의 形成』(嶺南大出版部, 1979); 『嶺南學派의 形成과 展開』(一潮

에 올랐다. 그는 김굉필, 정여창, 김일손의 학통을 계승하면서 삼가·김해를 거쳐 진주 덕천동德川洞에 정착하여 도학의 터전을 마련하여 많은 문하생을 길러 냈다. 조식은 소백산 아래 강좌학파의 영수인 이황과 대비되는 강우학파의 영수로서, 유학사상에서 독보적인 위치를 차지하였다.[16] 이후 낙동강을 중심으로 강좌학파와 강우학파로 분기되었는데, 좌도는 상인尙仁으로 우도는 주의主義로 표현되었다.[17]

특히 경상우도의 남명 조식은 조선 중기의 사상가 중에서 독특한 평가를 받고 있다.[18] 기존의 남명에 대한 연구성과를 종합하면,[19] 남명은 조선 중기에 성리학의 체계화 과정에서 사상에서는 하학下學과 인사人事의 실천적 측면을 강조하였으며, 정치에서는 현실의 모순에 대해 타협을 거부한 현실비판적 지식인이자 성리학자였다.[20] 남명의 사상이 경상우도 의병의 사상적 기반이 될 수 있었던 직접적인 측면은 남명의 상의尙義와 주기적主氣的인 기상과 학풍이 경상우도인의 기질과 결부되었으며, 그의 문도門徒들에게 영향을 주어 경상우도가 남명학파의 본고장이 되었기 때문이었다고[21] 파악할 수 있다.

남명의 수양론은 거경행의居敬行義를 통해서 사회모순 극복의 방편으로 받아들여졌다. 의義는 성리학에서 정당성으로 규정되었으며[22] 외外적 행위의 실천 기준으로 여겨졌다.[23] 의리를 중시한 남명의 입장은 행동의

閣, 1995) 참조.

16) 金忠烈, 「生涯를 통해서 본 南冥의 爲人」, 『大東文化硏究』 17(1983) 참조.
17) 李瀷, 『星湖僿說』, 「天地門」, 東方人事條.
18) 崔錫起, 「南冥思想의 本質과 特色」, 『韓國의 哲學』 27(한국철학회, 1999) 참조.
19) 朴丙鍊, 「南冥 曺植의 政治思想과 思想史的 位置」, 『정신문화연구』 20권 3호 통권 68호(1997) 참조.
20) 김강식, 「남명 조식의 치국론과 의미」, 『남명학』 23(경북대 퇴계학연구소, 2018).
21) 김강식, 『임진왜란과 경상우도의 의병운동』(혜안, 2001), 81쪽.
22) 『朱子語類』, 권75, 程子之書.

문제에도 관심을 갖게 하여, 남명은 군사문제에도 직접적인 관심을 가졌으며,[24] 제자들에게 무武를 중시하여 가르쳤고,[25] 나아가 임진왜란을 예견하고 제자들에게 대책을 강구하도록 문제를 제출하기도 했다.[26] 때문에 남명의 제자들은 병사에 익숙했다. 이것이 임진왜란 당시에 창의의 직접적 계기가 될 수 있었으며,[27] 남명학은 의병 정신으로 구현되었다고 평가되었다. 더욱이 남명은 16세기에 훈척과 공신들에 의해 자행되고 있던 전횡과 부패 속에서 일어나고 있던 민의 저항을 직접 목도하였기 때문에 그의 대민 인식은 철저하였는데,[28] 민에 대한 적극적인 인식은 임진왜란 시기에 재지사족과 민이 쉽게 결합할 수 있는 바탕이 되기도 하였다.

첫째, 임진왜란 전 오운의 생애이다. 임진왜란 전에 그의 학문적 성격을 중심으로 임진왜란 직전까지의 활동과의 관련성을 살펴보기로 한다. 오운은 1540년(중종 35) 함안 모곡리에서 태어난 인물로 알려져 있다.[29] 오운의 가문은 고창오씨에서 유래하였다. 오운은 6세 때 조부 오언의吳彦毅로부터 처음으로 수학하였다. 오운은 18세 때 의령에 세거하던 몽재蒙齋 허사렴許士廉의 맏사위가 되었다. 그런데 이황의 부인 김해허씨는 허찬의

---

23) 『二程全書』, 권18, 劉元承手編.
24) 『南冥集』, 권5, 「祭文」(鄭逑), "至於詩文兵法醫算地志, 雖無不曲暢旁通, 爲應世之用, 而此豈眞足以爲先生輕重者哉."
25) 『南冥集』師友錄에 등장하는 인물 중에서 金大有와 林薰이 무예에 관심을 가졌으며, 南冥이 郭再祐에게 병법을 전수하였다는 기록(『靑莊館全書』, 권20, 「雅亭遺稿」, 紅衣將軍傳) 등이 있다.
26) 『南冥集』, 권2, 「擬策問題諸生」.
27) 남명의 제자 중에서 총 50여 명의 義兵將이 나왔다고 한다.(崔完基, 「南冥 曹植과 北人 性理學」, 『韓國性理學의 脈』, 느티나무, 1989)
28) 『南冥集』, 권1, 「民巖賦」.
29) 『竹牖集』, 권5, 「年譜」. 한편 함안군 모곡리에는 퇴계 이황이 이곳에 들러 남긴 景陶壇碑가 있어서, 이곳이 죽유 오운의 고향임을 알 수 있다고 한다.

딸이었으므로, 죽유의 장인 허사렴이 이황의 처남이 되었다. 죽유 오운은 허사렴의 사위이므로 죽유는 이황에게 처조카 사위가 되었다. 허사렴은 퇴계의 맏처남으로서 퇴계를 따라 배웠으며, 생원·진사에 모두 합격하였고, 시문에도 능한 인물이었다. 그래서 오운은 어려서부터 퇴계의 영향을 받았을 것으로 추정된다.

오운은 19세 때 김해 산해정으로 남명 조식을 찾아뵙고 그의 제자가 되었다.[30] 남명은 당시 삼가 토동兎洞에 뇌룡정과 계부당을 짓고 강학하고 있는데, 젊은 시절 강학하던 곳인 산해정에도 가끔 왕래하고 있었다. 오운은 이때부터 김해나 삼가로 남명을 찾아가 본격적으로 수학하였다.

오운은 22세 때 생원에 합격하였으며, 25세 때는 도산서당으로 퇴계를 찾아뵙고 제자가 되었는데, 퇴계로부터 인재로 인정받았다. 죽유와 퇴계는 개인적으로는 처고모부이면서 처조카사위였다. 27세(1566) 때 별시 문과 병과 제7인으로 합격하였는데, 서애 유성룡과 개암 김우굉 등 퇴계 문하의 동문들과 급제하였다. 31세 때까지 벼슬하다가 사퇴하고 고향으로 돌아왔다. 낙향해 있는 동안 퇴계·남명의 상을 차례로 만났으며, 이어 조모상과 부친상을 만나 37세까지 상중에 있었다.

그는 복을 마치자 조정의 부름에 응하여 다시 성균관 박사에 취임하였다. 38세 겨울에 휴가를 받아 귀향하다가 고령에 이르러 진외증조부陳外曾祖父 송재 이우李堣의 시에 차운次韻하였다. 이때 오운이 처음으로 고령에 갔다. 이듬해에 체직되어 의령에 가거家居하였다. 의령은 그의 처향으로 퇴계가 쓴 가례동천嘉禮洞天이라는 유적이 남아 있으며, 이곳은 산수가 빼어난 곳이다. 그는 이곳에 백암대白巖臺를 쌓고서 참된 산수의 정취를 즐겼다.[31]

---

30) 『竹牖集』, 권5, 「年譜」.

오운은 41세 때 다시 관직에 나아가 정선군수를 거쳐 충주목사 겸 춘추관 편수관에 제수되었다. 이때 그는 팔봉서원을 세워 음애陰厓 이자李耔와 탄수灘叟 이연경李延慶을 향사하였다. 지방장관으로 나가서 서원을 세워 선현을 향사하고 후진을 교육하는 운동을 크게 일으킨 인물이 퇴계였는데,[32] 오운도 퇴계의 영향을 받아 서원건립운동을 적극적으로 전개하였다.

오운은 45세 겨울에 파면되어 의령으로 돌아왔다. 당시 충주목에서는 감사 일가와 관련된 송사가 있었는데, 여러 전임 목사들이 판결하지 못한 것을 원칙대로 처리하다가 감사의 뜻을 거스르게 되어 파면되었다. 이에 오운은 함안·의령 두 곳을 오가면서 함안군수로 부임한 한강 정구와 함께 『함주지咸州誌』를 편찬하였는데, 조식의 학풍을 이어받은 것이다. 오운은 49세 때 성균관 사성에 제수되었다가, 이듬해에 광주목사로 나갔다. 다시 2년 만에 파면되어 돌아왔다. 오운은 53세 때 의령의 집에서 머물다가 임진왜란을 맞았다.

이처럼 임진왜란 이전까지 오운의 활동 가운데에서 경상우도 의병의 사상적 기반과 연관하여 남명 조식의 학문적 영향을 찾아보면, 먼저 오운이 19세 때 남명의 제자가 되고 자주 찾아뵈었다는 점이다. 나아가 그가 관직생활 중에 자주 파면을 당한 것에서 찾을 수 있는데, 이러한 모습은 불의와 타협하지 않았던 남명으로부터 받은 영향이 컸다[33]고 볼 수 있다. 아울러 전쟁을 당하여 자신의 고장을 지키고 국왕에 대한 의리를 다하고자 함이었을 것이다.

---

31) 『竹牖集』, 권6, 附錄, 「白巖八景」.
32) 정만조, 「퇴계학파의 서원(교육)론」, 『퇴계학과 남명학』(지식산업사, 2003).
33) 허권수, 「죽유 오운─강좌와 강우 문화의 융합자─」, 『죽유 오운의 삶과 학문세계』(고령대가야박물관·경북대 퇴계연구소, 2007), 21쪽.

둘째, 오운의 사승師承 관계이다. 오운이 맺었던 학맥과 교류 인물들을 통해서 그의 사상적 기반을 살펴보기로 한다. 먼저 오운의 학연 관계이다. 죽유 오운은 19세 때 남명의 문하에 들어가서 제자가 되었으며, 25세 때 퇴계를 찾아뵙고 제자가 되었다.34) 그러나 오운에게 퇴계는 할머니의 사촌동생이자 처고모부였으므로, 어릴 적부터 퇴계에 대해서 익히 들어 알고 있었을 것이다. 때문에 오운은 퇴계의 영향을 먼저 받았다35)고 할 수 있다. 오운은 퇴계를 존숭하여, "그 도덕과 문장은 태산북두泰山北斗와 같고, 이 세상에 모범이 된다. 주자 이후로 제일인자다"라고 하였다. 이렇게 퇴계에 대해서는 제자이기 이전에 친척으로서 인간적인 관계가 두터웠다.36) 그래서 퇴계 사후, 퇴계의 첫 부인의 묘갈명인 「퇴계이선생배정경부인허씨묘갈명退溪李先生配貞敬夫人許氏墓碣銘」과 「진성이씨족보서眞城李氏族譜序」를 퇴계의 손자 동암 이영도李詠道의 부탁을 듣고 직접 지었다.37)

16세기 중기에 경상도에서 퇴계와 남명의 두 문하를 출입한 제자들은 대부분 시간적 차이를 두고 두 문하를 출입하였다. 그러나 오운의 경우는 청년시절부터 두 문하에 동시에 출입하여, 두 선생이 타계할 때까지 계속 출입하였으므로, 두 선생의 훈도訓導를 가장 많이 받았던 인물이라고38) 할 수 있다. 그래서 광해군이 내린 사제문賜祭文 중 "도학은 퇴계를 존모하고, 학문은 남명을 종주로 삼았다"는 말에서 그의 학문적인 성격이

---

34) 『竹牖集』, 권5, 「年譜」.
35) 허권수, 「죽유 오운─강좌와 강우 문화의 융합자─」, 『죽유 오운의 삶과 학문세계』(고령대가야박물관·경북대 퇴계연구소, 2007), 27쪽.
36) 퇴계는 죽유 오운에게 「贈吳大源」이라는 시를 지어서 제자를 기억하고 있다.
37) 『竹牖集』, 권4, 「墓碣銘」.
38) 허권수, 「죽유 오운─강좌와 강우 문화의 융합자─」, 『죽유 오운의 삶과 학문세계』(고령대가야박물관·경북대 퇴계연구소, 2007), 28쪽.

잘 드러나 있다. 그의 사위이자 제자인 조형도趙亨道는 제문祭文에서 "남명의 마루에 오르고, 퇴계의 방에 들어갔다"라고 하였다.[39]

이처럼 두 문하를 출입하여, 퇴계에게 받은 영향으로는 과거에 진출하여 벼슬에 나갔으면서도 물러나기를 좋아하였고, 주자학을 중시하며 저술을 많이 하였다는 점이다. 반면에 남명에게 받은 영향으로는 강직하여 시세에 영합하지 않고 출처出處의 대절을 지켜 사환을 탐탁지 않게 여겨서 자주 파직을 당했으며 관직에서 현달하지 못했다[40]는 점이라고 한다. 그는 군자가 세상에 살아가면서 중하게 여길 것은 출처일 뿐이다[41] 라고 하였다. 이에 그는 임진왜란을 당하여 누구보다도 먼저 창의할 수 있었다.

오운의 사상적 경향은 사서의 편찬에서도 나타났다. 주자의 강목법綱目法을 따라 엄격한 포폄褒貶을 위주로 하던 17세기 초 사서 편찬의 일반적 분위기 속에서 1606년(선조 39)에 완성된 오운의 『동사찬요』는 오운이 이황의 문인으로서 소북파의 정책을 비판하고, 절의節義를 존중하는 입장에서 썼다고 한다. 반면 조정趙挺은 집권 대북파의 입장에서 『동사보유東史補遺』를 썼는데, 이는 대북파 정권의 반주자학적反朱子學的인 정책 방향과도 관련해서 이해할 수 있다[42]고 한다.

셋째, 오운이 맺은 사우士友 관계이다. 퇴계와 남명의 두 문하를 출입하는 동안 오운은 두 문하의 많은 인사들과 가까이 사귈 수 있었다. 오운의

39) 『竹牖集』의 서문을 쓴 李緩은 "뇌룡정 앞에서 출발해 암서헌 마당에서 졸업했다"고 평가하였으며, "남녘에서 노닐고 북녘에서 공부했다"라고 묘사하였다.
40) 허권수, 「죽유 오운―강좌와 강우 문화의 융합자―」, 『죽유 오운의 삶과 학문세계』(고령대가야박물관・경북대 퇴계연구소, 2007), 28쪽.
41) 『竹牖集』, 권4, 雜著, 「策問題」.
42) 한영우, 「17세기 초의 歷史敍述; 吳澐의 『東史纂要』와 趙挺의 『東史補遺』」, 『한국사학』 6(1985).

임진왜란 시기의 활동과 관련하여 중요한 인물인 학봉 김성일은 퇴계 문하의 동문이었다. 김성일이 초유사招諭使로서 임명되어 왔을 때, 오운은 그의 막하에서 소모관召募官으로서 그를 도왔다.[43] 1593년 4월 김성일이 진주에서 병으로 세상을 하직하자, 조종도趙宗道·이로李魯 등과 염습하여 지리산에 가매장하는 등 의리를 잃지 않았으며,[44] 제문[45]을 직접 지었다. 그리고 그의 둘째 아들 오여벌은 김성일의 아들 김집金潗의 사위이다. 오운은 임진왜란 직후인 1600년에 「서김학봉용사사적후書金鶴峯龍蛇事蹟後」라는 글을 지어 송암 이로가 지은 『용사일기龍蛇日記』에 실린 학봉 관계 기사 가운데서 잘못된 것을 바로잡기도 하였다.[46]

서애 유성룡은 퇴계 문하의 동문이면서, 그와 동반 급제하였다. 오운은 『퇴계문집』을 편찬하는 일에 유성룡과 함께 종사하였다.[47] 유성룡이 세상을 떠나자 그의 죽음을 슬퍼하는 만사挽詞 3수를 지어 그의 국가를 위한 충절과 정주의 도통을 이은 학문을 칭송하였다. 유성룡이 오운의 『동사찬요』를 얻어 보고서 선조에게 추천하자, 선조는 이 책을 '유림에 표준이 되는 책이다'라고 칭찬하였다. 초야에 물러나 있던 유성룡이 오운의 사서를 자진해서 임금에게 올린 것은 오운의 사학史學을 인정한 것이라고 볼 수 있다.

한강 정구는 두 문하를 같이 출입한 친구인데, 오운이 고향에서 살 때 정구가 함안군수로 부임하였다. 이때 그는 산관散官으로서 향교의 제독관提督官으로 있으면서 학문을 장려하고, 함께 사직단을 중수하였으

---

43) 『竹牖集』, 권3, 書, 「書金鶴峯書」.
44) 『忘憂先生文集』, 「龍蛇別錄」, 癸巳 4월.
45) 『竹牖集』, 권5, 「年譜」, 「詩」, 「書」, 「挽詞」, 「祭文」.
46) 『竹牖集』, 권3, 「跋」.
47) 『竹牖集』, 권5, 「年譜」.

며, 함께 『함주지』를 편찬하여 지방지를 처음으로 펴내었다. 이 부분은 성리학 일변도가 아닌 다양성이라는 측면에서[48] 남명의 영향을 받은 부분이라고 할 수 있다.

망우당 곽재우는 남명 문하의 후배인데, 임진왜란 때 같이 창의하여 많은 공을 세웠다. 인척 관계로 곽재우는 오운의 처종고종이 되는데, 의령의 재지사족 허찬許燦은 곽재우의 외숙이었다. 곽재우는 고조, 증조, 부가 모두 관인官人으로 출사하였으며,[49] 문한文翰이 뛰어났던 가문으로 현풍에서 영남학파의 맥을 이어온 명문이었다.[50] 특히 곽재우의 처외조부가 조식曺植이었으므로 곽재우에게 조식의 학문적 영향이 자연스러웠으며, 지역적으로도 가까워서 많은 영향을 받았다. 특히 임진왜란을 당하여 의병 활동을 본격적으로 전개할 때, 곽재우의 초기 의병 지도부에 참여한 인사 중에 전목사前牧使 오운은 퇴계와 남명의 두 문하를 출입한 인사였으며, 노순盧錞은 남명 문하였다.[51]

대소헌 조종도趙宗道는 남명 문하의 동문이었으며, 같은 동향 함안인이었다. 임진왜란 때 김성일을 도와 경상우도를 지키는 데 공을 세웠다.[52] 이 밖에도 오운은 창석 이준李埈·우복 정경세鄭經世·현주 조찬한趙纘韓·구암 한백겸韓百謙·동악 이안눌李安訥·서경 유근柳根·언신 금업·도사 박록朴漉·이대중李大仲·정보 곽진郭瑨·백암 김륵金玏·계직 박종무朴樅茂·박중식朴仲植과도 절친하게 지냈다.[53] 또 안구安球는 외사촌형 죽유

---

48) 신병주, 『남명학파와 화담학파 연구』(일지사, 2001).
49) 『忘憂集』, 권1, 「世系」.
50) 金錫禧, 「郭再祐의 起兵과 社會的 基盤」, 『忘憂堂郭再祐研究』2(忘憂堂記念事業會, 1989) 참조.
51) 『南冥集』, 師友錄과 『退溪門人錄』.
52) 李魯, 『龍蛇日記』.
53) 『竹牖集』, 권5, 「年譜」, 「詩」, 「書」, 「挽詞」, 「祭文」.

오운의 문하에 나아가 배워 퇴계의 학문 지결을 들을 수 있었으며, 황암篁巖
박제인朴齊仁, 황곡篁谷 이칭李偁과 교유하며 도의道義를 강마하였다.[54]
이처럼 오운은 당시 조정에서나 영남지역에서 영향력이 큰 인사들과
교류가 많았다.[55] 이러한 교류는 의병 활동 과정에서 도움이 되었으며,
조정자의 역할을 할 수 있었다.

2) 사회적 기반

조선 중기에 향촌사회에서 영향력을 행사하던 재지사족들의 사회경
제적 기반 또한 임진왜란 중의 의병 모병募兵과 관련하여 중요한 문제이
다. 15세기 무렵에 이르면 사족들은 상호 간의 통혼通婚을 기반으로
특권적인 계층으로 성장하였으며,[56] 유향소·향약 보급 노력, 향교·서
원 건립 운동을 통해 향촌사회에서의 기반 확립을 구체화시켜 나갔다.
임진왜란 당시에 의병운동의 주도층은 사족들이었으며, 이들이 문인과
종유인의 호응을 얻은 다음 각자의 노비와 거주지의 향민을 동원하는
형태로 의병의 모병은 진행되었다. 그러므로 임진왜란 극복의 궁극적인
동력은 난전亂前에 사족들에 의해 행해졌던 향촌통제력이었다고 할
수 있으며, 그것은 전쟁에 즈음하여 사족들이 민들을 쉽게 결집시킬
수 있었던 요인이었는데,[57] 상호 복합적인 모습을 보였다.

---

54) 『四未軒集』, 권9, 墓碣銘, 「參奉順興安公墓碣銘 幷叙」.
55) 『浮査集』, 권2, 七言律詩, 「挽吳府尹」; 『龍潭集』, 권1, 詩, 「挽吳太源吳澐」; 『開嚴集』,
   권4, 附錄, 「輓詞(吳澐)」; 『惺齋集』, 권4, 附錄, 「挽詞(吳澐)」.
56) 新興士大夫들이 신분적 지위향상의 욕구가 있었기 때문에 世族的 배경을 가지는
   부류와 정치적 입장이 같을 경우 이들과 通婚을 통해 제휴했으며 그러한 노력을
   실제 기울였다고 한다.(李泰鎭, 「15世紀 後半期의 「鉅族」과 名族意識」, 『韓國史論』
   3, 서울대 국사학과, 1976 참조)
57) 구체적으로 士林세력의 활동 기저를 교육기관이었던 書院의 건립과정에서 찾고
   있다.(李泰鎭, 「士林派의 鄕約 普及運動」, 『韓國文化』 4집, 1983 참조)

먼저 경상우도의 대표적 의병장 오운 가문이 재지세족화在地世族化하는 과정을 살펴보면,[58] 고창오씨는 비교적 이른 시기였던 고려시기에 사족으로 성장하였으며, 그 뒤로 재지적 기반을 다져 나갔다. 오운 가문은 조선 초기 이래 거주지에 상당한 관료적 기반과 경제적 기반을 마련한 전형적인 재지사족 가문이었으며, 성리학적인 학문 기반도 상당하였던 가문이었다. 특히 중첩적인 혼인관계를 통하여 함안 일원에서 재지적 기반을 확보하고 있었는데, 9세 오형吳瑩 이후 영남에서 혼반을 넓혀 나갔던 가문이었다.

죽유 오운은 자는 대원, 호는 죽유·죽계·백암노인이며, 본관은 고창이다.[59] 시조는 고려 문종 때 한림학사를 지낸 오학린吳學麟이고, 고려 중기에 동각학사東閣學士를 지낸 오세문吳世文은 그의 10대조이다. 그는 고려 무인집권기에 이인로李仁老 등 죽림고회竹林高會의 일원이자 해좌칠현海左七賢의 한 사람인 오세재吳世才의 형이자 오세공의 아우였다. 이들 삼 형제 모두 문장의 대가로서 당시에 이름을 날렸다. 고려 무신정권 때 문명文名을 떨친 오세재는 한때 경주에 이거하였다.

조선왕조에 들어와 6대조 오육화吳六和가 예의판서를 지내면서 개성에서 한양으로 옮겨 살았다. 조선 성종 때 후손 오영이 봉화현의 재지사족인 금회琴淮의 사위가 됨으로써 고창오씨가 영남과 인연을 맺게 되었다. 증조 오석복吳碩福이 의령현감을 지낸 후 고령高齡이어서 인근 고을인 함안의 모곡리에 정착하게 되었다고 한다. 그는 참판을 역임한 선산김씨 김유장金有章의 손녀와 결혼했는데, 이곳 함안이 부인 김씨의 외향이었기 때문이다. 또 아들 오언의吳彦毅의 동서 조효연曺孝淵이 창원에 살고 있었

---

58) 『竹牖集』, 권5, 「世系圖」.
59) 『竹牖集』, 권5, 「世系圖」.

다. 이때 오석복은 지역의 유력사족 김해허씨와도 긴밀한 관계를 맺었는데, 대표적으로 의령의 재지사족 허찬許燦을 들 수 있다. 허찬은 영주에 살던 감천문씨 문경동文敬仝의 맏사위였다. 문경동이 죽자 그의 재산이 사위 허찬에게 상속되었는데, 허찬의 아들이 죽유의 장인 허사렴許士廉이다. 의령의 가례촌에 살았던 허사렴은 딸만 둘이어서 많은 재산이 오운에게 상속되게 되었다. 조부 죽오竹塢 오언의吳彦毅는 문과에 급제하여 전의현감을 지냈는데, 퇴계의 숙부인 송재 이우李堣의 사위로 함안지방에서 비중 있는 인물로 부상하였다. 그의 부인은 진성이씨로 이우의 딸이었다. 이렇게 죽유 오운 가문은 10세 오석복 이후로 김해허씨를 매개로 경상좌도의 사족들과도 유대를 맺었던 재지사족 가문이었다.

오운의 부친 오수정吳守貞은 일찍부터 병이 있어 벼슬에 진출하거나 학문을 하지는 못하고 조행操行에 힘쓰며 집에서 지냈으며, 이조참판에 증직된 인물이다. 모친은 취우정 안관安灌의 딸이다. 안관은 고려 말의 근재 안축安軸의 후손으로 기묘사화 이후 한양에서 낙향하여, 재지사족으로서의 기반을 넓혀가고 있었다. 안관은 또 오운의 처숙부 허윤렴許允廉과 동서 관계였다.

다음으로 강력한 재지적 기반을 가졌던 오운이 실제 의병 활동을 전개함에 있어서는 통혼권通婚圈이 상당한 기반이 되었다.[60] 오운 가문은 낙동강洛東江 좌우左右를 중심한 재지사족들과 중첩적인 혼인관계를 맺었는데,[61] 이것이 의병 상층부를 형성하는 상당한 토대가 되었다.

---

60) 이런 입장의 연구로서 郭再祐 家門의 경우를 밝힌 것으로는 李樹健, 『忘憂堂全書』, 「解題」(1987); 金錫禧, 「郭再祐의 起兵과 社會的 基盤」, 『忘憂堂郭再祐研究』 2(忘憂堂記念事業會, 1989) 참조.

61) 한 예로 경상우도 의병장 金沔의 경우 曾祖 金莊生은 李魯(固城李氏)의 曾祖妣의 祖인 李直之의 壻가 되었다(李魯, 『松巖世譜四姓綱目』, 「固城李氏篇」)고 한다.

오운은 18세 때 생원 허사렴의 딸에게 장가들었다.[62] 허사렴은 퇴계의 맏처남으로 의령 가례동에 살았다. 허사렴은 의령에 세거하던 사족으로서 많은 전장을 소유하고 있었다. 그는 퇴계의 맏처남으로서 퇴계를 따라 배웠고, 생원과 진사에 모두 합격하였으며 시문에도 능하였다. 허사렴은 아들이 없고 딸만 둘 있었는데, 오운은 맏사위로서 많은 전장과 집을 상속받았다. 조선 중기까지 남귀녀가혼男歸女家婚과 자녀균분상속제가 시행되고 있었기 때문이었는데, 이때부터 오운은 의령현 가례에 집이 있었다. 그의 일호인 백암白巖은 처가가 있는 가례 마을에서 비롯된 것이다. 오운은 퇴계의 처남의 사위가 되었으므로 퇴계의 처질서가 된다.

한편 오운은 1593년 상주목사에 임명되었으나, 얼마 있지 않아 병으로 사퇴하고서 영주 초곡으로 돌아왔다. 영주 초곡은 본래 허사렴의 부친인 진사 허찬의 장인인 창계 문경동이 살던 곳이었다. 문경동은 많은 전장을 소유하고 있었으나 아들은 없고 딸만 있었으므로 맏사위인 허찬은 많은 재산을 물려받게 되었고, 허찬은 맏아들 허사렴에게 재산을 상속하였다. 이후 허사렴의 재산이 다시 오운에게 상속되어 오운은 의령과 영주 두 곳에 집과 전장을 가지게 되었다. 임진왜란이 일어나자 경상우도 지방은 전화에 휩싸이게 되었으므로, 오운의 가족들은 비교적 안전한 영주지방으로 옮겨 살게 되었다.[63] 이후 경주목사에서 물러난 후 오운도 영주에서 살았다. 이때 영주에서 임진·계사년에 있었던 전쟁 상황을 정리하여 『용사난리록龍蛇亂離錄』을 저술하였다[64]고 전한다.

마지막으로 오운의 증조부 오석복이 의령현감에서 물러나 함안에

---

62) 『竹牖集』, 권5, 「年譜」.
63) 『竹牖集』, 권5, 「年譜」.
64) 『竹牖集』, 권5, 「年譜」.

정착하면서 경상우도의 사족이 되었으며, 또 그의 조부 오언의가 퇴계의 숙부인 송재 이우의 사위가 됨에 따라 경상좌도 지방에서도 상당한 비중을 갖는 가문이 되었다. 그의 부친 오수정은 함안의 사족 안관의 사위가 되었고, 오운 자신은 의령의 사족인 허사렴의 사위가 되었다. 그의 맏아들 오여은은 주세붕의 아들인 주박周博의 사위가 되었고, 둘째 아들 오여벌은 김성일의 아들 김집의 사위가 되었고, 셋째 아들 오여영吳汝橯은 점필재 김종직의 현손인 김성률金聲律의 사위가 되었다. 그의 사위는 생육신 어계 조려趙旅의 5대손인 조형도趙亨道이다. 그도 군수를 지냈으며, 화왕산성의 곽재우의 휘하에서 싸웠다. 그의 손자 오익환吳益煥은 사인 문홍달文弘達의 사위이고, 오익황吳益煌은 대사간 권태일權泰一의 사위이다. 죽유 오운의 손녀이자 오여은의 딸은 정인홍의 손자 정릉鄭棱과 혼인했는데, 그의 가까운 처족인 허종무許宗茂의 부인이다. 그의 매부는 고려 말부터 함안에 세거하던 재령이씨 집안의 판결사 이대형李大亨인데, 임진왜란 초기의 김해성전투에서 순국하였다.[65]

이처럼 오운의 가문은 낙동강 좌우의 선산김씨, 진성이씨, 순흥안씨, 김해허씨, 서산정씨 등과 혼인을 하였고, 오운의 부자와 숙질이 이황과 조식의 문하를 출입하면서 퇴계학파와 남명학파, 또는 남인과 북인의 당색을 가지게 되었다[66]고 한다. 지역적으로 오운 가문은 경상도지역의 함안·의령·칠원·고령·영천·안동·예안 등지의 대표적인 가문과 혼인을 통해 강력한 재지사족으로서의 기반을 갖고 있었다. 이러한 유대 관계는 임진왜란 때 그가 창의하는 데 크게 원동력이 되었다.

임진왜란 때의 홍의장군 곽재우는 죽유 오운의 처가와 이중으로

---

65) 『竹牖集』, 권4, 行蹟, 「義士李公行狀」.
66) 이수건, 『영남학파의 형성과 전개』(일조각, 1995), 197~198쪽.

혼인을 맺고 있었으며, 망우당의 부친 감사 곽월郭越은 오운의 처종고모부였다. 곽재우의 휘하에서 활약하던 17 의병장 가운데 전군향典軍餉 허언심許彦深은 오운의 재종처남으로 곽재우의 자형이다. 치병기治兵器 강언룡姜彦龍은 오운의 종동서였으며, 망우당 휘하에서 싸웠던 허도許櫂는 오운의 처재종질이자 아들 오여은의 사돈이었다. 이렇게 오운 가문은 경상도의 유력 가문들과 중첩적인 혼맥을 형성하고 있었다. 오운이 곽재우를 도와 군사를 모으고 군량을 조달하여 의병 활동을 성공적으로 수행할 수 있었던 것은 오운 자신의 가문과 처가를 통한 재지사족과의 강력한 유대가 큰 도움이 되었기 때문이었다.

3) 경제적 기반

조선 초기부터 경상우도에 재지적 기반을 마련하였던 각 지역의 재지사족들의 경제적 기반이 의병 활동의 중요한 토대가 되었다. 경상좌도와 우도는 자연환경에서 상당한 차이를 보이고 있었다. 경상우도는 좌도보다 토품土品이 우세하였다[67]고 한다. 조선 중기에 사림파의 성립은 성리학의 이해와 사족 중심의 향촌질서 수립과 궤를 같이하며, 동시에 그것은 재지사족인 사림파의 사회경제적 지위와 경제적 기반이 확립되는 시기였다[68]고 한다.

특히 임진왜란 시기의 의병 활동과 관련하여 주목할 점은 경상우도의 재지사족들은 재지지주로서 많은 전토와 노비를 거주지를 중심으로 소유하고 있었다는 점이다. 경상우도의 재지사족들도 일찍부터 향촌사회의 주도권을 장악하는 한편 그들의 경제적인 토대를 마련해 나갔다.

---

67) 『擇里志』, 「八道總論」, 慶尙道條.
68) 李樹健, 『嶺南士林派의 形成』(嶺南大出版部, 1979) 참조.

재지사족들은 상경종사上京從仕를 통해서 노비와 전답을 증식해 나갔으며 거주읍을 중심으로 광범위한 전답을 소유하였다.[69] 16세기에 이르러 본격화되는 지주제의 성장과 확대 속에서 재지사족들도 토지의 확장을 통해 경제적 기반을 구축하였다. 이러한 토지는 임진왜란 때 군량의 조달에 기여하였다.

의령에서 창의하여 의병장 곽재우 휘하에서 의병 활동을 전개했던 오운 가문도 경상좌도와 우도의 선산김씨, 진성이씨, 순흥안씨, 김해허씨, 고령박씨, 서산정씨 등과 혼맥을 형성하였다. 이런 과정에서 오운 가문은 선대로부터 함안, 의령, 예안, 영주 등지에 상당한 경제적 기반을 마련하였다.[70] 이러한 전답과 노비 소유는 대부분 혼인에 의한 재산 취득이었다.[71] 조선 중기까지 자녀균분상속제가 시행되었기 때문이었다. 또 오운의 손녀가 정인홍의 손부가 되고, 그 아들 오여은의 전후 처가가 의령과 고령의 부호로 존재했던 상주주씨와 고령박씨였기 때문에 임진왜란 때 종족과 향당을 기반으로 하여 활발한 의병 활동을 전개할 수 있었다.[72] 죽유 오운 가문의 경제적 기반은 노비와 토지를 중심으로 살펴보면, 오운 가문은 삶의 터전과 처가 및 외가의 연고지였던 함안, 의령, 영주, 고령, 고성, 성주, 지례, 창녕 등에 토지와 노비를 소유하고 있었다.

첫째, 오운 가문의 노비 소유 규모이다. 이를 구체적으로 보여 주는 자료는 명종~선조 연간의 분재기이다.

---

69) 李樹健, 『嶺南士林派의 形成』, 「3章 嶺南士林派의 經濟的 基盤」(1979).
70) 李樹健은 吳澐 가문의 대략적인 재산 규모를 제시하고 있다.(李樹健, 『嶺南學派의 形成과 展開』, 一潮閣, 1995, 198~199쪽)
71) 김용만, 「죽유 오운 종손가의 사회경제적 기반」, 『죽유 오운의 삶과 학문세계』(고령대가야박물관・경북대 퇴계학연구소, 역락, 2007), 80~112쪽.
72) 김강식, 『임진왜란과 경상우도의 의병운동』(혜안, 2001), 110~113쪽.

<표 1> 吳澐 가문의 노비 소유 규모[73)]

구분	長子	長女	二子	二女	三子	三女	庶子	妻邊	計
奴	22	13	16	12	11	12	4	36	126
婢	22	15	16	15	15	13	4	48	148
미상		2		1	1				4
계	44	30	32	28	27	26	8	84	278

이처럼 오운 가문의 노비 소유 규모는, 7명의 자녀와 부인에게 각각 분급된 노비수만 보면 모두 278명이었다. 이를 통해 의령에서 곽재우의 의병진에서 활약한 오운 부대의 군사수를 추정할 수 있다. 그것은 노비의 규모를 통해서 알 수 있는데, 노비 중에서 노奴였던 126명이 우선 고려될 수 있다. 이 중에서도 성인 남자 80여 명이 실제 동원되었을 수 있다.

둘째, 오운 가문의 토지 소유 규모이다. 이를 구체적으로 보여 주는 자료는 선조~인조 연간의 분재기다.

<표 2> 吳澐 가문의 토지 소유 규모[74)]

지역	지목	長子	女壻(여)	二子	三子	사위	계
의령	전		6- 5- 0	3- 7- 0	6-15- 2		16- 7- 2
	답		2-15- 5	1-19- 3	3-12- 0		8- 6- 8
함안	전		2-10- 0	0-15- 0	3- 4- 0		6- 9- 0
	답		2- 6- 3	1- 4- 0	1-13- 0		5- 3- 3
영천	전	0- 9- 0	0-10- 0		0-10- 0		1- 9- 0
	답	1-13- 0	1-19- 0	0-18- 0	1-19- 0		6-19- 0
고성	전	0- 2- 5	0- 1- 5		0-22- 0		1- 6- 0
	답	2- 2- 5	0-21- 0				3- 3- 5
기타	전					2- 8- 0	2- 8- 0
	답					3- 7- 0	3- 7- 0
계		4- 7- 0	17- 8- 3	8- 3- 3	18-15- 2	5-15- 0	54-18- 8

---

73) 이 표는 『嶺南古文書集成』 II(嶺南大 民族文化硏究所, 1992) 간행의 자료를 분석한 것이다.(김강식, 『임진왜란과 경상우도의 의병운동』, 혜안, 2001, 115~116쪽)

74) 이 표는 『嶺南古文書集成』 II(嶺南大 民族文化硏究所, 1992) 간행의 자료를 분석한 것이다.(김강식, 『임진왜란과 경상우도의 의병운동』, 혜안, 2001, 116쪽)

의령에서 의병장 곽재우의 휘하에서 의병 활동에 참여했던 오운 가문의 토지 소유 규모는 54석 18두 8승 지기(落只)였다.[75] 그렇지만 실제 이 가문의 토지 규모는 이보다 많은 1,300여 두락斗落이었을 것으로 추정할 수 있다.[76] 이러한 토지 규모는 임진왜란 전후 영남지방의 재지사 족의 일반적인 토지소유 규모와 비슷하였다. 이런 기반이 의병 활동 당시에 군량을 직접적으로 조달할 수 있는 토대였으며, 토지 경작자였던 전호佃戶들도 의병에 실제 쉽게 동원할 수 있었을 것이다.

3. 의병 활동

임진왜란 시기의 의병 창의, 구성, 조직에는 재지사족의 학맥과 혼맥, 재산상속, 유향소와 향약을 통한 향권 장악을 들 수 있다. 이것은 조선 중기 사족들의 향촌통치체제와 지배책의 일환이었다고 파악할 수 있다. 대부분의 경우 경상우도 의병의 상층부는 거주지별로 분석해 보면, 그들은 대부분 재지사족이었다. 오운은 임진왜란이 발발하던 당시에는 고향에서 산관散官으로 있었는데, 이전에 이미 정3품직인 광주목사를 역임한 전직 관료였다.[77] 오운의 임진왜란 시기의 주요 의병 활동을 살펴보면, 다음과 같은 네 측면에서 살펴볼 수 있다.

첫째, 의병장 곽재우의 의병 활동을 도와서 활동한 측면이다. 임진왜란 이 발발한 이후 최초로 창의했던 곽재우가 감사 김수金睟와 병사 조대곤曹 大坤에게 토적으로 몰리자, 휘하의 병사들이 대부분 흩어져 달아나 버렸

---

75) 1석을 20두락으로 환산한다면 60×20=1,200두락이 된다.
76) 그것은 장남에게 분급된 토지분재기의 앞부분 일부가 누락되었기 때문이다.
77) 『竹牖集』, 권5, 「年譜」.

다. 곽재우도 어떻게 할 수 없어 한때 모든 일을 포기하고 지리산으로 들어가 숨으려고 하였다. 이때 곽재우가 오운이 살고 있는 가례 마을을 지나다가 오운을 만나게 되었다. 오운은 곽재우가 창의한 일을 칭찬하면서 같이 일할 것을 약속했다. 이에 자기의 전마와 날쌘 노비 7~8명을 내주었다.[78]

또 인근 마을의 사우들에게 권유하여 장정들을 내게 하여 곽재우를 다시 의병장으로 재추대했다. 이때 자신은 병사를 모집하고 군량을 조달하는 일을 맡아, 곽재우가 왜적을 물리치는 데 큰 도움을 주었다. 당시만 해도 곽재우는 향촌의 서생書生에 불과했지만, 오운은 이미 3품관을 지냈고, 나이도 12세 위였으며, 처가로는 곽재우와는 처종고종이 되었다. 그렇지만 오운은 곽재우를 의병장으로 추대하고, 자신은 그 휘하의 수병장으로서 곽재우를 도왔다.[79] 곽재우 휘하의 17 장령 가운데 허언심은 오운의 재종처 남이자 곽재우의 자형이었으며, 강언룡은 죽유와 동서 사이이며, 허도는 죽유의 처재종질이자 아들 오여은의 사촌이었다.

이때 초계에는 수령이 없어서 전 군수 곽율郭趏을 가수假守로 삼았으며, 의령에도 수령이 없는 데다가 조종도 역시 감당하기가 어렵다는 이유로 사양하자, 초유사 김성일은 전 목사 오운을 소모관召募官으로 삼아서 곽재우와 합심하여 의병들을 불러 모으게 하였다. 즉 전 목사 오운을 소모관으로 삼아 병력이 모이는 대로 성세聲勢를 돕게 한 것이다.[80] 오운은 곽재우가 의병을 일으킨 처음부터 자신의 재물을 희사하여 군량을 공급하였는데, 이때에 이르러 더욱 온 마음을 다해 일하였다[81]고 한다.

---

78) 『竹牖集』, 권5, 「年譜」.
79) 『竹牖全書』, 권6, 追補, 「龍蛇倡義錄」.
80) 李魯, 『龍蛇日記』.
81) 『鶴峯全集』, 「鶴峯逸稿」, 부록, 권2, 「文殊志」.

초유사 김성일이 삼가의 군사를 곽재우에게 주자, 곽재우는 의병들로 하여금 군무 분장의 직무를 정하여 구성을 마치고 임전태세를 다시 갖추었다.[82] 곽재우는 두 고을의 군사를 거느리고서 윤탁尹鐸을 대장代將 으로,[83] 박사제朴思齊를 도총都摠으로, 허자대許子大를 군기제조軍器製造 책임자로, 정연鄭演을 독역사督役使로, 권란權鸞을 돌격장으로, 오운吳澐과 이운장李雲長을 수병장收兵將으로, 심대승沈大承과 배맹신裵孟伸을 선봉장 으로, 허언심許彦深을 군 급량給糧 책임자로, 강언룡姜彦龍을 무기 수리 책임자로 하였다. 이에 앞서 초유사 김성일은 또 전 목사 오운을 소모관으 로 하여 그 수(즉 모집한 군사들의 수효)를 파악하는 일까지 겸임시키고, 성세를 이루어 곽재우를 돕게 하였다. 이에 시골의 넉넉한 집에서는 쌀을 내고 소를 잡아 매일 돌려가며 군사들을 먹이자, 군의 성세가 크게 떨쳤다. 이후 강의 아래위에 있는 10여 개 소의 얕은 여울목마다 모두 척후를 잠복시켜, 왕래하는 사람들을 바라보아 서로 응원하자 왜적이 감히 물을 건너오지 못하였고, 여러 고을 백성들은 평시와 다름없 이 농사를 지었다[84]고 한다.

당시 전 의령목사 소모관 오운은 군사 소모에서 뚜렷한 성과를 거두었 는데, 그는 한 고을을 개유開諭하여 군사 2,000여 명을 얻었다.[85] 이 가운데 노약자는 빼내어 보保를 삼고 군기를 주조하여 전투에 쓰게 하여 의령 한 고을이 온 도의 보장保障이 되어 적이 감히 엿보지 못하게 하였다[86]고 한다. 오운이 활동했던 중요 사건을 구체적으로 살펴보면 다음과 같다.

---

82) 이장희, 『곽재우연구』(양영각, 1983), 80~83쪽.
83) 윤창현・박균열, 「壬辰倭亂期 慶尙右道 三嘉 義兵 活動—義兵長 龜山 尹鐸을 중심 으로—」, 『군사』 69(2008).
84) 『亂中雜錄』, 권1, 4월 20일; 『燃藜室記述』, 권16, 선조조 고사본말.
85) 『亂中雜錄』, 권1, 4월 20일.
86) 『亂中雜錄』, 권2, 5월.

가. 조종도를 단성·산음·함안에 보내 군사를 점고點考하게 하고, 이로를 의령·삼
가·합천에 보내 열병하게 하였다. 이로가 말을 달려 의령에 이르니, 윤탁은 삼가
의 군사를 거느리고 용연龍淵에 주둔하였고, 심대승은 의령의 군사를 거느리고
장현長峴에 주둔하였고, 심기일沈紀一은 정호鼎湖의 배를 지키며 건너는 사람들을
살피고 있었다. 그리고 안기종安起宗은 유곡柳谷에서 매복하고, 이운장은 낙서洛西
를 관장하고, 권란은 옥천대玉川臺에서 왜적을 가로막고, 오운은 백암白巖에서
병사들을 수습하고 있었다. 대장 곽재우는 세간리世干里에 진을 치고 중간에서
이들을 통제하였다.87)

나. 낙동강과 정호 사이의 연안을 따라 아래위 60리 사이에 망을 보는 군사들이
삼엄하게 서 있었다. 이들이 보고하면 즉시 달려가 공격하고 쫓아내니 왜적이
함부로 달려들 수 없었다. 그래서 남아 있는 백성이 이에 힘입어 농사를 지을
수 있었다.88)

다. 곽재우와 권란 등이 기병하고 전 목사 오운이 관군과 의병을 타일러 모은 것이
20여 명인데, 노약을 제외하고 각기 마을에서 군기를 만들어 싸움에 쓰게 하자,
하나의 현이 하나의 도에서 방비를 잘하게 되어 적이 감히 강을 건너지 못합니다.89)

이처럼 오운은 군병을 거느리고 영산의 위아래 여울나루를 지키면서
영산·창녕·현풍의 낙동강을 오르내리는 적을 잡으며 직접 활동하기
도 하였다.90) 이에 오운은 경상우도에서 의병을 일으킨 인물로 파악되기
도 했다.91) 오운은 김성일이 공적을 조정에 보고하여 승문원承文院 판교判
校로 제수되고, 그를 수행하여 산음에 주둔하였다.92)

---

87) 李魯, 『龍蛇日記』; 『松巖集』, 권4, 「遺事」.
88) 『松巖集』, 권4, 「遺事」.
89) 李擢英, 『征蠻錄』 坤, 承政院開坼 左監司 狀啓; 『鶴峯全集』, 「학봉속집」, 권3.
90) 李擢英, 『征蠻錄』 坤, 承政院開坼 左監司 狀啓.
91) 李擢英, 『征蠻錄』 坤.

둘째, 경상 초유사 김성일의 활동을 도운 것이다. 먼저 전 목사 오운이 촌사村舍에 있다가 새 병사兵使가 도착했다는 말을 듣고 찾아와서 배례拜禮하면서, "영공令公(김성일)께서 왔으니 군대의 사기가 배나 증가되었을 것입니다"[93)라고 하면서 직접 뵈었다. 이후에 경상우병사 김성일이 경상 병영으로 가기 위해서 어명을 받고 달려 내려와 의령에 당도하여 정진鼎津을 거쳐 병영에 직접 가려고 했었다. 그런데 이때 휘하의 장병들이 모두 왜적의 소굴이 가깝다고 정진에는 배가 없다고 거짓으로 아뢰었다. 그러나 오운은 사실대로 길을 안내하여 시간을 단축할 수 있게 했다.

그때 전 목사 오운이 촌락의 집에 있다가 새 장수가 왔다는 소식을 듣고 가서 배례하고, "영감이 오셔서 군민의 기운이 배가했습니다만 왜 정진으로 바로 건너지 않으시고 진주로 해서 돌아가시려고 합니까" 하여 사실을 말하여 주었다. 이에 김성일이 놀라면서 휘하 장병들이 왜적을 두려워하여 나를 속인 것이라고 알게 되었다.[94)

이에 김성일은 당시 의령은 이미 원이 없는 데다가 조종도마저 감당하기 어렵다 하여 사양하므로 판교判校 오운을 소모관으로 삼아 곽재우와 더불어 협심하여 백성을 불러 모으게 하였다. 오운은 곽재우가 의병을 일으킨 처음부터 자기 재물을 내어서 군량을 공급했는데, 이때에 이르러 더욱 진심하였다[95)고 한다.

사실 학봉 김성일이 경상우도 초유사로 부임해 왔을 때, 그는 경상좌도 안동 출신으로 경상우도의 사족들과 유대를 갖고 있지 못했고, 또 이 지역의 사리에 익숙하지 못했다. 이때 퇴계·남명 두 문하에 모두 출입한

---

92) 『竹牖全書』, 권1, 「山陰道上作」.
93) 『鶴峯全集』, 「鶴峯逸稿」, 부록, 권3, 「鶴峯金文忠公史料草存」.
94) 『亂中雜錄』, 권2, 4월 20일; 『학봉전집』, 「학봉집」, 부록, 권2, 「행장」.
95) 李魯, 『龍蛇日記』.

오운은 김성일과 이 지역 사족들과의 관계를 원활하게 하는 데 공헌하였으며, 이 지역의 지리와 여러 사정을 안내해서 초유사의 임무를 잘 수행할 수 있도록 도우면서 활약했다. 아울러 수시로 경상우도 지역의 전쟁 상황을 알려 주어 올바르게 대응할 수 있도록 했다. 한 예로 삼가현에 초유사의 지휘소를 두는 것이 좋겠다고 건의를 하였다.[96] 그것은 삼가현이 경상좌도와 우도의 중간에 위치하여 연락에 유리하였기 때문이었다. 김성일이 오운을 소모관으로 삼은 것은 오운의 이런 지역적인 기반을 활용하기 위해서였다.

한편 오운은 초유사 김성일과 의병장 곽재우의 관계를 연결·조정하여 전투력을 고양시키는 역할을 했다. 곽재우가 정진에서 군사들의 위엄을 드러내 보일 때, 초유사가 곽재우에게 군사를 거느리고 의령과 함안의 경내에 머물러 있게 하였다. 그러나 곽재우는 왜적들이 대거 쳐들어 올 것이므로 배수진背水陣을 쳐서는 안 되겠다고 여겨 초유사의 지휘에 따르지 않았다.[97] 이에 초유사가 곽재우가 영을 어긴 죄를 추문推問하여 다스리려 하자 오운이 나서서 곽재우를 구명해 주었다.

처음에 정진에서 우리 군사들의 위엄을 드러내 보일 때 곽재우에게 의령과 함안의 경내에 군사를 주둔시키고 있다가 기병奇兵을 내어 패주하는 왜적을 치게 하였는데, 곽재우가 지휘에 따르지 않아 왜적들이 편하게 돌아가게 하였다. 이에 곽재우를 뜰에 잡아다 놓고 군율로 다스리려고 하였는데, 박성朴惺과 오운이 힘껏 말리므로 그만두었다. 곽재우의 벗이 곽재우에게 말하기를, "자네는 어찌해서 전과 같이 뻣뻣하게 굴지 않았는가" 하자, 곽재우가 말하기를, "이 사람이 아니면 어찌 내 목숨을 마음대로 하겠으며, 나 또한 어찌 제재를 받으려고 하겠는가" 하였다.[98]

96) 『竹牖全書』, 권3, 「與金鶴峯書」.
97) 『寒岡集』 속집, 권6, 「行狀」.
98) 『鶴峯全集』, 「학봉집」, 부록, 권1, 「연보」; 『寒岡集』 속집, 권6, 「行狀」.

셋째, 강화회담 시기에 오운은 명나라 군사를 지원하는 일을 했다. 당시는 임진왜란에 참전했던 명나라 군사의 군량을 조당하여 지원하는 것이 강화회담 이후에 중요한 문제였다.[99] 이에 경상우도 각 지역의 유사를 임명하여 구체적으로 진행해 나갔다.

판교 오운, 초계의 곽율, 산음의 김락金洛, 단성의 조종도, 학서學瑞 김정룡金廷龍, 정자正字 성안의成安義가 군에 모여 명나라 군대를 지원하는 일에 대해 의논했다. 또 경상우도의 각 고을에 통문을 내고 유사有司를 나누어 정했다. 큰 고을은 술 50동이와 소 3마리를, 작은 고을은 술 30동이와 소 2마리를 내기로 정하여, 명나라 군대가 남쪽으로 내려오는 날을 기다렸다가, 단사호장簞食壺醬으로 길가에서 맞이하기로 했다. 이것은 실로 사람들이 모두 원하는 것이기는 하지만, 백성의 능력이 고갈된 상황이라 변변치 못한 성의나마 표시할 수 없을까 걱정된다.[100]

이때 오운은 현감 조종도와 함께 각 경상우도의 고을에 통문을 보내었는데, 명나라 군대를 영접하고 먹여야 하는 일 때문이었다[101]고 한다. 나아가 오운은 부족한 군량 조달을 위해서 경상도 군량차사원軍糧差使員 승문원承文院 판교判敎로서 통문을 하였다. 그는 군량의 중요성을 언급하고, 납속納粟에 대해 널리 알려 많은 군량을 확보하기 위해서 노력하였다.

금년의 왜변은 개국 이래로 우리 동방에서 있지 않던 바이니, 군부君父의 욕됨과 사사 가문의 화는 말하면 통분하다. 어찌 차마 다 말하랴. 흉한 놈들을 제거하고 원수를 갚는 것이 하루가 급한데, 우리와 적이 서로 버티어 지금 벌써 8개월이란 오랜 시일이 되었다. 온 나라가 함몰되어 착수할 땅이 없으니, 우선 우리 영남 우도로 말한다면 전란을 면하여 심히 파멸되지 않은 데가 겨우 7~8고을인데, 앞뒤로 적을 맞아 조석을

99) 국방부전사편찬위원회, 『임진전란사』(1987), 175~202쪽.
100) 『孤臺日錄』, 권1, 계사 2월 15일 庚子.
101) 『孤臺日錄』, 권1, 계사 5월 6일 己未.

보장할 수 없어, 불타는 처마의 제비요 솥 속에 든 물고기에 불과할 뿐이로다. 다행히 의병 제군과 적개敵愾한 장사壯士들의 힘을 입어 오늘날까지 보전하였는데, 군량이 다 되고 군사들이 붕괴되어 흩어짐이 서로 잇달아서 손을 묶은 것처럼 방책이 없다. 신농神農이 이른바, '비록 석성石城 천 길과 탕지湯池 백 보가 있더라도 곡식이 없으면 능히 지킬 수 없다'는 것이 진실로 오늘날의 급한 걱정이로다. 전란을 참혹히 겪었으매 칼날에 죽은 자가 거의 반이나 되고 남은 군사는 아직도 놀라 산곡에 숨어서 굶주리며 죽음을 기다리는 자가 많으니, 만약 양식을 쌓아 놓고 불러 모으면 10일 동안에 모두 다시 모일 수 있다. 그러므로 오늘날의 일은 곡식이 있으면 군사가 있고, 군사가 있으면 적을 없앨 수 있는 것이다. 관가의 곡식은 탕진되고, 6월 이후에는 오로지 민간의 곡식에 의뢰하였는데 그것이 다 되어 계속할 도리가 없다. 그러나 전일의 납속納粟은 관에서 지명하여 정한 것이요 자원에서 나온 것이 아니다. 지금 본즉 3석으로부터 1백 50석에 이르기까지 차등이 있게 관직으로 상을 주고 허통許通하고 면천免賤하게 되었으니 압입하는 바에 따라서 사목事目이 분명하고, 만약 납입한 것이 규격에 꼭 맞지 않는 것도 반드시 받아들이면 공사公私에 서로 이익이 될 것이다. 대저 적을 토벌하여 원수를 갚는 것은 각기 신자의 의리를 다하는 것이니, 어찌 상을 내리기를 기대하겠는가. 다만 관직의 임명에 응하여 국가의 수용에 보조하는 것은 도리에 합당한 것으로 더욱 부득이한 것이다. 하물며 양식이 다 되어 군사가 흩어져 만약 마구 쳐들어 오는 적을 막지 못하여 약간 보존되었던 땅도 끝내 적의 소굴이 된다면 몸도 또한 보존하지 못할 것인데, 비록 곡식이 있다 한들 먹을 수나 있겠는가. 일의 득실은 다른 이가 말하기를 기다리지 않는 것이니 보수를 받지 못할까 의심하지 말고 당분간 내 곡식을 가졌다고 다행으로 여기지도 말며 서로서로 권유하여 기회를 잃지 말라. 비인鄙人은 이렇게 급하고 어려운 시기를 당하여 국가에 보답할 방법이 없다가 마침 군량을 판출하라는 명령을 받았으니, 진실로 원하건대 제군 중에 납입하기를 원하는 자와 더 납입하는 자는 힘의 미치는 데 따라 서명署名하고 아울러 석수石數를 기록하라.[102]

넷째, 오운이 관료로서 활동한 부분이다. 임진왜란 시기에 활약하였던

---

102) 『亂中雜錄』, 권2, 5월.

의병장들은 초기의 일부를 제외하면, 대부분 관직을 제수除授받고 관군官軍으로 편입되었다.[103] 봉건왕조의 입장에서는 의병과 관군의 조화를 통해서 국난극복에 전력하는 것이 최대의 과제였다. 때문에 임진왜란의 발발 초기를 지나면서 전쟁 극복에 대한 자신감을 되찾게 되자, 국가의 통제를 받지 않는 의병이 문제가 되었다. 즉 봉건왕조의 입장에서는 단일 통솔권의 확립이 절실한 과제였으며, 이것이 의병의 관군화官軍化로 나타났다. 중요한 사실은 의병장에게 관직을 제수한 시점이 봉건왕조가 소모의병召募義兵을 적극적으로 장려한 1592년 6월 이후였다는 점이다. 이에 의병의 관군화 조치가 자발적인 순수 의병운동을 근왕병勤王兵으로 변질시키는 요인이 되었다. 때문에 생존을 우선시하면서 의병 활동에 적극적으로 참여했던 의병의 하층부의 군사들은 의병 집단에서 차츰 이탈하였다.

오운은 1593년 9월 상주목사에 제수되었지만, 병으로 사임하고 영천의 초곡으로 돌아와서 『용사난리록』을 지었다고 한다. 1594년 군공軍功으로 합천군수에 임명되어서 군사를 규합하여 많은 왜적에 대한 방어를 하면서 전공을 세웠다.[104] 당시 합천지역은 명나라 군사가 주둔하면서 소란을 피워 고을이 피폐해진 상황이었는데, 오운이 부임하여 회복시켰다. 이에 순찰사 서성徐渻이 추천하여 춘추관 편수관에 올랐다.[105] 그는 이때 고을 수령으로서 전란으로 피폐해진 고을을 복구하고 민심을 위무하였다. 아울러 오운은 권율 휘하에서 백의종군하던 이순신이 초계에 머물 때 햅쌀과 수박을 보내어 위로하였으며,[106] 군사의 일로 산성山城

103) 김강식, 『임진왜란과 경상우도의 의병운동』(혜안, 2001), 181~186쪽.
104) 『竹牖全書』, 권5, 「年譜」 및 「敎旨」.
105) 『竹牖全書』, 권5, 「年譜」.
106) 이순신, 『李忠武公全書』, 권8, 「亂中日記」 4, 정유 7월 12일.

에 대해서 논의하기도 했다.[107]

다섯째, 정유재란 때에는 다시 병마로 합천군수를 사직하고 초곡의 집으로 돌아왔다. 그러나 도원수 권율權慄이 그의 공을 임금에게 장계하여 가자加資되었으며,[108] 의흥위義興衛의 사과司果의 직을 맡아 벼슬길에 다시 나왔다. 이후 1598년 겨울에는 명군의 진린陳璘의 접반사의 일원으로 호남 해안지역에서 활동하면서 대명외교에 기여하였다. 이에 1599년 진린을 따라 한양으로 와서 5월에 장예원 판결사가 되었다.[109]

4. 맺음말

조선 중기에 활동했던 죽유 오운은 영남의 뛰어난 성리학자였던 퇴계와 남명의 두 문하를 출입하면서 학문적 연원을 마련하였으며, 두 문하의 많은 인물들과 교류하였던 인물이었다. 이러한 점들이 임진왜란을 당하여 그가 지역에서 활동하는 데 많은 도움이 되었다.

죽유 오운 가문은 함안에 세거하면서 혼인을 통하여 재지사족들과 유대를 맺었는데, 이러한 유대 관계는 임진왜란 때 곽재우가 의병 활동을 하는 데 큰 도움을 주었다. 그것은 오운이 재지사족들과의 유대 관계를 활용하여 군사를 모으고 군량을 조달하였기 때문이다. 특히 오운은 경상우도에서 의병의 소모에 많은 역할을 할 수 있었다. 아울러 그는 의령에서 직접 의병의 일원으로 활동하기도 했다.

그리고 경상좌도 안동 출신의 초유사 김성일을 도와서 경상우도

---

107) 이순신, 『李忠武公全書』, 권8, 「亂中日記」 4, 정유 7월 초3일.
108) 『竹牖全書』, 권5, 「年譜」.
109) 『선조실록』, 32년 5월 27일.

사족들과 연계를 시켜 주었으며, 이 지역의 지리적 상황을 안내하여 전세를 유리하게 이끌도록 안내해 주었다. 특히 낙동강을 통해서 침입하는 일본군이 북상하거나 서진西進하지 못하도록 하여 일본군의 전세를 결정적으로 불리하게 만드는 데 공헌하였다. 이런 점에서 본다면 오운은 경상우도를 사수하는 데 크게 기여하였다고 평가할 수 있다.

강화회담기에는 경상우도에서 군량을 모아서 명군에 군량을 조달하였는데, 지역의 유사들을 동원하였다. 그는 지속적으로 경상우도 군량 차사원差使員으로서 군량 조달에 공헌하였다. 그는 군공으로 순찰사 서성에 의해 합천군수로 추천되어 활동하면서 피폐해진 고을을 회복하는 데 기여였으며, 이순신과 산성에 대해서 논의하기도 하였다. 정유재란 때에는 권율의 추천으로 가자되어 진린의 접반사의 일원으로서 활동하여 전쟁 극복에 공헌하였다.

결론적으로 죽유 오운은 경상우도에서 의병과 관료로서 활동하면서 의령과 함안 지역을 중심으로 지역적 기반을 동원·활용하여 임진왜란의 극복에 기여한 인물이었다고 평가할 수 있다. 아울러 그의 활동상은 의병과 관군으로 활동했던 임진왜란 시기에 활약했던 의병장의 변화상을 보여 주는 전형적인 사례라고도 할 수 있을 것 같다. 아무튼 오운은 그렇게 국난 극복을 위해서 최선을 다해 활동했던 인물이었다.

부 록

죽유선생연보
가장
행장

죽유선생연보竹牖先生年譜

중종 35년(1540, 명 가정 19) 경자
9월 28일 을묘에 선생이 함안 모곡리 집에서 태어났다.

> 皇明世宗肅皇帝嘉靖十九秊 庚子
>
> 九月二十八日 乙卯 先生生于咸安茅谷里第

인종 원년(1545, 명 가정 24) 을사, 선생 6세
24년 조고 승지공에게 처음 글을 배웠다.

> 二十四秊 乙巳
>
> 始受學于祖考承旨公

명종 6년(1551, 명 가정 30) 신해, 선생 12세
4월에 정부인 안씨의 상을 당하였다.

> 三十秊 辛亥
>
> 丁貞夫人安氏憂

명종 8년(1553, 명 가정 32) 계축, 선생 14세
6월에 복을 마쳤다.

> 三十二年 癸丑(先生十四歲)
>
> 六月伏闋

명종 10년(1555, 명 가정 34) 을묘, 선생 16세
문장을 지을 수 있게 되었고 글씨가 매우 묘하여 일대의 명류들에게 추복을 받았다.

　　三十四秊 乙卯(先生十六歲)
　　文辭已成筆畵甚妙　爲一代名流所推服

명종 12년(1557, 명 가정 36) 정사, 선생 18세
부인 김해허씨에게 장가들었다.

　　三十六秊 丁巳(先生十八歲)
　　聘夫人金海許氏

명종 13년(1558, 명 가정 37) 무오, 선생 19세
이해에 남명 조 선생을 찾아뵈었다.

　　三十七秊 戊午(先生十九歲)
　　是歲拜南冥曹先生

명종 15년(1560, 명 가정 39) 경신, 선생 21세
이해에 퇴계 이 선생을 찾아뵈었다.

　　三十九秊 甲子(先生二十五歲)
　　是歲拜退溪李先生

명종 21년(1566, 명 가정 45) 병인, 선생 27세
퇴계 선생이 증시하였다. 윤10월에 별시 문과에 합격하였다. 성균관 학유에 임명되었
다. 11월에 조고 승지공의 상을 당하였다.

　　四十五秊 丙寅(先生二十七歲)
　　退溪先生有贈詩　閏十月中別試文科　權知成均館學諭　十一月遭祖考承旨公喪

선조 원년(1568, 명 융경 2) 무진, 선생 29세

4월에 감사 박공 계현과 함께 자옥산에서 놀았다. 이해에 매화를 분에 옮겨 퇴계 선생에게 올렸다.

　　二年 戊辰(先生二十九歲)

　　四月與監司朴公啓賢遊紫玉山 是歲移梅於盆擬上退溪先生

선조 3년(1570, 명 융경 4) 경오, 선생 31세

이해에 학록에 올랐다. 얼마 되지 않아 사직하고 돌아왔다. 10월에 퇴계 선생의 부고를 받았다.

　　四年 庚午(先生三十一歲)

　　是歲陞學錄 未幾辭歸 十月承退溪先生訃

선조 5년(1572, 명 융경 6) 임신, 선생 33세

2월 남명 선생 부고를 받았다. 이해에 학정에 올랐다. 여름에 호송관을 맡아 동래에서 일본 사신을 보냈다.

　　六年 壬申(先生三十三歲)

　　二月承南冥先生訃 是歲陞學正 夏差護送官送倭使於東萊

선조 6년(1573, 명 만력 원년) 계유, 선생 34세

7월 조비 숙부인 진성이씨의 상을 당하였다.

　　神宗顯皇帝曆元年(先生三十四)

　　七月遭祖妣淑夫人眞城李氏喪

선조 12년(1579, 명 만력 7) 기묘, 선생 40세

7월에 아들 여벌을 낳았다.

　　七年 己卯(先生四十歲)

　　七月子汝橃生

선조 13년(1580, 명 만력 8) 경진, 선생 41세

이해에 전적을 배명받았고 직강에 올랐다. 가을에 임금의 명을 받들어 황해도에 말을 점검하였다.

八季 庚辰(先生四十一歲)

是歲拜典籍陞直講 秋承命點馬于黃海道

선조 16년(1583, 명 만력 11) 계미, 선생 44세

이해에 풍저창수가 되었다. 가을에 충주목사와 춘추관편수관을 제수받았다.

十一季 癸未(先生四十四歲)

是歲入爲豊儲倉守 秋除忠州牧使兼春秋館編修官

선조 19년(1586, 명 만력 14) 병술, 선생 47세

이해에 함안 집으로 돌아왔다. 7월에 아들 여영을 낳았다. 겨울에 한강 정 선생이 읍재邑宰로 부임하여 서로 함께 사직단 수리를 의론하였다.

十四季 丙戌(先生四十七歲)

是歲咸安故里 七月子汝映生 冬寒岡鄭公爲邑宰相與議修社稷壇事

선조 25년(1592, 명 만력 20) 임진, 선생 53세

여름 4월에 왜적이 침입하여 열읍이 와해되니 이에 망우당 곽공과 함께 창의하여 적을 토벌하였다. 초유사 학봉 김공을 도중에서 맞이하니 초유사가 소모관으로 삼았다. 7월에 특별히 승무원판교를 제수받았다. 10월에 순찰사 김공을 따라 산음에 머물렀다.

二十季 壬辰(先生五十歲)

夏四月倭賊入寇列邑瓦解乃與忘憂堂郭公倡義討賊 迎見招諭使鶴峯金公於中路 招諭使差爲召募官 七月特授承文院判校 十月隨巡察使金公駐山陰

선조 26년(1593, 명 만력 21) 계사, 선생 54세

4월에 백씨 부정공이 돌아가셨다. 진양성에서 학봉 김공이 돌아가셨다. 이해에 상주

340

목사를 제수받아 부임하였고 얼마 되지 않아 병을 사직하고 영천의 초곡으로 돌아왔다. 『용사난리록』을 지었다.

　二十一秊 癸巳(先生五十四歲)

　四月哭伯氏副正公 哭巡察使鶴峯金公於晉陽城中 是歲除尙州牧使赴任未幾以病
　辭歸榮川草谷 撰龍蛇亂離錄

선조 27년(1594, 명 만력 22) 갑오, 선생 55세

5월에 내첨시정을 배명받았다. 6월에 합천군수를 제수받았다.

　二十二秊 甲午(先生五十五歲)

　五月拜內瞻寺正 六月除陜川郡守

선조 33년(1600, 명 만력 28) 경자, 선생 61세

이해 영천의 초곡에 있었다. 5월에 퇴계 선생의 문집 간행을 마치고 제공들과 함께 도산사에 제사지내고 고유하였다.

　二十八秊 庚子(先生六十一歲)

　是歲在榮川草谷 五月退溪先生文集刊訖與諸公祭告陶山院祠

선조 35년(1602, 명 만력 30) 임인, 선생 63세

12월에 『소학』 한 권을 하사받고 명제에 사은하였다.

　三十秊 壬寅(先生六十三歲)

　十二月 賜小學一件 命除謝恩

선조 41년(1608, 명 만력 36) 무신, 선생 69세

2월 선조대왕께서 승하하셨다. 국휼로 조정에 달려가 용양위부호군에 부하였다. 7월에 경주부윤을 제수받았다. 학봉 김공의 묘소에 제사를 지냈다.

　三十六秊 戊申(先生六十九歲)

　二月 宣祖大王昇遐 以國恤赴朝付龍驤衛副護軍 七月除慶州府尹 祭鶴峯金公墓

광해 6년(1614, 명 만력 42) 갑인, 선생 75세

2월에 퇴계선생의 부인 허씨의 묘갈명을 찬하였다. 5월에 『동사찬요』를 개찬하였다. 구암 한백겸과 『동사찬요』의 버리고 취할 것에 대하여 토론하였다. 이해에 이산서원의 이건을 의론하였다.

四十二秊 甲寅(先生七十五歲)

二月 撰退溪先生夫人許氏墓碣銘 五月改撰東史纂要成 與韓久菴百謙書論東史
去取 是歲議移建伊山書院

광해 8년(1616, 명 만력 44) 병진, 선생 77세

6월 공조참의를 배명받았으나 부임하지 않았다. 8월에 청송부사를 제수받아 10월에 부임하였다.

四十四秊 丙辰(先生七十七歲)

六月拜工曹參議辭不赴 八月除靑松府使十月赴任

광해 9년(1617, 명 만력 45) 정사, 선생 78세

2월에 평소 앓았던 위병이 점점 심해져 관직을 사직하고 돌아왔다. 3월 3일에 정침에서 돌아가셨다. 6월 3일에 첩석리 동산의 곤향에 장사지냈다.

四十五秊 丁巳(先生七十八歲)

二月素患胃症漸劇呈辭棄官歸 三月三十日考終于正寢 六月三日葬于疊石理坤向
之原

가장家狀

    선부군先府君의 휘는 운澐이고 자는 대원大源이며 신라 고창인高敞人이다. 먼 조상 학린學麟이 문장으로 고려 조정에 명망이 있어 한림학사翰林學士를 지냈다. 그 후대에 휘 신세臣世는 민부전서民部典書였고, 휘 계유季孺는 찬성사贊成事로 모양군牟陽君에 봉해졌다. 휘 육화六和는 봉익대부奉翊大夫 예의판서禮儀判書였고, 판서공이 휘 엄淹을 낳으니 통훈대부通訓大夫 숙천부사肅川府使를 지냈다. 부사府使가 휘 영榮을 낳으니 통훈대부通訓大夫 나주판관羅州判官을 지냈으며, 이분이 공의 고조부가 된다. 증조부는 휘가 석복碩福이며 통훈대부通訓大夫 의령현감宜寧縣監을 지냈고 통훈대부通訓大夫 통례원通禮院 좌통례左通禮에 증직되었다. 조부는 휘가 언의彦毅이며 조산대부朝散大夫 전의현감全義縣監을 지냈고, 후에 승정원承政院 좌승지左承旨 겸 경연참찬관經筵參贊官에 증직되었다. 퇴계退溪 선생과 서로 우의로 사귀었는데, 퇴계 선생이 묘비에서 선조고를 칭하기를 "사람됨이 명석하고 쾌활하며 신의를 중시했다"라고 하였다. 부친은 이조참판동지의금부사吏曹參判同知義禁府事에 증직되었는데 휘는 수정守貞이다. 삼세를 추존한 것은 모두 부군이 귀하게 되었기 때문이다. 어머니 정부인貞夫人 순흥안씨順興安氏는 부호군副護軍 휘 관灌의 따님이며, 문정공文貞公 근재謹齋 안축安軸 선생의 후손이다.

가정嘉靖 경자년(1540) 9월 28일에 함안咸安 모곡리茅谷里 본가에서 태어났다. 나면서부터 재질이 뛰어나 여느 아이들보다 특출하여 승지공이 특별히 사랑했으며, 힘써 가르치며 큰 기대를 하였다. 문사가 숙성하고 필사에 힘이 있어 그 명성이 날로 드러나 또래 아이들로부터 추복을 받았다.

신유년(1561, 22세)에 생원시生員試에 합격하고 병인년(1566, 27세)에 급제하여 권지성균관학유權智成均館學諭가 되었고, 이어 경오년(1570, 30세)에 학록學錄이 되었고, 임신년(1572, 33세)에 학정學正에 올랐다. 임신년 여름에 호송관으로 왜국 사신을 동래東萊에서 전송하였다. 갑술년(1574, 35세)에 부친상을 당했고, 병자년(1576, 37세)에 상을 마치고 박사博士로 승진했고, 정축년(1577, 38세)에 전적典籍으로 승진하였다. 여름에 호조좌랑戶曹佐郎 겸 춘추관편수관春秋館編修官이 되었고 그해 겨울에 명천현감明川縣監이 되었다. 무인년(1578, 39세)에 호조戶曹의 일로 사직하고 돌아왔다. 경진년(1580, 41세)에 직강直講으로 승진되었고, 그해 가을 왕명으로 황해도黃海道에서 병마를 점검하였다. 신사년(1581, 42세)에 정선군수旌善郡守가 되었고, 계미년(1584, 44세)에 임기를 마치고 내직으로 들어가 풍저창수豊儲倉守가 되었다. 그해 가을 충주목사忠州牧使 겸 춘추관편수관春秋館編修官이 되어 사안을 공정하고 명쾌하게 처리하니, 관리들은 두려워하고 백성들은 안심하여 도내의 사송詞訟이 대부분 바르게 돌아갔다. 갑신년(1584, 45세) 겨울에는 누적된 판단하기가 어려웠던 송사를 판단하였다가 감사 일가와 관련된 일로 감사의 미움을 사 파직되니 공론이 잘못되었다고 했다. 무자년(1588, 49세)에 성균관 사성司成에 임명되었고, 가을에 재해의 경차관敬差官으로 평안도平安道를 순찰하였고, 그해 겨울에 사재감정司宰監正에 승진되었다. 기축년(1589, 50세) 봄에 광주목사光州牧使 겸 춘추관편수관에 임명되었고, 경인년(1590, 51세) 겨울에 병으로 관직을 그만두고 낙향했다.

임진년(1592, 53세)에 의령宜寧에서 생활하고 있었는데, 왜적이 침략하여 해안의 여러 고을이 바람에 쓰러지듯 거의 와해되었다. 곽공郭公 재우再佑가 마을의 병사를 규합하여 낙동강을 왕래하는 적을 후방에서 습격하였으나 얼마 있지 않아 패배하고 흩어져서 마땅한 계책을 세울 수 없었다. 장차 지리산으로 들어가 피난하려고 부군을 몇 차례 방문하였는데, 부군이 의병을 일으킬 것을 권유하고, 이를 함께 하기로 약속하였다. 그로 인하여 군수품軍需品과 전마戰馬를 모아 주고, 집에서 부리던 건장한 종을 육칠 명 주었다. 또한 향리의 선비들이나 벗들을 격려하여 각자 정예로운 장정을 내보내게 하고 곽공을 장군으로 추대하여 적을 토벌하는 것을 맡겼다. 그리고 의병 모집과 군량 보급은 부군이 주관하였다. 낙동강 서쪽과 정암진 북쪽이 왜적의 병화에서 약 1년 반 동안 온전할 수 있었던 것은 부군의 노력이 크다.

그때 초유사招諭使 학봉鶴峯 김 선생이 사실에 근거하여 급히 행재소에 장계를 올리니, 조정에서 의거를 가상히 여겨 특별히 승문원판교承文院判校를 제수하였다. 계사년(1593, 54세) 가을에 상주목사尙州牧使를 배명拜命받았으나 얼마 되지 않아 병으로 인하여 사직하고 영천榮川에 있는 별서別墅로 돌아왔다. 갑오년(1594, 55세)에 합천陜川군수 겸 춘추관편수관에 제수되었는데, 당시 합천군에는 원수元帥가 주둔해 있었고 명나라 군사가 지키고 있었다. 고을이 피폐하기가 이루 말할 수 없을 지경이었는데, 부군이 무마시키기 위해 노력하여 모두 마땅함을 얻어 고을을 온전히 할 수 있었다. 순찰사巡察使 서성徐渻이 이러한 사실을 가지고 조정에 장계를 두세 번 올려, 결국 벼슬을 올려 주라는 명을 받았다.

정유년(1597, 58세) 가을에 왜적 청정淸正이 곧장 호남으로 진격해 오자

지방의 장수들과 수령들이 모두 적을 피해 달아났다. 합천은 적들이 지나가는 하나의 길목인지라 부군은 고을의 경계를 떠나지 않고, 정예병들을 모집하고 장수를 정해 왜적을 토벌하니, 전후로 매우 많은 적의 목을 베었다. 도원수都元帥 권율權慄이 급히 이러한 사실에 대해 큰 포상을 줄 것을 장계에 올리니 왕이 특별히 통정대부에 가자하였다. 무술년(1598, 59세) 봄에 병으로 인하여 사직하고 돌아왔고, 그해 겨울에 진제독접반사를 배명받아 호남湖南에 머물렀다가 기해년(1599, 60세) 봄에 함께 경성으로 돌아왔다. 그해 여름 첨지중추부사僉知中樞府事를 제수받았고, 얼마 후에 장례원 판결사判決事로 옮겼다. 이해 가을에 선영을 개장하는 일로 상소를 올려 남으로 돌아와 벼슬을 그만두고 집에 머물렀다.

경자년(1600, 61세) 가을에 의인왕후懿仁王后의 상에 참례하고 충자위부시과忠佐衛副司果 겸 오위장五衛將에 임명되었다. 신축년(1601, 62세) 봄에 사직하고 돌아와 귀천龜川 물가에 집을 짓고 여생을 마칠 계획을 하였다. 좌우에 많은 책을 쌓아 두고 독서를 즐기며 깊이 사색하기를 게을리하지 않았다. 특히 『주역周易』과 『주자대전朱子大全』를 좋아하였고, 봉사와 주문 및 차자 등을 손수 초록하면서 침식마저 잊어버릴 정도여서, 집안사람들이 건강을 해칠까 걱정하여 누차 간청하였으나 "나의 즐거움이 여기에 있다"라고 하며 피곤하다고 여기지 않았다. 동국의 여러 사서를 모아 필요 없는 부분을 없애고 번잡한 것을 간략히 하여 7권의 책을 만들었으니, 서명書名을 『동사찬요東史纂要』라고 하였다. 이 책에서는 무릇 흥망과 감계의 뜻을 담았고, 특히 고려 말 충현들의 사적에 대해서는 더욱 관심을 기울였다. 정미년(1607, 68세) 가을에 조상의 묘소를 성묘하러 함안을 가니 지역의 선비 60여 명이 암천의 냇가에서 연회를 베풀고 부군을 위로하며 대접했고, 의령으로 돌아가니 또한 고을 선비들이 백암의 옛터에서 잔치를 성대하게 베풀었는데 50여 명이 참석했다. 모두들 보기 드문 성대한 일이라고 일컬으면서 "공의 덕망이 평소에 흠모 받지 않았다면 어찌 이 같은 일이 있겠는가?" 하였다.

무신년(1608, 69세) 봄에 선조대왕宣祖大王의 국장國葬에 참례參禮하였고, 용양위부호군拜龍驤衛副護軍에 제수되어 임금의 무덤을 지키며 머물렀다. 그해 7월에 경주부윤慶州府尹을 제수 받아 백성을 잘 다스리니 온 고을이 모두 잘 따랐다. 기유년(1609, 70세) 2월에 사직하고 돌아왔고, 병진년(1616, 77세)에 공조참의工曹參議를 제수 받았으나 병으로 사직소를 올렸다. 그 상소에 임금을 사랑하고 나라를 근심하는 말이 수없이 많았는데, 큰 줄거리는 "기강을 세우고 군정을 엄숙하게 하며, 국력을 기르고 궁궐을 엄하게 하며, 편파적이고 사사로움을 버리고 간하는 말을 받아들여야 한다" 등이었다. 8월에 청송부사靑松府使를 제수받아 10월에 부임하였다. 여러 번 사직 소를 올렸으나 관찰사가 불허하였다.

정사년(1617, 78세)에 벼슬을 그만두고 돌아왔다. 평소 위의 병으로 3월 3일에 돌아가시니 향년 78세였다. 임금이 부음을 듣고 특별히 부의를 내리고 예관을 보내어 제를 지내게 했는데, 제문에 "퇴계를 존숭하여 도가 있었고 남명을 학문의 종지로 삼았으며, 유림의 모범이 되었으니 오래도록 제향을 올리고 본받아야 한다"라는 구절 등이 있었다. 이해 6월 3일에 군의 남쪽 첩석疊石 곤향坤向에 안장하였다.

부군의 성품은 관대하고 후덕하며 기개는 넓고 굳세었고, 자신에게 엄격하고 다른 사람에게는 온화하였다. 관직에 있을 적에 일처리는 성신誠信을 위주로 하였으며, 스스로를 내세우지도 않았고 겉치레로 하지도 않았다. 평생 기이한 행동은 하지 않았다. 평생 동안 괴이한 일을 한 적이 없었고 또한 세상 사람이 좋아하는 것에 투합하여 가지려고

애쓰지도 않았다. 이 때문에 많은 어려움을 겪기도 하였으나 개의치
않았다.

　매일 반드시 새벽에 일어나 고요히 방에 앉아 열심히 책을 보는
것으로써 자신의 즐거움을 삼아 손에서 책을 놓지 않았다. 그리하여
'죽유竹牖'로써 자호自號를 삼았으니, 이는 주자朱子의 '대나무 바라지문은
햇볕을 향하여 열었다'의 뜻에서 취한 것이다. 임진란 이후에는 영천榮川
에 우거하면서 한결같이 항상 선영을 생각하며 조금도 해이함이 없었다.
그래서 주염계周濂溪의 "고향의 산이 눈 속에 있네"라는 뜻을 취하여
또한 '율계栗溪'로 호를 삼았으니, 율계는 바로 선조의 옛집이다.

　문사나 시객을 만나면 문득 그들과 함께 경사經史를 토론하고 고금을
헤아려 보기도 하며, 부지런히 힘쓰며 게을리하지 않았다. 술자리에서는
화기가 넘쳤고, 선을 좋아하고 악을 싫어하는 천성으로 인해 선한 것을
보면 선양하고 악한 것을 들으면 물리쳤다. 그런 까닭으로 선한 사람은
좋아하고 악한 사람은 싫어했으니, 이에 대부분의 마을 사람들이 공경하
고 우러러보았다. 자제를 가르침에 반드시 옛 교훈을 법칙으로 하였는데,
간혹 성현의 말씀과 행동의 중요한 대목을 보면 자제를 불러서 보게
하고 반복해서 가르쳤다. 늘 말씀하시기를 "학문은 모름지기 자신을
위해서 해야 한다" 하였다. 무릇 조정에서 벼슬살이 할 때에도 염근廉謹과
충신忠信으로 스스로를 기약하여 평소 학문한 것을 저버리지 않았다.
어릴 적 퇴계·남명 두 선생의 문하에 노닐면서 칭찬과 인정을 깊이
받았다. 몸이 벼슬에 묶여 있을 때에는 비록 직접 선생들을 찾아뵙고
가르침을 받을 수는 없었지만, 경모하고 존심하는 마음은 나이가 들수록
더욱 돈독해졌다. 항상 책상 위에 문집을 대할 적에는 옷깃을 여미고
받들어 읽으니, 마치 직접 가르침을 받는 것 같았다.

공이 지은 시문詩文은 난리에 흩어져 거의 없어졌고, 다만『율계난고栗溪亂稿』2권만이 집에 보관되어 있다. 부인은 정부인貞夫人 김해허씨金海許氏로 생원 사렴士廉의 따님이며 진사 찬鑽의 손녀이다. 3남 1녀를 두었으니, 장남 여은汝檼은 신묘년에 진사시에 합격하였고 계축년에 문과에 급제하여 홍문관전한弘文館典翰을 지냈으며, 차남 여벌汝橃은 신축년에 생원시와 진사시에 합격하고 계묘에 문과에 급제하여 홍문관교리를 지냈으며, 차남 여영汝栦은 통덕랑通德郎을 지냈고, 딸은 군수 조형도趙亨道에게 출가하였다. 여은은 홍문관교리 주박周博 딸과 혼인했으나 자식이 없었고, 뒤에 다시 현감 박정완朴廷琬의 딸과 혼인하여 2남을 두었다. 장자 익환益煥은 문과에 급제하여 수찬修撰이 되었고, 선비 문홍달文弘達의 딸과 혼인하여 아들 하나를 두었는데 아직 학동이다. 차자 익황益熀은 진사이다. 딸은 선무랑 허종무許宗茂에게 시집가서 2남 2녀를 두었는데, 차녀는 이종배李宗培와 혼인하여 1남 1녀를 두었다. 여벌은 세마洗馬 김집金潗의 딸과 혼인하였는데, 바로 학봉 김성일 선생의 손녀이다. 익황益熀으로 대를 잇게 하니, 익황은 대사간 권태일權太一의 딸과 혼인하여 2남을 두었는데 장자는 덕기德基이고 차자는 경기慶基이다. 여영은 점필재 김 선생의 4세손 만호 성률聲律의 딸과 혼인하여 4남 1녀를 두었다. 큰 아들 익전益烇은 통덕랑이고 2남 2녀를 두었는데, 장남은 선기善基이고 그 외는 어리다. 차남 익성益煋은 통덕랑이고 2남 2녀를 두었다. 차남 익훤益煊은 통덕랑이고 1남 3녀를 두었다. 차남 익총益熜은 통덕랑이고 2남 2녀를 두었다. 사위 조형도趙亨道는 5남을 두었는데, 장자 함영咸英은 진사이며 아우 함희咸熙의 아들 시관時瓘으로 대를 이었고, 함희咸熙는 2남 1녀를 두었으며, 다음 함장咸章은 생원이고, 다음 함철咸哲은 5남 2녀를 두었으며, 다음 함세咸丗는 생원이고 2남 2녀를 두었다. 내외제손이

2백여 명이라 모두 기록하지 못한다.

　오호라, 부군이 도를 사모하고 학문을 향한 공부는 실제로 그 온축한 것이 있었으며, 남들에게 알려지기를 구하는 일은 부군의 뜻이 아니었다. 그러니 어찌 감히 사사로이 부군을 선양해서 불효의 죄를 더하겠는가? 이에 세계와 사적을 이상과 같이 대략 서술하여 입언하는 군자의 재료가 되어 묘지를 얻기를 바란다. 이것은 곧 불초의 구구한 바람이다.

　아들 여벌汝橃이 피눈물을 흘리며 삼가 쓰다.

家狀(吳汝橃)

　先府君諱澐字大源, 羅之高敞人也. 遠祖諱學麟, 以文章顯於麗朝, 官至翰林學士. 其後有曰諱臣世民部典書, 曰諱季孺贊成事封牟陽君. 曰諱六和奉翊大夫禮儀判書. 生諱淹通訓大夫肅川府使, 生諱滎通訓大夫羅州判官, 是爲府君高祖. 曾祖諱碩福通訓大夫宜寧縣監, 贈通訓大夫通禮院左通禮. 祖諱彦毅朝散大夫全義縣監, 贈通政大夫承政院左承旨兼經筵參贊官, 與退溪先生相友善, 先生銘其墓, 稱以爲人明爽重信義云. 考贈嘉善大夫吏曹參判兼同知義禁府事諱守貞. 追封三代, 皆以府君貴也. 妣貞夫人順興安氏, 副護軍諱灌之女, 文貞公謹齋先生軸之後也. 府君於嘉靖庚子九月二十八日, 生於咸安茅谷里第. 生而岐嶷, 迥出羣兒, 承旨公奇愛之, 力加敎誨, 期以遠到. 文辭夙成, 筆畫媚妙, 大爲流輩所推服. 辛酉中生員, 丙寅登第, 權知成均舘學諭, 庚午陞學錄, 壬申陞學正. 夏差護送官送倭使于東萊. 甲戌丁外艱, 丙子服闋陞博士, 丁丑春, 陞典籍. 夏移拜戶曹佐郎兼春秋舘編修官, 冬出補明川縣監. 戊寅秋, 以戶曹時事遞歸. 庚辰拜典籍陞直講, 秋承命點馬于黃海道. 辛巳出守旌善郡, 癸未瓜滿入爲豐儲倉守. 秋拜忠州牧使兼春秋舘編修官, 剖決明斷, 吏畏民懷, 一道訟獄多歸之. 甲申冬, 累決難斷之訟, 事涉監司一家, 見忤而罷, 公論稱屈. 戊子夏, 拜成均舘司成, 秋以灾傷敬差官往平安道, 冬陞司宰監正. 己丑春, 拜光州牧使兼春秋舘編修官, 庚寅冬, 因事罷歸. 壬辰家食于宜寧, 四月倭

350

賊入寇, 沿海列邑, 望風瓦解. 郭公再祐紏合里兵, 侯勤洛江之賊, 未幾敗散, 無以爲計. 將避入頭流山, 歷訪府君, 府君獎以擧義. 約以同事因給軍需戰馬與家奴驍勇者七八人. 且激勸同里士友, 各出精銳, 推郭公爲將, 委以討賊. 而募兵給餉, 府君專主之. 岐江以西鼎津以東, 得免兵燹於一秊有半者, 府君之力居多. 其時招諭使鶴峯金先生據實馳啓於行在, 朝廷嘉其義擧, 特授承文院判校. 癸巳拜尙州牧使, 未幾以病辭歸榮川別墅. 甲午除陜川郡守兼春秋舘編修官. 時元帥留駐, 天兵把守, 本郡蕩殘無形. 府君勞來撫摩, 咸得其宜, 仍成完邑. 巡察使徐渻累次褒啓, 再授陞叙之命. 丁酉秋賊酋淸正直擣湖南, 閫帥邑宰擧皆奔避. 本郡爲賊一路, 而府君不離郡境, 諭集精卒, 定將勦捕, 前後斬馘甚多. 都元帥權慄馳啓, 自上特加通政. 戊戌春呈病遞歸, 冬拜陳提督接伴使留湖南, 己亥春, 伴還京城. 夏拜僉知中樞府事, 移拜掌隷院判決事. 秋以先塋改葬事, 陳疏而還, 仍解職家居. 庚子秋聞懿仁王后之喪赴闕, 以忠佐衛副司果兼五衛將. 辛丑春, 呈辭以歸, 卜築於龜川之上, 爲終老之計. 左右圖書, 玩賾不倦. 尤喜讀周易朱子大全, 至於朱書, 手抄封事奏箚, 殆忘寢食, 家人慮或勞傷, 屢爲規諫, 則答曰我自樂此, 不爲疲也. 裒聚東國諸史, 刪亢節約, 撰成一書, 名之以東史纂要. 以寓夫興亡鑑戒之意, 其於麗季忠賢事蹟, 尤致意焉. 丁未秋, 展省先塋於咸安, 鄕之士大夫開宴席儉巖川邊以慰之, 多至六十餘人, 還宜寧, 鄕人亦盛張慰筵於白巖舊基, 少長咸集, 亦五十餘人. 觀者攔街, 皆稱爲希世盛事, 曰公之德望, 非旦慕於平昔者, 能若是乎. 戊申春, 聞宣祖大王昇遐, 奔赴京中, 拜龍驤衛副護軍, 留在山陵. 七月拜慶州府尹, 平易涖民, 一境歸心. 己酉二月遞歸, 丙辰拜工曹參議, 引疾陳疏. 愛君憂國之言累數百, 而大略則請振紀綱肅軍政, 紓民力嚴宮禁, 祛偏私納諫諍矣. 八月除靑松, 十月赴任. 累呈辭狀, 方伯不許. 丁巳棄官歸. 以素患胃症, 卒於三月初三日, 享秊七十八. 訃聞上命別致賻, 遣禮官祭之, 其文有道慕退陶, 學宗山海, 立標儒林, 垂鑑千祀等句. 六月初三日, 葬于郡南疊石坤向之原. 府君性質寬厚, 氣度弘毅, 律己以嚴, 待人以和. 居官處事, 誠信爲主, 不爲表襮, 不修邊幅. 平生未嘗有崖異之行. 又不投合時好, 以求進取. 坐是多塞滯, 不卹也. 日必夙興, 靜坐一室, 劬書自娛, 手不釋卷. 因以竹牖自號, 蓋取晦菴竹牖向陽開之義也. 兵燹之後, 寓居榮川, 而松楸一念, 未嘗少弛, 取濂溪鄕山在目中之義. 以栗溪自號, 栗溪乃祖先舊居也. 遇文人韻士, 輒與之討論經史, 商礭古今, 亹亹不

厭. 罇俎之間, 和氣油然, 好善嫉惡, 出於天性, 見善必揚, 聞惡必斥. 故善者好之, 惡者憚之, 鄉人皆敬慕. 敎子弟必則古訓, 或遇聖賢言行切要處, 招以開示, 反復告敎. 每曰爲學須爲己. 凡行己立朝, 以廉謹忠信自期, 不負素學可也. 少遊退陶南冥兩先生之門, 深見稱許. 及身繫仕宦, 雖不得源源摳衣於函丈之間, 其敬慕尊信之心, 老而愈篤. 常對文集於案上, 斂袵奉讀, 若親承警咳焉. 所著詩文, 亂離散失殆盡, 只栗溪亂稿二卷藏于家. 配貞夫人金海許氏, 生員諱士廉之女, 進士諱瓚之孫. 生三男一女, 男長汝橝辛卯進士, 癸丑文科, 官至弘文舘典翰. 次汝橃辛丑生進, 癸卯文科, 官至弘文舘校理. 次汝楳通德郎. 女適趙亨道郡守, 汝橝娶弘文舘校理周博女無子. 後娶縣監朴廷琬女, 生二男. 長益煥文科修撰, 娶士人文弘達女, 生一男. 塾. 次益熀進士, 女適許宗茂宣務郎, 生二男二女. 次女適李宗培, 生一男一女. 汝橃娶洗馬金溱女, 鶴峯金先生之孫也. 以益熀爲繼, 娶大司諫權泰一女, 生二男, 長德基次慶基. 汝楳娶佔畢齋金先生四世孫萬戶聲律女, 生四男一女. 男長益烇通德郎, 生二男二女. 男長善基, 餘幼. 次益煋通德郎, 生二男二女. 次益煊通德郎, 生一男三女. 次益熜通德郎, 生二男二女. 趙亨道生五男, 長咸英進士. 以弟咸熙子時瓘爲繼, 次咸熙生二男一女. 次咸章生員, 次咸哲生五男二女. 次咸世生員, 生二男二女. 內外諸孫將至二百餘人, 不能盡記. 嗚呼, 府君之慕道向學之工, 實有其蘊, 而求知於人則非府君之意也. 何敢私自闡揚, 以添不孝之罪也. 玆以略叙世系事蹟如右, 將以板梓於立言之君子, 庶幾得誌墓之惠. 是乃不肖區區之望也.

男汝橝泣血謹狀.

행장行狀

공의 성은 오씨吳氏이며 휘는 운澐이고 자는 대원大源이며 고창인高敞人
이니, 고려 때 한림학사翰林學士를 지낸 학린學麟이 그 시조이다. 그 후대에
휘 신세臣世는 민부전서民部典書였고, 휘 계유季孺는 모양군牟陽君이었다.
휘 육화六和는 예의판서禮儀判書였고, 판서공이 휘 엄淹을 낳으니 숙천부
사肅川府使를 지냈고, 부사府使가 휘 영榮을 낳으니 나주판관羅州判官을
지냈으며 이분이 공의 고조부가 된다. 증조부는 휘가 석복碩福이며 의령
현감宜寧縣監을 지냈고 좌통례左通禮에 증직되었다. 조부는 휘가 언의彦毅
이며 전의현감全義縣監을 지냈고 후에 승정원承政院 좌승지左承旨 겸 경연
참찬관經筵參贊官에 증직되었으며, 송재松齋 이우李堣 선생의 사위이다.
아버지의 휘는 수정守貞이고 이조참판동지의금부사吏曹參判同知義禁府事
에 증직되었다. 삼세를 추존한 영광은 모두 공의 귀함 때문이다. 어머니
정부인貞夫人 순흥안씨順興安氏는 부호군副護軍 휘 관灌의 따님이며, 문정
공文貞公 근재謹齋 선생의 후손이다.

가정嘉靖 경자년(1540) 9월 28일에 함안咸安 모곡리茅谷里 본가에서 태어
났다. 나면서부터 재질이 뛰어나고 기이하여 승지공이 기특하게 여기고
사랑으로 대하면서 힘써 가르쳐 큰 기대를 하였다. 문사가 숙성하고
필사에 힘이 있어 그 명성이 날로 드러나 또래 아이들로부터 추복을

받았다. 신유년(1561, 22세)에 사마시司馬試에 합격하고, 병인년(1566, 27세)에 별시문과에 급제하여 권지성균관학유權智成均館學諭가 되었고, 이어 학록에 오르고 학정에 올랐다. 임신년(1572, 33세)에 호송관으로 왜국 사신을 동래東萊까지 전송하였다. 갑술년(1574, 35세)에 아버지의 상을 당하였고, 정축년(1577, 38세)에 전적典籍으로 승진하였다. 이어서 배호조좌랑拜戶曹佐郎 겸 춘추관春秋館 기사관記事官이 되었고, 그해 겨울에 명천현감明川縣監이 되었는데 무인년(1578, 39세)에 사직하고 돌아왔다. 경진년(1580, 41세)에 직강直講으로 승진되었고, 그해 가을 왕명으로 황해도黃海道에서 병마를 점검하였다. 신사년(1581, 42세)에 정선군수旌善郡守가 되었다. 계미년(1584, 44세)에 내직으로 들어가 풍저창수豐儲倉守가 되었고, 그해 가을 충주목사忠州牧使 겸 춘추관春秋館 편수관編修官이 되어 모든 사안을 공명하게 처리하니 도내의 사송詞訟이 대부분 바르게 돌아갔다. 갑신년(1584, 45세) 겨울에는 여러 관원들이 판단하기가 어려웠던 송사를 판결하였다가 감사의 뜻을 거슬러 파직을 당하니 공론은 못마땅하게 여겼다. 무자년(1588, 49세)에 사성司成에 임명되어 재해의 경차관敬差官으로 평안도平安道를 순찰하였고, 그해 겨울에 사재감정司宰監正에 승진되었다. 기축년(1589, 50세)에 광주목사光州牧使에 임명되었고, 경인년(1590, 51세)에 병으로 관직을 그만두었다.

임진년(1592, 53세)에 의령宜寧에서 생활하고 있었는데, 왜적이 들어와 노략질을 하여 원근의 여러 고을이 속수무책으로 거의 와해되었다. 이때 곽공郭公 재우再佑가 향병鄕兵을 규합하여 동강을 왕래하는 적을 습격하고 사로잡았으나, 얼마 후에 순찰사巡察使 김수金睟와 사이가 어긋났다. 장차 피하여 두류산으로 들어가려고 하다가, 이곳을 지나던 길에 당시 의령에 있던 공을 찾았다. 공이 "임금이 보낸 사람을 범해서는 안 된다"라고 깨우쳐 주고, 또한 다른 사람보다 먼저 의병을 일으킨 그의 충성을 칭찬하면서 함께 일할 것을 약속하였다. 인하여 군수軍需과 전마戰馬를 모아 주고 집에서 부리고 있던 건장한 종을 육칠 명 주었으며, 또한 동네의 선비들이나 백성들을 격려하여 각자 정예로운 장정을 내보내게 하고 곽공을 추대하여 장군으로 삼았다. 의병 모집과 군량 보급은 오직 공이 주관하였다. 그래서 낙동강 이서以西와 정진 이북以北이 왜적의 병화에서 약 1년 반 동안 온전할 수 있었던 것은 거의 공의 노력이 컸다. 초유사招諭使 김공金公 성일誠一이 일거에 그 사실을 급히 행재소에 장계를 올리니 조정에서 특별히 승문원판교承文院判校를 제수하였다. 계사년(1593, 54세) 가을에 상주목사尙州牧使를 배명拜命받았으나 얼마 되지 않아 병으로 인하여 사직하고 영천榮川에 있는 별서別墅로 돌아왔다. 갑오년(1594, 55세)에 합천陜川군수를 제수받았는데, 원수元帥가 머물러 있고 천병天兵이 잇달아 소란을 피워 합천군의 피폐해짐이 극에 달하였으나 공이 노력하여 고을을 온전히 할 수 있었다. 순찰사巡察使 서성徐渻이 이러한 사실을 가지고 조정에 장계를 두세 번 올려, 결국 벼슬을 올려주라는 명을 받았다. 정유년(1597, 58세) 가을에 왜적 청정淸正이 호남을 곧바로 공격하자 곤수閫帥 이하 대부분의 사람들이 도망가 숨었으나, 공은 군의 경계를 벗어나지도 않고 정졸精卒과 정장定將들을 달래어 싸우니 적의 목을 베고 사로잡은 수가 매우 많았다. 도원수都元帥 권율權慄이 급히 이러한 사실에 대해 큰 포상을 줄 것을 장계에 올리니 왕이 특별히 통정대부에 가자하였다. 무술년(1598, 59세)에 병으로 인하여 사직하고 돌아왔고, 그해 겨울에 진제독접반사를 배명 받아 호남湖南에 머물렀다. 기해년(1599, 60세)에 첨지중추부사僉知中樞府事를 배명 받았고, 얼마 후에 판결사判決事로 옮겼다. 이해 가을에 선영을 개장하는 건을 가지고 상소를 올려 남으로 돌아왔다. 경자년(1600, 61세)에 의인왕후懿仁王后의 상에 참례하고 오위장五衛將에 임명되었다가, 신축년(1601, 62세)에 사직하고 영천榮川으로 돌아와 귀천龜川 물가에 집을 짓고 여생을 마칠 계획을 하였다. 좌우에 많은 책을 쌓아두고 탐독하였으며『주역周易』과『주자서朱子書』를 특히 좋아하였고, 봉사와 주문 및 차자 등을 손수 초록하면서 침식마저 잊어버릴 정도였지만 피곤하다고 여기지 않았다. 동국의 여러 사서를 모아 필요 없는 부분을 없애고 번잡한 것을 간략히 하여 7권의 책을 만들었으니, 서명書名을『동사찬요東史纂要』라고 하였다. 비단 유자라고 이름하는 사람들이 서로 다투어 먼저 즐겨보았을 뿐만 아니라, 서애西厓 유공柳公이 깊이 사가史家의 뜻을 얻었다고 크게 탄식과 칭찬을 더하고 또한 임금에게 보여 줄 만하다고 여겨 한 질을 올리니 임금이 유림의 가르침에 표준으로 삼을 만하다고 하였다.

무신년(1608, 69세) 봄에 선조대왕宣祖大王의 상에 나아가 국장國葬에 참례參禮하였다. 그해 7월에 경주부윤慶州府尹을 배명받아 부드럽게 백성을 대하니 온 고을이 기뻐하였다. 기유년(1609, 70세)에 사직하고 돌아왔고, 병진년(1616, 77세)에 공조참의工曹參議를 배명받았으나 병으로 사직소를 올렸다. 그 상소에 임금을 사랑하고 나라를 근심하는 말이 수없이 많았는데, 큰 줄거리는 "기강을 세우고 군정을 엄숙하게 하며, 국력을 기르고 궁궐을 엄하게 하며, 편파적이고 사사로움을 버리고 간하는 말을 받아들여야 한다" 등이다. 사직소에 대해 임금이 비답하기를, "소를 살펴보니 나라를 위하는 정성에 깊이 감탄하였다. 마땅히 유념하여 이를 의논하여 처리하겠다"라고 하고, 인하여 정원政院에 전해서 "이 소문疏文 가운데 거행해야 할 일은 가려내어 회계回啓하라" 하였다. 8월에 청송靑松부사를 제수받았다. 공의 나이가 이미 칠십이 넘었으나 성은에 감격하여 급히 달려가 부임하였다. 그 후에 평소에 앓던 위병이 점점 심해져서 정사년 (1617, 78세) 2월에 벼슬을 그만두고 돌아와 3월 3일에 돌아가시니 향년 78세였다. 임금이 부음을 듣고 특별히 부의를 내리면서 예조좌랑을 보내어 치제케 하였다. 이해 6월 3일에 군의 남쪽 첩석疊石 곤향坤向에 안장하였다.

공은 성질이 관대하고 후덕하며 바탕이 넓어 자신에게 엄격하고 다른 사람에게는 온화함으로 대하였다. 관직에 있을 때 일을 처리하면서 성신誠信을 위주로 하였기에 기이한 행동을 하지 않았다. 또한 시류의 호기에 투합하여 벼슬을 구하지 않았기에 곤궁한 데 처한 일이 많았지만 개의치 않았다. 매일 새벽에 일어나 고요히 방에 앉아 열심히 책을 보는 것으로써 즐거움을 삼아 손에서 책을 놓지 않았다. '죽유竹牖'로써 자호自號를 삼았으니, 이는 주자朱子의 "대나무 바라지문은 햇볕을 향하여 열었다"의 뜻에서 취한 것이다. 임진란 이후에는 영천榮川에 우거하면서 한결같이 선영을 생각하였기에, 주염계周濂溪의 "고향의 산이 눈속에 있네"라는 뜻을 취하여 또한 '율계栗溪'로 호를 삼으니 율계는 바로 선조의 옛집이다. 문사나 시객을 만나면 문득 그들과 함께 경사經史를 토론하고 고금을 비교하기도 하며 틈틈이 게을리하지 않았다. 술자리에서는 화기가 넘쳤고, 선을 좋아하고 악을 싫어하는 것이 천성에서 나왔기 때문에 착한 자는 그를 좋아했고 악한 자는 싫어했으니, 이에 대부분의 마을 사람들이 그를 공경하고 그리워했다.

어려서 퇴계와 남명 두 선생의 문하에 종유從遊하며 대단한 칭찬과 인정을 받았다. 몸이 관직에 매이면서 끝내 함장函丈의 사시에 자주 들이지 못하였으나 그 공경하고 독신한 마음은 늙으면 늙을수록 더욱 돈독하여, 항상 책상에서 문집을 대하면서 옷깃을 여미고 받들어 읽으며 마치 몸소 경해警欬를 받드는 듯하였다. 공이 지은 시문詩文은 난리에 흩어져 거의 없어졌고, 다만 『율계난고栗溪亂稿』 2권만이 집에 보관되어 있다. 배配 정부인貞夫人 김해허씨金海許氏는 생원 사렴士廉의 따님이며 진사 찬鑽의 손녀이다. 3남 1녀를 두었으니, 장남 여은汝橒은 신묘년에 진사시에 합격하였고 계축년에 문과에 급제하여 홍문관전한弘文館典翰을 지냈다. 차남 여벌汝橃은 신축년에 생원 진사시에 합격하고 계축년에 문과에 급제하여 창원도호부사昌原都護府使를 지냈다. 차남 여영汝抶은 통덕랑通德郞을 지냈다. 딸은 조형도趙亨道에게 출가하였으니 그는 괴산군수槐山郡守를 지냈다. 손자 이하는 더 이상 기록하지 않는다.

아아! 나는 선생과는 가부葭浮의 친親이 되면서 또한 사제의 의리를 겸하였다. 문하에 나아간 이후로부터 선생의 행실과 언행에서 보고 들은 것을 후세에 전할 만한 것이 한갓 이러한 것들뿐만 아니나, 나의 짧고 옹졸한 문사文辭로서 충분히 기록할 수 없어 그 가운데 만에 한 가지 정도를 대략 이와 같이 기록하고 후세의 뛰어난 군자가 바로잡아 줄 것을 기다린다. 참람함이 너무 지나쳐 비록 헤아릴 수 없음을 매우 잘 알고 있지만, 평소의 공경하는 마음에 한 마디 말이라도 하지 않을 수 없어 말을 했을 뿐이다.

여서女壻 군수郡守 조형도趙亨道가 삼가 쓰다.

行狀(趙亨道)

公姓吳氏諱澐字大源, 高敞人也, 麗之翰林學士學麟. 其遠祖也, 其後有諱曰臣世民部典書, 曰季孺牟陽君. 曰六和禮儀判書, 判書生諱淹肅川府使, 府使生諱榮羅州判官, 是爲公高祖. 曾祖諱碩福宜寧縣監贈左通禮. 祖諱彦毅全義縣監贈承政

院左承旨兼經筵參贊官, 松齋李先生諱堣之甥也. 考諱守貞贈吏曹參判同知義禁
府事. 三世追榮, 皆以公貴. 妣貞夫人順興安氏, 副護軍諱灌女, 文貞公謹齋先生之
後. 嘉靖庚子九月二十八日, 公生於咸安茅谷里第. 生而岐嶷, 迥出羣兒, 承旨公奇
愛之, 力加敎督, 期以遠到. 文詞夙成, 筆畫遒勁, 華聞日播, 大爲流輩所推服. 辛酉中
司馬, 丙寅登別試文科, 權知成均學諭, 陞學錄學正. 壬申差護送官, 送倭使于東萊.
甲戌丁外艱, 丁丑陞典籍. 移拜戶曹佐郞兼春秋館記事官, 冬補明川縣監, 戊寅遞
還. 庚辰陞直講, 秋承命點馬于黃海道. 辛巳拜旌善郡守. 癸未入爲豐儲倉守, 秋拜
忠州牧使兼春秋館編修官, 部決明斷, 道內詞訟皆歸之. 甲申冬, 以決累官難斷之
訟, 忤道伯見罷, 公論稱屈. 戊子拜司成, 以災傷敬差官往巡于平安道, 冬陞司宰監
正. 己丑春, 拜光州牧使, 庚寅病遞. 壬辰家食于宜寧, 倭賊入寇, 遠近列邑望風瓦解,
郭公再祐糾合鄕兵, 勦捕洛江往來之賊, 未幾以相失於巡察使金晬. 將避入頭流山,
歷訪公于宜寧. 公諭以王人不可犯之義, 且獎首先擧義之忠, 約與之同事. 因募給
軍需及戰馬, 且以家僮驍健者六七人與之. 又激勸同里士民, 各出精銳, 推郭公以
爲將, 而募兵給饋, 公專主之. 洛江以西鼎津以北, 得免兵火於一朞有半者, 公之力
居多. 招諭使金公誠一據實馳啓於行在, 朝廷特授承文院判校. 癸巳秋, 拜尙州牧
使, 未幾以病辭歸榮川別墅. 甲午除陝川郡守, 時元帥留駐, 天兵繹騷, 本郡蕩殘尤
甚, 公勞來撫摩, 以成完邑. 巡察使徐渚以實襃啓者至再至三, 授陞叙之命. 丁酉秋,
賊酋淸正直剚湖南, 閫帥以下擧皆奔竄, 公不離郡境, 諭集精卒, 定將勦捕, 斬馘甚
多. 都元帥權慄馳啓大襃, 自上特加通政. 戊戌呈病辭歸, 冬拜陳提督接伴使, 滯湖
南. 己亥拜僉知中樞府事, 俄遷判決事. 是秋以先壠改葬事陳疏南還. 庚子赴懿仁
王后喪, 因拜五衛將, 辛丑辭還榮川, 築室於龜川之上, 爲終老之計. 左右圖書, 探賾
不倦, 酷好周易及朱子書, 手抄封事奏箚, 殆忘寢食, 不以爲疲. 裒集東國諸史, 刪冗
節煩, 撰成七卷, 名之曰東史纂要. 不但以儒名者爭先覩而喜玩之, 至於西厓柳相
公, 大加贊歎, 以爲深得史家之旨. 且以爲可達於君上, 故封進一本, 上有標準儒林
之敎. 戊申春, 赴宣祖大王喪, 因會葬因山. 七月拜慶州府尹, 平易莅民, 閫境懼如.
己酉辭歸, 丙辰拜工曹參議, 引疾陳疏. 愛君憂國之語累數百, 而大要振紀綱肅軍
政, 紓民力嚴宮禁, 祛偏私納諫諍矣. 疏上答曰省疏深嘉爲國之誠, 當留念而議處
之. 仍傳于政院曰此疏中擧行事, 抄出議啓. 八月除靑松府使. 公季紀已耄, 而感激

恩命, 力疾趨謝. 赴任後素患胃症轉劇, 丁巳二月棄歸, 三月初三日卒, 享季七十八. 訃聞上命別致賻, 仍遣禮曹佐郎賜祭. 是季六月初三日, 葬于郡南疊石里坤向之原. 公性質寬厚, 器度弘毅, 律己以嚴, 待人以和, 居官處事, 以誠信爲主, 平生未嘗有崖異之行. 又不投合時好以求進取, 坐是多蹇滯, 不恤也. 日必夙興, 靜坐一室, 劬書自娛, 手不釋卷. 以竹牖自號, 取晦菴竹牖向陽開之義. 兵燹之後, 寓居榮川, 而一念常在松楸, 取濂溪鄉山在目中之義, 又以栗溪爲號, 栗溪乃先祖舊居也. 遇文人韻士, 輒與之討論經史, 商確古今, 亹亹不倦. 罇俎之間, 和氣油然, 好善嫉惡, 出於天性, 故善者好之, 惡者憚之, 鄉人皆敬慕焉. 少遊退陶南冥兩先生之門, 深見稱詡, 及身繫仕宦, 終不得源源摳衣於函丈之間. 而其敬慕篤信之心, 老而彌篤, 常對文集於案上, 斂衽奉讀, 若親承警咳焉. 所著詩文, 散失於亂離殆盡, 只栗溪亂稿二卷藏于家. 配貞夫人金海許氏, 生員諱士廉之女, 進士諱瓚之孫. 生三男一女, 男長汝橝辛卯進士, 癸丑文科, 弘文館典翰. 次汝檥, 辛丑生進俱中, 癸卯文科, 昌原都護府使, 次汝橫通德郎. 女適趙亨道, 槐山郡守. 孫以下不盡記. 嗚呼! 不侫於先生, 爲葭莩之親, 且兼師生之誼. 自及門以來, 見聞於先生, 言行可傳後者, 不徒止於斯. 而辭短文拙, 不能記其萬一, 略叙如右, 以竢後世立言之君子. 極知僭踰, 雖不自揆, 然其於平日景慕之誠, 不可無一言云爾.

女壻郡守趙亨道謹狀.

사단법인 남명학연구원은

남명선생의 학문을 연구하고 학덕을 선양하기 위해 1986년 발족되었다. 1988년 9월 전문학술지 『남명학연구논총』을 창간, 2004년 13호를 끝으로 일시 정간하였다가 2009년 3월 『남명학』으로 제호를 바꾸어 복간하였으며, 한국전통문화의 근간인 선비문화를 진흥하기 위해 2004년 4월 교양잡지 『선비문화』를 발행하여 현재 34호에 이르렀다. 그동안 매년 전국 규모의 학술대회를 개최하는 한편 격년으로 국제학술대회를 개최하여 남명학에 대한 학문적 성과를 국제적인 수준으로 제고하였다. 현재 10여 명의 상임연구위원과 70여 명의 연구위원이 연구활동에 종사하고 있으며 700여 명의 회원이 연구원의 사업을 지원하고 있다.

필진 소개(게재순)

강문식(서울대학교 규장각한국학연구원 학예연구관)
김학수(한국학중앙연구원 교수)
김순희(충남대학교 교수)
박동욱(한양대학교 교수)
손병욱(경상대학교 교수)
김경수(한국선비문화연구원 책임연구원)
강구율(동양대학교 교수)
최은주(한국국학진흥원 책임연구위원)
사재명(남명학연구원 연구위원)
권인호(대진대학교 교수)
김강식(한국해양대학교 교수)

예문서원의 책들

원전총서

박세당의 노자 (新註道德經) 박세당 지음, 김학목 옮김, 312쪽, 13,000원
율곡 이이의 노자 (醇言) 이이 지음, 김학목 옮김, 152쪽, 8,000원
홍석주의 노자 (訂老) 홍석주 지음, 김학목 옮김, 320쪽, 14,000원
북계자의 (北溪字義) 陳淳 지음, 김충열 감수, 김영민 옮김, 295쪽, 12,000원
주자가례 (朱子家禮) 朱熹 지음, 임민혁 옮김, 496쪽, 20,000원
서경잡기 (西京雜記) 劉歆 지음, 葛洪 엮음, 김장환 옮김, 416쪽, 18,000원
열선전 (列仙傳) 劉向 지음, 김장환 옮김, 392쪽, 15,000원
열녀전 (列女傳) 劉向 지음, 이숙인 옮김, 447쪽, 16,000원
선가귀감 (禪家龜鑑) 청허휴정 지음, 박재양 · 배규범 옮김, 584쪽, 23,000원
공자성적도 (孔子聖蹟圖) 김기주 · 황지원 · 이기훈 역주, 254쪽, 10,000원
천지서상지 (天地瑞祥志) 김용천 · 최현화 역주, 384쪽, 20,000원
참동고 (參同攷) 徐命庸 지음, 이봉호 역주, 384쪽, 23,000원
박세당의 장자, 남화경주해산보 내편 (南華經註解刪補 內篇) 박세당 지음, 전현미 역주, 560쪽, 39,000원
초원담노 (椒園談老) 이충익 지음, 김윤경 옮김, 248쪽, 20,000원
여암 신경준의 장자 (文章準則 莊子選) 申景濬 지음, 김남형 역주, 232쪽, 20,000원

퇴계원전총서

고경중마방古鏡重磨方 ─ 퇴계 선생의 마음공부 이황 편저, 박상주 역해, 204쪽, 12,000원
활인심방活人心方 ─ 퇴계 선생의 마음으로 하는 몸공부 이황 편저, 이윤희 역해, 308쪽, 16,000원
이자수어李子粹語 퇴계 이황 지음, 성호 이익 · 순암 안정복 엮음, 이광호 옮김, 512쪽, 30,000원

연구총서

논쟁으로 보는 중국철학 중국철학연구회 지음, 352쪽, 8,000원
논쟁으로 보는 한국철학 한국철학사상연구회 지음, 326쪽, 10,000원
중국철학과 인식의 문제 (中國古代哲學問題發展史) 方立天 지음, 이기훈 옮김, 208쪽, 6,000원
중국철학과 인성의 문제 (中國古代哲學問題發展史) 方立天 지음, 박경환 옮김, 191쪽, 6,800원
역사 속의 중국철학 중국철학회 지음, 448쪽, 15,000원
공자의 철학 (孔孟荀哲學) 蔡仁厚 지음, 천병돈 옮김, 240쪽, 8,500원
맹자의 철학 (孔孟荀哲學) 蔡仁厚 지음, 천병돈 옮김, 224쪽, 8,000원
순자의 철학 (孔孟荀哲學) 蔡仁厚 지음, 천병돈 옮김, 272쪽, 10,000원
유학은 어떻게 현실과 만났는가 ─ 선진 유학과 한대 경학 박원재 지음, 218쪽, 7,500원
역사 속에 살아있는 중국 사상 (中國歷史に生きる思想) 시게자와 도시로 지음, 이혜경 옮김, 272쪽, 10,000원
덕치, 인치, 법치 ─ 노자, 공자, 한비자의 정치 사상 신동준 지음, 488쪽, 20,000원
리의 철학 (中國哲學範疇精粹叢書 ─ 理) 張立文 주편, 안유경 옮김, 524쪽, 25,000원
기의 철학 (中國哲學範疇精粹叢書 ─ 氣) 張立文 주편, 김교빈 외 옮김, 572쪽, 27,000원
동양 천문사상, 하늘의 역사 김일권 지음, 480쪽, 24,000원
동양 천문사상, 인간의 역사 김일권 지음, 544쪽, 27,000원
공부론 임수무 외 지음, 544쪽, 27,000원
유학사상과 생태학 (Confucianism and Ecology) Mary Evelyn Tucker · John Berthrong 엮음, 오정선 옮김, 448쪽, 27,000원
공자닷컴, 공자는 이렇게 말했다 안재호 지음, 232쪽, 12,000원
중국중세철학사 (Geschichte der Mittelalterischen Chinesischen Philosophie) Alfred Forke 지음, 최해숙 옮김, 568쪽, 40,000원
북송 초기의 삼교회통론 김경수 지음, 352쪽, 26,000원
죽간 · 목간 · 백서, 중국 고대 간백자료의 세계 1 이승률 지음, 576쪽, 40,000원
중국근대철학사 (Geschichte der Neueren Chinesischen Philosophie) Alfred Forke 지음, 최해숙 옮김, 936쪽, 65,000원
리학 심학 논쟁, 연원과 전개 그리고 득실을 논하다 황갑연 지음, 416쪽, 32,000원
진래 교수의 유학과 현대사회 陳來 지음, 강진석 옮김, 440쪽, 35,000원
상서학사 ─ 『상서』에 관한 2천여 년의 해석사 劉起釪 지음, 이은호 옮김, 912쪽, 70,000원
장립문 교수의 화합철학론 장립문 지음 / 홍원식 · 임해순 옮김, 704쪽, 60,000원

강의총서

김충열 교수의 노자강의 김충열 지음, 434쪽, 20,000원
김충열 교수의 중용대학강의 김충열 지음, 448쪽, 23,000원
모종삼 교수의 중국철학강의 牟宗三 지음, 김병채 외 옮김, 320쪽, 19,000원
송석구 교수의 율곡철학 강의 송석구 지음, 312쪽, 29,000원
송석구 교수의 불교와 유교 강의 송석구 지음, 440쪽, 39,000원

역학총서

주역철학사 (周易硏究史) 廖名春·康學偉·梁韋弦 지음, 심경호 옮김, 944쪽, 45,000원
주역과 성인, 문화상징으로 읽다 정병석 지음, 440쪽, 40,000원
송재국 교수의 주역 풀이 송재국 지음, 380쪽, 10,000원
송재국 교수의 역학담론 — 하늘의 빛 正易, 땅의 소리 周易 송재국 지음, 536쪽, 32,000원
소강절의 선천역학 高懷民 지음, 곽신환 옮김, 368쪽, 23,000원
다산 정약용의 『주역사전』, 기호학으로 읽다 방인 지음, 704쪽, 50,000원

한국철학총서

조선 유학의 학파들 한국사상사연구회 편저, 688쪽, 24,000원
퇴계의 생애와 학문 이상은 지음, 248쪽, 7,800원
조선유학의 개념들 한국사상사연구회 지음, 648쪽, 26,000원
유교개혁사상과 이병헌 금장태 지음, 336쪽, 17,000원
남명학파와 영남우도의 사림 박병련 외 지음, 464쪽, 23,000원
쉽게 읽는 퇴계의 성학십도 최재목 지음, 152쪽, 7,000원
홍대용의 실학과 18세기 북학사상 김문용 지음, 288쪽, 12,000원
남명 조식의 학문과 선비정신 김충열 지음, 512쪽, 26,000원
명재 윤증의 학문연원과 가학 충남대학교 유학연구소 편, 320쪽, 17,000원
조선유학의 주역사상 금장태 지음, 320쪽, 16,000원
한국유학의 악론 금장태 지음, 240쪽, 13,000원
심경부주와 조선유학 홍원식 외 지음, 328쪽, 20,000원
퇴계가 우리에게 이윤희 지음, 368쪽, 18,000원
조선의 유학자들, 켄타우로스를 상상하며 理와 氣를 논하다 이향준 지음, 400쪽, 25,000원
퇴계 이황의 철학 윤사순 지음, 320쪽, 24,000원
조선유학과 소강절 철학 곽신환 지음, 416쪽, 32,000원
되짚어 본 한국사상사 최영성 지음, 632쪽, 47,000원
한국 성리학 속의 심학 김세정 지음, 400쪽, 32,000원
동도관의 변화로 본 한국 근대철학 홍원식 지음, 320쪽, 27,000원
선비, 인을 품고 의를 걷다 한국국학진흥원 연구부 엮음, 352쪽, 27,000원
실학은 實學인가 서영이 지음, 264쪽, 25,000원

성리총서

송명성리학 (宋明理學) 陳來 지음, 안재호 옮김, 590쪽, 17,000원
주희의 철학 (朱熹哲學硏究) 陳來 지음, 이종란 외 옮김, 544쪽, 22,000원
양명 철학 (有無之境—王陽明哲學的精神) 陳來 지음, 전병욱 옮김, 752쪽, 30,000원
정명도의 철학 (程明道思想硏究) 張德麟 지음, 박상리·이경남·정성희 옮김, 272쪽, 15,000원
송명유학사상사 (宋明時代儒學思想の硏究) 구스모토 마사쓰구(楠本正繼) 지음, 김병화·이혜경 옮김, 602쪽, 30,000원
북송도학사 (道學の形成) 쓰치다 겐지로(土田健次郎) 지음, 성현창 옮김, 640쪽, 3,200원
성리학의 개념들 (理學範疇系統) 蒙培元 지음, 홍원식·황지원·이기훈·이상호 옮김, 880쪽, 45,000원
역사 속의 성리학 (Neo-Confucianism in History) Peter K. Bol 지음, 김영민 옮김, 488쪽, 28,000원
주자어류선집 (朱子語類抄) 미우라 구니오(三浦國雄) 지음, 이승연 옮김, 504쪽, 30,000원

불교(카르마)총서

유식무경, 유식 불교에서의 인식과 존재 한자경 지음, 208쪽, 7,000원
박성배 교수의 불교철학강의: 깨침과 깨달음 박성배 지음, 윤원철 옮김, 313쪽, 9,800원
불교 철학의 전개, 인도에서 한국까지 한자경 지음, 252쪽, 9,000원
인물로 보는 한국의 불교사상 한국불교원전연구회 지음, 388쪽, 20,000원
은정희 교수의 대승기신론 강의 은정희 지음, 184쪽, 10,000원
비구니와 한국 문학 이향순 지음, 320쪽, 16,000원
불교철학과 현대윤리의 만남 한자경 지음, 304쪽, 18,000원
유식삼심송과 유식불교 김명우 지음, 280쪽, 17,000원
유식불교, 『유식이십론』을 읽다 효도 가즈오 지음, 김명우·이상우 옮김, 288쪽, 18,000원
불교인식론 S. R. Bhatt & Anu Mehrotra 지음, 권서용·원철·유리 옮김, 288쪽, 22,000원
불교에서의 죽음 이후, 중음세계와 육도윤회 허암 지음, 232쪽, 17,000원
선사상사 강의 오가와 다카시(小川隆) 지음, 이승연 옮김, 232쪽 20,000원

동양문화산책

주역산책 (易學漫步) 朱伯崑 외 지음, 김학권 옮김, 260쪽, 7,800원
동양을 위하여, 동양을 넘어서 홍원식 외 지음, 264쪽, 8,000원
서원, 한국사상의 숨결을 찾아서 안동대학교 안동문화연구소 지음, 344쪽, 10,000원
안동 풍수 기행, 와혈의 땅과 인물 이완규 지음, 256쪽, 7,500원
안동 풍수 기행, 돌혈의 땅과 인물 이완규 지음, 328쪽, 9,500원
영양 주실마을 안동대학교 안동문화연구소 지음, 332쪽, 9,800원
예천 금당실·맛질 마을 — 정감록이 꼽은 길지 안동대학교 안동문화연구소 지음, 284쪽, 10,000원
터를 안고 仁을 펴다 — 퇴계가 굽어보는 하계마을 안동대학교 안동문화연구소 지음, 360쪽, 13,000원
안동 가일 마을 — 풍산들가에 의연히 서다 안동대학교 안동문화연구소 지음, 344쪽, 13,000원
중국 속에 일떠서는 한민족 — 한겨레신문 차한필 기자의 중국 동포사회 리포트 차한필 지음, 336쪽, 15,000원
신간도견문록 박진관 글·사진, 504쪽, 20,000원
선양과 세습 사라 알란 지음, 오만종 옮김, 318쪽, 17,000원
문경 산북의 마을들 — 서중리, 대상리, 대하리, 김룡리 안동대학교 안동문화연구소 지음, 376쪽, 18,000원
안동 원촌마을 — 선비들의 이상향 안동대학교 안동문화연구소 지음, 288쪽, 16,000원
안동 부포마을 — 물 위로 되살려 낸 천년의 영화 안동대학교 안동문화연구소 지음, 440쪽, 23,000원
독립운동의 큰 울림, 안동 전통마을 김희곤 지음, 384쪽, 26,000원
학봉 김성일, 충군애민의 삶을 살다 한국국학진흥원 기획, 김미영 지음, 144쪽, 12,000원

일본사상총서

도쿠가와 시대의 철학사상 (德川思想小史) 미나모토 료엔 지음, 박규태·이용수 옮김, 260쪽, 8,500원
일본인은 왜 종교가 없다고 말하는가 (日本人はなぜ 無宗教なのか) 아마 도시마로 지음, 정형 옮김, 208쪽, 6,500원
일본사상이야기 40 (日本がわかる思想入門) 나가오 다케시 지음, 박규태 옮김, 312쪽, 9,500원
일본도덕사상사 (日本道德思想史) 이에나가 사부로 지음, 세키네 히데유키·윤종갑 옮김, 328쪽, 13,000원
천황의 나라 일본 — 일본의 역사와 천황제 (天皇制と民衆) 고토 야스시 지음, 이남희 옮김, 312쪽, 13,000원
주자학과 근세일본사회 (近世日本社會と宋學) 와타나베 히로시 지음, 박홍규 옮김, 304쪽, 16,000원

노장총서

不二 사상으로 읽는 노자 — 서양철학자의 노자 읽기 이찬훈 지음, 304쪽, 12,000원
김항배 교수의 노자철학 이해 김항배 지음, 280쪽, 15,000원
서양, 도교를 만나다 J. J. Clarke 지음, 조현숙 옮김, 472쪽, 36,000원
중국 도교사 — 신선을 꿈꾼 사람들의 이야기 牟鐘鑒 지음, 이봉호 옮김, 352쪽, 28,000원

남명학연구총서

남명사상의 재조명 남명학연구원 엮음, 384쪽, 22,000원
남명학파 연구의 신지평 남명학연구원 엮음, 448쪽, 26,000원
덕계 오건과 수우당 최영경 남명학연구원 엮음, 400쪽, 24,000원
내암 정인홍 남명학연구원 엮음, 448쪽, 27,000원
한강 정구 남명학연구원 엮음, 560쪽, 32,000원
동강 김우옹 남명학연구원 엮음, 360쪽, 26,000원
망우당 곽재우 남명학연구원 엮음, 440쪽, 33,000원
부사 성여신 남명학연구원 엮음, 352쪽, 28,000원
약포 정탁 남명학연구원 엮음, 320쪽, 28,000원

예문동양사상연구원총서

한국의 사상가 10人 — 원효 예문동양사상연구원/고영섭 편저, 572쪽, 23,000원
한국의 사상가 10人 — 의천 예문동양사상연구원/이병욱 편저, 464쪽, 20,000원
한국의 사상가 10人 — 지눌 예문동양사상연구원/이덕진 편저, 644쪽, 26,000원
한국의 사상가 10人 — 퇴계 이황 예문동양사상연구원/윤사순 편저, 464쪽, 20,000원
한국의 사상가 10人 — 남명 조식 예문동양사상연구원/오이환 편저, 576쪽, 23,000원
한국의 사상가 10人 — 율곡 이이 예문동양사상연구원/황의동 편저, 600쪽, 25,000원
한국의 사상가 10人 — 하곡 정제두 예문동양사상연구원/김교빈 편저, 432쪽, 22,000원
한국의 사상가 10人 — 다산 정약용 예문동양사상연구원/박홍식 편저, 572쪽, 29,000원
한국의 사상가 10人 — 혜강 최한기 예문동양사상연구원/김용헌 편저, 520쪽, 26,000원
한국의 사상가 10人 — 수운 최제우 예문동양사상연구원/오문환 편저, 464쪽, 23,000원

경북의 종가문화

사당을 세운 뜻은, 고령 점필재 김종직 종가 정경주 지음, 203쪽, 15,000원
지금도 「어부가」가 귓전에 들려오는 듯, 안동 농암 이현보 종가 김서령 지음, 225쪽, 17,000원
종가의 멋과 맛이 넘쳐 나는 곳, 봉화 충재 권벌 종가 한필원 지음, 193쪽, 15,000원
한 점 부끄럼 없는 삶을 살다, 경주 회재 이언적 종가 이수환 지음, 178쪽, 14,000원
영남의 큰집, 안동 퇴계 이황 종가 정우락 지음, 227쪽, 17,000원
마르지 않는 효제의 샘물, 상주 소재 노수신 종가 이종호 지음, 303쪽, 22,000원
의리와 충절의 400년, 안동 학봉 김성일 종가 이해영 지음, 199쪽, 15,000원
충효당 높은 마루, 안동 서애 류성룡 종가 이세동 지음, 210쪽, 16,000원
낙중 지역 강안학을 열다, 성주 한강 정구 종가 김학수 지음, 180쪽, 14,000원
모원당 회화나무, 구미 여헌 장현광 종가 이종문 지음, 195쪽, 15,000원
보물은 오직 청백뿐, 안동 보백당 김계행 종가 최은주 지음, 160쪽, 15,000원
은둔과 화순의 선비들, 영주 송설헌 장말손 종가 정순우 지음, 176쪽, 16,000원
처마 끝 소나무에 갈무리한 세월, 경주 송재 손소 종가 황위주 지음, 256쪽, 23,000원
양대 문형과 직신의 가문, 문경 허백정 홍귀달 종가 홍원식 지음, 184쪽, 17,000원
어질고도 청빈한 마음이 이어진 집, 예천 약포 정탁 종가 김낙진 지음, 208쪽, 19,000원
임란의병의 힘, 영천 호수 정세아 종가 우인수 지음, 192쪽, 17,000원
영남을 넘어, 상주 우복 정경세 종가 정우락 지음, 264쪽, 23,000원
선비의 삶, 영덕 갈암 이현일 종가 장윤수 지음, 224쪽, 20,000원
청빈과 지조로 지켜 온 300년 세월, 안동 대산 이상정 종가 김순석 지음, 192쪽, 18,000원
독서종자 높은 뜻, 성주 응와 이원조 종가 이세동 지음, 216쪽, 20,000원
오천칠군자의 향기 서린, 안동 후조당 김부필 종가 김용만 지음, 256쪽, 24,000원
마음이 머무는 자리, 성주 동강 김우옹 종가 정병호 지음, 184쪽, 18,000원
문무의 길, 영덕 청신재 박의장 종가 우인수 지음, 216쪽, 20,000원
형제애의 본보기, 상주 창석 이준 종가 서정화 지음, 176쪽, 17,000원
경주 남쪽의 대종가, 경주 잠와 최진립 종가 손숙경 지음, 208쪽, 20,000원
변화하는 시대정신의 구현, 의성 자암 이민환 종가 이시활 지음, 248쪽, 23,000원
무로 빚고 문으로 다듬은 충효와 예학의 명가, 김천 정양공 이숙기 종가 김학수, 184쪽, 18,000원
청백정신과 팔련오계로 빛나는, 안동 허백당 김양진 종가 배영동 지음, 272쪽, 27,000원
학문과 충절이 어우러진, 영천 지산 조호익 종가 박학래 지음, 216쪽, 21,000원
영남 남인의 정치 중심 돌밭, 칠곡 귀암 이원정 종가 박인호 지음, 208쪽, 21,000원
거문고에 새긴 외금내고, 청도 탁영 김일손 종가 강정화 지음, 240쪽, 24,000원
대를 이은 문장과 절의, 울진 해월 황여일 종가 오용원 지음, 200쪽, 20,000원
처사의 삶, 안동 경당 장흥효 종가 장윤수 지음, 240쪽, 24,000원
대의와 지족의 표상, 영양 옥천 조덕린 종가 백순철 지음, 152쪽, 15,000원
군자불기의 임청각, 안동 고성이씨 종가 이종식 지음, 216쪽, 22,000원
소학세가, 현풍 한훤당 김굉필 종가 김훈식 지음, 216쪽, 22,000원
송백의 지조와 지란의 문향으로 일군 명가, 구미 구암 김취문 종가 김학수, 216쪽, 22,000원
백과사전의 산실, 예천 초간 권문해 종가 권경열 지음, 216쪽, 22,000원
전통을 계승하고 세상을 비추다, 성주 완석정 이언영 종가 이영춘 지음, 208쪽, 22,000원
영남학의 맥을 잇다, 안동 정재 류치명 종가 오용원 지음, 224쪽, 22,000원
사천 가에 핀 충효 쌍절, 청송 불원재 신현 종가 백운용 지음, 216쪽, 22,000원
옛 부림의 땅에서 천년을 이어오다, 군위 경재 홍로 종가 홍원식 지음, 200쪽, 20,000원
16세기 문향 의성을 일군, 의성 회당 신원록 종가 신해진 지음, 296쪽, 30,000원
도학의 길을 걷다, 안동 유일재 김언기 종가 김미영 지음, 216쪽, 22,000원
실천으로 꽃핀 실사구시의 가풍, 고령 죽유 오운 종가 박원재 지음, 208쪽, 21,000원
민족고전 「춘향전」의 원류, 봉화 계서 성이성 종가 설성경 지음, 176쪽, 18,000원

기타

다산 정약용의 편지글 이용형 지음, 312쪽, 20,000원
유교와 칸트 李明輝 지음, 김기주·이기훈 옮김, 288쪽, 20,000원
유가 전통과 과학 김영식 지음, 320쪽, 24,000원
조선수학사 — 주자학적 전개와 그 종언 가와하라 히데키 지음, 안대옥 옮김, 536쪽, 48,000원